RICHARD UND NICHOLAS CRANE
FAHRRAD-ABENTEUER IM HIMALAJA

5301 km über das Dach der Welt

RICHARD UND NICHOLAS CRANE

Fahrrad-Abenteuer im
Himalaja

PIETSCH VERLAG STUTTGART

Einbandgestaltung: Reinhard Bornemann.

Copyright © by Richard und Nicholas Crane.
Die englische Originalausgabe ist erschienen bei
Bantam Press, London,
unter dem Titel »Journey to the Centre of the Earth«.

Die Übersetzung ins Deutsche besorgte
Peter Althaus

ISBN 3-613-50103-1

1. Auflage 1990.
Copyright © by Pietsch Verlag, Postfach 103743, 7000 Stuttgart 10.
Ein Unternehmen der Paul Pietsch-Verlage, GmbH & Co.
Sämtliche Rechte der Speicherung, Vervielfältigung und Verbreitung in deutscher Sprache
sind vorbehalten.
Druck: Gulde-Druck GmbH, 7400 Tübingen 1.
Bindung: Verlagsbuchbinderei K. Dieringer, 7016 Gerlingen.
Printed in Germany.

Inhalt

Dank   9

1   Abschied vom Meer   11

2   Vom Irrenhaus zum Land der Morgenruhe   34

3   Festgenagelt in Nepal   52

4   Radfahren im Himalaja   66

5   Xizang Zizhiqu, Qomolangma Feng, und Rinbung Dzong   80

6   Lhasa und der Tourismus   122

7   Hinaus in die Trostlosigkeit   138

8   Die große Abfahrt   163

9   Der Sprint zur Wüste Gobi   174

10   Depressionen auf der Seidenstraße   191

11   Der heißeste Ort in China   216

12   Urumqi und das Büro für Öffentliche Sicherheit (BÖS)   240

13   Im Mittelpunkt der Erde   263

Nachwort   276
Anhang 1, Ausrüstung   278
Anhang 2, Distanzen und Höhendifferenzen Tag für Tag   290
Bibliographie   295

Karten

Gesamtkarte mit den wichtigsten Städten und Regionen 7

Bangladesh/Indien 8

Indien/Nepal/Tibet 51

Das Hochland von Tibet 139

Die Wüsten: Gobi, Taklamakan, Dsungarei 192

Streckenprofil 289

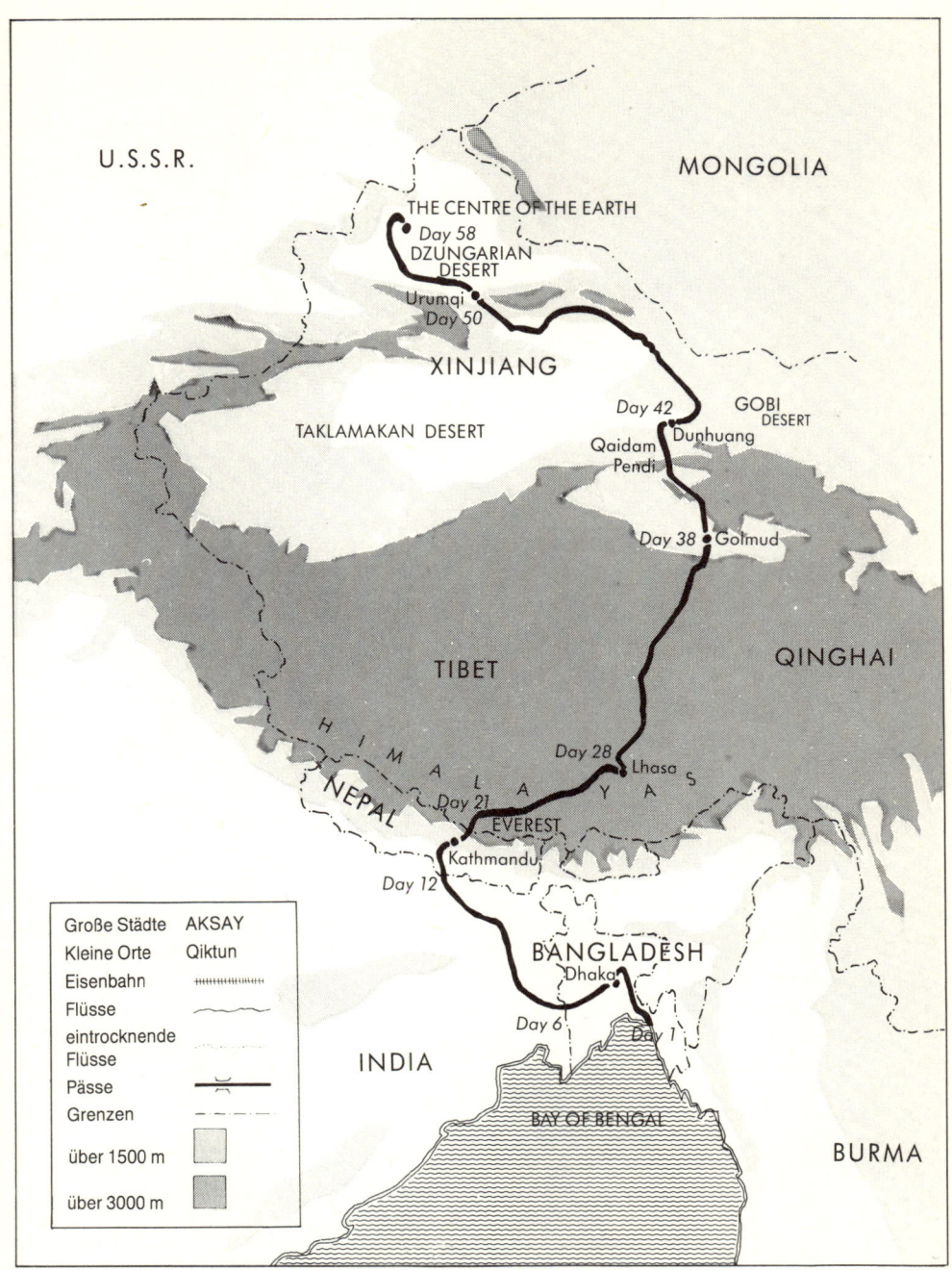

Gesamtkarte mit den wichtigsten Städten und Regionen.

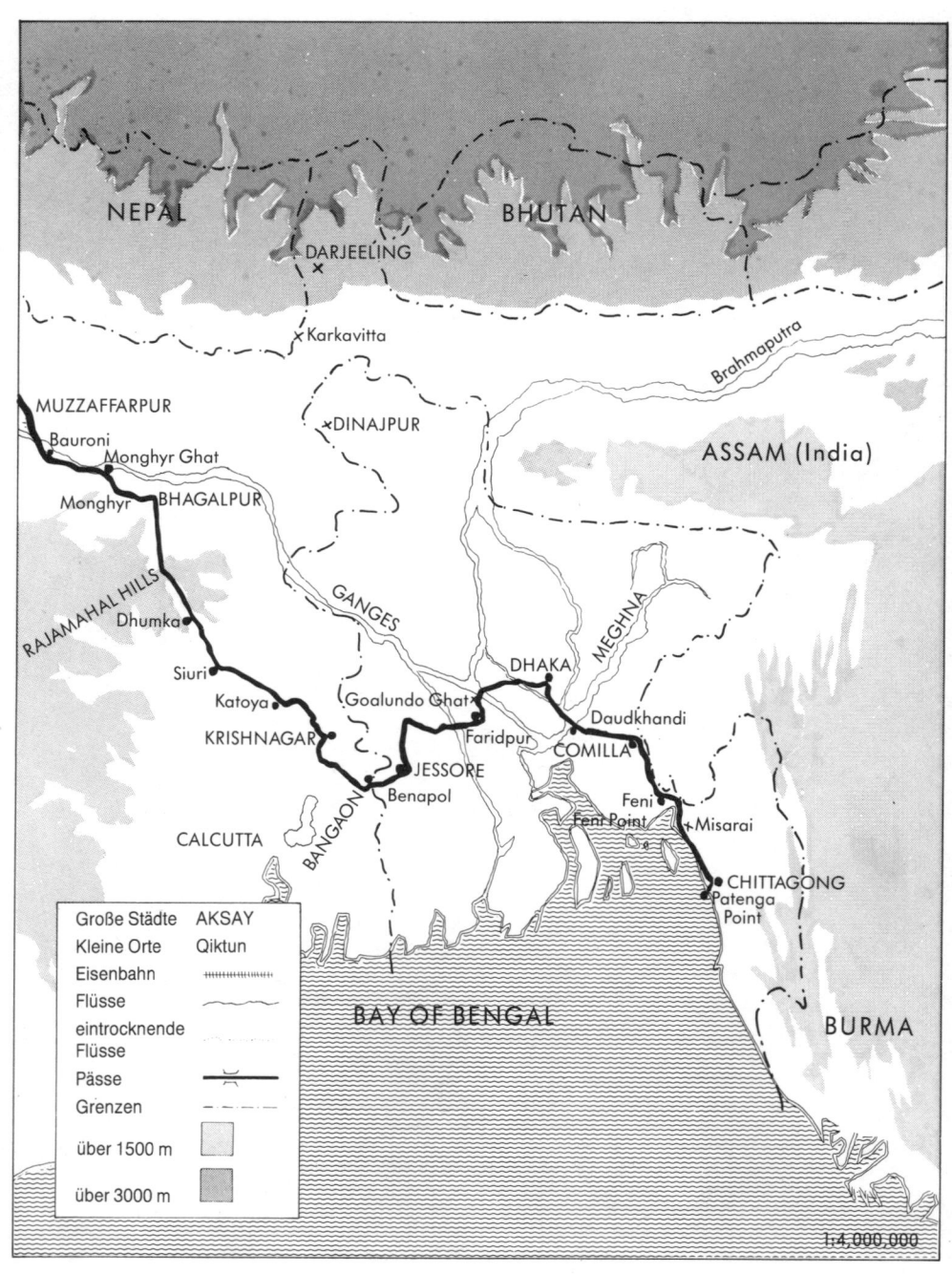

Bangladesh/Indien.

Dank

Raleigh
Karrimor
Black's
Madison
Been Bag
Tiger Mountain
LansdownEuro
British Petroleum

Von diesen Firmen erhielten wir direkte Unterstützung, entweder in bar oder durch Material. Viele andere standen uns zur Seite mit Rat und Tat, mit ihrer Erfahrung, mit Ermutigungen. Es ist unmöglich, alle einzeln zu erwähnen, obschon jeder einen speziellen Dank verdient hätte. Steve Bonnist übernahm die Knochenbrecheraufgabe, Verwandte, Freunde und die Presse von unseren täglichen Fortschritten zu informieren. Hol Crane übernahm die Statistik: Routenanalyse mit Distanzen, Höhenunterschieden, Art der Straßenbeschaffenheit, Reifendruck und Gewichtsverlust der Fahrer unterwegs. Dr. Mike Townend von Cockermouth gab uns medizinische Ratschläge, um die körperlichen Verluste auszugleichen, die sich aus der ungewohnten Klimasituation, der Höhenlage, eventuellen Verletzungen und Hols Theorien ergaben.

Gerald O'Donovan von Raleigh baute eine Woche vor dem Start spezielle 753er Räder, und Steve Bell erledigte die Koordinationsarbeiten für Ersatzteile und Presse. Mike Parsons spendete uns eine Karrimor Fahrradausrüstung, und Laurie Gray ließ uns auf der Suche nach speziellen Außenaufnahmeneffekten durch Black's Geschäfte in Holborn und an der Tottenham Court Road stöbern. Errol Drew drehte uns den Rücken zu, als wir sein Beta Bikes Geschäft für die letzten Finessen unserer Ausrüstung plünderten. In Bangladesh widmete uns Shameen Ahmed seine wertvolle Zeit bei Glaxo in Dhaka, um letzte Details in Ordnung zu bringen. In Kathmandu, gerade als die Aussicht auf frische Vorräte und das Überschreiten der chinesischen Grenze alles andere als rosig erschien, kam uns Lisa van Gruisen (heute Lisa Choegyal) zu Hilfe und stellte das Tiger Tops Büro zur vollen Verfügung der Crane Unternehmung, wie sie es bereits drei Jahre früher anläßlich unserer Himalaja-Tour tat.

Großen Dank schulden wir Ados, der »mega-adventures« startete, und, aus persönlichen Gründen, Michèle und Penny. Unsere Eltern, Brüder und

Schwester sowie deren Ehegesponse gaben uns, und geben uns immer wieder, die Liebe und Wärme, aus der wir immer wieder zu neuen Abenteuern ausziehen können. Immer empfangen sie uns wieder mit offenen Armen: Charles, Sandy, Hol, Naomi, Liz, Tony, Fiona, Phil, Bar, Rod, Ados, Karen, Chris, Fred, Jo, Sarah und Em. Wir danken vielen Freunden für die Freude und die Hilfe, die sie uns gaben, besonders Pete Inglis und John Nixon; für das Durchlesen des Manuskripts den folgenden: Don Young, Elizabeth Tyskiewicz, Sue Morris, Mark Eller, Andy Colley und Peter Murphy. Zuletzt wollen wir noch dem Außenministerium der Autonomen Region von Nordwestchina, Xingkiang Ugyur, und der Urumqi City Gong-An, die zuerst unsere Expedition beinahe zum Scheitern brachten, schließlich in geheimnisvoller Art und Weise eine Kehrtwendung vollzogen und dem Unternehmen zu einem krönenden Abschluß verhalfen, danken.

1. KAPITEL

Abschied vom Meer

Einige Tramp-Dampfer und ein Fischerkahn vor der Küste von Chittagong. Ein paar Kräuselwellen, die leise plätschernd von der Bengalischen Bucht her am Ufer verlaufen. Vetter Nick und ich schwenkten unsere Zehen ein letztes Mal im lauwarmen Wasser und drehten uns dann entschlossen um. Es war das letzte, was wir von der offenen See sahen.

Beinahe genau nördlich von uns, einige tausend Meilen weit weg, lag unser Ziel: Der Mittelpunkt der Erde. Es ist der abgelegenste Punkt der Erde; der Ort, der am weitesten von der offenen See entfernt liegt. Niemand war je dort.

Der Mittelpunkt der Erde liegt irgendwo im Herzen der asiatischen Kontinentalmassen, isoliert vom Fernen Osten durch die große Leere der Wüste Gobi, im Norden beschützt durch die eisstarrenden Weiten Sibiriens. Im Süden erheben sich die mächtigsten Berge der Welt. Die genaue Position des Mittelpunkts der Erde – nicht wirklich existierend wie etwa der Nord- oder Südpol, jedoch so einzigartig wie der Mount Everest oder der Grund des Marianen-Grabens – ist definiert durch die Aequidistanz (gleiche Entfernung) von drei Punkten: dem Eismeer im Norden, Bo Hai Wan an der Gelben See im fernöstlichen China und vom Ort am indischen Ozean, an dem wir standen.

Es war Mittag, 1. Mai. Ein paar Minuten verstrichen – wir zogen Socken und Schuhe an –, bevor wir den Bengalen zum Abschied winken konnten, die voll Erstaunen über die beiden Fremden ihre Arbeit auf den Feldern oder am Ufer verlassen hatten und uns umstanden. So gut wir konnten, versuchten wir ihnen verständlich zu machen, daß wir einem Ort zustrebten, an dem es kein Meer gab – aber es schien für sie keinen wirklichen Sinn zu ergeben.

Wir trugen unsere wertvollen Räder über den Sand zu den Bananenplantagen und den Kokospalmenhainen, die den Strand säumten, dann schwangen wir unsere Beine über den Sattel und tauchten hinein ins Abenteuer. Wir waren freudig erregt, wir waren auf dem Weg zum Mittelpunkt der Erde.

Drei Stunden später fielen wir vor einem winzigen, hölzernen Chai-Haus praktisch vom Rad, beinahe erdrosselt von der Hitze, schweißnaß, schwindlig durch Sonnenstich. Eine Menge von Kindern und jungen Männern geleitete uns hinein, ein Lautsprecher röhrte Bangladesh-Musik in die Hitze hinaus. Wolken von Fliegen umsausten unsere Ohren und strichen über unsere Augenbrauen. In unseren Köpfen pochte es, Hitze, Lärm und die verschiedensten Nervenreizungen vermischten sich zu einem flackernden Chaos. Neben uns klopfte ein dünner Mann ohrenbetäubend auf einem Blechstück herum. Welche Wohltat, jetzt im Maschinenraum eines Tramp-Dampfers in einer Werkzeugkiste zu liegen und zu schlafen. Wir stürzten Sprudelwasser in uns hinein und nippten am dicken, süßen Tee, in der Hoffnung, unsere Nerven etwas zu beruhigen und unseren Durst irgendwie zu stillen. Nick war so weise, seine Arme bedeckt zu halten und seinen Kopf mit den isolierenden Beinkleidern zu umhüllen. Er hatte sich so einigermaßen vor Sonne und Hitze schützen können, währenddem ich kurzsichtig so schnell wie möglich eine gesunde Bräune wollte und prompt zusätzlich zum Hitzestau mit einem milden Sonnenbrand bedacht wurde. Stirne, Unterarme und Waden leuchteten in schönstem Rot. Und all das auf lumpigen zwölf Kilometern; denn bereits hatten wir unseren Weg verloren. Dazu hatte sich das Innere in unserem Weitwinkelobjektiv gelöst, und ein Teil unserer Regenbekleidung war unter dem Gepäckhalter herausgerutscht.

Nick lachte etwas hämisch:
»Beeindruckender Beginn, nicht?!«
Ich mampfte an einer Ecke eines Chapattis und meinte:
»Es kann nur besser werden.«

Ich war wirklich optimistisch, daß alles besser werden würde. Meine Erfahrung lehrte mich, daß jenes berühmte Quentchen Glück just dann eintritt, wenn man es am dringendsten braucht. Nick sagte es nicht schlecht, als wir vor knapp 4 Tagen von London herflogen: »Das wird eine richtige Opportunisten-Expedition.« Tatsächlich hatten wir keine Ahnung, was geschehen würde, was nicht heißt, daß wir nicht wußten, was wir zu erwarten hatten. Wir hatten unsere Aufgaben gemacht. Nick hatte schon an vielen großen Fahrradabenteuern teilgenommen. Ich hatte bereits die Anden, den Himalaja, Korea und einen Teil von Ostafrika zu Fuß durchwandert. So wie sich unsere Abenteuergeschichten unterscheiden, so sind auch unsere Philosophien verschieden. Währenddem es Nick vorzieht, alle Eventualitäten in Betracht zu ziehen und dann auf Grund der Fakten eine Entscheidung zu fällen, bin ich mehr der impulsive Typ. Ich fälle oft intuitive Entscheidungen. Zwischen uns herrschte immer eine gewisse Konkurrenz, von der Art, wie sie zwischen Zwillingen herrscht. Stillschweigend akzeptierten wir unser Anderssein. Wir fühlten, daß unsere Einstellung und unsere Fähigkeiten sich gegenseitig ergänzten, und deshalb hatten wir auch das Vertrauen, daß wir gemeinsam das Potential besäßen, zu einem Team zu werden, das den Herausforderungen und der heranrollenden Problemflut, die uns auf dieser Expedition erwarteten, gewachsen sein würde.

Zurückblickend müssen wir sagen, daß die Art und Weise, wie wir an dieses Abenteuer herangingen, wirklich etwas naiv war. Wir stellten uns eine schnelle, vergnügliche Radfahrt durch malerische Dörfchen in Bangladesh und Indien vor, die uns schnell nach Nepal und dem Himalaja brächte, wo dann das Abenteuer wirklich beginnen würde. Dann würden wir mutig und unerschrocken zwei Dinge in Angriff nehmen, die vor uns sehr wahrscheinlich noch niemand gewagt hatte: Erstens einmal würden wir die Tibetanische Hochebene, jene braunrote Masse auf der Landkarte, das größte und unwirtlichste Plateau der Welt, durchradeln. Dann, nachdem wir über den nördlichen Rand Tibets bis beinahe auf Meereshöhe hinuntergesaust waren und dabei die klirrende Kälte und die dünne Luft unvorstellbarer Höhen mit der Gluthitze der Sandwüste vertauscht hatten, würden wir der berühmten Seidenstraße durch die Wüste Gobi folgen, in den Fußstapfen von Händlern, die vor Jahrtausenden Seide und Gewürze im römischen Reich gegen Gold und andere Kostbarkeiten, unter anderem auch Glas, austauschten. Marco Polo zog mit seiner Kamelkarawane hier durch, Dschingis Khan ritt sein Pferd auf dieser Route; wir würden sie auf Fahrrädern in Angriff nehmen. Die Gesamtdistanz schätzten wir nach den Kurven auf unseren Karten so um die 5000 km. Wir wußten, daß wir auf den flachen Asphaltstraßen Europas 200 km pro Tag hinunterspulen konnten und setzten uns deshalb Tagesetappen von über 100 km zum Ziel, d.h., daß wir uns weniger als 50 Tage gaben, unser Vorhaben auszuführen. Insgeheim hofften wir auf 40, vielleicht sogar nur 30 Tage.

Wir reisten ultra-leichtgewichtig: kein Zelt, kein Proviant, nur einen Liter Wasser für jeden. Ohne Begleitmannschaft. Nur ein Satz Kleider. Wir schnitten die Etiketten aus unserer Thermalunterwäsche und die Ecken unserer Karten ab. Wir hofften, daß unsere Ladung leicht genug sei, um den harten Straßenbedingungen in den bergigen Gegenden zu widerstehen. Wir hofften auch, daß wir unterwegs auch in den entlegendsten Tälern Eßwaren bei Familien kaufen konnten, und daß wir immer Schutz vor der intensiven Sonneneinstrahlung, vor Wind, Staub und Gefriertemperaturen finden würden. Höhenkrankheit, Lungeninfektionen, Dehydratation, Magenkrämpfe und Frostbeulen waren alles durchaus mögliche Begleiter in den Bergen. Mit Hunger und Durst mußten wir in der Wüste rechnen. Dann konnten wir uns auch administrative Schwierigkeiten vorstellen, besonders an der schwer bewachten Grenze zwischen Nepal und Tibet, das ja unter fester chinesischer Schirmherrschaft steht. Wenn wir all das einmal überwunden hätten und erfolgreich ins Herz Asiens vorgedrungen seien, so dachten wir uns, daß es nur noch eines leichten Tagesausflugs bedurfte, um symbolisch unsere Fahne (zu schwer, um mitzutragen – wir planten, ein getragenes T-Shirt zu schwenken) in den magischen Mittelpunkt der Erde zu pflanzen.

So wie die Dinge nun lagen, mußten wir erfahren, daß wir, milde gesagt, überoptimistisch, und unsere Voraussagen ziemlich falsch waren. In drei Stunden kamen wir bloße 12 Kilometer weit und lagen bereits um Welten hinter unserer Marschtabelle zurück.

Auch der Rest des Tages verlief nicht nach Plan. Wir verließen Patenga Point einige Minuten nach 12 Uhr und machten um etwa 15 Uhr Halt beim Chai-Haus. Nach etwa 2 Stunden waren Temperatur, Puls und angeschlagenes Selbstbewußtsein wieder zurück auf normal, wir bezahlten unsere paar Taka und nahmen unsere Fahrt wieder auf. Bald zeigte sich jedoch, daß unser Bemühen, die Expedition mit Stil zu lancieren, verwandelt wurde in ein verzweifeltes Rennen mit der Zeit, bei dem es galt, durch wachsende Dunkelheit und aufkommende Windstöße einen Unterstand zu finden, bevor die von Westen dräuenden Monsunwolken sich über uns entluden. Sehr zu unserem Mißfallen plante jemand über uns, unsere Reise mit einem funkelnden Feuerwerk einzuweihen; wir verloren das Rennen, die himmlischen Zisternen wurden geöffnet, und über unseren Häuptern entlud sich die Sintflut.

Nicks Tagebuch. Abend.
Wir hatten keine Ahnung von der Wildheit eines Monsunregens und pedalten friedlich weiter, wie wenn es sich um einen jener englischen Schauer handeln würde, die schnell vorübergehen und einen leicht feucht, aber herrlich erfrischt zurücklassen. Asiatischer Regen, so scheint es, ist anders. Innerhalb Minuten waren wir bis auf die Haut durchnäßt, und unbemerkt wurde es dunkel. Die Erfahrung, die folgte, wird bis an unser Lebensende in unserem Gedächtnis bleiben.
Kein Blitz, den ich bisher gesehen hatte, läßt sich vergleichen mit jenen Kaskaden von bläulich-weißem Licht, die die Nacht alle paar Sekunden förmlich zu Fetzen zerrissen. Vor uns die zur pulsierenden Wasserader gewordene Straße. Ohne die Blitze hätten wir nicht weiterfahren können, denn aus Gewichtsgründen hatten wir auf Lampen verzichtet. Ein Teil von mir betete für einen weiteren Lichtstrahl, damit ich weiterfahren könne; ein anderer Teil fragte sich fortwährend, ob wohl das nächste Ziel des himmlischen Feuers zwei Raleigh 753 Rennräder sein würden! Zu Beginn war der Regen wunderbar warm und reinigend, aber die gewaltigen Wassermassen saugten die Hitze der Erde, der Straße und unserer Körper förmlich auf, bis uns kalt wurde. Der Sturm wurde noch stärker, zerrte an den Bäumen am Straßenrand und warf uns auf unseren Rädern mal hier, mal dorthin. Anstatt eines wohltuenden Stroms warmen Wassers, der durch unser Haar floß, sahen wir uns mit eiskalten Wasserkugeln bombardiert. Unbeleuchtete Rikschas tauchten plötzlich vor uns auf, und mehrmals streiften wir mit unseren Ellbogen beinahe Fußgänger, kaum auszumachende Schatten mit laut flatternden Plastikfetzen über den Köpfen haltend. Einmal hatte ich den flüchtigen Eindruck – wie ein unterbelichtetes Schwarz-weiß-Foto – zweier Rikschas, die versuchten, in südlicher Richtung voranzukommen, die Kör-

per der Fahrer im Kampf gegen den Wind gekrümmt vor Anstrengung. Mehrere Male wurden wir durch wasserfontänenspritzende Lastwagen, die eine tödliche Verachtung für alles zeigten, was kleiner war als sie selbst, von der Straße gedrängt.

Es geschah wirklich einiges an diesem ersten Tag: Zuerst durch Hitzschlag gequält, kämpften wir jetzt gegen Unterkühlung. Wir fanden schließlich ein niedriges, dunkles Chai-Haus und kauerten zitternd über einem Glas Tee. Wir besaßen nur die Kleider, die wir auf dem Leib trugen, und deshalb hatten wir nichts zum Wechseln, und würden es auch auf der ganzen Reise nie haben. Trotzdem war es himmlisch, dem Sturm entronnen zu sein, und Nick schrieb in sein Tagebuch: »Diese Gläser Tee waren die besten, mußten es sein, die besten, die wir je im Leben getrunken hatten.«
Das Chai-Haus hatte offene Wände, und der Regen schlug laut auf das Blechdach; ringsum saßen an den anderen Tischen etwa dreißig oder vierzig Männer und plauderten leise im Kerzenlicht. Wasser strömte von der Traufe, und der Dreck verwandelte sich in einen Sumpf. Wir fragten nach einem Bett, aber man bedeutete uns, daß es keines gäbe. So mußten wir denn, als das Unwetter sich beruhigte, erneut hinaus in die Dunkelheit, nordwärts, hoffend.

Am Ende des Tages hatten wir die Nase voll von Abenteuern. Bereits jetzt erwies sich die Expedition als härter und kühner, um nicht zu sagen tollkühner, als wir erwartet hatten. Wir hatten sofort den kritischen Punkt erreicht und sahen uns mit einer ganzen Reihe von Problemen konfrontiert, die wir nie vorausgesehen hatten. Trotzdem waren wir weit davon entfernt, entmutigt oder deprimiert zu sein. Wir fanden es zum Brüllen komisch, daß alles, aber auch wirklich alles, so schnell, so krumm lief. Unser Gefühl war ganz überschäumende Freude. Genau das hatten wir gesucht bei unserem Abenteuer: unvorhersehbare Probleme, die wir aber meistern würden. Es war ein aufregender und unterhaltender Tag. In mein Tagebuch schrieb ich: »Tag 1 – phänomenaler Spaß! Wirkliches Abenteuer!«

Wir waren wie kleine Jungs, die draußen in einer Dreckpfütze spielen durften. Nick fühlte ähnlich: »Sehr zufriedenstellend, segensreich, erregend. Eine wirkliche Erlösung vom hektischen Londoner Leben. Näher war ich noch nie beim Paradies.«

Als wir uns endlich zur Ruhe legen konnten, war es fast Mitternacht. Wir lagen nackt in der Hitze, wälzten uns unruhig hin und her, schlugen nach Moskitos und fragten uns, was uns denn sonst noch zustoßen könne auf diesem Trip. Wir gratulierten uns gegenseitig dafür, daß wir bis dahin überlebt hatten, und suchten unsere Ängste zu beruhigen, indem wir uns immer wieder großspurig erzählten, daß unsere größte Stärke in unserer Erfahrung mit Reiseabenteuern liege.

Nicks Kindheit in Norwich war voll von Weekends auf dem Lande, Familienausflügen im Sommer, und den ziemlich ungewöhnlichen 10tägigen Bergmarathons im winterlichen Schottland, die sein Vater Hol, assistiert von meinem Vater Charles, organisierte. Eine Gruppe von etwa 10 Verwandten und Freunden machten jeweils bei diesen Veranstaltungen voller Einsamkeit und Entbehrungen mit, die so erfolgreich »Ferien« mit »Leiden« verbanden. An langen Tagen, in denen wir uns watend durch hüfthohen Schnee oder auf eisigen Graten gegen Sturmwinde lehnend vorkämpften, lernten wir Härte und Unbequemlichkeit kennen. Immer spielte auch ein wettkämpferisches Element mit: Wer war der erste auf jenem Gipfel, wer war fit genug, die Notfallausrüstung zu tragen, wen betrachtete man als verantwortungsbewußt genug, über die Lebensmittel- und Brennstoffvorräte zu wachen. Die Widerwärtigkeit der Umwelt band uns im Geiste zusammen. Lustiges Geplauder und fröhliches Gelächter machten uns das Wetter vergessen. Wir lernten, was Teamwork, Ausdauer und Entschlossenheit unter schwierigen Bedingungen bedeuteten, und alles zusammen schürte in uns das Selbstvertrauen und verhalf uns zu ganz besonderen Fähigkeiten.

Mit Fahrrädern auf den Kilimandscharo war das erste gemeinsame Abenteuer, das Nick und ich uns ausdachten. Die Räder und die Ausrüstung wurden gespendet, alles andere bezahlten wir aus eigener Tasche, ungefähr 2000 Pfund Sterling jeder, wie wenn es sich um Ferien gehandelt hätte, wie man sie nur einmal im Leben verbringt. Die Fahrt war als leichtherziger Ausflug beabsichtigt, wurde dann aber zu einer ausgewachsenen Expedition, die uns volle Konzentration, Hartnäckigkeit und ein gerüttelt Maß an Initiative abverlangte, um überhaupt erfolgreich beendet werden zu können. Über Weihnachten 1984 und Neujahr 1985 pedalten wir auf den Gipfel des Kilimandscharo, dem höchsten Berg Afrikas, 5995 Meter über dem Meer, im ewigen Schnee und Eis, unter einer unglaublich intensiven Sonne, und oh Mensch! fühlten wir uns mies! Sonst war die Expedition ein voller Erfolg, sowohl was Spaß und Finanzen anbetraf, erreichten wir doch unser Ziel, 30 000 Pfund Sterling an Spenden für Intermediate Technology aufzutreiben.

Es war im Januar 1986, wir saßen bei einem Drink in »Hand and Shears« nahe der St. Bartolomäuskirche, als Nick plötzlich vorschlug:
»Wie wär's mit einer weiteren Expedition?«
»Woran denkst du denn? An ein Dreigipfelweekend oder an etwas wie den Kilimandscharo?«
»Letzteres, etwas Großes. Eigentlich wollte ich mit Omi zu ihrem neunzigsten Geburtstag mit der Transsibirischen Eisenbahn nach Tibet fahren, aber die Familie war dagegen.«
Eine neue Expedition, klang gut in meinen Ohren. Doch ich brauchte einen Aufhänger, einen Grund. Warum nicht Tibet, aber dann auch wieder – warum? Etwas verallgemeinernd sagte ich:

»Mir würde so ein Zweimonatstrip vorschweben, wenn möglich wirklich leichtgewichtig.«
»In ganz kleinem Maßstab!«

Ich war nur zu einverstanden mit ihm. Die vielen Helfer am Kilimandscharo komplizierten die Dinge, wenn es auch am Abend immer viel zu lachen gab.

»Keine Techtelmechtel mit der Hilfsmannschaft, keine Pannen, weil man sich auf andere verlassen muß.«
»Glaubst du, daß noch jemand mitkommen sollte?«
»Ados und Hol haben beide anderweitige Verpflichtungen im Moment.«
»Dann also nur wir beide?«
»Ach wie gemütlich!«

Am 30. Januar trafen wir uns in meiner Wohnung in der Nähe des Smithfield Markts im Zentrum von London für ein ernsthaftes Brainstorming. Wir wollten versuchen, ein Superabenteuer auf die Beine zu stellen, das uns alles abverlangen, und das die Spendersumme für IT verdoppeln würde. Das Schlüsselkonzept könnte man etwa zusammenfassen unter »schwierig aber nicht unmöglich, gefährlich aber nicht selbstmörderisch, exotisch aber doch noch nachvollziehbar, fordernd aber nicht überfordernd«.

Wir setzten uns hin mit einer Weltkarte und einer Liste verschiedener Sportarten und ließen unseren Geist wandern. Nichts war tabu, und nichts wurde für blöd und einfältig erklärt, bevor wir nicht alle Möglichkeiten beleuchtet hatten. Wir begannen um 3 Uhr nachmittags und studierten Projekte wie: auf Dreirädern an den Nordpol, Schwimmen über den Atlantik, auf Maultieren von Montana nach Minnesota. Innerhalb einer Stunde hatten wir unsere Grauen Zellen auf Hochtouren gebracht, aber wir konnten uns anstrengen wie wir wollten, stets kamen unsere Gedanken zurück nach China, dem neuen Expeditionsland Mitte der Achtzigerjahre schlechthin. Die Frage lautete: Was können wir dort unternehmen, das zugleich neu aber auch herausfordernd ist? Um 17 Uhr murmelte Nick etwas wie »Weit weg... am weitesten weg« und sprang plötzlich in die Höhe.

Das Guiness Buch der Rekorde ist in solchen Fällen immer wieder so etwas wie eine Bibel, und tatsächlich, im Kapitel über »Die Natürliche Welt« lasen wir unter KONTINENTE – LAND AM WEITESTEN WEG VON DER SEE:

Es gibt einen noch nicht genau definierten Punkt in der Dzoosotoyn Elisen (Wüste), in Nord Xindschiang Uygur Zizhiqu (Sin Kiang), Chinas nordwestlichster Provinz, der, in allen Richtungen gemessen, weiter als 2400 km vom Meer weg liegt.

Wir waren entzückt. Genau was wir suchten. Wunderbar!

Wir angelten uns den *Times Atlas* und suchten die angegebenen Namen. Erfolglos. Schließlich schauten wir nochmals im *Guiness* nach, und tatsächlich, ganz am Schluß der Eintragung war noch ein Satz: »Die nächste größere Stadt ist Urumqi im Süden des Punktes.« Das hatten wir schnell gefunden. Später fanden wir heraus, das Urumqi eine schnell wachsende Stadt von 900 000 Einwohnern war, die hauptsächlich von den großen, bewässerten Farmen, die in der Wüste unter dem zentralasiatischen Schneegebirge aus dem Boden gestampft wurden, leben. Es liegt am Kreuzweg der Kulturströme der chinesischen, russischen und nahöstlichen Zivilisationen. Aber es lag nicht in der Mitte unserer Karte, und dies schaffte uns ein Problem: Wo war dieser »entfernteste« Punkt?

Die Diskrepanz liegt darin, daß auf flachen Karten die Landmassen durch die Mercator-Projektion verzerrt dargestellt werden. Um die richtigen Perspektiven vor sich zu sehen, muß man einen Globus betrachten. Wir realisierten, daß wir, um den Punkt wirklich genau berechnen zu können, uns in trigonometrischen Berechnungen ergehen müßten. Wir suchten deshalb auf Nebengeleisen nach Hilfen und wurden fündig: Navigationshandbücher für Seeleute boten uns die Grundlagen für unsere Berechnungen. Es zeigte sich jedoch bald, daß die Sache nicht so einfach war, denn wir benötigten detaillierte Karten der Küstenlinien der drei dem Punkt am nächsten liegenden Meeresstellen, damit wir die genaue geographische Länge und Breite festlegen konnten. Weitere Probleme ergaben sich aus der Definition »offenes Meer«. Was zählte als Fluß, was als Meer, was als Sumpf? Keine leichte Aufgabe!

Die Existenz dieses Punktes wurde schon seit einiger Zeit erwähnt. Mildred Cable und Francesca French beschrieben ihre Reisen in den 20er und 30er Jahren in ihrem Buch *The Gobi Desert*. Unter anderem liest man dort, daß die großen Wüsten Zentralasiens – Gobi, Taklamakan und Dsungarei – »eine enorme Oberfläche von beinahe sechs Millionen Quadratmeilen bedecken, die nie an ein Meer grenzt und deshalb ein Phänomen darstellt, das einzigartig auf der ganzen Erde ist. Der Punkt unseres Globus, der am weitesten weg von irgendeinem Weltmeer ist, befindet sich im Norden dieser riesigen Landmasse. Diese Entfernung von jeglicher Küste bringt Extreme von Hitze und Kälte mit sich, mit heftigen Winden, die mit unvorstellbarer Kraft über die Wüste peitschen und dabei dichte, die Sonne verdüsternde Sandwolken aufwirbeln.«

Glücklicherweise lasen wir dies nicht an jenem ersten Abend. Wir befaßten uns auch weniger mit den Problemen, sondern konzentrierten uns auf die Möglichkeiten, die ein solches Ziel in sich trug. Es schien, daß wir per Zufall auf einen jener seltenen Punkte der Erde gestoßen waren, die noch wirklich rein und jungfräulich waren, und die sich absolut international und zeitlos präsentierten. Der Mittelpunkt der Erde gehört allen und niemandem, er hat keine direkten historischen oder politischen Bedeutungen. Und weil Urumqi als große Stadt so nahe bei liegt, und moderne Ingenieurkunst Straßen auch in den entlegendsten und unwirtlichsten Gebieten bauen kann, könnte dieser Mittelpunkt der Erde zu einer Touristenattraktion erster Klasse werden.

Eine freudige Erregung hatte uns gepackt, und wir gingen mit Feuereifer daran, unsere Reise in groben Zügen festzulegen. Die Zeit verflog, und plötzlich war es 21 Uhr. Unsere Mägen knurrten, und der Hunger gab unseren Gedanken neue Impulse und zwang uns, gradlinig zu denken. Wir legten den ganzen Wust an Ideen, die sich in kurzer Zeit in unserem Geist um den Mittelpunkt der Erde gelegt hatten, beiseite und fragten ganz einfach: »Wenn wir zu jenem Punkt der Erde gehen, der sich am weitesten weg von der offenen See befindet, von wo aus starten wir dann?« Die Antwort war ebenso simpel: »Vom Meer aus!« Die Qualität des Abenteuers würde gesteigert werden, wenn wir die Strecke ganz aus eigener Kraft zurücklegen könnten; entweder zu Fuß oder auf Fahrrädern. Niemand mit einigermaßen gesundem Menschenverstand würde eine solche Strecke gehen wollen, es würde ihn beinahe ein Jahr kosten. Die Entscheidung war deshalb leicht: Wir würden radeln.

Noch ein Problem harrte der Lösung, bevor wir unsere Brainstorming-Sitzung aufgeben konnten: Der Name der Unternehmung. Aber dies war offensichtlich. Jules Verne hatte vor mehr als hundert Jahren mit seinen Science Fiction Geschichten ganze Arbeit geleistet: *Journey to the Centre of the Earth*, Reise zum Mittelpunkt der Erde, war unsere Wahl, die uns um so leichter fiel, als die Abkürzung JCE lautete, was man ebensogut als »Joint Crane Expedition« (Gemeinsame Crane Expedition) verstehen konnte. Vielleicht werden wir in kommenden Jahren auch Vernes andere Titel stehlen, so im Stil: »20000 Meilen unter dem Meer auf einem Einrad«, oder »Von der Erde zum Mond mit Elastic«, oder »Um die Welt in 80 Irgendetwas«.

JCE (Joint Crane Expedition) diente uns als Codename, und wir posaunten unser Unternehmen nicht in die Welt hinaus. Bloß einigen Freunden vertrauten wir an, daß wir eine Reise nach Zentralasien vorbereiteten. Den »Mittelpunkt der Erde« verschwiegen wir, wir wollten nicht Gefahr laufen, daß uns irgend jemand noch die Show stahl. Wir budgetierten JCE sorgfältig und kamen zum Schluß, daß, vorausgesetzt wir erhielten Räder und Ausrüstung gratis, jeder etwa 2500 Pfund Sterling aus dem eigenen Sack beisteuern mußte. Wir waren wirklich fast paranoid in unserer Angst vor Konkurrenz. Nicht nur unser Stolz würde leiden, wenn jemand vor uns den Mittelpunkt der Erde erreichen würde, sondern ebenfalls unsere Geldbeutel. Wir zählten nämlich fest darauf, daß wir unsere persönlichen Auslagen durch Presseartikel, eine Radiosendung, ein Buch und Vorträge wieder hereinholen konnten.

Einmal abgesehen von eventueller Konkurrenz, hatten wir noch eine andere, ganz große Sorge: Würden wir von Nepal aus die chinesische Grenze zu Tibet überschreiten können? Die ersten unabhängigen Reisenden seit einem halben Jahrhundert konnten diesen Schritt nämlich erst gerade vor zwei Monaten tun. Überall bedeutete man uns, daß es praktisch unmöglich sei, Visa und Erlaubnisscheine zu erhalten und daß es bereits eine große Leistung wäre, schon Lhasa mit unseren Rädern zu erreichen. Falls wir die direkte Route über den Himalaja nicht benutzen könnten, arbeiteten wir eine Alternative aus, die einen Umweg von 2000 Kilometern vorsah. Wir würden über Pakistan fahren und die neueröffnete (1. Mai 1986) Karakoramstraße über den Kunjirab Paß nach Kashgar benutzen und Tibet im extremen Westen, nahe bei Afghanistan und Rußland betreten. Falls auch dies nicht klappen würde, sahen wir einen Flug nach Hongkong und Beijing vor und würden den Mittelpunkt der Erde vom zweiten nächsten Meerespunkt aus anfahren. Falls auch dies in die Hosen gehen sollte – können Sie sich vorstellen, daß uns die Russen die Erlaubnis geben würden, vom nördlichen Eismeer aus durch Sibirien nach China zu fahren?

Nachdem also die Expedition geboren und der Rahmen in groben Umrissen festgelegt worden war, ließen wir sie ein wenig reifen. Ein schlafendes Gehirn erträumt sich oft die einfachsten Lösungen zu großen Problemen. Ende Februar trafen wir uns dann wieder und entschieden uns für den ersten Mai als Startdatum. Wir hofften, daß wir Bangladesh und Indien noch vor den großen Monsunstürmen hinter uns lassen konnten, daß der Winter schon so weit zurückliegen würde, daß wir den Himalaja und Tibet ohne Schnee passieren konnten und daß der Sommer noch zu wenig weit fortgeschritten sei, um uns in der Wüste zu dürren Chips zu rösten. Der März ging vorüber, und bereits waren wir im April. Der 1. Mai schien uns plötzlich unglaublich nahe zu sein. Der Abflug war auf den 23. April festgesetzt, wir hatten also noch gerade 3 Wochen Zeit, uns um Visa, Geld, Flugtickets, Karten, und Impfungen gegen Tetanus, Typhus, Cholera und Gelbsucht und schließlich auch noch die Räder zu kümmern. Fahrradfieber ist eine ernste Krankheit, die schwache Beine, schmerzende Rücken und langatmige Erzählungen nach sich zieht. Impfung dagegen gibt es keine, das einzige bekannte Gegengift soll stilles Leiden und Ertragen sein.

Am Tage vor unserer geplanten Abreise wollten wir in letzter Minute noch einen Flug buchen und mußten zu unserer Verwunderung feststellen, daß am Mittwoch niemand nach Bangladesh fliegt. Die drei Tage bis zum nächsten Flug gaben uns eine willkommene Verschnaufpause. Wir besorgten am Donnerstag die indischen Visa und am Freitag die Satteltaschenrahmen und das Flugticket. Nun waren wir wirklich beinahe bereit, abzufliegen.

Nick hatte bereits an verschiedenen Orten versucht, zu chinesischen Visa zu gelangen. Wir wußten, daß dies schwierig sein würde, währenddem die Visa für Bangladesh, Indien und Nepal keine Probleme aufgaben. China begann erst vor etwa zehn Jahren vorsichtig und zögernd, die Grenzen für den Tourismus zu öffnen, und erst seit etwa drei Jahren war es einzelnen Auserwählten möglich, ins Innere Tibets vorzudringen. Die Grenze zwischen

Nepal und China, also die Verbindung zwischen Kathmandu und Lhasa, wurde erst 1985 für Touristen geöffnet, und selbst dann durften die Reisenden nur in kontrollierten Paketen über die Grenze. Das erste individuelle Touristenvisum zur Überschreitung dieser Grenze wurde am 1. März 1986 erteilt. Darüberhinaus wollten wir nicht nur individuell reisen – was normalerweise mit Bus oder Zug bedeutet, sondern wir wollten dies auch noch mit unserem eigenen individuellen Transportmittel, nämlich dem Rad, tun.

Es gibt verschiedene Kanäle, wie man in London zu einem chinesischen Visum kommen kann. Ursprünglich sagten wir offen, was wir im Sinn hatten, aber hörten damit auf, als wir einen wirklich entmutigenden Brief mit folgendem Wortlaut erhielten: »Sie erhalten keine Erlaubnis, Ihre Expedition durchzuführen. Die Grenze zwischen Kathmandu und Lhasa ist nicht offen.« Unser Plan war es schließlich, die Chinavisa irgendwo in Asien zu kaufen, möglicherweise in Hongkong. Wir hörten von Reisenden, denen dies gelungen sein soll. Trotzdem versuchten wir noch andere Möglichkeiten in London, ohne allerdings unsere Pläne zu enthüllen. Am Donnerstag nach unserer geplanten – und geplatzten – Abreise fragte Nick im neueröffneten China-UK Travel Büro am Cambridge Circus nach, und zu unserer kompletten Überraschung war die Antwort ein schlichtes »JA«. Es würde 24 Stunden dauern. Wir bekamen unsere Pässe am Freitag um 16 Uhr, weniger als 24 Stunden vor unserem Abflug. Mit dem wertvollen chinesischen Visum in der Tasche!

In der letzten Nacht brachten wir all unser Material in Nicks Wohnung und schieden etwa die Hälfte des Materials, von dem wir glaubten, daß wir es nicht unbedingt brauchen würden, aus. Wir behielten die andere Hälfte, nahmen sie mit nach Bangladesh und entdeckten, daß wir auch sie nicht brauchen würden und ließen sie gleich wieder zurückfliegen. Als Sue Winchcombe um 8 Uhr morgens an die Türe klopfte, hatten wir gerade 18 Minuten Schlaf hinter uns, waren aber durchaus bereit, alles in ihren Kastenwagen zu verladen, und auf ging's nach Heathrow.

Die Ankunft in Dhaka war D-Day minus vier. Wir stiegen aus der Maschine und wurden von der glutheißen, patschfeuchten Luft beinahe k.o. geschlagen. Dies hatten wir nicht erwartet. All unsere Kleider waren für große Höhen geeignet, für Trockenheit und Kälte. In Bangladesh war es heiß und feucht, der feuchteste Platz auf Erden! Wir befanden uns auf Meereshöhe in den Tropen und trugen Schneebrillen. Ich glaube, nicht viele Touristen besuchen Indien und tragen bei sich nur Bücher über China.

Dhaka war farbig und lärmig. Rikschas, viele mit kunstvollen Gemälden auf ihrer Verkleidung, beherrschen die Szene. Ihre Glocken klingelten ohne Unterlaß. Nur zwei Pennies kostete eine Fahrt durch die Stadt. Die meisten Straßen waren schmutzig, aber geteert, einige hatten nur Naturbelag. Stellenweise standen immer noch alte Kolonialgebäude herum, das Zentrum bestand aus gesichtslosen Bürogebäuden, kaum höher als die einfachen Spelunken darum herum, wo wir uns an Chai und geröstetem Korn labten. Auf den Gehsteigen herrschte ein unglaubliches Gedränge von Leuten; einige trugen Anzüge, die meisten gingen barfuß. Die Reichen waren steinreich, die Armen mausarm, nur wenige machten den Anschein einer Mittelklasse.

Nick. Brief nach Hause.
Dhaka zog viele Flüchtlinge aus der Landschaft an, und wir kamen an einem Camp vorbei, wo Hunderte von Leuten in kleinen Blech-, Holz- oder Pappkartonhütten vegetierten. Kaum einer hat irgendeinen Besitz, und sogar jenes kleinste Symbol bescheidenen Besitztums, das Fahrrad, war selten. Die Kinder waren nackt oder in Lumpen gekleidet. Wir sahen zwar niemanden, der wirklich Hunger zu leiden schien, aber die große Mehrzahl des Landes lebt doch nahe am Existenzminimum. Es ist schwierig, die Armut der einheimischen Bevölkerung zu verdauen, wenn man sie unserem offensichtlichen Reichtum gegenüberstellt. Einige Anblicke waren wirklich erbarmungswürdig: Der Mann mit den verdrehten Beinstümpfen, der sich am Straßengraben entlanghangelte; das kleine Mädchen mit dem mattschwarzen Haar und den riesigen braunen Augen, das sein Baby, kaum 3 Monate alt, mit sich schleppte und um einen Taka (ca. 10 Pfennige und genug, um 2 Chapatis zu kaufen) bat. Der Wert eines unserer Rennräder würde eine ganze Familie ein Leben lang ernähren!

In Dhaka gab es Schaufenster mit modernsten Transistorgeräten und allem möglichen Schmuck, daneben richtige Schwitzkästen mit ganzen Reihen von dünnen Männchen, die, über vorsintflutliche Maschinen gebückt, emsig nähten. Es ist schwierig, sich an die Zustände hier zu gewöhnen, aber man hat es leichter, wenn man sie akzeptiert und nicht versucht, dagegen anzukämpfen oder sie in unsere westliche Philosophie hineinzuzwängen. In einem jener Schwitzkästen – einem etwas besseren, dem Lord Lings in der Green Road – ließen wir unsere Kombis aufs Sorgfältigste anpassen, so daß sie uns saßen, als wären wir damit geboren worden. Wir fanden dies wichtig, würden wir sie von nun an doch alle Tage den ganzen Tag und manchmal wohl auch in der Nacht tragen. Molly hatte sie uns aus luftdichtem Stretchmaterial geschneidert, das sich leicht waschen ließ und schnell trocknete. Wir mußten sie nur jeweils am Abend etwas im Wasser schwenken und aufhängen, um mehr oder weniger sauber zu bleiben. Wir nahmen uns vor, dies alle paar Tage zu tun. Dazu waren sie innen mit einem Polyesterflies versehen, angenehm zu tragen, farbig und fröhlich.

Wir hatten noch jede Menge zu erledigen in jenen letzten drei Tagen. Wir mußten die endgültigen Feineinstellungen an unseren Rädern vornehmen und unsere Ausrüstung nochmals sorgfältig überprüfen. Wir mußten einen Kontaktmann, Richard Fielder vom britischen Hochkommissariat, ausfindig machen. Das gleiche galt für einen Bekannten meines Vaters, Shameen Ahmed. Wir fanden ihn hinter einem smarten Schreibtisch mit einer ganzen Batterie von Fernsprechern. Er war außerordentlich freundlich und hilfreich, organisierte lokale Mediensendungen über uns, lud uns zum Essen ein und erzählte uns viel über sein Land. Er war ungefähr in unserem Alter, Public Relation Manager für Glaxo in Bangladesh und las als Hobby seit zehn Jahren die Nachrichten am nationalen Fernsehen. Verständlich, wenn an seinem Pult der Wahlspruch hängt: »Die meisten von uns bekommen, was sie verdienen, aber nur die Erfolgreichen geben es zu.«

Shameens Hilfe gab uns Zeit, auch unsere internen Knoten zu lösen. So zum Beispiel: Was genau nehmen wir nun wirklich mit und wie packen wir unsere Räder? Ich war eher dafür, einfach alles zurückzulassen. Nick dagegen wollte dies und das dabeihaben und hielt auch an einigen Ersatzteilen für unsere Räder fest. Er hatte recht, denn wir hätten kein Abenteuer erlebt, wenn wir wegen einer gebrochenen Speiche oder einer fehlenden Brille (wir tragen beide Kontaktlinsen) oder ein bißchen zu wenig Kleider (wir hatten ein Paar Beinwärmer zusätzlich zu den langen Unterhosen, den Overalls und den Überhosen) die Expedition hätten abbrechen müssen. Wir mußten uns ebenfalls klar werden über die Frage: Welche Route nehmen wir nun genau von Dhaka nach Kathmandu?

Zu diesem Zeitpunkt, ein Tag vor dem Start, hatten wir noch keine Ahnung, von wo aus wir genau starten würden. Deshalb waren wir denn auch nachts noch spät auf und brüteten über Detailkarten der Bangladesh-Küstenlinie, um einen Punkt zu finden, der sowohl gut zugänglich als auch unmittelbar am Meer gelegen war. Nach harten Diskussionen einigten wir uns schließlich auf Patenga Point. Am späten, letzten Nachmittag bestiegen wir den Zug nach Chittagong und studierten während der Reise unseren Weg zurück nach Dhaka und weiter nach Kathmandu. Von dort an sahen wir in unseren Träumen nichts mehr als ein etwas verschwommenes Bild eines Pfades durch hohe Berge, irgendwie weiter nach Lhasa, irgendwie weiter zur Gobi, wo wir irgendwie dann den Mittelpunkt der Erde finden würden.

In unseren Gedanken hatten wir nichts als das Gerippe der Reise. Das Fleisch würde drankommen, nach und nach, so wie sich die Reise entwickelte. Unser Ziel würde immer das gleiche bleiben, das Grundmuster war gelegt, aber die Einzelheiten waren offen und würden je nach den Umständen ausfallen. Wir hatten noch nicht einmal die definitiven Koordinaten für den Mittelpunkt der Erde berechnet, da wir dachten, daß wir dies ebensogut in Urumqi tun könnten. Es dürfte nicht viele Expeditionen geben, bei deren Beginn der Bestimmungspunkt noch nicht feststeht!

Irgendwie brachten wir alle losen Enden zusammen und starteten dann also am Mittag des ersten Tages, mit einigermaßen intaktem Geisteszustand, vom attraktiven Patenga Point in der Nähe von Chittagong im südlichen Bangladesh. Noch bevor wir das erste Mal in unser Lager sinken konnten, wurden wir von Hitze-Erschöpfungszuständen und einem tropischen Monsungewitter heimgesucht – und in der Nacht von erbarmungslosen Moskitos...

Nick. Tag 2.
Tag 2 begann um 6 Uhr. Ein früher Start, um der Hitze zu entgehen. Frisch und munter in die Dämmerung. Wir fuhren Windschatten und lösten uns gegenseitig ab. Geschwindigkeit etwa 35 km/h, wenn der Asphalt eben war; die Straßen mehr oder weniger frei von Verkehr.
Die Straßen führten durch die Tiefebenen des Gangesdelta. Sie waren auf Dämmen angelegt, hoch über einem Meer von grünen Feldern in allen Schattierungen, je nach dem Reifegrad des Reises, der darauf wuchs. Dazwischen gab es kleine viereckige Seen, wo man gerade dabei war, den Reis zu pflanzen. An einigen Orten sprossen gerade die jungen Reispflänzchen in lebhaftem Grün durchs graue Wasser. Oft kamen wir an einem Bauern vorbei, der, bis zu den Knien im Wasser, hinter einem stämmigen Ochsen, ein Feld pflügte. Magere, braune Kühe wanderten umher, ebenso wie Schafe und Hunde, die aussahen, als ob sie kein Wässerchen trüben könnten. Kleine Kinder rannten auf den Wegen zwischen den Feldern herbei und winkten uns zu. Hie und da war in einer Feldecke eine Ziege angebunden. Palmen säumten die Straße.

Zwischen Baumgruppen hindurch sahen wir strohbedeckte Häuser, aber sonst nichts vom Leben dieser Leute. Über dieser lieblichen ländlichen Szenerie spannte sich ein ganzes Netz von Hochspannungs- und Telefonleitungen. Ab und zu erreichte uns ein Fetzen einer Melodie aus einem fernen Transistorradio, hergeweht von einer feinen Brise. Von Zeit zu Zeit störte ein wespengleiches, unangenehmes Surren den Frieden, wenn uns eine dreirädrige Autoriksha einholte, vorbei fuhr und unbeirrbar ihrem Ziel zustrebte. Dann kamen die Lastwagen und Busse. Wie die Furien dröhnten sie daher, überladen, mit halsbrecherischem Tempo, mitten auf der Straße. Wir schrien uns zu: »Bus, Bus, BUS! fünfzig Yards!« In panischer Angst manövrierten wir unsere Räder am äußersten Straßenrand dahin, die Schulter leicht eingezogen, immer in Erwartung des Zusammenpralls von hinten. Es war eine angsteinflößende Angelegenheit, wenn so ein Lastwagen daherkam; es war absoluter Terror, wenn sich zwei so Ungetüme kreuzten. Viele Male gaben wir den ungleichen Kampf auf und flohen vom Asphalt hinunter in den kiesigen Straßengraben. Mit vorsichtigen Balanceakten und unter

Beachtung des genau richtigen Augenblicks, gelang es uns dann meistens auch, ohne den Boden zu küssen, wieder auf den Belag zurückzufinden. Einmal konnte Nick gerade noch in eine Lücke zwischen zwei Bussen einscheren. Für mich langte es nicht mehr, und ich sah mich eingeklemmt zwischen einem Bus vorne und einem riesigen Betontransporter hinten. Ich hatte keine andere Wahl, als mit einem rechtwinkligen Manöver auf die linke Seite hinaus auszuweichen und fand mich im Hof eines Steinmetzes wieder.

Nick. Tag 2.
Rikschas wackelten in dichten Wellen vorbei, flohen vor den immer wieder angreifenden Bussen und Lastwagen. Ganze Scharen von Leuten in jedem Feld. Pulsierendes Leben in allen Dörfern. »Hört denn das nie auf?«, fragte ich Dick. Die unablässige Hektik von Bangladesh, vom frühen Morgen bis weit nach Mitternacht, ist uns immer noch unbegreiflich. Die schiere Masse menschlicher Aktivität und Präsenz überschritt bei weitem das Maß unserer Vorstellungskraft. In den Dörfern waren die Straßen vollgestopft mit Menschen, die irgend etwas taten. Nicht untätig herumsitzen, nein, alle flitzten umher oder waren beschäftigt mit irgendeinem Ziel: sie arbeitet in Werkstätten, machten Möbel, schweißten, reparierten Busse oder Rikschas, nähten Kleider, verkauften Arzneimittel, Pepsi Cola oder Stoffe. Jeder schien irgend etwas zu tun, aber mit dem wenigen Geld, das vorhanden ist, muß das Einkommen aus all diesen Geschäften wohl verschwindend klein sein. Aus allem wird noch irgend etwas gemacht, fabriziert, auch aus Dingen, die bei uns im Westen längst auf die Abfallhalde gewandert wären. In der Folge sah man denn auch nie Material, das vergeudet, verschwendet wurde. Die einzige »Umweltverschmutzung« war organisch: menschlich und tierisch.

Das eigentliche Wesen von Bangladesh sind die Menschen. Das Land ist eines der dichtest besiedelten der Welt. 100 Millionen Leute, mehr als 600 pro Quadratkilometer, viermal soviel wie in Großbritannien, leben darin. Die durchschnittliche Familie zählt sieben Köpfe, gleich viel wie meine Familie, aber zu Hause sind wir weit über dem Durchschnitt. Überall wo wir haltmachten, sammelte sich sofort eine Riesenmenge, oft mehr als siebzig Menschen um uns, eine kompakte Masse.

Wir fuhren von der lieblichen, grünen, ländlichen Landschaft hinein in die grau-schwarzen Ameisenhaufen der Dörfer, vollgestopft mit Menschen, maroden Bussen und Rikschas. Wenn wir anhielten, rannten augenblicklich die Kinder von überall her zu uns. Manchmal begann sich die Menge schon zu sammeln, bevor wir überhaupt stoppten.

In Feni, einem Flecken, ungefähr 80 Kilometer von Chittagong entfernt, sprang ich vom Rad, um bei zwei Chai-Häusern nachzuschauen, ob wir etwas zu trinken bekommen könnten. Ich war kaum eine Minute weggewesen, aber bereits drängten sich fünfzig Leute um unsere Räder. Zu Nick zu gelangen, erwies sich als schwierig. Zuerst versuchte ich es mit Drängen, dann mit meinen Ellbogen, ohne Erfolg. Erst als ich brüllte: »Platz da! Platz da! Beep, beep!« wich die Menge vor mir zurück, und ich schritt hindurch wie weiland Moses durch das Rote Meer. Zurück bei Nick gab ich ihm seinen Drink. Wir stürzten die Flüssigkeit rasch in uns hinein, denn inzwischen war die Menge bedrohlich angewachsen. Die Menschen standen dichtgedrängt beisammen, lehnten schwer gegen unsere Räder und erregten sich immer mehr. Kleine Kinder schlüpften zwischen den Beinen der Erwachsenen nach vorne, größere folgten nach und stießen die Kleinen wieder nach hinten, alle lachten uns, Anerkennung heischend, an, und schließlich verlor einer das Gleichgewicht und damit auch seine Selbstbeherrschung. Er fiel hin, begann zu schreien, die anderen schrien auch, und plötzlich befanden wir uns mitten in einem Pandämonium. Nichts wie weg hier! Wir stießen unsere Räder energisch vorwärts, sprangen auf die Sättel und traten in die Pedale, daß es eine Art hatte, hoffend, daß sich nicht zuviele Kinder an den Gepäckhaltern festklammerten. Innerhalb einer Minute hatten wir uns von den schnell rennenden Verfolgern freigestrampelt, und kurze Zeit später rollten wir wieder ruhig und friedlich durch die liebliche Landschaft, durch grüne Felder, vorbei an emsigen Frauen mit riesigen Warenpacken oder Wassertöpfen auf ihren Köpfen.

Bald hatten wir gelernt, daß wir in den Dörfern mit unseren Rädern, so schnell wie möglich, im Hinterhof des Chai-Hauses verschwinden mußten, um einigermaßen in Ruhe gelassen zu werden. Selbst dann drängten sich Leute herein, aber immerhin hatten wir nun eine Wand im Rücken, die uns schützte. Manchmal allerdings fürchteten wir, daß auch diese unter dem Druck der Menge draußen nachgeben könnte. Wir sahen uns konfrontiert mit einer Mauer von dunklen Gesichtern, die jedes frische Lüftchen und auch das Licht von draußen abblockte. Einige besonders mutige Jungs standen bald auf den Stühlen, während ein paar ganz kleine sich durch die Lücken in der Mattenwand zwängten. Die Kleinen kamen immer nahe, ganz nahe, ohne uns aber zu berühren. Ein paar würden wohl auch die Hände ausstrecken und mit einem entschuldigenden Lächeln die glänzende Oberfläche unserer Räder streicheln. Die Dorfbewohner waren immer freundlich und interessiert. Fasziniert sperrten sie ihre großen schwarzen Augen auf und standen oft still, wie zu Stein erstarrt vor Verwunderung. Wir trafen auf keinerlei Aggressionen, nicht einmal auf feindselige Gesichter, immer war es nur Neugier, die die Menschen trieb. Bald einmal würde jemand kommen und die üblichen Fragen stellen: »Woher kommt ihr?« »Wie heißt euer Heimatland?« »Wie heißt ihr?«

Bald beherrschten wir unsere ersten zwei Wörter Bangla: Doe cha! Zwei Tee. Damit waren jedoch unsere linguistischen Fähigkeiten erschöpft. Wir deuteten auf den Teller eines Nachbargastes, um das gleiche Essen zu erhalten, und gähnten und schlossen die Augen, wenn wir ein Bett wollten. Um für Essen und Schlafen zu bezahlen, hielten wir jeweils zwei Noten hin und ließen den Wirt nehmen und herausgeben, was er wollte. Der Satz »Wohin geht es nach X?« war ein bißchen schwierig, aber wir konnten uns normalerweise verständigen, indem wir den Namen des Ortes mit fragendem Blick sagten. Meistens mußten wir ihn mehrmals wiederholen, bis wir in etwa die richtige Aussprache und Betonung trafen. Ich sprach die Leute immer mit einigen Sätzen in normal gesprochenem Englisch an, bevor ich mit meinen Fragen begann. Man faßte schneller Vertrauen, wenn man meine normale Stimme kannte. Darüber hinaus zeigte sich, daß ein Lächeln immer noch das beste Verständigungsmittel zwischen Menschen ist.

Wenn wir Hunger hatten, war uns jedes der kleinen Teehäuser am Rande der Straße recht. Sie bestanden meist aus einem einzigen, strohgedeckten Raum. Auf dem bloßen Erdboden standen die hölzernen Tische und Stühle, die immer etwas zu klein für uns waren, den Bangladeshi sind von Statur kleiner als wir. An einem Ende, in einer Nische wurde über offenem Feuer gekocht. Das Essen bestand aus einer riesigen Schale Reis, oder Chapatis, einer Art Fladenbrot, dazu vielleicht ein paar Stücke eines mageren Huhnes oder Fleischcurry und die typischen paar Gemüse in Curry. Wir aßen mit unseren Fingern, immer mit der rechten Hand, wie alle Einheimischen. Auf all unseren Reisen haben wir immer alles Essen gekauft, nie selbst gekocht, oder gar Lebensmittel selbst mitgebracht.

In den Teeschuppen kochen Männer, in den Dörfern reparieren Männer die Busse und Rikschas. Männer pflügen in den Feldern, sind Baumeister und Verkäufer. Sie sind die Kaufleute, die Lastenträger, die Fahrer. Männer hängen auch an den Straßenecken und den Cafés herum. Kaum je sahen wir Frauen. Sie sind die wahren Arbeiter der Familie, und weil Bangladesh ein muselmanisches Land ist, werden sie sorgfältig versteckt. Einige der wenigen, die wir sahen, trugen einen Schleier mit ihrem indischen, beinah hindustanischen, fröhlich-farbigen Sari, der den Rest des Körpers total verhüllt und nur Hände und die baren Füße freiläßt. Sie arbeiten in den Feldern, tief über die Erde gebeugt, jäten, pflanzen, ernten. Sie bleiben im Hintergrund des Dorfes, verborgen hinter den Wänden der Häuser, schauen zu den Kindern und den Hühnern und Ziegen, kochen für die Männer, schleppen die Wasserkrüge mit schwingender Grazie.

Dick. Tag 2. Mittag. Comilla.
Heute gab es einige kleine Reibereien zwischen uns – Nick zieht es vor, schnell zu fahren und regelmäßig zu halten, um die Wasserflaschen

aufzufüllen. Ich dagegen pedale lieber ein bißchen gemütlicher, dafür einige Stunden ununterbrochen. Nick machen die abrupten Stops und Starts nichts aus, mich werfen sie aus dem Rhythmus. Das mit dem Wasser macht mir nichts aus, obschon – ich muß gestehen, daß ich auch schon Kopfweh hatte. Wir stritten uns nicht wirklich, jeder machte dem andern einfach seinen Standpunkt klar, und dann radelten wir schweigend für etwa eine Stunde nebeneinander.

Dies ist jedoch nichts, wenn man bedenkt, in welcher Art und Weise sich diese Reise angelassen hatte. Nach knapp 24 Stunden bewegten wir uns wie alte Hasen. Wir hatten das Gefühl, als wären wir schon seit Wochen in diesem Abenteuer drin. Räder und Gepäck waren Teile von uns. Wir hatten so wenig dabei, daß wir schon genau wußten, wo jedes einzelne Teil war. Die Leute, die Orte, die ganze Geschäftigkeit, alles schien normal. Weder die Hitze, noch das Essen, noch das Meer von Reisfeldern machten uns etwas aus. Es schien uns, als ob wir alterfahrene Reisende in diesem Land wären, als ob wir schon Hunderte von Kilometern auf diesen Rädern mit dieser Ausrüstung zurückgelegt hätten. Alles fühlte sich »richtig«, »glatt« an. So weit, so gut. Jede kleine Begebenheit war lustig, keine hatte uns wirklich gefordert. Es war seltsam. Fast zu glatt verlief alles. Viel einfacher, als wir es uns vorgestellt hatten. Noch keine ernsthaften Probleme tauchten auf. Die Ruhe vor dem Sturm?

In der Mittagshitze machten wir Halt in Comilla, hatten etwas zu essen, schliefen ein wenig. Wir erwachten schweißgebadet in der Mitte des Nachmittags und hofften, daß es draußen ein bißchen ruhiger geworden sei, aber weit gefehlt, der Platz war immer noch gestoßen voll mit Leuten und Rikschas. Quer über der Hauptstraße hing etwa 10 Meter entfernt ein großes Modellboot – Symbol der Boot-Partei, die in dieser Gegend stark war –, das für Unterstützung bei den kommenden Wahlen am 7. Mai, also 5 Tage später, warb. Diese Wahlen waren die ersten freien Wahlen in Bangladesh seit 20 Jahren, seit der Zeit, als Bangladesh noch Ostpakistan war. Seit noch längerer Zeit, als es noch ein Teil Indiens war und Ostbengalen hieß, nennt man die Einwohner Bangladeshs auch Bengali. Die jetzigen Wahlen könnten das Ende der Militärherrschaft bedeuten. Viel stand auf dem Spiel und das Wahlfieber erreichte jeden Tag neue Höhepunkte: Propaganda am Radio, Straßenwerbung, Partys und Reden am Abend. Wahlplakate waren überall an den Chai- und Geschäftshäusern angeschlagen. In der vergangenen Nacht fuhren wir an etlichen Wahlpartys mitten auf den Feldern vorbei. Trommeln dröhnten und lockten die Mengen nach dem Feierabend herbei. Lastwagen fuhren vorüber, vollgeladen mit singenden jungen Männern. Von Autorikschas plärrten Lautsprecher Wahlslogans. Drei Tage später fuhr so eine an uns vorbei. Der Mann am Mikrofon schrie so heftig, daß er plötzlich von einem nicht enden wollenden Hustenanfall gepackt wurde, der dann bei angeknipstem Mikrofon in seiner ganzen Länge hinausgeschmettert wurde!

Die Mengen rotteten sich zusammen wie bei einem Europacup-Final. In Dhaka gab es zwei Tote, zwei Tage nachdem wir dort waren. Wenn immer möglich, versuchten wir, hinter einem Bus oder Lastwagen, der sich mit seinem Horn einen Weg bahnte, durch Wahlveranstaltungen hindurchzufahren. In einer freundlichen Art und Weise schienen wir die Leute stark herauszufordern. Bei unserem Anblick begannen sie zu johlen und in die Hände zu klatschen, aber leicht hätte sich diese Stimmung auch ins Gegenteil verwandeln können. Wenn wir Glück hatten, bemerkte uns hinter dem Lastwagen niemand, bis daß wir vorbei waren.

Nick. Tag 2. Abend.
Eine riesige Amboßwolke begann sich direkt vor uns zu formen, bis daß der halbe Himmel mit dräuendem Grau gefüllt war. »Ich frage mich, ob das ein Zyklon ist?« sagte ich und fürchtete bereits weitere Wasserprügel. Dunkelheit zog herauf (viel schneller als in England), und wir machten auf einer Brücke in der Nähe von Elliotsganj Halt. »Machen wir weiter, oder hören wir auf?« fragte D. »Ich bin fürs weiterfahren.« Also ging's weiter. Die Riesenwolke löste sich plötzlich in einer orangenfarbenen Dämmerung auf. Prügel bezogen wir aber trotzdem, wenn auch nicht vom Wasser. Diesmal kam das Drama der Nacht in Form der größten Käferinvasion daher, die ich je erlebt hatte. Die Luft war gespickt mit fliegenden Objekten, die mit einer solchen Häufigkeit mit uns zusammenstießen, daß es praktisch unmöglich war, die Augen auch nur einen kleinen Augenblick offenzuhalten. Mein Haar war steif mit darin gefangenen Insekten, meine Ohren voll des Geschmeiß'. Mit einem gewaltigen Husten spuckte D irgendeinen Käfer aus und schrie mir zu, daß wir anhalten und irgend etwas über den Kopf stülpen müßten. Von meinem Vorderrad kam ein lauter Klang, als einer der größeren fliegenden Brocken sein Hinterteil an einer der rostfreien 14er Speichen anschlug, welche kunstvoll von F. W. Evans Bob Arnold selbst mit letzter Präzision montiert worden waren. Es war schon ganz dunkel, als wir die Daudkhandi Fähre erreichten. Ohne zu halten fuhren wir darauf, und das Boot löste sich mit röhrenden Dieseln sofort vom Ufer. Der Fluß hatte das Aussehen dicker Gemüsesuppe. Auf der anderen Seite fragten wir, wo wir wohl Unterkunft und Essen finden könnten. Mittlerweilen waren wir wieder einmal Mittelpunkt einer Menge. Ein Erdnußverkäufer deutete schließlich über den Fluß und sagte: »Andere Seite.« Wir fühlten uns mies, als wir wieder zur Fähre zurückradelten, eine weitere Menge über uns ergehen ließen. Doch schließlich fanden wir dann doch den richtigen Weg nach Daudkhandi.

Die Unterkunft war kaum exotisch zu nennen. Das Luxusappartement bestand aus einem winzigen Raum, kaum groß genug für zwei Betten. Weißer Kalk splitterte von den Wänden ab, Fensterläden, die nicht schlossen, eine Fahrradkette, die als Türschloß diente, Abfälle unter dem Bett und Wanzen in den Ecken. Ein winziger Holzstuhl und eine Zinnwaschschüssel am Boden, das war alles. Jede Menge Hitze, Feuchtigkeit und Insekten. Nick fiel auf die Liege und tropfte vor Schweiß. Wir hatten an diesem Tag über 160 Kilometer bewältigt. Ich verlangte Wasser und erhielt eine dicke, milchige Flüssigkeit. Beinahe opak. Wir nahmen die doppelte Dosis Puritabs, legten unsere Räder aufs Bett und gingen hinaus, um etwas zu futtern.

Es war neun Uhr, und der Abend begann gut. Wir aßen Reis mit den saftigsten Fischsteaks in Currysoße. Dann ging der Strom aus, und wir mußten im Lichte einer trüben, rauchigen Ölfunzel weiterschreiben. Die Lampe faszinierte eine große Anzahl neugieriger Insekten, unser Schreiben eine ebensolche neugieriger Einheimischer. Zuerst war nichts als respektvolles Interesse, dann ein paar Fragen und schließlich das Angebot, uns beim Schreiben beizustehen. Langsam begann uns warm zu werden. Ein hagerer Mann drängte sich an unseren Tisch, lehnte sich vor und sagte mir mehrere Male direkt in die Augen: »Es hat heute in dieser Stadt schon einen Toten gegeben!« Ziemlich eklig, das alles. Dann machte er kehrt, verließ den Raum und kam, noch finsterer dreinschauend als vorher, mit anderen wieder zurück. Er begann, mich auf die Brust zu schlagen, und sang, indem er mit der anderen Hand Kreise um seinen Kopf beschrieb: »Ein toter Mann.« Andere drängten sich um Nick und raunten ihm zu: »Vier Menschen wurden verletzt.« Nicht sehr nett, all dies. Zeit, zu verschwinden. Wir hatten jedoch keine Zeit, zu entfliehen, da ein lokaler Offizieller eintrat und uns kurzerhand verhaftete. Es war 11 Uhr, als er uns hinunter zum Polizeiposten führte, unter dem Verdacht der politischen Agitation und der Anstiftung zur Aufruhr.

Mr. Nazrul Haq, der Mann, der das Sagen hatte, saß hinter einem riesigen Pult. Ein großer Ventilator hing an der Decke und drehte sich langsam. Zwei Polizisten standen vor jeder Türe. Die lokalen Naseweise mußten draußen bleiben und warten. Mr. Nazrul Haq wollte unsere politische Gesinnung erfahren, wollte wissen, warum wir hier herumspionierten und wie wir es anstellen wollten, einen Aufruhr zu starten. Warum schrieben wir so viel in unsere Tagebücher. Ob wir Journalisten seien. Und, falls nicht, warum wir Bangladesh ein paar Tage vor den äußerst wichtigen, nationalen Wahlen studieren wollten.

Schweiß tropfte uns vom Gesicht und rann den Hals hinunter. Wir waren in einer recht brenzligen Situation. Unsere Kleider waren schmutzig und klebten an unseren Körpern, die Fußgelenke juckten dort, wo die Socken aufhörten. Die Sonne hatte uns auf die Handrücken, dort wo wir Handschuhe trugen, Hakenkreuzähnliche Male gebrannt. Ziemlich gefährlich! Wir hofften nur, daß er unser Gepäck nicht durchsuchen würde und dabei die ganzen Tagebücher, die Kameraausrüstung, Filme, Tonbänder, und, am schlimmsten, das Nagrabandgerät finden würde, das uns von BBC zur Verfügung gestellt wurde und das den kompromittierenden Namen »Spy Recorder« trug. Oder, viel einfacher und noch tödlicher: Er hätte auch in Nicks Paß schauen und bemerken können, daß Nick wirklich Journalist ist!

Glücklicherweise beruhigte sich Mr. Haq wieder, als wir unser freundlichstes Lächeln aufsetzten. Schnell fabrizierten wir für ihn eine kleine Geschichte, daß wir gewöhnliche Touristen seien und uns hoffnungslos verfahren hätten, und daß wir versprechen würden, so schnell wie möglich wieder nach Dhaka zurückzukehren. Nun zeigte sich, wes Geistes Kind er wirklich war. Er kaufte uns Coca Colas, und wir begannen, Politik, Maggie Thatcher und die Queen zu diskutieren. »Was nicht in Ordnung ist mit den Engländern? Ganz einfach, sie werden alle von Frauen beherrscht.« Ganz besondere Verehrung hatte er für Lord Mountbatton, den »letzten Kolonialherrscher«. Es stellte sich heraus, daß wir die ersten Touristen waren, die seit seiner Amtsübernahme die Stadt besuchten. Es ist mein Rat an alle Touristen, dafür zu sorgen, daß wir auch die letzten waren!

Nick. Tag 2. Daudkhandi. 1 Uhr morgens.
Wir hatten eine Polizeieskorte zurück in unsere Kaschemme und waren erleichtert, unsere Räder immer noch unberührt auf den Betten vorzufinden. Die Türe wurde verschlossen, und ein herrliches Gefühl der wiedergefundenen Privatsphäre kam über uns. Endlich isoliert von Bangladesh für wenigstens ein paar Stunden. In weniger als 2 Tagen erlebten wir Hitzschlag, Wanzen, Verstopfung, Monsun-Sintflut, Blitz und Donner, Käferinvasion, Killerbusse, Aufruhr und schließlich eine Verhaftung durch die Polizei. Unsere ungewaschenen Kleider verrotteten langsam in der unerbittlichen Hitze und Feuchtigkeit. Nichts Normales geschah hier – wir hatten noch nicht einmal einen Platten. Mit geschlossenen Türen, um 1 Uhr morgens, blieb uns nichts mehr als die Hitze, das Surren der Nähmaschinen, Transistormusik von den unteren Räumen, ein bißchen Rauferei in den Straßen, Hundegeheul und das ekelhafte Sirren der Moskitos. Wir waren schweißüberströmt. Sogar die verdammten Zikaden stimmten ein in die unaufhörliche Wahnsinnskakophonie, die alle paar Augenblicke einen Kontrapunkt durch einen bellenden Gecko über unseren Köpfen erfuhr. Dieser Ort war verrückt. Je schneller wir nach Indien entfliehen können, desto besser.

Tag 3 brachte uns das Vergnügen, wieder mit der Fähre übersetzen zu müssen. Dann gab es eine schnelle, glatt verlaufene Fahrt nach Dhaka, unterbrochen durch eine weitere Fähre. Nichts Unerwartetes geschah. Unser Hauptinteresse galt dem Verkehr, der bei immer schmaleren Straßen immer dichter wurde, je näher wir Dhaka rückten. Entweder waren wir gezwungen, im Schrittempo über Dreckhaufen und Abflußgräben neben der Straße zu fahren, oder aber wir warfen uns in den Verkehrsfluß und pedalten mit verrückten 40 km/h dahin. Dabei kamen wir uns vor, wie Ameisen auf einer Vergnügungsfahrt auf den Zähnen einer Motorsäge. Es ging schnell, aber einen Augenblick der Unachtsamkeit, und wir hätten tot sein können.

Dhaka war wie eine Rückkehr zu Sicherheit und Normalität. Wir waren weg von all der politischen Hektik, wir konnten unsere Freunde wieder treffen und vernünftige Gespräche führen. Wir konnten uns in klimatisierten Räumen erholen, fern aller Insekten und Hitze, und – das Beste von allem – wir konnten etwas Frieden und Ruhe finden. Wir gingen zum Lunch ins Sheraton, kauften einen Rasierer und rasierten uns. Trotzdem, unsere Haare blieben wirr, und unsere Kleider starrten vor Schmutz. Mein rechtes Bein war über und über mit Fahrradfett bekleckert. Schamlos genossen wir trotzdem alles und wurden vom Personal auch sehr anständig behandelt. Wenn man in England so aussieht, dürfte man nicht einmal die Abfalleimer leeren.

Erfrischt und aufgetankt fühlten wir uns schon wesentlich besser und hielten Rückschau auf unsere Fortschritte: 3 Tage waren vergangen, 273 Kilometer hatten wir zurückgelegt, was einen Durchschnitt von nur gerade 90 Kilometer ergab. Das war ziemlich unter dem Ziel von 100 Kilometer pro Tag und für uns ganz einfach nicht gut genug. Wir entschlossen uns, für den nächsten Abschnitt bis Kathmandu, immer früh am Morgen, eine halbe Stunde vor der eigentlichen Dämmerung, loszufahren. Um den Rest des Tages auszufüllen, erledigten wir ein paar Dinge, wie zum Beispiel nach Hause zu schreiben.

Es stellte sich heraus, daß wir im Hotel kein Geld wechseln konnten, und so begannen wir mit zwei freundlichen Damen zu plaudern, die gerne bereit waren, ein paar Pfund gegen Taka zu wechseln. Wir sprachen auch von unseren Plänen, und wie wir morgen auf unseren Rädern durch Bangladesh hindurch wollten, worauf die stattliche, rundliche Dame, von der ich später erfuhr, daß sie Mrs. Berlin hieß, aus New Jersey stammte und seit 6 Jahren in Dhaka wohnte, lachend meinte:

»Das könnt ihr nicht tun. Morgen ist *Hartel*!«
»Was ist denn das wieder?«
»Das ist der Generalstreik. Streikwachen von früh bis spät. Jeder, der sich auf die Straße wagt, wird gesteinigt. Sie werden euch Steine und Stecken nachwerfen.«
»Wie kommen denn die anderen voran?«

»Gar nicht. Es gibt keine Busse, keine Autos, keine Lastwagen, keine Fahrräder. Weise Leute getrauen sich auch zu Fuß nicht auf die Straße.«

Für eine Frau, die wie unsere gute alte Tante Berta aussah, hatte sie erstaunlich ernst gesprochen.
Schließt euch ins Hotelzimmer ein und zieht den Kopf ein.«
Ich murmelte:
»Es scheint, daß alles hier verrückter und verrückter wird.«
»Absolut richtig«, sagte sie, »wenn Sie den Ursprung der Verrücktheit suchen, so finden Sie ihn hier.«

Es war alles ein wenig deprimierend. Unsere Hochgeschwindigkeitsreise zum Mittelpunkt der Erde schien in Scherben zu gehen, nicht weil es uns an Fitneß gefehlt hätte, nicht weil uns mechanische Probleme daran gehindert hätten, sondern ganz einfach wegen soziopolitischer Probleme, Umstände, die wir nicht kontrollieren konnten, höhere Gewalt.

Später gingen wir noch zum britischen Hochkommissariat, in der Hoffnung, daß man dort eine andere Sicht der Dinge hätte. Weit gefehlt, Mike Greenstreet und Jack Woodcock, die Bosse, verboten uns praktisch, Dhaka zu verlassen, und empfahlen uns, absolut stillzuhalten, bis die Wahlen vorbei wären.

Beenden wir noch meine Geschichte mit Mrs. Berlin: Um unsere Konversation wieder ein bißchen aufzulockern, weihten wir sie in unsere ganzen Pläne ein, wie wir, wenn möglich mit unseren Rädern, in weniger als 50 Tagen bis zur Wüste Gobi fahren wollten, um dort unser geheimes Ziel zu entdecken. Ihre Antwort faßte in unglaublich prägnanter Weise unsere bisherigen Erfahrungen zusammen: »Wenn ich nach China radeln würde, überhaupt, wenn ich irgendwohin pedalen sollte, ich würde nie, aber auch gar nie in Bangladesh starten!«

2. KAPITEL

Vom Irrenhaus zum Land der Morgenruhe

Bangladesh spielte total verrückt mit unseren Plänen; wir waren in der Hauptstadt Dhaka nach bloßen 269 Kilometern gestrandet. Unser Ziel wäre es gewesen, so schnell wie möglich Kathmandu zu erreichen, um uns endlich in den eigentlichen Kern des Abenteuers stürzen zu können: Tibet und China. Wir wußten aber beide, daß sich unser Horizont in der Zwischenzeit ganz erheblich verengt hatte. Alles was wir wollten, war, Bangladesh so schnell wie möglich und lebend zu verlassen, aus diesem Irrenhaus herauszukommen.

Wir befolgten den Rat des britischen Hochkommissariats und blieben in Dhaka. Richard Fielder verschaffte uns Zutritt im eher vornehmen Club der »British Aid Guest House Association«. Hier hätten wir in kolonialistischer Eleganz theoretisch Gin und Tonics schlürfen und den intimen Klatsch des Gastlandes durchhecheln können, in Wirklichkeit war man eher dem Bier zugetan, und was interessierte, war nicht Bangladesh, sondern England. Nach Monaten der Abwesenheit gierten die Leute nach Informationen aus der Heimat, man diskutierte die britische Politik, und man fragte uns nach unseren Plänen aus. Ganz allgemein hatte man das Gefühl, daß wir uns übernommen hätten: »Ihr müßt verrückt sein!« Wie hilfreich... Die Zeitschriften auf den Tischen waren »Sunday Times«, »Woman's Own« und »Yachting World«, ein eigenartiger Kontrast zur Welt der Armut und der Slums außerhalb dieser Mauern. Das Ganze war eine gute Gelegenheit, über unsere Bücher zu gehen, und so entschlüpften wir denn in unsere Zimmer.
»Nick, glaubst du wirklich, daß wir hier herumhängen sollen, wie uns befohlen wurde? Alles aufs Spiel setzen wegen dem Hartel? Bis nach den Wahlen warten? Das wären vier weitere Tage.«
»Wirklich eine Schande. Aber was können wir tun? Wir brauchen mindestens noch 3, wenn nicht 4 Tage, um Indien zu erreichen.« Er hielt inne und kontrollierte die Distanzen. »Ein einziges Problem, und wir verlieren einen Tag, kommen mitten in die Wahlen! Kompakte Mengen, Gejohle, Aufruhr. Wie leicht, wie leicht könnten wir sogar in einer Holzkiste nach England zurückkehren.«

Nördlich von Dhaka war alles möglich, aber mich drängte es vorwärts. Ich sah auf der Karte die große Stadt von Dinajpur und meinte, daß es dort wohl

einen Grenzposten und deshalb auch anständige Straßen geben müsse. Nick hielt dagegen, daß dies in der Theorie wohl alles gut und recht sei, daß man aber nie Genaues wisse, bis man es gesehen habe. Ich wollte unbedingt weiter, trotz Hartel. Ich war bereit, die Ratschläge der Experten betreffend Wahlfieber in den Wind zu schlagen und darauf zu hoffen, daß sich die Leute unser erbarmen würden. Nick war skeptisch.
»Du wirst mich morgen nicht auf der Straße sehen. Selbst in guten Zeiten erregen wir genug Aufsehen mit unseren weißen Gesichtern und blitzenden Rennrädern. Es wäre Selbstmord.«
»Nun hör doch mal Nick, es muß doch irgendeinen Weg geben, weiter zu kommen.«

Ich nahm jene weinerliche Stimme hervor, die verwöhnte kleine Kinder haben, wenn sie nicht bekommen, was sie gerne hätten. Wir wußten beide, daß wir so schnell wie möglich aus dem Schlamassel heraus mußten, bevor man zu Hause über uns zu lachen begann: Zwei, die auszogen, um die Wüste Gobi im Sprint zu bezwingen, und schon im Gangesdelta stecken blieben! Frustrierend. Nick, der die Karte studiert hatte, wurde plötzlich lebendig:
»Schau, Dick, ich hab's! Wir müssen unsere Route wechseln. Wir nehmen die sichere Hauptstraße gegen Westen nach Kalkutta. Es sind 100 Kilometer weniger bis zur Grenze, und wir könnten in zwei Tagen dort sein.«
»Zeig mal.« Ich beugte mich über die Karte. »Ja, du hast recht, es ist ist weniger weit. Das würde unsere Probleme lösen. Dazu würde es erst noch den Leuten hier gefallen, daß wir ihre Ratschläge beherzigt haben.«
»He, das ist neu an dir, ›Ratschläge beherzigen‹!«

Die bissige Bemerkung ging über meinen Kopf hinweg, ich war immer noch über die Karte gebeugt. Die neue Route durch Indien würde uns zwei Tage mehr kosten, denn statt der kurzen Traverse von Dinajpur in Nordwest-Bangladesh nach Karkavitta in Südwest-Nepal, würden wir 700 km durch Indien fahren.
»Es wäre schade, wenn wir nicht durch die abgelegeneren Teile Nord-Bangladeshs fahren.«
»Vergiß deine ethnologischen Interessen, Dick, es wird diesbezüglich noch viel Aufregendes geben. Komm, laß uns einige dieser Distanzen messen und unsere neue Marschroute festlegen.«

Alles sah gut aus für unseren neuen Plan. Eine Stunde später gingen wir wieder hinunter in die Bar, um ihn mit den Leuten zu diskutieren. Die Straße nach Kalkutta war sicherlich zu Lande die Hauptverkehrsader nach Bangladesh, was aber Zustand und Verkehrsdichte anbelangte, da gingen die Meinungen weit auseinander. Einig war man sich jedoch darin, daß der einzige Ort zwischen Dhaka und Grenze, wo wir ein Bett bekommen könnten, Jessore sei, die einzige Stelle auch, wo wir zu essen finden würden. Wir müßten deshalb unseren Vorsatz durchbrechen, nie Proviant mitzuschleppen. Dies war ein Rat, den wir nicht befolgten.

Nachdem wir uns endgültig für die neue Route entschieden hatten, gingen wir zu Bett. Tag 4 war ein Tag der Muße: Wir machten Inventar, schrieben an soviele Leute zu Hause wie möglich (Postkarten, zwei Briefe, einen Rapport an Steve Bonnist von IT), bereiteten uns seelisch auf den Sprung zur Grenze vor und hatten auch Spaß. Verschiedene Teile unserer Ausrüstung wollten wir zurücklassen: den zweiten Ersatzschlauch und einen der beiden Campag Konusschlüssel. Wir frönten unserer Leidenschaft, dem Gewichtssparen, und beschlossen, in jenen, der die Reise mitmachen durfte, Löcher zu bohren, so wie wir es auch mit dem kleinen verstellbaren Schlüssel taten.

»He, sag mal, könnten wir dasselbe nicht auch mit unseren Schuhen machen?«

»Oder wie wär's, wenn wir in unsere Wasserflaschen ein paar Löcher bohren würden...?«

Wir behielten den Kettengliedabzieher, damit wir die Kette einkürzen könnten, im Falle der Kettenspanner aussteigen würde; aber Nick entdeckte, wie man den Griff entfernen konnte, und so blieb dieser zurück. Der Schraubenzieher war unnötig für irgendwelche Konstruktionsteile des Fahrrads, und da wir die Eistellungsarbeiten zu unserer vollsten Zufriedenheit ausgeführt hatten, ließen wir ihn zurück. Falls nötig, könnten wir immer noch einen von einem Lastwagenfahrer ausleihen. Das gleiche galt für Öl und große Schlüssel. Wir behielten sechs Ersatzspeichen und den Speichenschlüssel, denn, wie Nick bemerkte, ein Rad mit einer Acht drin war etwas, was uns wirklich stoppen könnte. Wir behielten unser Flickzeug mit 10 Flicken, fanden aber die Ersatzbremsklötze und -kabel unnötig. Wenn unsere Räder plötzlich alle ihre Bremskraft verlieren würden, hätten wir immer noch einen Zentimeter guten Gummi an den Schuhsohlen. Falls auch der nichts nützen würde, waren da noch 9 Hautschichten auf den Hautflächen und einiges an Material auf unseren Nasen...

Nachdem wir unsere Räder eine halbe Stunde sorgfältig kontrolliert hatten, kamen wir zum Schluß, daß normalerweise vier verschiedene Inbusschlüssel benötigt werden. Zwei davon zogen alle Schrauben an, außer jenen für die Gepäckrahmen und die Flaschenhalter. Auf die Gefahr hin, daß man uns für unzurechnungsfähig erklärte, ließen wir die beiden anderen zurück. Wir entfernten weitere Aufnäher auf unseren Kleidern. Nick maß 60 Zentimeter Faden ab und wählte eine Nadel aus. Dann war er mit einem schwerwiegenden Dilemma konfrontiert: Während des Beginns der Reise hatte er 2 Paar Unterhosen abwechslungsweise getestet und mußte sich nun von einem Paar trennen. Unsere Karte hatten wir schon zu Beginn der Reise rigoros beschnitten, so daß von der Bartholomew 1 : 4 000 000 des indischen Subkontinents bloß noch ein kleiner Fetzen im Nordwesten übrig blieb. Dies sparte etwa ebensoviel Gewicht, wie wenn wir den Straßendreck von unseren

Schuhen bürsteten, aber wir hatten doch das Gefühl, wirklich alles getan zu haben. Nick schnitt sein Bild von Penny zurecht, indem er Newborough Beach und den Snowdon Horseshoe im Hintergrund entfernte. Ich meinerseits ging bis zum letzten und hoffte, daß ich Michèles Aussehen im Gedächtnis behalten könne. Keine unserer Freundinnen schien etwas dagegen zu haben, daß wir unsere gefährliche Odyssee ungenügend ausgerüstet und mit schlechten Ratschlägen versehen antraten – aber dann: ich glaube nicht, daß wir sie um ihre Erlaubnis gebeten haben. Michèle war weit weg in den Staaten und erduldete (oder darf ich sogar sagen, erfreute sich) schon seit sieben Jahren meine Verrücktheiten. Penny stand gerade davor, in ihrem Beruf neue Verantwortungen zu übernehmen, und so würde sie denn – falls Nick überhaupt zurückkehrte – seine Bemühungen enthusiastisch unterstützen.

Nick. Tag 5.
Absolut gräßliches Erwachen, schlechte Laune, Brummschädel. Wir passierten die Sicherheitswache am Tor um 5 Uhr 20 in der Früh. Von der Fahrt am Morgen nur undeutliche Erinnerungen. Wir waren beide hundemüde. Wir ließen das für einmal ruhige Dhaka hinter uns, dann fuhren wir hintereinander, Stunde um Stunde, getrieben von einem frischen Rückenwind, mit der größten Übersetzung, durch eine grüne Landschaft dahin. Ich erinnerte mich nicht mehr vieler Details. Einmal sah ich eine Plakatwand mit einem Inserat von BOSS Filter Zigaretten, wir passierten ein Armee-Lager mit einem Monument, das in den Himmel ragende Pfeiler darstellte. Verglichen mit der Straße von Chittagong gab es kaum Verkehr, und nach einigen Stunden meinte D., daß wir etwa 90 Kilometer gemacht hätten. Es dauerte ewig, bis wir endlich die Ufer des Ganges erreicht hatten und damit auch die wichtige Fähre. Es war ein erhebender Augenblick, als wir endlich den großen Fluß sahen, dessen Ufer eine gigantische Ebene bilden. Drei Tage lang waren wir nun durchs Ganges-Delta gefahren. Jetzt erst befanden wir uns am eigentlichen Fluß.

Wir verfolgten unseren Weg durch ein kleines Dorf, das am Rande des immensen Gangesbettes errichtet wurde, vorbei an winzigen Läden und ganzen Massen von Verpflegungsbuden, hinunter über rutschige Schotterstraßen zu den Schiffen und Fähren. Es gab alle Sorten von Booten, für viele verschiedene Bestimmungsorte, meistens klobig gebaute Holzboote, die schwarze Dieselwolken ausstießen und oft so mit Waren und Menschen überladen waren, daß die Wasserlinie bis zur Deckskante reichte. Dann gab es ehrenwerte Frachtbarken unter Segel und ein paar jener großen Stahlschiffe, von denen wir eines benützen würden, fähig, einige Busse und ein gutes Dutzend Autos zu laden. Vor einem Monat kenterte ein solches Boot in der Mitte des Stromes. 200 Menschen ertranken.

Wir schätzten uns glücklich, daß wir nicht zu lange warten mußten, bevor wir verladen konnten. Nach dem kühlenden Fahrtwind auf unseren Rädern brachte uns die hohe Luftfeuchtigkeit zum Schwitzen, und wir waren froh über die zahlreichen Erfrischungen, die am Quai angeboten wurden. Nick kaufte zwei *Daab*, grüne Kokosnüsse. Der Mann, der sie verkaufte, schlug mit der Machete ein Ende ab und legte so das weiße Fleisch frei, schlug dann noch dreimal zu und schon hatte die Nuß einen sauberen, dreieckigen Deckel. Die kühle Kokosmilch war klar und erfrischend, obschon sie etwas säuerlich und seltsam schmeckte. Mehr als eine oder zwei hinunterzuleeren, dürfte einem ungewöhnten Magen vielleicht doch einige Probleme aufgeben.

Um 10 Uhr stießen wir von Aricha ab, und während der ganzen, stündigen Reise nach Goalundo Ghat, auf der andern Seite des Ufers, wurden wir von Neugierigen belagert, die mit Staunen unsere Räder anstarrten und Fragen stellten. Für einmal fühlten wir uns entspannt und nahmen uns Zeit, ihre Neugierde, so gut es über die Sprachbarrieren hinweg eben ging, zu stillen. Wir verbrachten die ganze Reise damit, herauszufinden, welche englischen Wörter die Leute kannten, sie ein paar neue zu lehren und uns mit der internationalen Zeichensprache zu verständigen.

Ein kleiner Bursche, nicht mehr als zehn, verkaufte Drinks, die er in einem Wassereimer kühl hielt. Er war ein richtiger Unternehmer, verkaufte er doch die Getränke, die entlang der Straße für 6 Taka zu haben waren, für 8. Da er kein Herausgeld hatte, überredete er uns, doch noch eine Flasche zu kaufen, damit wir unseres Geldes nicht verlustig gingen. Nach vier Flaschen hatten wir wirklich das Gefühl, daß wir keine weitere vertragen könnten, doch unser Kaufmann gab sich nicht geschlagen. Um auch noch den Rest unseres Kleingeldes hervorzulocken, senkte er den Preis auf verführerische 7 Taka.

Als wir in Goalunda Ghat wieder festen Boden unter den Füßen hatten, fanden wir unsere Hauptstraße reduziert auf eine einzige Spur, gedeckt mit fischgrätartig verlegten Backsteinen. Der Belag wechselte später auf Asphalt, der aber zeitweise mit bösen Schlaglöchern durchsetzt war. Es schien, daß diese Hauptstraße nach Kalkutta doch nicht ganz so groß war, wie wir dachten. Etwa noch 30 Kilometer trennten uns von Faridpur, wo wir Quartier für die Nacht zu finden hofften. Obwohl es erst Nachmittag war, glaubten wir, daß wir etwas nachschlafen könnten und so unser Kopfweh loswerden würden, aber auch, um am nächsten Morgen wieder sehr früh die Straße unter die Räder zu nehmen. Dies würde es uns ermöglichen, am folgenden Nachmittag an der Grenze zu sein.

Nach dem Verlassen der Fähre hatte Nick sofort einen Platten, und wir machten uns daran, den Schlauch in der senkrecht stehenden Mittagssonne zu flicken. Sofort sammelte sich eine Gruppe von Leuten, um zu helfen, und während sie arbeiteten, legte ich mich im Schatten einer Bananenpflanze zurück, schaute über die Felder mit grünen Schößlingen auf die grauen Wasser des Ganges und die weißen, gebauschten Segel der Frachtschiffe. Das andere Ufer war nur als eine schwache schwarze Linie auszumachen, hinter der diese Masse von Emotionen brodelte, bereit, alles Neue mit schier unglaublicher Neugierde förmlich aufzusaugen. Diese Seite war ganz anders; hier, am Westufer, schienen uns die Leute viel weniger erregbar, auch viel weniger aggressiv. Sie hatten sich noch nicht vom Wahnsinn des Kommerzialismus auffressen lassen und glichen in ihrer Art mehr den ruhigeren Indern, einige hundert Kilometer weiter westlich. Später erfuhren wir, daß diese Seite des Ganges als eines der abgelegeneren Gebiete Bangladeshs betrachtet wird, abgeschnitten durch den Strom, und die Landschaft schien uns auch weniger dicht besiedelt. Weiter landeinwärts wurde die Gegend etwas hügeliger, nicht mehr komplett flach und auch viel trockener. Die Plätze vor den Häusern waren nicht mehr grüne Teppiche, sondern zu trockenem Staub abgenützt.

Nick. Tag 5. Nachmittag.
Als wir Reifendefekt hatten, tranken wir all unser Wasser. Es war 13 Uhr, als wir weiterfahren konnten, und eigentlich viel zu heiß, um draußen zu sein. Wir hatten beide Kopfweh, daß uns fast der Schädel zersprang. Bei der Durchfahrt eines kleinen Dorfes sah ich eine Wasserpumpe und hielt an. Ein lächelnder, junger Mann pumpte einen Schwall nach dem andern köstlich frischen Wassers über meinen Kopf und füllte die Wasserflaschen. D. weigerte sich zuerst, seinen Kopf unterzutauchen: »Ich spritze aus Prinzip nie kaltes Wasser über meinen Kopf, wenn er so heiß ist wie jetzt.« Neidisch schaute er mir eine Minute lang zu, dann begann er zu lächeln, kam und beugte sich unter den Strahl. »Ich glaube, daß ich ein paar Prinzipien ändern muß.«

So gegautscht, und durch die Erfahrung wieder etwas näher verbunden, setzten wir unsere Reise fort und erreichten Faridpur, wo, am Ende von Tag 5, unsere Route nach Süden abbog: in der entgegengesetzten Richtung unseres Expeditionszieles. Wir zeigten den chinesischen Wüsten unsere Rücken.

Faridpur, ein eher konventioneller Bangladesh Marktflecken, war recht gut entwickelt. Es gab einige Hauptstraßen und sogar zwei Verkehrspolizisten. Tausende von Rikschas strömten, wie Ameisen zu einem Honigtopf, durch die Straßen. Es gab Elektrizität, Straßenbeleuchtung und Leitungswasser in einem beträchtlichen Teil der Stadt. Für 100 Takas nahmen wir uns ein Zimmer im Luxushotel. Es war ausgerüstet mit einem Deckenventilator, zwei Campingliegen als Himmeldoppelbett verkleidet, und Dusche/WC, gehalten in entzückendem, rauhem Beton mit tropfendem Wasserhahn. Wir trugen unsere Räder in unsere Zimmer, die sich zuoberst im vierstöckigen Hotel-Beton-Block befanden. Oben lehnten wir uns über die Balkonbrüstung und sahen hinunter auf die wogende Menge. Das Wahlfieber stieg, und wir dankten unserem guten Stern, daß wir an diesem Tag so früh Feierabend machten. Ein Lastwagen voll junger Männer mit Fahnen und Spruchbändern fuhr vorbei, gefolgt von drei großen Gruppen von marschierenden, singenden Parteigänger. Über die Palmwipfel und Hausdächer hörten wir das blecherne Geplärre der auf Autorikschas montierten Lautsprecher in andern Teilen der Stadt. Später fuhr ein Bus, auf dessen Dach 20 oder mehr Menschen standen, langsam vorbei, während andere Fans ebenfalls noch hinaufklettern wollten. Es war 15 Uhr. Wir hatten ein reichliches Essen (Jeder zwei Teller Reis, drei Schüsseln Dhal, Fischcurry, drei Flaschen Coke, ein Liter Wasser), legten uns dann aufs Ohr, und wollten nachher die gleiche Mahlzeit nochmals einnehmen, um dann um 19 Uhr 30 endgültig ins Bett zu gehen.

Wir hatten unser Nickerchen und nachher auch die Mahlzeit. Es wurde rasch dunkel und wir gingen auf unsere Zimmer. Es war so heiß und feucht, daß wir aus allen Poren schwitzten, währenddem wir liegend unsere Tagebücher zu schreiben versuchten. Ohne Vorwarnung ging das Licht aus. Plötzlich wurde es sehr kühl. Dann, ein paar Minuten später, brach ein Monsunsturm über Faridpur los. Donnergrollen und -schläge überall; viele scheinbar gerade über unserem Dach. Ohne Unterbrechung sorgten züngelnde, verästelte Blitze für eine konstante Beleuchtung. Flächenblitze fuhren über den Himmel, Sturmwinde phänomenaler Kraft bliesen. Sintflutartiger Regen peitschte waagrecht durch die Straßen. Alle Bäume wippten vor und zurück, anzusehen, wie sich wiegende Schlangenhälse in einer Grube. Unglaublich! Unten versuchten Dutzende von Rikschafahrern und Fußgängern Schutz vor dem Unwetter zu finden, aber der Sturm blies den Regen durch den Korridor in das Hotel hinein. Draußen war alles kohlschwarz, dann, in unregelmäßigen Zwischenräumen, gab es einen Riesenknall, und alles wurde für Sekundenbruchteile in ein scharfes, grellblaues Licht getaucht, um gleich wieder in der Dunkelheit zu versinken. Sekunden später das gleiche, und wieder würden wir einen Blick auf die Welt erhaschen können, wobei alles in eine andere Richtung gebeugt und verdreht erschien. Auch eingeschlossen in unser Zimmer, hatten wir noch Angst genug. Der Sturm war so heftig, daß er durch alle und kleinste Ritzen in Türe und Fenster hereinblies. Unsere Kerze ging immer wieder aus, sehr spukig, wie in Wuthering Heights. Nick flüsterte wieder und wieder neben mir: »Total verrückt dieser Ort, total verrückt!« Wir schworen uns, mit der Dämmerung wegzufahren, und die 180 Kilometer bis zur Grenze in einem Zug hinter uns zu bringen, um diesem irren Land zu entfliehen. Wir packten unsere Taschen und legten unsere Kleider zusammen, damit wir sie am frühen Morgen in der Dunkelheit finden würden.

Wir legten uns ins Zeug am nächsten Tag, von der Morgendämmerung an. So, daß wir nachher nicht mehr wußten, wo wir durchgefahren waren, was wir gesehen hatten: Schwarzer Asphalt und mein Vorderrad, oder den Shimano 600 Kettenspanner und Nicks gebeugten Rücken. Morgenessen bot eine willkommene Pause. Wir aßen Bananen in frische, heiße Chapatis gewickelt, während wir auf die gelbe Ponton-Fähre warteten, die uns über einen schmalen Fluß bringen sollte. Wir brachten die 140 Kilometer bis Jessore ohne Schwierigkeiten bis Mittag hinter uns, wurden dann aber von der Hitze gebremst und radelten in unregelmäßigen Abschnitten die restlichen 50 Kilometer bis zur Grenze. Mit den letzten paar Kilometern wurde die Straße immer schlechter und war schließlich auf eine einzige Spur reduziert. Das Land war trockener als das übrige Bangladesh. Jhenighat, der letzte Flecken vor der Grenze, hatte das Aussehen einer Cowboystadt mit Schotterhauptstraße, Saloons mit Verandas und uniformierten Armeeoffizieren, die in klapprigen Rikschas daherholperten. Es war offensichtlich, daß sehr wenig Verkehr diesen – oder irgendeinen anderen – Landweg benützte, um nach Bangladesh zu kommen. Später erfuhren wir, daß der größte Teil des internationalen Güterverkehrs via Schiff über Chittagong abgewickelt wird. Der Grenzposten, ein Kontrast zur Umgebung, bestand aus zwei recht modernen Bungalows und einigen großen Nissan-Hallen aus verzinktem Stahlblech. Ziemlich viele Leute waren zu sehen; einige waren Händler und Reisende, aber die meisten schienen nur herumzuhängen und darauf zu warten, daß man sie zu irgendeiner Handreichung brauchen würde.

Wir erwarteten eigentlich keine Schwierigkeiten, aber schon der erste Offizielle gab uns einen Schock, als er uns fragte, ob wir einen Erlaubnisschein hätten, Bangladesh auf dem Landweg zu verlassen. Wir hatten keinen. Er insistierte für eine Weile, schien dann aber die Angelegenheit zu vergessen, als ein zweiter Offizieller daherkam und mit unglaublicher Akribie begann, meine Taschen zu durchsuchen. Er hatte große Freude an meinen langen Unterhosen und der Skimütze und amüsierte sich über meinen winzigen Plastik-Eßlöffel. Komischerweise ließen sie Nick total unbehelligt. War auch gut so, trug er doch den Recorder im Werte von 2500 und die Fotoausrüstung von 500 Pfund auf sich.

In der zweiten Hütte informierte uns der fette Beamte, daß nur 100 Taka aus dem Land mitgenommen werden dürften. »Wieviel habt ihr dabei?« Wir wollten auf keinen Fall festgenommen werden und kehrten unsere Taschen: 1128 Taka kamen im ganzen zusammen. Nach einigen Ahas und Mhms faltete er das Geld zusammen und legte es in unsere Pässe. Dann winkte er einer Wache. Wir dachten nichts anderes, als daß wir nun für versuchten Schmuggel büßen müßten, oder daß man unser Geld konfisziere. Er sagte jedoch: »Gut, aber wie wäre es mit einer kleinen Spende für unseren Freund hier?« Dieser Ausspruch traf uns total unvorbereitet, wir waren jedoch kaum in der Lage und auch nicht willens, als Vorposten für die Bekämpfung der Korruption zu dienen. Pflichtbewußt gaben wir beide der Wache je 100 Taka, worauf dieser uns den Rücken kehrte und das Geld dem Fetten reichte, der es in einen offenen Beutel hinter sich verschwinden ließ, wo er sehr wahrscheinlich seine »Prozente« hortete – so wie zum Beispiel das Paket Zigaretten des Mannes vor uns, der versuchte, zwei Kisten hinauszuschmuggeln. Dann kaufte uns unser neuer Freund zwei »Cokes« und wir hatten das Vergnügen, uns mit ihm unterhalten zu dürfen, während die anderen »Kunden« draußen warteten.

Wir verließen schließlich das Land mit ungezügelter Freude. Als eine letzte Geste des Irrsinns verabschiedete sich Bangladesh noch mit einem zwanzigminütigen Hagelsturm, mit Eisstücken so groß wie Taubeneier, die die Blätter von den Bäumen rissen und mit ohrenbetäubendem Lärm auf das Blechdach knallten. Ähnliche Hagelkörner töteten 8 Tage vorher 30 Leute in Chittagong.

Wir stürzten uns schließlich um 16 Uhr 10 über die Grenze, in die Freiheit und den Reichtum Indiens. Nick bemerkte, daß gegenüber Bangladesh Indien wie ein reiches Industrieland aussehe, was es natürlich nicht ist. Es gab jede Menge Geschäfte mit einer großen Auswahl an Gütern. Sie waren verteilt in einem Netz von winzigen, hellen Straßen voller Leute, Fahrräder und Eselkarren. Den Alleen entlang standen Dutzende von Früchteverkäufern, und boten – völlig unmöglich in Bangladesh – ganze Berge von Früchten an. Wir delektierten uns an Äpfeln, Orangen, Mangos und Lycheen. Nicht genug damit, überall gab es hübsche Mädchen in betörenden Saris auf der Straße. Für einen vollblütigen Mann, wie ich es bin, war dies alles sehr erregend. Eine große Schöne in grellem Rot und fliegendem Schal schwebte vorüber, mit nackter Taille und verführerischen Fesseln. Neben unserem Café gab es eine Gruppe lachender Girls in westlichen Kleidern der 60er Jahre. Alle mit unbedeckten Häuptern und fragenden Augen. Mit sorgfältig frisiertem Haar, gepflegten Fingernägeln, Halsketten und Ringen wollten sie bemerkt werden. Die verhüllten, verschleierten Moslemfrauen Ostbengalens waren weit hinter uns geblieben, ebenso wie die hartarbeitenden Frauen auf den Feldern jenseits der Grenze. Die Inder waren gediegener, reicher, reservierter. Auch waren sie nicht so fanatisch interessiert an Fremden. Sie waren von unserem Anblick nicht überwältigt, während die Bengalen entweder vor Ehrfurcht erstarrten oder bis zur Aggressivität erregt wurden. In den ersten beiden Stunden in Indien versammelten sich nur zwei ruhige Grüppchen von etwa zehn Leuten um uns, während wir in dieser Zeit in Bangladesh drei oder vier Mengen von bis zu 100 Menschen aus dem Häuschen gebracht hätten.

Nick. Tag 7.
Wahltag in Bangladesh. Und wir waren nicht dort!! Entwischten um Haaresbreite gestern nachmittag. Um 5 Uhr früh in der Dämmerung standen wir auf, nach einer Nacht voller Alpträume. Gestern abend hatten wir eine Mahlzeit mit Mangos, Kondensmilch und frischen Lycheen auf einem grünen Blatt, bevor wir um 23 Uhr ins gemeinsame Doppelbett fielen. Wir waren hundemüde, aber wälzten uns unruhig hin und her. Das Moskitonetz hatte Löcher, und so litten wir denn in der Dunkelheit, kratzend und klagend. Um 3 Uhr platzte mir der Kragen. Ich schoß auf, drehte Licht und Ventilator an, und dann machten wir gnadenlose Jagd auf die Quälgeister. Jeder Todesstreich war von einem »hab' dich, du kleiner...!« begleitet. Wie eingekäfigte Gladiatoren schlichen wir uns innerhalb unseres Netzes an, wichen aus, schlugen und tätschten die kleinen Dämonen zu Tode – einige waren so mit Blut vollgesogen, daß sie förmlich explodierten, große rote Flecken auf unserer Haut hinterlassend. Als die Schlächterei schließlich vorüber war, stopften wir sorgfältig alle Löcher im Netz, indem wir Knoten hineinmachten und unsere Unterwäsche zum Zuhängen benützten. Die zwei Stunden Schlaf, derer wir uns dann noch erfreuten, waren – mit Licht und Ventilator voll angedreht – beinahe perfekt.

Zehn Meilen vor dem Frühstück auf einer ruhigen Landstraße waren genug für uns zwei brave Abenteurer. Wir fühlten uns seltsam schläfrig an diesem Morgen, und es schien uns nicht mehr zu eilen, denn wir fuhren in einem Land, das sich uns sehr viel vergnüglicher präsentierte als jenes gestern. Wir waren ruhig und fühlten uns entspannt; eine Stimmung wie bei einer Südkoreanischen Morgendämmerung, wenn die Sonne blutrot über einem verschlafenen Fischerdörfchen in der Nähe von Pusan aus dem Pazifik steigt. Gerne hätte ich jetzt Michèle neben mir gehabt und die Stimmung bis zur Neige ausgekostet. Wir trödelten und machten mehr Aufnahmen als gewöhnlich. Entlang der Straße gab es grüne Laubbäume und kleine Strohhütten, viele, aber nicht allzuviele Fahrräder, träge dahintrottende Ochsenkarren mit quietschenden Holzrädern; Leute auf ihrem Arbeitsweg, Schulmädchen in grün und weiß, drei nebeneinander, unter Sonnenschirmen, und Schüler in grauen Shorts, die sich vor der Türe des Lehrers versammelten.

Wir nahmen unser Frühstück in einem kleinen Stehschuppen ein, dessen Ziegeldach auf vier Bambuspfählen ruhte. Tee wurde gebraut, und aus einem Kessel strömte Dampf, der verführerisch nach Linsen duftete. Beide Kochgefäße standen auf Holzkohleöfen aus Eisenblech. Dies war anders als in Bangladesh, wo man, ausgenommen in der Hauptstadt, nur Lehmöfen mit Holzfeuerung antraf. Bangladesh ist viel stärker bewaldet als Indien, wo jene, die es vermögen, Holzkohle verwenden, während die Armen getrocknete Kuhfladen verbrennen. Normalerweise werden sie zum Trocknen an Wände geklebt, aber etwas weiter zurück sahen wir sie an Telefonstangen hängen.

Leider gab es keine frischen Chapatis zum Frühstück. Der Mann hinter dem Tresen offerierte uns Biskuits, Kuchen, fabrikgebackenes Brot, aber wir vermieden alles, was nicht vor unseren Augen zubereitet wurde. Wir aßen keine Früchte, die wir nicht selber schälten. Zehn Tage waren wir bereits in Asien und hatten noch nie unter Magenproblemen zu leiden. Nicht schlecht, aßen wir doch meistens in den einfachsten Verhältnissen.

Etwas weiter kamen wir zu einer geschäftigen Stadt namens Krishnagar, die ein ganzes Netz von Straßen mit Kolonialgebäuden hatte, Überbleibsel aus der Zeit der Raj. Die Stadt vibrierte vor Aktivität wie ein Bienenstock. In jeder kleinen Ecke blühten kleine Geschäfte. Fahrrad- und Automechaniker waren am häufigsten. Dann gab es jene, die Fahrräder und Autos abwrackten, um die Ersatzteile weiter verwenden zu können. Es gab Leute, die aus Schrott und Abfall Werkzeuge für die Bodenbearbeitung oder Fahrradanhänger herstellten, oder die daraus Lastwagenhinterteile bauten und sie auf alte, noch fahrtüchtige Chassis montierten. Selbstverständlich gab es jede Menge Eßwaren- und Früchteläden sowie Getränkeverkäufer. Interessant waren die vielen Zeitschriftenläden, in denen meistens alte Magazine angeboten wurden.

In der Mittagshitze, hier erstickend trocken, ganz anders als die feuchte Hitze in Bangladesh, in der unsere Kleider zu verrotten drohten und die unsere Achselhöhlen ständig dampfen ließ, konnten wir nicht fahren. Wir steckten unsere Köpfe unter eine Wasserpumpe, und saßen dann da und schlürften Orangensprudelwasser durch Strohröhrchen. Mattes Haar, Bartstoppeln am Kinn, sonnenverbrannte Vorderarme mit kleinen Hitzeblasen. Unsere Kombis waren bis auf die Hüfte hinuntergerollt und gaben den Blick auf die T-Shirts frei, die, um Gewicht zu sparen, nur gerade bis zum Bauchnabel reichten. Sie waren schmuddelig vor Dreck und Schweiß. Wenn wir uns am Schatten ganz still hielten, war es möglich, unsere Temperatur unter Kontrolle zu halten. Sobald wir jedoch irgend etwas taten, und sei es nur essen, spielten unsere Poren verrückt: Sie pumpten Wasser aus sich heraus, wie ein Schwamm, den man eben aus dem Wasser zog. Um diesen Verlust wieder wett zu machen, tranken wir 5 Liter Wasser, 8 Limos, und 13 Gläser starken Tee – jeder!!

Nick ergriff die Gelegenheit, die Fahrräder einer genauen Kontrolle zu unterziehen. Er tat dies jeden Tag, aber diesmal war er besonders bei der Sache. Gerade als ich mich hinlegen wollte, um die heißesten Stunden des Tages zu verdösen, schleppte er mich zu einem Fahrradmechaniker an einer Straßenecke, wo wir uns daran machten, mit Säge und Messer diverse unnötige Metall- und Plastikteile von unseren wunderschönen, blitzenden

Rädern zu entfernen. Gerald O'Donnovan hätte unsere wilde Entschlossenheit, auch die letzten unnötigen Gramme loszuwerden, sicher mit Wohlgefallen betrachtet. Die einfachsten Stücke, die wir entfernen konnten, waren die Radführungen an den Bremsen, die Kabelführungen an der hinteren Gabel und die meisten Plastikhaken an den Gepäckträgern. Nicks Meisterstück war, den Ganghebel zu halbieren. Die Räder schienen ein gutes Stück schneller zu rollen an diesem Nachmittag...

Wir mußten uns hier auch über unsere weitere Route klar werden. Es gab zwei Möglichkeiten: Entweder über die Hauptstraße nach Norden und Nepal an seinem Ostende betreten, oder aber in direkter Linie nach Kathmandu, über die Rajmahal Hügel, hinunter zum Ganges und weiter, um dann Nepal im Zentrum, bei der Grenzstadt Raxaul, zu erreichen. Mit nur zwei Leuten im Vorstand und niemandem, dem wir Rede und Antwort stehen mußten, war es leicht, bei einer freundschaftlichen Diskussion und einer weiteren Tasse Tee zu einer Entscheidung zu kommen. Wir wählten die Route quer durchs Land, weil sie mehr Spaß versprach. Unser Ziel an diesem Tag war Katoya, das wie ein lokaler Marktflecken aussah, an keiner großen Durchgangsstraße gelegen. Auf den Spätnachmittag zu, als wir uns der Stadt näherten, hatten wir eine sehr angenehme Fahrt über ruhige Wege mit wenig Verkehr, aber recht vielen Fußgängern, Viehtrieben, Ochsenkarren und Rädern. Hie und da gab es sogar eine Riksha zu sehen. Die Dörfer und Bauernhöfe hatten alle Lehmmauern, standen in kleinen Gruppen, oft an stehenden, grünen Teichen unter einem Baldachin von Palmen. Frauen bereiteten das Essen zu oder balancierten Wasserkrüge auf Kopf oder Hüften, nackte Kinder sprangen spielend umher, Hühner, Hunde, schwarze Schweine und alte Männer, die Pfeife rauchend in einer Ecke saßen. Junge Mädchen überwachten noch jüngere Kinder oder halfen älteren Frauen auf dem Lande, Knaben, die ihrem Vater halfen. Junge Männer saßen in den Chai-Hütten und prahlten mit ihren westlichen Kleidern oder den glänzenden Armbändern und Uhren. Die Landarbeit dauerte normalerweise von der Morgen- bis zur Abenddämmerung. Dieser Teil Indiens erinnerte mich sehr stark an Ostafrika, mit Dörfern in den Oasen, großen Palmen und staubigen Straßen.

Katoya wollte und wollte nicht näherrücken, doch als wir es schließlich erreichten, erlebten wir einen der stärksten, magischsten Augenblicke dieses ersten Teils der Reise. Wir holperten entlang kleiner Wege und fragten uns, wo denn der Ort hingegangen sei, als plötzlich eine Häusergruppe auftauchte. Wir dachten, daß dies nun Katoya sein müsse. Unglücklicherweise entpuppte sich der Weg als Sackgasse. Wir hielten an, um nach dem Weg zu fragen, und ein alter Mann zeigte durch die Bäume. Wir stiegen ab, gingen ein paar Schritte und sahen plötzlich unter uns einen breiten, dunklen Fluß mit sandigen Ufern. Auf der andern Seite standen, wie eine Festung der französischen Fremdenlegion, die Mauern und Dächer von Katoya.

Nick. Tag 7. Katoya. Abend.
Wir fuhren hinunter zum Ufer – der Sand war in allen Richtungen von einem Netz von Tier-, Menschen-, Karren- und Fahrradspuren übersät. Wenn der Fluß voll Wasser führte muß er sicher fast eine halbe Meile breit sein. Am Rande des Wassers standen einige kleine, provisorische Hütten, wo ein paar Männer ruhig ihren Tee tranken, während andere Jute auf niedrige, flache Bambusflöße luden. Es war eine biblische Szene. Als die Sonne hinter die schwarze Baumreihe am andern Ufer tauchte, trugen wir unsere Räder, zusammen mit einigen anderen, an Bord. Nicht die kleinste Kräuselwelle brach die Wasseroberfläche. Zwei Burschen stachelten uns hinaus in den Fluß, und als die Strömung die Fähre erfaßte, legten sie die Stachel auf die Seite und begannen, uns emsig über den Strom zu rudern. Wir glitten in gänzlicher Ruhe über das samtschwarze Wasser. Nur das leise Plätschern der eintauchenden Paddel durchbrach die Stille.

Durch den Bogen am Ende der Treppe betraten wir die alte, beinahe mittelalterliche Stadt von Katoya. Drinnen war es nicht ganz so ruhig wie draußen, ganz im Gegenteil, die Stadt pulsierte mit Leben. Unter den hohen, schwarzen Mauern drängten sich in winzigen, engen, dunklen Gassen die Menschen. Alle paar Sekunden wurde die Masse durch fliegende Fahrräder ohne Licht, dafür aber mit laut läutender Warnglocke, schlagartig geteilt, ähnlich, wie die Stille durch das Klicken eines Metronoms zerhackt wird. Wir begannen, nach einem Hotel Ausschau zu halten, wurden aber statt dessen auf den Polizeiposten geführt. Dort schien man aber nicht zu wissen, warum wir vorsprachen, und so wurden wir denn wieder weggeschickt, um ein Hotel zu suchen, was nicht leicht war. Aber nach beinah einer Stunde, in der wir hierhin und dann wieder dorthin geschickt wurden, stolperten wir schließlich auf ein passendes Etablissement. Vor der Türe lag ein Toter auf einem Leichenwagen. Daneben weidete eine Kuh auf einem Kehrichthaufen. Es gab so viel Schmutz und Dreck, daß selbst die Aaskäfer nicht in diesem Café gefrühstückt hätten!

Während der nächsten zwei Tage machten wir wieder Tempo, ausgeruht durch den Faulenzertag zwischen der Grenze und Katoya. Zuerst ging's weiter durch die ostafrikaähnliche Landschaft, dann fuhren wir um Mittag durch die erdrückend heiße Stadt von Siuri, wo man uns aus dem Café warf, weil man es nicht gerne sah, daß wir die Räder an den Tisch nahmen – allerdings erst, nachdem wir gegessen und bezahlt hatten.

Wir erreichten Dhumka, wo wir die Nacht verbringen wollten. Dort hatten wir ein monströses Essen, das in meinem Tagebuch, wie folgt, niedergelegt ist: »Berge von Reis, Bhindi Bhaji, Alu Gobi, Chapatis, viele verschiedene Gemüse in Curry, Bohneneintopf und Schale um Schale von herrlichem, flüssigem Dahl. Es war jene Art Vergnügen, von der man hofft, daß es nie aufhört; so perfekt, daß man die Sachen fast nicht zu essen wagt. Jedesmal, wenn wir für eine Mahlzeit anhalten auf dieser Reise, gibt es das beste Essen, das wir je hatten in unserem Leben.«

Acht Stunden später, kurz vor Tagesanbruch, drangen die leicht gezwungenen Akkorde von »Happy Birthday« in Nicks Traumland ein und holten ihn fröhlich in den ersten Tag seiner nächsten 365-Tage-Reise. Ich hatte den Champagner vergessen, und so entdeckelten wir denn eine Flasche Orangen-Sprudelwasser. Nick öffnete lachend seine Geburtstagskarte – das Bild eines riesigen Elefantenhinterteils, eine große runde Kugel mit einem kleinen Schwanz. Zuoberst saß eine lustige Maus. Drin stand, von Nim und Hol, seiner Mutter und seinem Vater geschrieben: »Wir hoffen Du findest Deinen Mittelpunkt.«

Von Dhumka aus führte uns die Straße höher hinauf, bis auf 1000 Meter über Meer, über die Rajamahal Hügel. Sie waren dünn besiedelt. Es gab kleine Hügel, Felswände und Seen zu betrachten. Es war der erste Abschnitt unserer Reise, den wir wirklich völlig entspannt zurücklegen konnten. Unser Geist ruhte, während die Beine pedalten und die Meilen von Busch- und Grasland förmlich auffraßen. Es war eine sanfte, ursprüngliche Landschaft, erfrischend frei von Menschen. Nick meinte: »Wunderschöne Fahrt – ein herrliches Geburtstagsgeschenk.« Es war ein feiner Morgen. Wir folgten einer guten Asphaltstraße, der Verkehr setzte sich zusammen aus kleinen Lastwagen, großen Bussen, und hübschen Ponygespannen, die zum Markt fuhren. Es fiel uns schwer, den jungen Mann auf dem Markt ernst zu nehmen, der uns davor warnte, allein auf die Straße zu gehen wegen der Räuber und Tunichtgute.

Die Hälfte von Tag 9 war vorbei, als wir über die Nordflanke der Hügel hinunter in die brandheiße Ebene von Bihar State fuhren. In der Mittagshitze sahen wir zwar keine verrückten Hunde, aber wir zwei Engländer feierten die exzentrischen 32 Jahre von Nicks ungewöhnlichem Leben, indem wir durch die heißesten Stunden der heißesten Saison der heißesten und trockensten Gegend Indiens pedalten. Die Höllentore waren offen – ein metaphorischer Stoß des Höllenfeuers trompetete zu Nicks Wiegenfest. Die Temperaturen stiegen bis auf 49 Grad im Schatten. Alle Dörfer glichen Geisterstädten. Alles schlief in der Tageshitze. Die Straße war still; die Hunde schliefen; die Vögel dösten; sogar den Fliegen war es zu heiß zu fliegen. Der einzige Laut war das leise Quietschen unserer Reifen auf dem aufgeweichten Asphalt. Wir waren der Meinung, daß es weniger heiß war, zu fahren und wenigstens eine leise Bewegung der erstickend heißen Luft zu fühlen, als anzuhalten und sofort in einen Schweißschauer auszubrechen. Um unseren verzehrenden Durst an jenem Tag einigermaßen zu stillen, schütteten wir 36 Flaschen Sprudel in uns hinein. Hundert Meilen brachten wir hinter uns, und wir erreichten wieder die Ufer des mächtigen Ganges. Unsere Unterkunft an diesem Tag bezogen wir in der großen, alten Stadt Monghyr.

Monghyr liegt am Südufer des Ganges. Es gibt keine Brücke. Um auf die andere Seite zu gelangen, macht der Straßenverkehr einen Umweg von 100 km um eine riesige Schleife im Fluß. Mir paßte das gar nicht, und ich fand, man sollte eine Fähre finden. Nick dagegen war der Ansicht, daß wir unsere Zeit vergeuden würden, wenn es wirklich keine Fähre gab. Ich sagte, daß es in einer Stadt von dieser Größe ganz einfach eine Fähre haben müsse. Er hielt dagegen, daß, wenn es eine gäbe, sie 50 Kilometer weiter südlich bei Bhagalpur zu finden sei. Schließlich einigten wir uns auf einen Kompromiß: Ich hatte am nächsten Morgen eine Stunde Zeit, eine Fähre zu finden; falls nicht, würden wir radeln. Wir standen früh auf am Tag 10, um 4 Uhr 30, um die Morgenfrische voll auszunützen. Mit dem Kompaß fuhren wir nordwärts durch die Stadt. Als wir den Ganges gefunden hatten, suchten wir unseren Weg dem Ufer entlang und fragten nach einer Fähre. Ein großer Mann, der gerade sein Teehäuschen für den kommenden Tag aufstellte, wies uns in Richtung des Bahnschuppens, und von dort aus führte uns ein dünner Junge zu einem großen, roten Sandstein-Bogengang. Ich erwartete einen Pier und große Frontlader-Fähren, fand aber eine Treppe, die hinunter zum Wasser führte, wo Badende ihre Morgenwaschungen vollzogen. Etwas weiter auf der Seite, etwa 200 Meter weg, sahen wir zwei Boote und einige provisorische Hütten neben dem Wasser. Nicht unähnlich Katoya, aber um einiges belebter. Im Morgengrauen standen bereits ganze Schlangen von Leuten. Gut 600 Menschen gingen schließlich auf das Schwimm-System, das aus zwei großen Pontons bestand, beidseitig festgezurrt an einem zentralen Boot, das von einem Innenbord-Diesel angetrieben wurde.

Auf der andern Seite, in Monghyr Ghat (Ghat scheint irgendwie »auf der anderen Seite« zu heißen), führte der Bambussteg auf die bloße Sandbank; jedermann mußte ungefähr eine Meile gehen, bis er am richtigen Ufer stand und zu den Feldern gelangen konnte. Dieser Exodus war ein unglaubliches Schauspiel. Wir setzten uns in einen Chai-Schuppen, der nur aus drei Wänden bestand, um die Szene voll genießen zu können. Zwei Männer zeigten uns, wie sie ein trockenes braunes Blatt, ähnlich wie Tabak, in der Hand zerknautschten, dann eine weiße Kalziumpaste damit verrieben und schließlich das fertige Präparat in einen Mundwinkel schoben. Man nennt es »dopey chai«! Ist es Schnupf- oder Kautabak? Oder ist es eher etwas wie Kokablätter? Ich sah, wie Bolivianische Indianer Kokablätter ebenfalls mit Kalzium als Katalysator verrieben, damit sie gegen die rauhe trockene Luft und harte Kälte der Hochebene widerstandsfähiger wurden. Die Männer versuchten uns zum Mitmachen zu bewegen, aber ich versuchte ihnen klarzumachen, daß wir absolut nichts vertragen würden, und daß uns schon der säuerliche Geruch eines verbrannten Bremsbelags auf einer steilen Abfahrt trunken mache.

Wir machten uns dann auf unseren Weg durch die Sandbänke, sahen, wie sich Wanderdünen auf der einen Seite formten, überquerten eine kleine Anhöhe mit magerem, kaum fusshohem Gras; durchquerten mehr losen Sand, die Räder tragend, um nicht Sand in den Kettentrieb gelangen zu lassen, versuchten, über riesige, fussbreite Trockenspalten zu fahren, wo die Räder dazwischen beinahe verschwanden. Nick zog mich wieder hinaus, und wir kletterten die Uferböschung hoch, um auf die Strasse zu gelangen. Es war mittlerweilen 10 Uhr geworden, und trotz unserer guten Vorsätze hatten wir gerade einen Kilometer zurückgelegt. Wir hatten jedoch einen herrlichen Morgen gehabt, und es war vielleicht deshalb, dass mir Nick meine Dickköpfigkeit vom Vorabend vergab, als ich unbedingt einen Weg über den Fluss finden wollte. Wir sagten uns, dafür würden wir nun unsere Köpfe bis zur Grenze, kaum 300 km entfernt, unten halten und in die Pedale treten. Wir legten uns wirklich ins Zeug und machten noch 47 Kilometer bis Barouni, wo wir Unterkunft bezogen. Kein beeindruckendes Etmal, aber wir wurden über eine Stunde durch einen total freakigen Staubsturm aufgehalten. Wie eine grosse dunkle Säule erhob er sich plötzlich vor uns. In Nicks Worten »ein Riesenzyklon oder sonst irgendein todbringendes, klimatologisches Etwas«. Vorgängig gab es wilde Winde, nachher eine plötzliche Stille, unmittelbar gefolgt von einem sintflutartigen Guss, der die Strasse augenblicklich überschwemmte. Eine halbe Stunde später war alles vorbei. Offensichtlich hat nicht nur Bangladesh mit vormonsunzeitlichen Wetterproblemen zu kämpfen.

Am nächsten Tag, Tag 11, gelang uns unsere beste Tagesleistung bisher. Wir waren schon eine halbe Stunde vor Tagesanbruch auf der Strasse, so dass unsere Körper und Beine bereits warm und zu Höchstleistungen bereit waren, als es Licht wurde. Wir rollten 52 Kilometer, bevor wir das erste Mal um 6 Uhr 30 anhielten, um ein herzhaftes Frühstück mit Chapatis, Curry und Tee einzunehmen. Unser offizielles Tagesziel war Muzzaffarpur, nur 55 weitere Kilometer weg, aber wir wussten beide, dass wir gerne Motihari, 100 Kilometer von unserem jetzigen Standort entfernt, erreichen würden. Ganz im Geheimen hätten wir jedoch von Herzen gerne bereits an diesem Tag 250 Kilometer zurückgelegt, um die nepalesische Grenze zu erreichen. Wir hämmerten weiter auf unsere Pedale, lösten uns alle 5 Kilometer in der Führung ab, zählten die vorüberfliegenden Kilometersteine, Indien nicht mehr gewahr, wie auf einem Clubausflug daheim in England.

Unser zweiter Halt war kurz nach 9 Uhr in Muzzaffarpur. Es tat gut, die Füsse nach 2 Stunden harter Fahrt im Sattel wieder auf festen Grund und Boden zu setzen. Nach einer kleinen Stärkung waren wir schon eine Stunde später wieder auf unseren Rädern, und am Mittag hatten wir 100 Meilen heruntergespult, 160 Kilometer. Allerdings begann die Hitze, uns zu bremsen. Für den Rest des Tages fuhren wir immer eine halbe Stunde, hielten dann unsere Köpfe unter Wasser, tranken Tee, bestellten Essen. Haufen von Reis und Schalen voller Dahl verschwanden in Sekunden, rutschten in unsere Schlunde, ohne auch nur die Wände zu berühren. Proklamationen wie »Das Beste, das ich je aß« oder »Genau was wir brauchten« und »Wenn ich von allen Gerichten der Welt wählen könnte, ich hätte keine bessere Wahl treffen können« folgten sich bis zur Bewußtlosigkeit. Unsere Körper schmerzten, als wir uns vorwärtsquälten, aber schließlich erreichten wir um 18 Uhr 30 die Grenzstadt Rexaul, 240 Kilometer von unserem morgendlichen Ausgangspunkt entfernt. Wir waren glücklich und zufrieden mit uns. Nepal und Kathmandu waren in unserer Reichweite. Es waren nicht mehr nur bloße Namen auf einer Landkarte Asiens, sondern beinahe greifbar nahe Dinge aus Bausteinen und Leuten, Straßen und Bergen. Wir hatten unseren Ansturm auf den Riesen vor uns beinahe vollendet, auf jenes unbekannte Territorium von 4000 Meter Höhe vor uns, in dem vielleicht vor uns noch nie ein Radfahrer war. Wir hatten unser erstes kleines Ziel »*Radfahrt zum Himalaja*« beinahe im Sack.

Wir fanden ein Zimmer in einem vernünftigen Hotel und gingen dann aus, um in einem durchschnittlichen Chai-Haus zu essen. Niemand schenkte uns irgendwelche besondere Beachtung, sehr wahrscheinlich, weil Fremde in dieser Grenzstadt alltäglich waren. Wir bestellten das Essen, und ich wusch mir den Schmutz von den Händen an einem ebenso schmutzigen Waschbecken in einer Ecke. Als ich das charmante Gesicht, das mir aus dem Spiegel entgegenlächelte, näher betrachtete, rannten die Wanzen auf dem Glas in Deckung und ließen nur ihre Fühler aus den Spalten gucken.

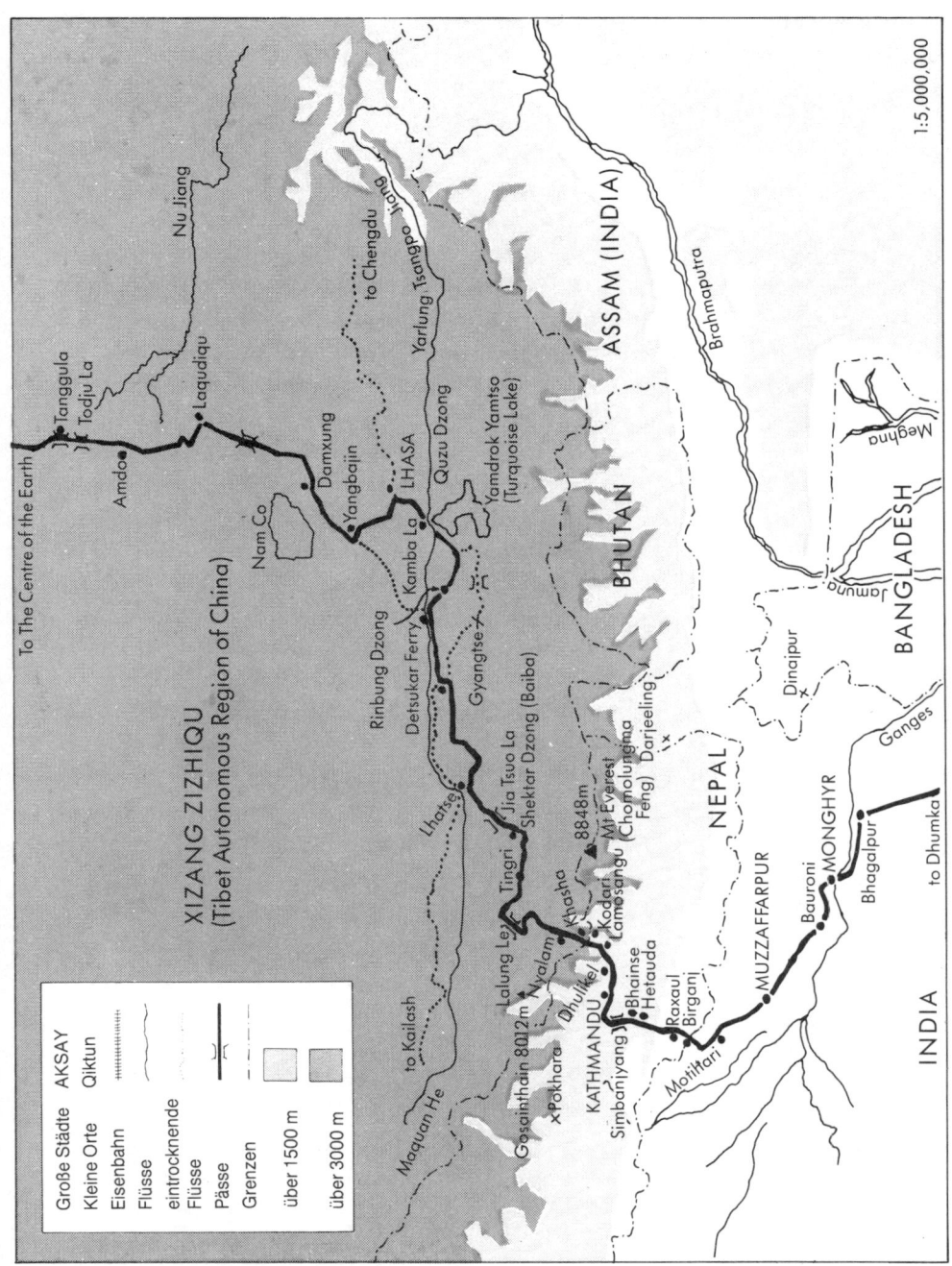

Indien/Nepal/Tibet.

3. KAPITEL

Festgenagelt in Nepal

Wir überquerten die Grenze nach Nepal mit unerwarteter Leichtigkeit. Die wenigen Offiziellen waren freundlich und hießen uns willkommen. Der indische Zollbeamte war schmuddelig angezogen. Er bohrte selbstverloren in der Nase und spuckte mit langgeübter Präzision genau in die Ecke des schmuddeligen Raumes. Sein herausgeputzter nepalesischer Kollege, 200 Meter weiter oben, unter einer vornehmen Bogengalerie, war jugendlich und hatte Hochglanzbilder von schneebedeckten Bergen an den Wänden hängen. Wir hatten ein engelhaftes Lächeln auf den Lippen und 1000 Pfund Sterling in bar in unseren Unterhosen. Die Formalitäten waren rasch vorüber, und wir fuhren in die nepalesische Grenzstadt Birganj ein; Nick ließ sich für ein Frühstück nieder, und ich machte mich auf, um einige der 1500 Pfund Traveller Checks in Nepalesische Rupien zu wechseln. Ich überschaute kurz die Lage an der Bushaltestelle und sah, daß kein Schwarzmarkt vorhanden schien, und so fragte ich denn einen Polizisten nach der Wechselstube.
»Unten, beim Polizeiposten. Hat aber nur noch zwei Stunden auf. Heute ist Wahltag.«
Kalter Schweiß brach urplötzlich bei mir aus, als mich die Erinnerungen an Bangladesh überfluteten. Würde es Aufruhr und Massenhysterie geben? Warum hat sich denn alles gegen uns verschworen? Wir begegneten jedoch keinen Problemen für den Rest des Tages. Die Nepalesen schienen so ruhig und gefaßt gegenüber Wahlen wie auch gegenüber anderen Dingen zu sein... eingeschlossen Hygiene, die in Indien zweitklassig ist, in Bangladesh eher mies und absolut unerhört in Nepal.
Von Birganj aus waren es 200 km bis Kathmandu. Wir hofften, daß 2 Tage genügen würden. Wir hatten in den letzten 11 Tagen eigentlich nur flache Etappen gefahren. Bald würden wir den Himalaja sehen und einige Pässe zu bewältigen haben. Wir radelten aus der Stadt auf einer flachen, geraden Asphaltstraße, in nördlicher Richtung, über topfebene Flächen wie auf den indischen Ebenen und etwa ebenso heiß. Die Sonne zu unserer Rechten stand schon recht hoch am Himmel. Wir suchten angestrengt den Horizont ab, um endlich die fabelhaften Berge zu erspähen. In der hitzeflimmernden Luft war es schwierig, etwas zu sehen, dann, nach und nach, etwa zwanzig Kilometer nach der Grenze, sahen wir, wie sich die erste Kette abrupt über der Gangesebene erhob, wie eine furchtbare, großartige Trutzmauer, errichtet, um dahinter liegende Schätze zu schützen. Hier stiegen wir ab und

ruhten uns im Schatten eines großen Baumes aus. Wir waren müde nach den harten Strapazen des gestrigen Tages und erleichtert, endlich in Nepal zu sein. Es war angenehm, einmal keine Menschenmenge um uns zu haben. Tatsächlich nahm niemand auch nur die geringste Notiz von uns, obschon einige Leute vorbeigingen. Gerne hätten wir uns ein wenig hingestreckt und geschlafen, aber da wir eigentlich keinen Grund dafür hatten, gaben wir vor, allerlei wichtige Kontrollarbeiten verrichten zu müssen, bei denen wir dann absichtlich trödelten, um den Frieden noch ein bißchen länger zu genießen.

Endlich ging's aber doch weiter, über mehr flache Ebenen, im Kopf Träume von den Hügeln vor uns. Dann pedalten wir plötzlich durch einen Wald. Die Welt um uns schrumpfte zusammen: Große Laubbäume, trockener brauner Unterwuchs, Insektensummen. Helle, kleine Vögel flogen pfeilschnell herum. Trotzdem wir nun nach Tagen flacher, ebener Strecken leicht aufwärts fuhren und ziemlich schwitzten, gefiel uns dies alles. Wir hatten die Straße für uns allein, keine Fahrräder, keine Autos, bloß gelegentlich ein Bus. Der Wald führte uns in eine Schlucht, wo es einige Felder und Häuser gab. Sie waren anders als die Hütten, die wir bisher gesehen hatten: Gutgebaute Riegelkonstruktionen, zweistöckig, mit weißem Verputz und oft auch mit kleinen Verandas. Typisch waren die Bananen- und Papayabäume nahe den Häusern und die Gestelle, wo Maiskolben, für Ratten unzugänglich, getrocknet wurden. Einige Kinder rannten herbei und riefen »Bye, bye!« und, als wir weiterfuhren »Hello, hello!«.

Ein Unterschied zu den zurückliegenden Ebenen fiel mir am meisten auf: Der erste Mensch, der seine Last nicht auf dem Kopf, sondern in einem Korb auf seinem Rücken trug. Die Nepalesen brauchen beim herumkraxeln auf ihren Bergen einen tiefen Gewichtsschwerpunkt. Die Straße stieg weiter an, und wir erreichten einen kleinen Paß, rund um uns immer noch dichter Busch. Wir sahen einen Polizeiposten, von dem wir annahmen, daß er den wirklichen Eingang zum »Verbotenen Königreich« bildete, und dann ging's im Freilauf acht herrliche Kilometer hinunter nach Hetauda, unserer ersten richtigen nepalesischen Stadt: Steile Bergflanken erhoben sich ringsum. Hetauda war staubig und voller Abfälle, ganz besonders schmutzig und zerfallen im Vergleich zu Indien, bloße 50 km weiter hinten. Es gab Hunderte von Hunden und Tausende von Fliegen mehr als im Nachbarland. Wir fanden ein Chai-Haus an der Hauptstraße, und hoben unsere Räder hinein, zwischen die hintere Wand und unseren Tisch. Von hier aus konnten wir die Straße gut überblicken. Die Frauen waren so schön wie die eleganten, großen Inderinnen, jedoch ein bißchen kürzer und voller – so wie ich sie liebe.

Nick dagegen studierte ein anderes Objekt: »Der Besitzer sieht ein bißchen aus wie Buddha in einem weiten, weißen Hemd und ebensolchen

Hosen. Er hat einen Bürstenschnitt und ein unergründliches Lächeln. Er sitzt mit untergeschlagenen Beinen, die vom enormen Bauch fast verdeckt sind, im Buddhasitz auf einem Stuhl.« Nick raffte sich tatsächlich auf, und ließ sich von diesem Mann nicht nur den Bart rasieren, sondern auch sein Haar schneiden, mit radikalem Resultat, kam er doch beinahe kahl vom Barbier zurück. Während Nick seinen Kopf fremder Gewalt aussetzte, war ich dafür besorgt, daß die Nieten an meinem Sattel etwas abgeflacht wurden, um meinen Hintern vor weiteren Mißhandlungen zu schützen. Der Fahrrad-Rikscha-Mechaniker, der mir den Job besorgte, zeigte auch Interesse am fehlenden Pedalkorb auf einer Seite und montierte mit Draht eine Plastikkappe, um den Schmutz abzuhalten. Dicke, schwarze Wolken zogen in dieser Zeit auf, und einige wilde Staubböen rasten durch die Hauptstraße; Abfälle, Dreck und Kehricht wurden über die Hausdächer geblasen, und jeder stürzte in die Häuser, um Schutz zu suchen. Der Regen begann, bevor ich das Chai-Haus wieder erreichte, und wurde immer heftiger. Wir studierten die Karte und bemerkten, daß Kathmandu bloße 35 Kilometer von unserem gegenwärtigen Aufenthaltsort weglag – jedenfalls für einen Vogel, d. h. in der Luftlinie. Nun, Vögel fahren nicht Rad! Es gab zwei Routen: Erstens, jene über die Hauptstraße, die zuerst weit in den Westen führt und dann einen Bogen zurück macht, um nach 231 Kilometern Kathmandu zu erreichen; dann den alten Raj Pfad, jetzt auch für Motorvehikel befahrbar, der über zwei große Pässe führt und schließlich wenig vor dem Kathmandu-Becken wieder in die Hauptstraße einmündet. Distanz: 140 km. Wir wählten die kürzere Strecke, und da der Regen in ein leichtes Nieseln übergegangen war, bezahlten wir für unser Essen und brachen sofort auf.

Die Sonne versuchte bald, durch die Wolken zu scheinen, und die Vegetation erstrahlte in frischem Glanz. Für einige Zeit noch war die Straße übersät mit Blättern und Zweigen, die der heftige Wind von den Bäumen abgerissen hatte. Gekräuselte Bächlein flossen im Straßengraben. Das offene Tal von Hetauda verengte sich, die Hänge wurden immer steiler. Wir wurden gewahr, daß wir ein größeres Unwetter erlebt hatten, denn wo vorher die strahlend hellen, heißen Kiesel des Bachbetts lagen, schoß nun ein wilder brauner Strom in die Tiefe. Oben an den Hängen sahen wir Narben, die Erdrutsche in die Oberfläche gerissen hatten. Große Äste, losgerissen von den Bäumen, lagen kehroben in den Büschen. Die ausgetrockneten Gräben an den Abhängen waren zu glitzernden Wasserfällen geworden, brachten Dreck und Steine mit sich und übersäten damit die Straße. Das enge Tal wurde nun zu einer Schlucht. An einer Stelle stürzte eine fürchterliche Mure über die Straße, riß ganz Teile weg und hinterließ dafür Felsbrocken. Den größten Schock hatten wir aber, als wir hinter einer Kurve plötzlich zwei Lastwagen auf der Straße stehen fanden. Vor ihnen hatte ein Steinrutsch die Fahrbahn meterhoch komplett abgeschnitten. Ganze Brocken von Asphalt wurden 30 Meter tief in den tobenden Wildbach gerissen. Meterdicke Felsbrocken durchsetzten das Geröll. Die Fahrer waren kaum aus ihren Kabinen gestiegen, und niemand anderes war zu sehen, also mußte sich die Lawine erst Minuten vorher gelöst haben. Wir dankten unserem Glücksstern, daß wir uns in der Stadt wegen Bart und Hinterteil so versäumt hatten. Wie leicht hätten wir dieses Naturschauspiel von unten genießen können...!

Weiter oben, direkt unter steilen Bergflanken, am Zusammenfluß zweier Flüsse, die jeder aus einem eigenen Tal herausflossen, lag das Dorf von Bhainse. Andere Dörfer und Höfe waren hoch oben verstreut, auf scheinbar unzugänglichen Halden. Dünne Linien von Terrassen waren überall in die Hänge eingekerbt, wo nicht gerade der nackte Felsen an die Oberfläche stieß. Bhainse war nur eine unregelmäßige Reihe Häuser entlang des Straßenrandes, die Innenseite war direkt in den Hang hineingelegt. Wir fanden ein Haus, in dem auch ein Café eingerichtet war, bestellten Tee und setzten uns, umgeben von den jungen Frauen, die sich um das Geschäft kümmerten und von ihren Kindern. Sie sahen alle so lieblich aus: großes, offenes Lachen, samtige, dunkle Haut und strahlend weiße Zähne. Es scheint einen Zeitpunkt zu geben, wo die Mädchen, wenn sie zur Frau werden, ihr langes, zerzaustes, offenes Haar aufstecken, und es in einem dicken Knoten tragen, wie die Inderinnen in der Ebene. Einige tragen es auch in langen Zöpfen.

Nick. Tag 12. Bhainse.
Reis, Dahl, Gemüse und Autoreifengulasch. Das Fleisch war zäher als Gummi. Der Dahl war des Zahnarztes Traum: meist weich und sämig, aber mit gelegentlichen Kieselsteinen drin. Ich schaute in die Küche: Sie war schwarz vor Pech. Trinkwasser wurde aus einer Öltonne geschöpft, ein nacktarschiges Kind verkroch sich unter dem Tisch, und eine der Mütter lauste einen Knaben.
Es war beinahe zu dunkel, um etwas zu sehen. Ein einziges Licht hing über einem Spielbrett, umgeben von etwa zwölf Leuten. Das Spiel sieht aus wie eine Kreuzung zwischen Pennyschieben, Tischfußball und Billard. Die zwei Spieler schoben Scheiben in Münzengröße über das Brett und versuchten, damit andere Scheiben in Löcher mit Taschen zu versenken (Das Spiel heißt Carambol, und ist mittlerweile auch bei uns recht populär. Der Übersetzer). Einer der Spieler – ein junger Mann mit einem modischen Schnurrbart – trug einen roten Wickelrock, ein breitgestreiftes T-Shirt und einen breitrandigen Strohhut. Mister »Cool« von Bhainse. Der Ort sah aus wie der hiesige Nachtclub. Einer der Jünglinge trug einen Bhadgaon Topi, die nationale Kopfbedeckung, wie mich D. belehrte. Es war ein runder Hut ohne Krempe, wie ein umgekehrter Blumentopf, von weißer Grundfarbe mit grellen, geometrischen Farbmustern.

Es war ein ziemlich großer Raum, etwa 5 auf 10 Meter, jedoch hatte es kaum genug Licht, um ihn genau beschreiben zu können. Holzpfosten hielten die Decke. Eine Seite bestand ganz aus demontierbaren Türplatten, die bei gutem Wetter entfernt werden konnten. Es gab eine Reihe kleiner Holztische mit Bänken und einigen Stühlen. An der hinteren Wand gab es drei schlechtschließende Türen und zwei komisch geformte Räume, die durch Vorhänge abgetrennt waren. Darin hörten wir, wie die Mädchen Kinder zu Bett brachten. Kisten mit Limonadeflaschen standen in einer Ecke, die Spieler jedoch tranken Wodka pur. Ein Huhn pickte einige Reiskörner unter meinen Beinen auf – als Nick und ich mit dem Essen fertig waren, bedeckten noch mehr Reis, Gemüsereste und Dahl den Tisch. Während wir aßen, kaute ein kleiner, junger Hund in der Mitte des Raumes zufrieden an einer Bürste, rannte dann aber plötzlich in unsere Ecke, um ein kleines, quietschendes Schweinchen zu jagen. »Achtung, Nick, es beißt dich in den Fuß!« Dann erwischte das Schweinchen das Hündchen am Hinterbein. Ein Mädchen, etwa fünf oder sechs Jahre alt kam zu seiner Rettung dahergerannt. Es fiel über dem kleinen Hund zusammen und trug ihn davon, um ihn streichelnd zu trösten. Das kleine Schwein indessen schnüffelte davon, in die Ecke, wo ein Haufen Brennholz, ein Kinderdreirad und zwei gebeutelte Regenschirme lagen. Aufgescheucht durch das Schwein, schoß plötzlich eine federlose Gans mit einem rauhen, abgehackten Husten auf und flog, den Hals wie auf dem Schlachtblock lang ausgestreckt, quer durch den Raum. Mit einer kurzen Bewegung seiner Hand erwischte sie der Mann im weißen Hemd, der vor drei Stunden noch als Armeeoffizier auf dem Polizeiposten weiter hinten auf der Straße Dienst tat. Alles war auf eine vergnügliche Weise bizarr – und wunderbar freundlich! Alles in allem waren wir beide gefühlsmäßig in einem Hoch, nachdem wir Indien hinter uns lassen konnten und in das berühmte Königreich von Nepal einfahren durften. Der Chai-Haus-Besitzer ließ uns am Boden seines eigenen Raumes schlafen. Er hatte ein hölzernes Bett und eine dünne Strohmatratze. Zum ersten Mal auf dieser Reise benützten wir die Schlafsäcke. Wir breiteten sie über unseren Windjacken und -hosen direkt über dem harten Fußboden aus. Wir waren so hundemüde, daß wir sofort ein- und bis zum andern Morgen durchschliefen.

Tag 13 sah uns früh auf den Beinen. Bereits um fünf Uhr waren wir auf der Straße und wurden sofort gewahr, daß wir im Himalaja waren. Die Ebenen Indiens, kaum 24 Stunden zurück, gehörten einer anderen Welt an. Im kleinsten Gang pedalten wir hinauf, hinan, über eine ganze Folge von luftigen Felswänden, durch dicke grüne Wälder. Die Straße wand sich hinein, in jede kleine Schlucht, und ebenso wieder hinaus. Jeden Abhang erklommen wir, um oben zu entdecken, daß noch ein weiterer hoch darüber thronte. Wir fuhren vorbei an sehr schön strohgedeckten Lehmhäusern, unmittelbar über oder unter der Straße, und konnten hie und da einen Blick in den Hof erhaschen, wo Kinder mit Welpen, Ziegen und Hühnern spielten. Je höher wir kletterten, desto mehr, nicht weniger, Häuser und Höfe schien es zu geben. Es gab Gruppen von vier bis fünf Häusern, die so kleine Dörfer formten, aber meistens waren es doch alleinstehende Farmen, eine etwa 100 Meter von der nächsten entfernt. Unter uns Häuser, über uns Häuser, auf der andern Seite des Tales. Überall. Über die ganzen Hänge verteilt. Und dann die Terrassen. In alle Richtungen konnten wir das gleiche Muster von Häusern und Terrassen entdecken, wie mit Velcro an die Hänge hingeklebt.

Eine Vorstellung der Steilheit des Geländes und der Verschlungenheit der Täler ergibt vielleicht die Tatsache, daß wir nach 3 Stunden energischem Hinantreten (mit nur 2 Unterbrechungen, als Nicks Magen revoltierte und er neben der Straße die Rückseite des Laubes studieren ging) und 30 zurückgelegten Straßenkilometern, immer noch Bhainse in 5 Kilometer Luftlinie unter uns sehen konnten. Als wir am Morgen erwachten, befanden wir uns auf etwa 500 Meter Höhe und plötzlich waren wir auf über 2000 Metern! Die Luft wurde kühler, beinahe kalt, wir bezwangen den Simbanjyang-Paß auf 2440 Meter, stürzten uns dann hinab bis halbwegs wieder auf Meereshöhe bei Palung und nahmen hernach im kleinsten Gang den Tistung in Angriff, der beinahe ebenso hoch und sicherlich mindestens so kalt war wie der Simbanjyang. Dort rasteten wir eine ganze Weile, schauten uns gründlich um, und obschon ringsum die Welt auf und ab ging wie unsere Brust – die schneebedeckten Gipfel des Himalaja sahen wir nicht. Wir verließen diesen Kulminationspunkt und fielen praktisch wie Steine die Straße hinunter, wobei wir innerhalb einer Stunde beinahe 1600 Meter an Höhe verloren. Bei Naubise ließen wir das ländliche Nepal hinter uns und fügten uns wieder in die abfallgesäumte, dieselrauchgeschwängerte Hauptstraße von Hetauda ein. Wir pedalten an trockenen braunen Terrassen vorbei bis zum Rande des Kathmandu-Beckens. Dieser Punkt der Straße ist eigentlich etwas recht Besonderes, denn der Reisende hat eine lange, lange Strecke hinter sich; mindestens 24 Stunden von Delhi, ungefähr 13 Tage von Bangladesh, vielleicht auch zwei oder drei Monate von zu Hause. Und immer ist das Ziel Kathmandu und das Becken, in dem die Stadt auf über 1000 Meter Höhe liegt. Wenn man sich ihr auf diesem Weg nähert, sieht man sie erst im letzten Augenblick, 15 Kilometer entfernt, nachdem der Bus, der Lastwagen oder das Fahrrad einige große Kehren gefahren ist, die aussehen, wie wenn sie auf einen Paß mit einer steilen Abfahrt auf der andern Seite führen würden. Einmal oben, findet man sich aber auf einem wunderschönen grünen Plateau wieder, auf dem die Dörfer wie Flecken erscheinen und mit einem weiten Panorama von Bergen als Hintergrund.

Nick. Tag 13. Kathmandu-Becken. Nachmittag.
Am fernen Horizont ein Band von gezackten, leuchtenden Wolken – fast

zu weiß: unser erster Anblick der Himalaja-Riesen in den letzten Strahlen der untergehenden Sonne. Den ganzen Tag wartete ich darauf, diese Berge zu sehen – die Sieben- und Achttausender –, aber mit all den Wolken, die uns den ganzen Tag umgaben, hatte ich die Hoffnung schon aufgegeben. Und nun, am Ende eines Tages, nach 130 Kilometer und fast 4000 Meter Höhendifferenz sah ich, wie sie von brillantem Weiß zu Gold wechselte und schließlich langsam verblaßten.

Wir hielten an und feierten mit einigen Gläsern Tee von den Teebuden, die die Straße gleich nach der Kante unter einer großen Statue säumten. In jeder Bude hatten sie ein ganzes Brett voll nasser Gläser und einen dampfenden Teekessel über dem Feuer, das in einem Eimer brannte. Wir fühlten uns so freigiebig, daß wir gleich an mehreren Ständen Tee kauften und lächelnd wieder weggingen. Kaum eine Stunde Fahrt noch bis Kathmandu.

»Es scheint keinen Stachel in diesem wunderschönen Tag zu geben.«
»Es hat eine schwarze Wolke am Himmel und will regnen.«

Als wir der Stadt näher kamen, waren wir so halb vorbereitet für ein großes Finale, so eine Art psychischen K. o.-Schlags, um uns unsere verfrühte Euphorie zurückzuzahlen. Ein leichter Schauer fiel.

»Schau, der Regen verstärkt sich.«
»Wenn du das einem Bengalen zeigen und es Regen nennen würdest, er lachte dich aus.«
»Dachtest du, daß sich die Götter etwas Spektakuläreres hätten einfallen lassen können?«

Diese letzte Bemerkung saß, das war zuviel. Kaum hatten die frevlerischen Worte den Mund verlassen, fegte ein kalter Windstoß über das Becken, und die Himmelsschleusen öffneten sich. Die Götter nahmen Rache. Wir hatten so etwas noch nie gesehen. Die absolut riesigsten Regentropfen wurden auf uns abgefeuert. Wenn wir vorsichtig fuhren, konnten wir ihnen beinahe ausweichen. Dann knallten sie auf die Straße, die Felder; schlugen durch die Bäume wie wassergefüllte Luftballons, zerplatzten beim Aufprall und vereinigten sich schließlich mit Millionen anderer, die die Landschaft prügelten. Sie waren so dick und schwer, daß die Straße in Sekundenschnelle überflutet war und wir nicht einmal Zeit hatten, unseren Regenschutz anzuziehen. Alle andern Leute waren von der Straße verschwunden, und beinahe alle Fahrzeuge waren gezwungen, anzuhalten. Da wir keinen Schutz vor den Elementen hatten, kämpften wir uns voran, eine Hand am Lenker, die andere als Schutz vor den trommelnden Tropfen dicht vor die Augen gelegt, so daß wir durch einen kleinen Spalt zwischen den Fingern hinaussehen konnten. Es war es wert, weiterzumachen; wir waren bloße 10 Kilometer von Kathmandu entfernt, dem Scheideweg unserer Odyssee, der exotischen und doch leicht erreichbaren Stadt, die das Ende des Beginns unserer Expedition bezeichnete.

Hinein ging's, in die Märchenstadt, durchnäßt, voller Freude und verloren in einer Mischung aus Autohupen, Auspuffgasen, Musik, Gebrüll und Fahrradglocken. Es war dreckiger und schmuddeliger, als ich es in Erinnerung hatte, zugleich hatte aber auch der westliche Einfluß stark zugenommen. Vielleicht geht das Hand in Hand. Unsere Sinne wurden durch einen Wust von Eindrücken überschwemmt: helle Schaufenster, schnelle Taxis, arme Leute, die unter Pappe Schutz suchten, Straßenverkäufer, die Zigaretten und Snacks feilboten, Mechaniker, die unter Vordächern werkten, umgeben von Autoteilen. Kühe in den Hauptstraßen, Hunde in der Gosse, Haufen von Abfällen. Straßenbeleuchtung, Shanty-Häuser, Holzhütten, Backsteinhäuser, moderne Büroblocks.

Wir brauchten eine ganze Weile, bis wir Thamel, alias Gringoville, gefunden hatten, der Stadtteil, wo sich alle Fremdlinge treffen. Es gibt dort viele billige und auch weniger billige Hotels, und Restaurants, wo sich heimwehkranke Reisende auf Quiche Lorraine, Lasagne und Schwarzwäldertorte stürzen können. Es ist wie eine Insel aus Hippy-Kultur und Abfalltourismus, hineingeworfen in die Mitte einer der am dichtesten besiedelten und rückständigsten Städte Asiens. Es gibt viele Gebrauchtwarenladen, wo man Expeditions- und Bergsteigerausrüstungen zu günstigen Preisen erstehen kann. In den Seitenstraßen verhökern Nepalesen ihre selbstgeschnitzten Saiteninstrumente, Kukris, Taschen und anderen Kram. Nick sah im ganzen Treiben eine Mischung aus Covent Garden und Fort William: Eine einzigartige Welt, nach so manchen Tagen im Dreck, mit nichts als Reis, Chapati und Curry. Es ist eine große Gelegenheit, andere zu treffen: Leute, die zum Everest Basislager treckten, oder die in Tiger Tops Dschungel Camp im schäumenden Wildwasser Floß fuhren; jene, die frisch, mit weit aufgesperrten Augen zum ersten Mal Nepal erleben, oder die seltsamen Gestalten derer, die schon seit Monaten und Jahren hier leben. Nick fand das alles außerordentlich aufregend, und er hätte unglaublich viel Spaß gehabt, wenn er mich nicht als Mühlstein am Hals hätte mitschleppen müssen. Obschon auch ich fast aus dem Häuschen war vor Freude, wieder in Kathmandu zu sein, und obschon ich mich von Thamel magisch angezogen fühlte, machte ich mir doch vor, daß ich die andern meine Überlegenheit nicht spüren lasse. Und doch stolzierte ich herum, aufgeblasener als die Blasiertesten, stillschweigend im Hochgefühl des Wissens, daß wir die ganzen 1481 Kilometer von der Gangesmündung bis hierher aus eigener Kraft auf dem Fahrrad zurückgelegt hatten. Eine halbe Stunde suchten wir, dann hatten wir das Hotel Lumbini gefunden, in dem Ados und ich vor drei Jahren logierten, als wir uns auf unseren Lauf durch den Himalaja vorbereiteten. Das Zimmer, das wir damals hatten, war besetzt, wir bekamen deshalb jenes im ersten Stock neben der Toilette. Dann ging's hinaus in die Stadt; wir überaßen uns an Suppe, Steak und Frites mit Salat und zuletzt Mengen heißer Schokolade.

Nick war am Ende. »Ich könnte eine ganze Woche lang schlafen.« Er kroch deshalb mit schwerem Bauch davon, zurück zum Lumbini, und fiel aufs Bett. Ich war so hyperaufgedreht, daß ich noch nicht ins Bett liegen konnte. Für Stunden saß ich noch da, schrieb und plante. Am nächsten Morgen erwachte ich früh, meinen Kopf immer noch voller Dinge, die erledigt werden mußten. Die Überdosis Essen vom Vorabend hatte einen ähnlichen, wenn auch umgekehrten Effekt am andern Ende meines Leibes, und als Nick Stunden später ebenfalls wieder auf diese Welt zurückkehrte, litt er unter gleichen Symptomen. Es war dies ein Übel, das uns während des ganzen Aufenthaltes in Kathmandu plagte und scheinbar auch beinahe jeden Touristen in seinen Griff bekommt.

In Kathmandu wurden denn auch bald die physischen und psychischen Aspekte unserer Expedition in die Wildnis zurückgedrängt von einer Fülle von unendlich kleinkarierten, offiziellen Formalitäten, die nötig waren, damit wir unsere Reise ins unbekannte Gebiet vor uns fortsetzen konnten. Es gab viel zu tun: Räder überholen, unserer Ausrüstung für die Höhen, in die wir nun bald hinaufsteigen würden, den letzten Schliff verleihen; Briefe und Pakete abholen, die Tagebücher nachtragen, an alle 40 Verwandten, Freunde und Fans schreiben, deren Adressen wir auf einem eng beschriebenen Luftpostpapierbogen bei uns trugen; prüfen, ob unsere Visa für China/Tibet genügen würden, und vor allem alles in Erfahrung bringen über individuelles Reisen im Tibet.

Nick. Tagebuch.
Jetzt, da wir in Kathmandu sind, droht die nächste Etappe. Wir schauten auf die Karte und ließen die ungeheure Distanz von Kathmandu nach Lhasa so richtig in uns wirken. Es war ernüchternd. Und was noch schlimmer war, die Distanz Kathmandu – Lhasa ist nichts, aber auch gar nichts im Vergleich zu dem, was folgte! Das ist etwas, woran wir im Augenblick überhaupt nicht zu denken wagten. Was aber wirklich drohend vor uns stand, das war der entscheidende Punkt unserer Reise, dort wo alles scheitern konnte: Der Grenzübergang von Nepal nach Tibet, nach China. Es schien uns fast unvorstellbar, daß die Chinesen uns dies auf legale Weise würden tun lassen. Ich war der Meinung, daß wir irgendeine verborgene Bergstraße finden und zu einem Sprint nach Lhasa, ansetzen sollten, in der Hoffnung, daß wir nicht erwischt würden. Einmal in Lhasa könnten wir dann vorgeben, daß wir mit einem Flug aus einer anderen chinesischen Stadt hergekommen seien und um ein Tibet-Visa nachsuchten. Das Schlimmste, was uns passieren könnte, wäre ein paar Tage Gefängnis und dann die Landesverweisung. Nein, das Schlimmste, was uns zustoßen könnte, wäre eine Kugel in den Hintern von irgendeinem schießwütigen Grenzposten.

Angenommen, wir gelangten lebend über die Grenze, dann würden wir unbekanntes Gebiet betreten. 2000 Kilometer lang würden wir uns auf Höhen zwischen 4000 und 5000 Meter über dem Meer aufhalten, ständig bedroht von Schnee, Unterkühlung und beißenden Winden. Optimistische Verfasser beschreiben die Besiedelung der tibetanischen Hochebene als »dünn und weit verstreut«; weniger blumige Autoren nennen sie »praktisch nicht existent«. Chris Bonington schrieb mir am 11. März 1986: »Siedlungen und ›Transport-Cafés‹ gibt es nur wenige, und sie sind weit voneinander entfernt.«

Wir hofften, 100 km pro Tag zurückzulegen – dachten aber, daß dies zum Überleben nicht genügen könnte. Die Straßen würden erwartungsgemäß alle schotterbedeckt sein. Wir hofften, Schutz und Nahrung in kleinen Bauerndörfern in den tieferen Tälern zu finden, in Lastwagen-Camps, Schäferhütten oder in Zelten von Yak-Nomaden. Wir waren darauf vorbereitet, daß Kinder in der Erregung Steine nach uns werfen würden. Wir glaubten nicht, daß wir uns mit irgendwelcher absichtlichen Bosheit würden herumschlagen müssen; es war nicht sehr wahrscheinlich, daß uns ein Yak-Hirte aufs Korn seiner Steinschleuder nehmen würde. Wir sorgten uns jedoch, daß wir von Wölfen aufgefressen oder von einem Yeti zertreten werden könnten. Gott allein weiß, was in der Wüste Gobi alles passieren kann.

Wir hatten uns auf unserer Expedition bisher nicht schlecht geschlagen – jedenfalls hatten wir überlebt. Die Marschtabelle war ein wenig durcheinandergeraten. Ursprünglich hatte ich Steve Bonnist gesagt, daß die Fahrt bis Kathmandu drei Tage in Anspruch nehmen würde. Nick zwang mich dann, die Karte anzugucken. Als Kompromiß zwischen seiner Erfahrung und meinem Optimismus einigten wir uns dann auf 6 Tage. Die schreckliche Wahrheit war dann 13 Tage. Ein Pluspunkt für uns war, daß wir tatsächlich über 100 Kilometer Tagesdurchschnitt gefahren hatten, obschon unser Aufenthalt in Kathmandu uns wieder unter die kritische Grenze drücken würde. Wir hatten gehofft, bis hierher ein »Guthaben« zu erradeln, das wir dann während der harten, langsamen Etappen auf der Hochebene aufbrauchen könnten. Unser Plan sah vor, Lhasa in 15 Tagen zu erreichen. Das stand ganz klar außer Frage. Es sah so aus, als ob es bis nach Lhasa ein wenig unter 1000 Kilometer wären, aber wir brauchten weitere zuverlässige Informationen, um eine sinnvolle Schätzung abgeben zu können.

Unsere ersten Fühler betreffend individueller Reisemöglichkeiten in Tibet ergaben ein niederschmetterndes Ergebnis. Bei allen Reiseagenten in Kathmandu tönte es ähnlich: »Unmöglich!«, »Nur in organisierten Busreisen«, »Vier bis zehn Tage«, »450 Dollar«, »850 Dollar«, »Kein Platz vor drei Wochen«, »Fahrräder, nicht die Chance einer Hoffnung!« Wir zeigten unsere Visa, die wir in London so glückhaft noch in letzter Minute erstehen konnten: »Das gilt nicht für Tibet«, »Gilt nur für die Einreise via Hongkong«, »Bevor es gültig ist, muß es registriert und ratifiziert werden«.

Die Reisenden und Tramper, mit denen wir in Gringoville sprachen, wußten jede Menge Geschichten zu erzählen von Leuten, die für 50 Dollar ein Visum beschaffen könnten, oder die einen für viel Geld an Bord eines Busses schmuggelten. Wir trafen auch oft auf Leute, die jemanden kannten, der jemanden kannte, der in Tibet war. Meistens waren diese Informationen Gerüchte oder stammten vom Hörensagen. Wir fanden 4 Leute, die mit Bussen oder Lastwagen dort waren. Wir hörten auch ein paar aufregende Berichte von Leuten, die in Lhasa Mountain Bikes gesehen haben wollten, aber ob die eingeflogen wurden, oder Lhasa via das chinesische Festland im Osten erreichten, vermochte niemand zu sagen. Einige hatten von Leuten gehört, die entlegene Dörfer oder Klöster besucht hätten. Interessanterweise hörten wir einige der besten Informationen darüber bereits in London, von Brian Hanson von Globetrotters. Er zeigte mir auch den seltsamen Brief eines Mädchens, das während eines Trecks zu einem entlegenen Buddhisten-Kloster einen freundlichen Tibetaner mit seiner Tochter traf, die das gleiche Ziel hatten. Sie reiste einige Tage mit ihnen. In den einsamen Bergen mußte sie sich in regelmäßigen Intervallen, wenn das kleine Mädchen schlief, seiner amourösen Attacken erwehren.

Weniger befremdende Informationen aus London stammten von Theresa Booth. Sie lernte Chinesisch und, als Einheimische verkleidet, versuchte 1983 per Anhalter durch die Taklamakan-Wüste via Urumqi und Turfan nach Kashgar zu gelangen. Sie wurde einige Meilen vor ihrem Ziel verhaftet und mit allen erdenklichen Strafen bedroht. Kein Bitten, noch Argumentieren erweichte die Offiziellen. Als eine letzte Zuflucht brach sie in Tränen aus. Zu ihrer Überraschung half das. Sie wurde auf einen Militärlaster gesetzt und 5 Tage lang zurück nach Golmud geschickt, dem Ausgangspunkt ihres Abenteuers.

Wir begannen leise zu hoffen, daß individuelles Reisen in Tibet, zwar keineswegs üblich, vielleicht aber doch möglich ist. Wir fragten uns, wie das mit Fahrrädern ging, wenn doch so viele Leute sagten, es sei »unmöglich«.

Doch das wirkliche Leben nimmt keine Rücksicht auf die Pläne, die wir machen. Wir mußten essen und schlafen, und am zweiten Tag zerbrach bei Nick ein Zahn.

Nick. Tag 14. Kathmandu USA Botschaft Zahnarzt.
Flickte den Zahn. Ich hatte soeben die zahnärztliche Erfahrung meines Lebens: »Legen Sie sich zurück und entspannen Sie sich« tönte wie ein guter Anfang. Während er seine Instrumente bereitlegte, sprach Dr. Elliot B. Higgins – Kleidung: Jeans, Tennisschuhe, offenes Hemd – über die Norton, die er einst besaß und die auf einem Interstate Highway streikte. Jetzt fährt er eine Honda 250 Trail-Maschine mit Doppelverga-

ser und »würde sie gerne eines Tages nach Tibet einfliegen lassen«. »Nehmen Sie es nicht zu schwer, wenn ich Ihnen diesen Gummi in den Mund sperre, der die Späne aus Ihrer Mundhöhle und diese große Zunge aus meinem Weg halten wird.« Der Bohrer surrte. Direkt über mir, an der Decke, das Panorama des Himalaja. Kam auf den Nerv, drehte die Musik auf: »Eddie and the Cruisers. Kaufte die Platte in Bangkok, weil sie mir gefiel.« Weiterbohren. »Erstaunlich, wie stark das nach Bruce Springsteen klingt – Spülen bitte.« Ich schlief beinahe ein, so entspannend war dies alles. Kam wieder auf den Nerv. »Baby, warum tust du mir weh?« fragt Eddie and the Cruisers. Elliot gab seiner Füllung den letzten Schliff, wie wenn er eine Elfenbeinschnitzerei herstellen würde. Summte dabei leise zur Musik. »So, das wär's«. Ich erhob mich widerwillig von meinen entspannendsten 30 Minuten der letzten paar Monate. »Das war die beste Zahnbehandlung, die ich je hatte«, sagte ich in typisch britischer Dankbarkeit. Worauf er antwortete: »Warten Sie, bis Sie die Rechnung in der Hand halten.« 47 Dollar.

Während Nick sich zurücklehnte wie Barbarella, suchte ich Lisa van Gruisen auf, die vor drei Jahren so hilfreich war, als wir den Himalaja laufend durchquerten. Sie war genau so »schnell, freundlich, tüchtig und begeisterungsfähig« wie zuvor, hatte aber den zusätzlichen Vorteil, daß sie diesmal die Route kannte, weil sie bereits verschiedene Trecking/Entdecker-Gruppen mit ihrem Reisebüro Tiger Tops/Mountain Travel nach Tibet organisiert hatte. Sie lud Nick und mich zu einem Lunch im vornehmen Yeti-irgend etwas-Hotel ein, dann organisierte sie Leute, die uns dabei halfen, unsere verschiedenen Pakete durch den Zoll zu schleusen und unsere Visa zu kontrollieren. Lisa füllte auch unsere Wissenslücken betreffen Reisen in Tibet. Die Grenze in Kodari wurde letzte Ostern für organisierte Gruppenreisen geöffnet und erst am 1. März dieses Jahres, also vor zwei Monaten, auch für individuelle Reisen. Es ist die einzige offizielle Route vom Indischen Subkontinent nach China, mit Ausnahme der neueröffneten Karakoram Überlandstraße durch Pakistan über den Kunjirab Paß. Sie versicherte uns, daß all das Gewäsch, wonach man nur in organisierten Busreisen nach Tibet hineinkommen könne, von den Reiseagenten, die die Busfahrten verkaufen, in die Welt gesetzt wurde. Sie gab uns einen Empfehlungsbrief für ihre chinesischen Kontaktleute. Lisas größte Sorge galt der Höhe, der Trostlosigkeit und der Kälte, denen wir in Tibet begegnen würden. 20 Kilometer nach der Grenze gäbe es einen Ort namens Nyalam, 4000 Meter über dem Meer, und dann 60 Kilometer reines Nichts, bis zum nächsten Dorf, Dzongri Dzong. Interessant.

Lisa brachte uns auch in Kontakt mit Liz Hawley, einer der führenden Pressekorrespondenten im Himalaja. Sie bemerkte eine Parallele unseres

Unterfangens mit dem Unternehmen »Flug über den Buckel« im Zweiten Weltkrieg, wo von Kalkutta aus Burma und Chungking mit Lebensmitteln versorgt wurden. Sie erzählte uns auch von den einzigen Leuten, die China von Nepal aus mit dem Fahrrad erreicht hätten. Einer war ein Chinese aus Hongkong, Victor Chang, der in Kanada lebte und ein gültiges, tibetanisches Reisevisum hatte, der andere, sein australischer Freund, der hatte keines. So kletterten sie denn über einen entlegenen Paß, wurden aber auf der andern Seite sofort verhaftet und zurückgesandt. Eine Montain Bike Expedition zum Mount Kailash, wo die Flüsse Indus, Ganges und Brahmaputra entspringen, verließ Kathmandu schwerbeladen vor einigen Wochen, aber niemand hatte auch nur die geringste Idee, wie weit sie mittlerweile gekommen war.

Nick und ich saßen dann zusammen und werteten sorgfältig alle Informationen, die wir zusammengetragen hatten. Ganz klar, Leute gelangten über Kodari nach China und Tibet, alle reisten in Bussen oder auf Lastwagen, meistens direkt nach Lhasa, wo offenbar ein ziemlicher Tourismus vorhanden war. Reiseerlaubnisse schienen für die Straßen südlich, nicht aber für jene nördlich von Lhasa erhältlich zu sein. Das Essen wurde allgemein als schlecht bezeichnet. Es gab nur Naturstraßen. Sie waren sehr staubig und führten über weite Strecken kargster Landschaft zwischen Kathmandu und Lhasa. Niemand wußte etwas über Reisen nördlich von Lhasa.

»So, das wär's ungefähr. Es bleibt uns nichts anderes zu tun, als loszulassen und es zu versuchen.«

Nachdem wir zu unserem Entschluß gekommen waren, begannen wir, die Dinge zu beschleunigen. Vier Tage gingen vorbei, bevor wir dann wirklich starten konnten. Wir sandten durch einen alten Freund, Colonel Mike Barratt, ein Paket zurück nach England. Wir überholten unsere Räder komplett, eingeschlossen die Imprägnierung meines Sattels mit Butter. Aber wir fanden kein einziges der Pakete von Raleigh, mit Radersatzteilen, noch unser Paket, das wir von Dhaka aus hierher sandten. Auch sahen wir keine einzige der Sehenswürdigkeiten der Stadt. Das hat zu warten bis zum nächsten Mal. Augenblicklich waren wir viel zu stark mit Tibet beschäftigt und damit, alles perfekt vorzubereiten, wie zum Beispiel letzte Änderungen an unseren Kombis und T-Shirts anzubringen. Auch ließen wir stärkere Kapuzen an unsere Caldo Fahrradjacken annähen und versahen die Überlappung am Reißverschluß mit Velcro. Mein Tretlager hatte etwas Spiel, und so mußte ich es denn in einer Hinterhofwerkstatt mit Hammer und Dorn wieder etwas enger schlagen. Wir schliefen schlecht, weil wir keine Moskitonetze hatten.

Nick. Kathmandu.
Die Erleichterung, daß wir weiterfuhren, wurde mit jeder Minute

größer. Kathmandu war ein frustrierender und deprimierender Schluckauf in einer Reise, die bis vor 4 Tagen vom Augenblick der ersten Idee an, richtig aufgeladen und super verlief. Keiner von uns kann ausbleibenden Fortschritt richtig vertragen, aber offensichtlich hatten wir (wie D. heute morgen bemerkte) unsere Lehren aus dem Kilimandscharo Abenteuer noch nicht voll gezogen: Der einzige Weg, auf einer solchen Reise, den Schwung nicht zu verlieren, ist die totale Autarkie. (Ich hatte schon seit einigen Tagen in diese Kerbe gehauen – und mir war unwohl beim Gedanken an diese Materialdepots.) Wenn man einmal damit angefangen hat, sich Depots und Lager einzurichten, riskiert man, daß die Organisation dieser Dinge plötzlich wichtiger ist als die Expedition selbst und alle Energie – und viel Zeit – für sich beansprucht. Wie ich letzte Nacht zu D sagte: Wenn wir Dhaka mit all unserem Material verlassen hätten, anstatt wichtige Dinge nach Kathmandu zu senden, um sie dann hier wieder abzuholen, hätten wir zwar einige Pfund mehr an Gewicht schleppen müssen, dafür aber zwei Tage eingespart. Nun, diesmal hatten wir wirklich etwas gelernt, denn ich glaube, daß keiner von uns diese widerlichen Tage in Kathmandu je vergessen wird. Das Frustrierendste daran war – und mit ein Grund, warum wir so lange versuchten, die Dinge zurückzubekommen –, daß Leute wie Raleighs Steve Bell, Steve Bonnist und Lisa van Gruisen wirklich alles versuchten, die verschwundene Ware zu finden.

Trotz aller Verzögerungen und Ärgernisse war Kathmandu doch bequem und zivilisiert. Nick überzeugte mich, unsere letzte Nacht in relativer Sicherheit – vor dem großen Trauma –, im luxuriöseren Kathmandu Guest House zu verbringen (10 Dollar pro Nacht), wo wir von Zimmer D-1 aus über die Dächer der Stadt auf die Schneeberge schauen konnten. Mit dem ersten fahlen Licht des Morgens war ich wach, konnte mich aber einfach nicht dazu bringen, aufzustehen, meinen warmen, bequemen Kokon zu verlassen. Der Gedanke an die Schwierigkeiten, die Kälte, die Entbehrungen der nächsten Tage hielt mich fest zurück. »Liebe Mutter, ich möchte hier in diesem Bett bleiben... der Gedanke an das Tibetanische Hochplateau macht, daß ich den Rest meines Lebens hier verbringen möchte.«

4. KAPITEL

Radfahren im Himalaja

Hell schien die Sonne. Es war warm und ruhig, als wir Kathmandu noch vor der morgendlichen Stoßzeit verließen. Wir fuhren nordwärts aus der Stadt und pedalten durch Bauernland, passierten kleine Baumgruppen und ruhige nepalesische Dörfer. Wenig Verkehr störte uns. Wir folgten der guten Straße, die aus dem Kathmandu-Becken herausführt in Richtung des Tales von Sun Kosi, dann hinauf zum Dorf von Lamosangu, wo der Treck zum Everest abbiegt. Was weiter hinten kam, war jenseits meiner Erfahrung. Vor drei Jahren war ich mit Ados hier heruntergekommen. Eigentlich hätten wir durch den Himalaja rennen sollen, aber das Laufen war damals auf ein Gehen, ja fast Schleichen reduziert, die Körper ausgezehrt infolge Lebensmittelvergiftung, Schlaflosigkeit und idiotischer Überanstrengung. Ich sagte damals: »Wir sind geschlagen, wir können nicht mehr weiter.«

Dieser Abschnitt, Lamosangu nach Kathmandu, war in einem gewissen Sinne die Pièce de Résistance unserer damaligen Unternehmung, denn wir hatten zu diesem Zeitpunkt das ultraleichte Reisen zu Fuß und das Überleben im Himalaja bereits gemeistert. Ados und ich wußten damals, daß wir, wenn wir mit Hilfe Gottes durch unseren physischen Tiefpunkt hindurchkämen, erfolgreich sein würden. Wir zwangen uns weiter und vollendeten schließlich unser 2000-Meilen-Abenteuer. Wir schrieben ein Buch, schrieben Zeitschriftenartikel und hielten Vorträge darüber, wurden der inzwischen verstorbenen indischen Ministerpräsidentin Indira Ghandi vorgestellt, wie auch Frau Thatcher und Lord Hunt. Es stellte meine Welt auf den Kopf. Ich lernte, daß Leute wichtiger sind als Berge oder Rennen, und auch, daß Unbeirrbarkeit und Entschlossenheit dich weit jenseits aller Grenzen tragen können. Die Kilimandscharo-Expedition verstärkte diese Überzeugung. JCE war, für mich, auf dem Punkt, auf diesen Fundamenten weiterzubauen, weiterzureichen. Dieser Abschnitt von Kathmandu nach Lamosangu schien auch die Crux dieser Reise zum Mittelpunkt der Erde zu sein: Wir hatten uns an unser superspartanisches Fahrradreisen gewöhnt – die Frage war, ob wir die Grenze nach China überschreiten durften, und, noch wichtiger, würden wir es auf der tibetanischen Hochebene schaffen?

Unsere Räder rollten so sanft wie Seide. Keine Anstrengung war nötig, um zu treten. Die Landschaft glitt vorüber wie ein Traum. Mit einem Fahrrad durch Nepal in den Himalaja zu fahren, schien die natürlichste Sache der Welt zu sein. Es schien uns absolut normal, eigentlich ein durchaus gewöhnliches Wochenendunternehmen.

Die Straße führte über die Hügellandschaft, die dem Himalaja vorgelagert ist, hinan, durch die kleine Stadt Banepa. Vor drei Jahren war mir dieser Ort durch seine Reinlichkeit und die Häufigkeit der Geschäfte aufgefallen, ein großer Unterschied zur Armseligkeit der Dörfer in Ostnepal, aber jetzt kam es mir schmuddelig und dreckig vor, verglichen mit ähnlichen Orten an der Lastwagenstraße südlich von hier. Um 9 Uhr, mit 30 Kilometern hinter uns, kamen wir auf einen Grat bei Dhulikel, 1800 Meter über dem Meer. Das Dorf glitzerte in der Sonne, umgeben von grüner Vegetation und mit einer wunderbaren Aussicht auf die vorausliegenden Schneeberge. Zeit fürs Frühstück. Es war genau jenes Dhulikel, wo Ados und ich vor drei Jahren am 18 Tag unseres Laufes frühstückten, als wir vom Everest Basislager nach Kathmandu rannten, um einen Rekord aufzustellen. Durch puren Zufall – vielleicht war es auch Schicksal – war auch heute Tag 18 von JCE. Und, so kalkulierte ich, es mußte auch um die gleiche Zeit sein, denn auch damals waren Ados und ich früh im ersten Morgengrauen aufgestanden, und rannten, marschierten und kämpften uns etwa 20 Kilometer weit vorwärts bis hierher. Wir erreichten den Ort total erschöpft und niedergeschlagen, aber der Frieden und die Ruhe, zusammen mit dem guten Essen, brachten uns wieder auf die Beine. Tatsächlich hatte es gegenüber damals keine Änderung gegeben: Es war immer noch eine Oase, kühl und rein. Es gab einige Gäste, die auf Kissen entlang der Wand saßen. Wir zogen unsere Schuhe am Eingang aus und ließen die Räder draußen, ohne uns wegen der Einheimischen oder eines möglichen Diebstahls Sorgen zu machen, denn das Gasthaus hatte einen eigenen Garten. Die anderen Reisenden lasen alle in Büchern emsig und still vor sich hin. Wir lasen die Menükarte, die eine interessante Mischung aus westlichen und östlichen Gerichten anbot.

Nick und ich erlaubten uns 40 Minuten Entspannung und bemerkten, daß dies nun die Phase des letzten Ansturms zur Startlinie war. Für uns würde die Reise ins unbekannte Abenteuer morgen beginnen. Wir würden das Gebiet, das ich von meiner früheren Expedition her kannte, verlassen. Wir hatten das Gefühl, daß wir etwas Ähnlichem wie dem tibetanischen Hochland noch nie begegnet waren. Ich fühlte mich ganz klein und demütig beim Gedanken an die Größe des Landes vor uns, aber gleichzeitig auch groß und stark, da alles andere um mich herum zur Bedeutungslosigkeit zusammenschrumpfte. Leute, Berge, Häuser, Bäume, alles verschwand; nur die leere Ebene streckte sich vor mir aus. Vielleicht ein ähnliches Gefühl, wie ein Finalspieler in Wembley: Im Augenblick, in dem er aus der Grube steigt, vergißt er das Stadion und die Menge um sich herum.

Bis jetzt war alles sonnig und leicht, und wir flitzten die Nord-Ost-Seite des Passes von Dhulikel hinunter, weiter und weiter, durch zwei kleine Seitentäler, bis hinunter auf 600 Meter an die Ufer des Sun Kosi. Die Luft war warm und feucht, der Blätterwald dick und grün. Versteckt unter hohen weißen

Klippen führte eine solide Betonbrücke über die starken, glatten blauen Wasser, die mich sehr an Plakate von Bikini-Mädchen auf karibischen Korallenriffen erinnerten. Eine Inschrift auf einer Tafel lautete: »Höhe (in Fuß), 1966« – Erinnern Sie sich, England wurde WM-Sieger? So, hier waren wir nun also zuunterst!

Und dann begannen wir zu klettern.

Es war ein unglaublich langer Aufstieg, möglicherweise die längste, kontinuierliche Straßensteigung der Welt, die bis auf eine Höhe von 5214 Meter auf die Paßhöhe des Lalung Le führte. Alles in allem etwa 4000 Meter aufwärts treten über eine Distanz von 150 Kilometern. Die Route folgte dem Sun Kosi und führte von der feuchten Hitze dieses fruchtbaren, grünen Nepaltales über die Grenze zwischen Nepal und China, hinauf durch die Hangwälder des Himalajas, und dann, wie Lisa van Gruisen sagte, »Hinaus auf die bare Leere: in die dünne Luft, die starken Winde, die beißende Kälte – in eine Erfahrung, die gemacht zu haben, ihr nie bereuen werdet«.

Nick, Tag 18. Morgen. Sun Kosi.
Zu unserer großen Überraschung sahen wir plötzlich ein Mountain Bike, das im Freilauf vor uns um die Ecke schoß. Janet Niichel tourte in Pakistan, bevor sie hierher kam. Ein paar Minuten später kam auch ihr Reisebegleiter, Ray, auf einem schwer beladenen Holdsworth-Rad um die Ecke. Er war seit zwei Jahren von Europa her unterwegs und brauchte neue Reifen. Ray aahte und oohte in Bewunderung vor unseren Rädern: »Mein Gott, Siebendreiundfünfziger, du brauchst eine spezielle Lizenz, um so etwas auch nur zu kaufen!« Wir erfuhren von ihrem Trip bis hinauf nach Kodari, um den Grenzposten zu sehen. Sie waren erst am Vortage dort gewesen und hätten sich so gewünscht, daß sie die Formalitäten zur Grenzüberquerung nach China vorgenommen hätten. Sie waren beide Kalifornier. Rosarote Kaugummiballons erschienen von Zeit zu Zeit zwischen Janets Lippen und zerplatzten mit hörbarem Knall in der leichten Brise.

Der Sun Kosi war angenehm und warm. Es war ein ziemlich enges Tal, die Straße drückte sich eng an die Bergflanken neben dem glatt dahinfließenden Fluß. Jede Pedalumdrehung brachte uns ein kleines bißchen höher an der Flanke des Tibethochlandes. Jede kleine Steigung bedeutete einen Höhengewinn, den wir – so hofften wir – nicht verlieren würden, bis wir am andern Ende des Plateaus in die Gobi hinuntertauchten. Jeder kleine Straßenabschnitt bedeutete für mich auch einen Schritt weiter weg von meiner früheren Expedition. »*Rennen im Himalaja*« hatte mein Leben drei Jahre lang dominiert, und in ein paar Stunden würde ich endlich davon befreit werden und in ein neues Abenteuer ausbrechen können, ein Falter, der seinen alten Kokon endlich abstreifen und sich entfalten darf. Alle paar Meilen erkannte ich Zeichen, die ich, die Füße hinter mir nachschleppend, von der anderen Seite her schon einmal gesehen hatte.

Wir fuhren weiter und erreichten am frühen Nachmittag Lamosangu, 78 Kilometer von Kathmandu entfernt. Eine große Metallbrücke spannt sich dort über den Sun Kosi und führt zum Everest. Halb stolpernd waren wir, Ados und ich, vor drei Jahren über diese Brücke gekommen. Was vorher die Hauptstraße war, führte, die Oberfläche schon stark lädiert, weiter das Tal hinan, gegen das große, unbekannte Niemandsland, und dorthin würden Nick und ich uns in ein paar Minuten wenden. Doch vorher verbrachte ich ein paar Augenblicke der Nostalgie. Lamosangu war nichts als eine Reihe armseliger Hütten und ein Häufchen ungewaschener Kinder, total abhängig von den Bussen, die hier anhalten oder kehrt machen. Es war nichts als ein kleines Nest, aber es war meine persönliche Wegscheide. »*Rennen im Himalaya*« lag hinter mir, JCE vor mir. Hier war es mir endlich möglich, das Alte abzustreifen und ins Neue hineinzuschlüpfen, endlich auch zusammen mit Nick voll hinter dem jetzigen Abenteuer zu stehen. »Feiern wir doch den Augenblick mit einer Tasse Tee«, sagte ich fröhlich. Wir wählten das am wenigsten widerwärtige der widerwärtigen Chai-Häuser aus, wischten die ärgsten Speisereste vom Tisch und setzten uns in einer Wolke von Fliegen hin. Der Tee wurde uns lauwarm, die Farbe gleich wie die Gesichter der Kinder, aus einer Thermosflasche eingegossen, die so total grauslich aussah, daß wir den Tee lieber aus unseren getragenen Socken getrunken hätten. Nick meinte: »Sehr wahrscheinlich hat's da drin mehr Ungeziefer, als in allen Bangladesh Chai-Häusern zusammen. Wir ließen das Gesöff stehen und kauften uns abgefülltes Sprudelwasser.

Als wir unsere Räder bestiegen, um unsere neue Reise in Angriff zu nehmen, entfuhr mir ein Seufzer der Erleichterung. Die Erlebnisse vor drei Jahren lagen nun endgültig hinter mir. Nick sagte nichts, ließ mich diese Stunden allein mit meinen Erinnerungen. Später erfuhr ich, daß er beinahe nichts von dieser Barriere zwischen uns ahnte: «Ich war mir nicht bewußt, daß du nicht voll dabeiwarst, bis daß du dein letztes Abenteuer definitiv hinter dir gelassen hattest.» Für ihn waren die Tage des Aufstiegs zur chinesischen Grenze eine strahlend helle, aufregende Einführung in das Radfahren in Asien. Bis jetzt war jeder von uns damit beschäftigt, individuell unseren Stil und unsere Einstellung den gegeben Verhältnissen anzupassen, zu ändern; beide beugten wir uns nun zur gleichen Zeit den unwägbaren Herausforderungen, die auf uns beide gemeinsam zu kamen. Ich fühlte mich wundersam gereinigt und bereit für das große Abenteuer. Plötzlich verschwand auch die Abneigung, die mich von Nick trennte. Von nun an waren wir unschuldige Neulinge, die zusammen in eine Schlacht geworfen worden waren. Ich hatte eine große Last von meinen Schultern geworfen. Wir waren ein Team. Wir waren freudig erregt und wir waren auf dem Weg zum Mittelpunkt der Erde.

Daß große Abenteuer auf uns warteten, war ersichtlich aus gewissen Aspekten, eigentlich fehlenden Aspekten, in unserer Ausrüstung. Wir trugen kein Zelt, kein Proviant, nur einen Liter Wasser und nur die Kleider, die wir anhatten, mit uns. Wenige Leute wagen sich so spärlich ausgerüstet in die Berge, ganz zu schweigen durch den Himalaja. Unsere Räder waren Leichtgewichtsrenner, ohne Schutzbleche, ohne Licht, ohne Ersatzbremsklötze. Viele Leute fragten uns, warum wir uns nicht für Mountain Bikes entschieden hätten, ähnlich jenen, die wir für unseren Ritt auf den Kilimandscharo verwendeten. Das ist genau der springende Punkt; Mountain Bikes sind dazu gemacht, auf Berge zu klettern. Für dieses Abenteuer beabsichtigten wir, so weitgehend wie möglich auf Straßen zu bleiben, die auch von andern Verkehrsmitteln benützt wurden und so mehr oder weniger für den Transport auf Rädern geeignet waren. Falls es zum Schlimmsten kommen würde, hatten wir immer noch die Möglichkeit, unsere Räder über kurze Distanzen zu tragen. Sie waren mit 10 Gängen ausgerüstet, aber da wir ganz leichtgewichtig reisen wollten, verzichteten wir auf speziell kurze Gänge und hatten normale Straßenübersetzungen montiert. In Kathmandu prüften wir nochmals alle einzelnen Teile der Ausrüstung und entschieden uns dafür, auf die Handschuhe zu verzichten. Wir glaubten jedoch, daß es sicherer sei, doch jeder einen Ersatzreifen dabeizuhaben. Schließlich war es gut möglich, daß über 4000 Kilometer Straßen mit Naturbelag vor uns lagen! Wir montierten einen neuen speziellen K4-Tourenreifen, 1,25 Zoll breit, am Hinterrad und ließen den 1,5 Zoll «Spezial Expedition» vorne, mit der Absicht, die beiden dann an der Grenze auszutauschen. Den andern, bereits teilweise gebrauchten «Expedition» verstauten wir in unseren winzigen Satteltaschen. Geleitet von Nicks großer Erfahrung, hatten wir die Reifen immer sehr hart aufgepumpt. Das Gesamtgewicht unserer Ausrüstung betrug 18 Pfund, mit all unseren Kleidern, Schuhen und Socken, eingeschlossen die Taschen selbst. Die Räder wogen bloße 22 Pfund. Es ist durchaus möglich, ultraleichtgewichtig zu reisen, aber man muß dabei halt immer mit gewissen Unannehmlichkeiten unterwegs rechnen. Kein Toilettenpapier dabeizuhaben ist ganz klar unbequem – mehr noch, wenn das Wasser zu Schnee und Eis gefroren ist.

Nick hatte mich eigentlich alles gelehrt, was ich über Fahrräder wußte, denn er war es, der mich zurück in die Natur und zu körperlicher Betätigung lockte, als ich im Alter von 24 Jahren beinah in mittelalterliche Untätigkeit und Bequemlichkeit abgerutscht wäre. Ich lebte damals in Berkshire, und die 30 Meilen zu seinem Heim in Oxford zu radeln, war richtig erfrischend. Wir machten Rennen miteinander, und ich beneidete ihn um sein Repertoire an Fahrradanekdoten und seinen leicht exzentrischen, jedoch faszinierenden

Freundeskreis. Der «Pedalling Club», den ich mit John Rodd und Michèle an der Reading Universität ins Leben rief, war eine direkte Kopie von Nicks CATMOUS (Cambridge College of Arts and Technology Mountaineering Society).

Lamosangu und einige andere Dinge lagen hinter uns, und wir hatten nur noch einen kleinen Teil von Nepal zu durchqueren. Wir hofften, die Grenze am nächsten Tag zu erreichen. Die Straße war teilweise mit einem Belag versehen, teilweise nur mit Schotter bedeckt und führte leicht aber stetig hinan. Kleine Weiler lagen neben der Straße, kleine Felder schmiegten sich entlang dem Fluß an die Ufer. Bäume säumten die Hügel über uns, und sehr wahrscheinlich gab es höher oben, wo sich die Hänge etwas verflachten, Dörfer. Langsam begannen wir uns zu sorgen, ob wir für die Nacht noch eine Unterkunft finden würden, und zwei Stunden vor der Dämmerung, ungewohnt früh für uns, entschieden wir uns für ein größeres Dorf, das an einer Brücke lag, die den Fluß von den Felswänden der einen Seite zum steilen Hang auf der andern überquerte. Das Dorf, Bharbise, etwa 90 km von Kathmandu entfernt, war ein Flecken, der seine Einkünfte aus dem Verkehr zog, der die einzige Straße benützte. Es gab eine Reihe schäbiger Hütten auf jeder Seite der Straße. Manche davon waren halb zusammengefallen, wurden aber immer noch bewohnt. Alle waren auf ähnliche Art und Weise gebaut, mit einem Sockel aus Backsteinen, darauf ein Holzrahmen, drei- bis vierstöckig, mit Ziegeldächern und kleinen Fenstern. Die Zwischenböden wurden von mächtigen Balken getragen, im Raum gab es einige bloße Tische und ein paar nackte Glühbirnen. Bharbise war beinahe vollkommen abhängig von Motorfahrzeugen und durchziehendem Handel. Wie alle solche Städte rings um die ganze Welt, war auch Bharbise unappetitlich, unansehnlich, mit abweisenden Leuten, ein denkbar schlechtes Aushängeschild für das Land.

Nick. Tag 18. Bharbise.
Eine ganze Anzahl von «Hotels» reihte sich entlang der kehricht- und kotbedeckten Straße auf, meistens kostete die Nacht 25 Rupien. Dick prüfte sie alle. Er versuchte sogar, einen ganzen Boden zu mieten, in einem der Gasthäuser: «Wir könnten im Hinterraum schlafen und hätten die zwei Zimmer vor uns als Lärmpuffer.» An einem andern Ort gelang es ihm beinahe, einen 7-Betten-Schlafsaal zu mieten und die andern Gäste auszuzahlen. Während dieser Zeit trieb mich eine ganze Horde von schmuddeligen Kindern – mit Dreck und Ausschlägen überall im Gesicht und mit Kleidern, die nun wirklich noch nie gewaschen worden waren – fast zum Wahnsinn, indem sie jedes, auch das letzte bewegliche Teilchen unserer Räder befummelten. Der Raum, den D. schließlich auswählte, war winzig, wie der Boden einer viktorianischen

Mühle, zwei auf zwei Meter, über der Straße. Die Familie war für uns ausgezogen. Knapp Platz für uns und unsere Räder. Ausziehen mußten wir uns einer nach dem andern, und um ins Zimmer zu gelangen, war man gezwungen, über mein Bett zu klettern. Das ganze Gebäude war schmutzig. Nicht schmutzig im britischen Sinne, sondern schmutzig im asiatischen Sinn: dick tapeziert mit uralten Spinnweben, staubig, Dreck überall. Zwei der Wände bestanden aus dünnen Holzbrettern, die spitzen Enden der Nägel ragten zentimeterweise in den Raum. Praktisch, um Limoflaschen damit zu öffnen.

Unten, im Erdgeschoß, das wie überall außer in Kathmandu und Dhulikel Lodge einen Boden aus festgestampfter Erde hatte, setzten wir uns zu Tisch und aßen ein einfaches Mahl: heißer Reis, kalter Curry und Dahl. Ein widerwärtiger Haufen von Abfällen, vom Boden zusammengewischt, rottete in einer Ecke vor sich hin. Gleich daneben befand sich ein Zinnbecken, um die Hände zu waschen. Hunde von der Straße hatten freien Zugang, Kinder schossen, Verstecken spielend, herein und hinaus. Die Männer des Ortes waren unansehnlich gekleidet in schäbige, schmutzige, schwarze, braune oder graue westliche Anzüge. Menschen in nichtwestlichen Kulturen, die westliche Kleider tragen, haben mich immer abgestoßen. Es war wirklich eine ganz besonders schmutzige Stadt mit Schweinen in den Straßen, verfaulenden Gemüseabfällen überall, Kinder, die sich vor den Gebäuden einfach hinkauerten und ihr Geschäft verrichteten, und trotzdem, Nepal ist, in all seinem Schmutz, hübscher und liebenswerter als die Verrücktheit von Bangladesh.

Die Dame des Hauses brachte ihren kleinen, etwa zweijährigen Sohn, damit er uns beim Schreiben zuschauen konnte. Der Kleine trug einen modernen, einteiligen Trainingsanzug, die Dame einen mehrfach um sich geschlungenen Wickelrock aus dunkelrot gemusterter Wolle. Ihr Gesicht war teilweise von üblicher nepalesischer Rundheit, aber mit einem Schuß der eleganteren, hochgewachseneren, schmalgesichtigen Tieflandfrauen. Auffallend war der wunderschöne, traditionelle Schmuck. Sie trug lange, glänzende Ohrringe, und in der Nasenscheidewand einen fein ziselierten Silberring mit winzigen goldenen Blumen. In der Seite der Nase, wie hier allgemein üblich, hatte sie ein goldenes Bröschchen, das wie das gelbe Zentrum eines Gänseblümchens aussah, zusammengesetzt aus sieben bis zehn winzigen goldenen Kugeln. Sehr wahrscheinlich hatte sie auch Spangen und Halsketten, aber das beste von allem war ihr dichtes schwarzes Haar, das, sorgfältig und kunstvoll durchflochten mit goldenen Fäden, bis zu ihrer Hüfte hinabreichte. In der Taille war es leicht zusammengebunden, die letzten paar Zentimeter fielen dann lose, zusammen mit roten Bändern, bis auf ihren Rock. Es sollte unsere letzte Nacht südlich des Himalajas sein. In ein paar Stunden des nächsten Tages würden wir die letzten 27 Kilometer bis zur Grenze hinter uns gebracht haben. Wie um die Ruhe vor dem Sturm noch etwas zu genießen, entspannten wir uns ein wenig und machten einen Spaziergang auf die Anhöhe hinter dem Dorf. Einer von uns blieb jeweils zurück, um die Fahrräder zu hüten, der andere erstieg die Steinstufen, kam an älteren Männern in traditioneller Tracht – weißes Wollhemd, enger schwarzer Mantel und weiße Beinkleider – vorbei und erreichte weiter oben das Heiligtum auf einem Mauervorsprung, von wo aus man eine wunderbare Sicht über das ganze Tal hatte.

Nick. Tag 19. Bharbise. Früher Morgen.
Wir hatten eine ekelhafte Nacht – die Moskitos zwangen uns, uns in Decken und Schlafsack einzuwickeln, die Goretex-Überhosen zu tragen und die T-Shirts über unseren Kopf zu ziehen. Stundenlang war ich in Schweiß gebadet. Wir befanden uns auf der Höhe des Dschungels, nicht weit über dem Meeresspiegel; die Luft war feucht und stickig. Kam dazu, daß wir im Laufe der Nacht herausfanden, daß die Betten für den durchschnittlichen Nepalesen gebaut sind, d.h. bloß etwa 1,55 Meter lang. Wir mußten diagonal drinliegen, die Beine hingen irgendwo über die Seite hinaus. In der Nacht heulten und bellten die Hunde und kämpften unter unserem Fenster miteinander. Um dem allem die Krone aufzusetzen, zwang mich der Druck meiner Blase, mitten in der Nacht aufzustehen. Ich tappte mich im Dunkeln die drei Treppenleitern hinunter, öffnete die Hintertüre und trat geradewegs in die schleimige, stinkende Abfallgrube. Trost spendete mir dann, während ich stand und mich erleichterte, ein wunderbar klarer Himmel, übersät mit Sternen. Es war so schlimm, daß es beinahe schon wieder lustig war.
Um 6 Uhr morgens brachen wir beide in hysterisches Gelächter aus, als Dick, der es nicht mehr aushielt, aus seinem verlängerten Rücken einen seiner explosiven Laute herausstieß, der bedeutete, daß er bereit war, den neuen Tag anzugehen. Wir aßen sechs kleine Plätzchen, die wir vom vergangenen Abend aufgespart hatten, zwängten dann die Räder wieder bis auf die Straße – wie hatten wir die bloß hier heraufgebracht? – und freuten uns (ehrlich, keine Lüge) wieder auf dem Sattel zu sitzen. Das Gefühl der Freiheit und die Erlösung von oft grotesken Nächtigungen verhalf mir immer wieder zu einem Hoch für die ersten paar Meilen jeden Tages.

Die letzten Asphaltreste blieben bald nach Bharbise zurück. Das Tal blieb eng, und Wasserfälle stürzten über Felskanten. Immer wieder konnten wir über uns Bauernhäuser sehen, hingeklebt an die weniger steilen Hänge. Terrassierte Gebiete wechselten ab mit dunkelgrünen Wäldern. Die Reise entpuppte sich als vierstündiger Aufstieg über mehrere 1000 Fuß, und mit uns stieg auch der Hunger.

Kodari war ein anderes Lamosangu. Wir waren zu nervös, um für das Frühstück anzuhalten und fuhren weiter in Richtung des Grenzpostens. Ein Junge warf einen Stein an mein Rad, und ich sprang ab und jagte ihn laut schreiend den Hang hinauf. Die Straße führte weiter, nicht mehr geteert, aber mit gutem Schotter bedeckt, hinein in eine sonnige Schlucht. Es war ganz klar eine bautechnische Leistung, sehr wahrscheinlich von den Chinesen finanziert. Dann, plötzlich sahen wir das Gespenst, das unsere Gedanken beschäftigte, seitdem wir JCE erträumten. Vor uns, etwa 5 Kilometer weg, türmte sich, das Tal blockierend, überdeckt von einer dunklen drohenden Wolke, ummantelt von mattem Grün und mit großen grauen Felswänden bewehrt, die mächtige Schulter des Tibetanischen Hochplateaus. Dieser Wächter dominierte das Tal, wie der Menschenfresser-Riese in Jacks Beanstalk: »Fee, fi, fo, fuut, ich riech vom feinen Mann das Blut. Sei er lebendig oder tot, ich back mir aus seinen Knochen ein Brot!« Bevor wir jedoch dieses Problem angehen konnten, hatten wir noch einige Kleinigkeiten auf dieser Seite zu erledigen... Wir pedalten 1600 Kilometer in 19 Tagen. Unser Durchschnitt war schlechter als wir gehofft hatten; aber das war alles nichts, wenn wir nun durch Formalitäten an der Grenze gestoppt würden.

Der Posten auf der nepalesischen Seite war schäbig: eine kleine dunkle Hütte mit Lehmboden und einem wackligen Tisch. Der Beamte saß draußen auf einem Holzstuhl, als wir erschienen. Wir wußten, daß er der Grenzbeamte war, weil wir ihn fragten: »Sind Sie der Beamte?«

Als wir unsere Räder gegen China zustießen – unsere Beine zitterten zu stark, als daß wir hätten fahren können –, starrten wir auf die Aussichten vor uns. China hatte Tibet im Jahre 1950 annektiert, in jenem selben Jahr, in dem die Nordkoreaner plötzlich in Südkorea einfielen. Auf der Freundschaftsbrücke blieben wir ein Weilchen auf der sicheren Seite der roten Linie, die quer über die Mitte der Brücke gezogen war, stehen, etwa dreißig Meter über dem Sun Kosi, neben einer Tafel mit der Inschrift: »1770 Meter über Meer«. Weiter vorne sahen wir die chinesische Grenzstadt Kasha, die im Gegensatz zu Kodari modern und stilistisch nicht sehr im Einklang mit dieser Seite des Himalajas war. Sie war fremdartig, ausländisch. Wir konnten moderne 3- und 4stöckige Büroblocks ausmachen, große Glasfenster und farbige, neue Häuser. In einer dieser Bauten würde bald unser weiteres Schicksal entschieden werden. Sie waren jedoch drei- bis vierhundert Meter über uns, und so begannen wir, in die Pedale zu treten. Leichter Regen fiel. Es hatte in letzter Zeit viel geregnet, und diese internationale – 5 Kilometer lange – Strecke, mitten im Niemandsland, hatte stark gelitten. Unsere Räder begannen auszugleiten, doch wir kämpften uns nach vorne, hinan zu den Göttern. Auf halbem Weg trafen wir einen steckengebliebenen Lastwagen.

Zu unserer Überraschung hatte es ein paar Weiße bei den Leuten; sie erzählten uns, daß sie von Lhasa her kämen und seit drei Tagen unterwegs seien: »Schreckliche Reise, absolut karge, leere, eintönige Landschaft. Unglaublich feindselig: trocken, staubig, kalt. Diese beiden letzten Stunden im Wald um Khasa und der Vorderseite des Himalajas waren die besten der Reise.« Es gab uns ein sicheres Gefühl zu wissen, daß sie die Grenze überschritten hatten, aber zu wissen, daß gar nichts dahinter war, war nicht gerade nützlich. Ein netter Brite wechselte einige unserer Nepalesischen Rupien in chinesisches Geld und erklärte gleichzeitig irgend etwas von verschiedenem Geld und ähnlichen Noten und Münzen. Ich war verwirrt.

Plötzlich waren wir dann dort. Am Eingang stand ein grüner chinesischer Versorgungslaster mit einer großen, runden Kühlerhaube und hoher Ladebrücke. Eine rote Flagge wehte über einem hübschen Bürogebäudekomplex, der in Newcastle-upon-Tyne absolut heimisch ausgesehen hätte, der aber hier im Himalaja, 2000 Meter über Meer, furchtbar fehlplaziert wirkte. Er hatte große Glasfenster, Bürostühle, saubere Linoleumböden – und Wachen mit Gewehren. Wir lehnten unsere Räder vorsichtig gegen die Wand, ein bißchen um die Ecke, ein wenig außer Sicht, aber nicht wirklich versteckt, damit niemand uns der Täuschung bezichtigen konnte. Am Schalter für das Gesundheitswesen hatten wir ein Formular auszufüllen, auf dem wir alle Krankheiten auflisten mußten, die wir »mit uns trugen«.

»Hast du irgend etwas, Nick?«
»Nein.«
»Und der Durchfall?«
»Nein, den hab' ich nicht mehr, ich ließ ihn in den Hügeln zwei Kilometer von hier zurück.«

Am Schalter der Einwanderungsbehörde streckten wir uns etwas und reichten unsere Pässe einem hübschen Mädchen in einer adretten grünen Uniform mit roten Schulterpatten. Sie lächelte leise und studierte sie sorgfältig etwa eine Minute lang, dann lehnte sie sich vor, schaute uns ernst unter ihrer Offiziers-Schirmmütze mit dem glänzenden roten Stern an und fragte uns, so wie etwa ein Parkwächter dreinschaut, wenn man ohne Parking-Ticket verschwinden will: »Wohin gehen Sie?« Wir murmelten leise »Lhasa und Urumqi«, halb hoffend, sie würde uns nicht verstehen, halb aber auch, daß sie Urumqi in unsere Pässe schreiben würde. Sie wiederholte »Lhasa«, ohne mit der Wimper zu zucken, wie wenn sie den Rest nicht gehört hätte. Die Fahrräder kamen überhaupt nicht zur Sprache. Dann entfuhr uns ein Seufzer der Erleichterung, als sie langsam und sorgfältig den Stempel auf unsere Pässe drückte, ihn ein wenig hin und her wiegte, und uns von der Seite her anlächelte, uns versichernd, daß wir nun in China seien.

Nick. Tag 19. Khasha.14 Uhr 30.
CHINA! Wir sind drin. WIR SIND DRIN!!
Sogar jetzt, eine Stunde später, konnte ich kaum glauben, daß wir in Tibet sind. So leicht. Diese Grenzüberschreitung hatten wir immer als unseren großen Stolperstein betrachtet; der Punkt, an dem wir vielleicht umkehren mußten, den Himalaja illegal überqueren, oder aber einen Umweg von 3000 Kilometer zum Karakoram Highway in Kauf nehmen. Aber wir sind drin, unser Plan funktionierte!

Es war chinesischer, als wir dachten. Augenblicklich sahen wir orientalisches Lächeln, den roten Stern an den Wänden, blaue Mao-Kleider und seltsame Schriftzeichen. Unsere Mägen knurrten, als wir endlich die Formalitäten erledigt hatten; und so stürzten wir uns denn aufs erste Chai-Haus, dem wir begegneten. Riesige Schüsseln mit Nudeln und Fleisch und chinesisch im Wok zubereite Gemüse. Zu unserem Entzücken erhielten wir Stäbchen zum Essen – wir mußten schnell lernen. Von außen sah das Chai-Haus gleich aus wie sein nepalesisches Gegenstück, aber innen war es erstaunlich sauber. Der Mann und die Frau nahmen gerade den Boden auf, etwas absolut Unerhörtes in Nepal, und in Indien nur hurtig und oberflächlich mit einem Besen erledigt. Die Wände bestanden aus flach gehämmerten Blechdosen, sorgfältig zusammengehängt und blaßgrün gestrichen; in Nepal hätte man die Blechdosen aufgeschnitten und brutal an die Wand genagelt, oder vielleicht auch nur Dosen aufeinandergeschichtet, um so quasi zur Entschuldigung einen Windschutz zu schaffen. Die Tische waren beinahe stabil. Es gab gutes, helles Licht, einen Kamin auf dem Herd und – südlich von hier absolut undenkbar – Tischtücher, aus Plastik und sauber!

Nick richtete unsere Uhr nach Beijin Zeit, die die gleiche in ganz China ist. Vier Stunden der nepalesischen voraus. Wir befanden uns also hier mitten im Nachmittag, während es einen Steinwurf entfernt bald Mittag war. Beijing ist so viel näher bei der aufgehenden Sonne, daß, wenn die Morgendämmerung schließlich die westlichen Landesteile erreicht, der beste Teil des Morgens schon vorbei ist. Dagegen ist es am Abend sehr lange hell. Theoretisch hätte dies überhaupt keinen Einfluß auf unsere Reisezeit haben sollen, denn die Bevölkerung bestand hauptsächlich aus Bauern und Nomaden, die sowieso nach der Sonne leben.

Wir gingen hin, um Geld zu wechseln. Es ging rasch und leicht. Das Bankpersonal war tüchtig und freundlich. Das Büro war sauber und aufgeräumt, mit einem Minimum von Papier auf den wenigen Pulten in einem großen, halbleeren Raum, dessen Leere die großen Bündel von Banknoten, kaum eine Armlänge von uns weg, noch unterstrich. Hier erfuhren wir einiges über FEC und RMB. RMB ist eine Währung, die für die Einheimischen bestimmt ist, FEC (foreign exchange certificats) jene für die Touristen.

Beide sind offiziell gleich viel wert, obschon FEC für reiche Chinesen einen größeren Wert haben, weil einige Luxusgüter nur mit dieser Währung erstanden werden können. Deshalb fanden wir auch später an einigen Orten einen Schwarzmarkt vor. Der Unterschied in der Wechselrate war jedoch das Risiko einer Verhaftung und eines Aufenthaltes im Gefängnis nicht wert. Der Grund für die zwei Währungen ist der, daß theoretisch Ausländer nur mit FEC kaufen können und damit Devisen ins Land bringen. In Wirklichkeit hatten die wenigsten Leute an den Orten, wo wir anhielten, etwas von FEC gehört. Dort wo man diese Währung kannte, war man für Touristen eingerichtet, es hatte Banken in der Umgebung, und alles war heillos teuer. Es war für uns einfacher, das meiste FEC-Geld in RMB umzutauschen. Es gab Münzen und Noten, und glücklicherweise gab es die Noten auch in ganz kleinen Denominationen – bis hinunter zum Wert eines Kaugummis – so daß wir keine Münzen mitschleppen mußten.

Um 17 Uhr waren wir bereit, weiterzufahren. Da es bis um etwa 23 Uhr Tag sein würde, dachten wir, daß es uns noch bis zum 30 Kilometer entfernten Dorf von Nyalam reichen sollte, vorausgesetzt, daß wir nicht von irgendwelchen Transport-Wachen am Verlassen von Khasha gehindert werden würden. Man sagte uns, das Nyalam genau am Rande des tibetanischen Plateaus liegen würde, über den dicken grünen Wäldern und weg von den dräuenden Regenwolken Khashas. Es war schwer zu glauben, daß wir nun in China waren, denn die Landschaft, mit steilen Berghängen und terrassierten Halden südlich hinter uns, war eigentlich Nepal, wie es im Büchlein steht. Der Straßenbelag bestand aus Schotter, ziemlich schwierig zu befahren, aber immerhin besser als im Niemandsland. Wie in Nepal, so gab es auch hier regelmäßige Kilometersteine, und so war es uns denn theoretisch möglich, unsere Fortschritte laufend zu überwachen. Was uns aber etwas entmutigte, war die Tatsache, daß die Zahl auf dem ersten Stein 732 km lautete. Mehr als wir je auf einem Stein sahen. Mehr als eine Tagesreise! Doch es hatte auch sein Gutes. Lhasa war nun ein greifbares Ziel geworden. Zwar weit weg, auf nicht sehr guten Straßen, in sehr großen Höhen.

Wir machten uns guten Mutes auf den Weg, traten in die Pedale, fuhren um einige Haarnadelkurven und verloren bald Khasha, Nepal und alles andere unter uns aus den Augen. Wir wurden etwas langsamer, staunten über die Schneefelder, die wir nahe über uns sehen konnten, über die Felswände und die Lawinenschrunden, und wurden müde. Es begann, stark zu regnen, wir wurden naß, und uns wurde kalt, wir beteten dafür, daß irgendeine Behausung auftauchte. Wir fühlten uns mies, weil der Nebel wie in einem schottischen Winter herunterstieg, so traten wir noch ein bißchen weiter in die Pedale und begannen uns langsam zu sorgen. Fünf Kilometer nach Khasha diskutierten wir, ob wir wohl zurück in die Sicherheit fahren sollten, dann aber, 10 Kilometer vom Grenzdorf entfernt, erschien plötzlich ein einfacher Schuppen. Wir traten ein und stellten zu unserer Verwunderung fest, daß er bereits von 4 chinesischen Straßenarbeitern benutzt wurde, die Feierabend hatten und sich rund um ein Feuer drängten, wo ein Gebräu kochte. Sie waren noch erstaunter als wir, richtig überwältigt. Nick und ich führten eine Pantomime von müden, zitternden, durchnäßten Radfahrern, die nordwärts fuhren, auf: »In dieser Richtung«, sagten wir auf Englisch, beugten uns über eingebildete Lenker, zogen wechselseitig unsere Knie an, wie wenn es uns zwischen den Gesäßbacken jucken würde, und wie wenn wir direkt durch die Backsteinmauer hindurch wollten.

Nick. Tag 19. China. Abend.
Es tat gut, den Regen hinter uns zu lassen und einzutreten. Sie ließen uns niedersitzen. Einer war in seinen Schlafdecken auf einem Podest, das mit Wolldecken übersät war, vergraben. Die bloßen Wände waren schwarz vor Rauch, und das einzige winzige Fensterloch war mit Pappe zugestopft. Kleider hingen von Schnüren herunter, die kreuz und quer an der Decke aufgezogen waren. Eine Reihe von getrockneten Vögeln, nicht größer als Spatzen, hingen neben der einzigen elektrischen Birne. Das ganze atmete den gleichen gemütlichen Mief, den man oft in Bergsteigerhütten findet. Die Männer lagen herum, in Decken gehüllt, lasen chinesische Novellen, sprachen hie und da, witzelten und lachten. Sie fanden unsere Pantomime extrem lustig, aber zeigten kein Interesse, hinauszugehen und die Räder anzuschauen; vielleicht war es zu kalt, vielleicht hatten sie unsere Gesten nicht verstanden. Einer der Männer begann, auf einer Mundharmonika zu spielen, dann legte er sie beiseite und sang mit dem jüngsten Mann Lieder im Duett aus einem handgeschriebenen Singbuch. Wir summten »Wild Rover«. Ich schaute mir dann das Singbuch näher an. Es war mehr als das. Es war Seite um Seite wunderschöne Kalligraphie, unterbrochen von Detailzeichnungen und einem bemerkenswerten Aquarell von einem roten Vogel auf einem Ast.

Sie hießen uns sitzen, boten uns Tee und Essen an, den Tee in einem massiven Halbliter-Emailkrug mit einem Deckel. Sobald wir ein wenig getrunken hatten, füllten sie ihn wieder auf. Sie erzählten uns aufgeregt in Chinesisch und zeigten uns auch durch Zeichensprache, was für eine Arbeit sie verrichteten; wir lächelten fröhlich und lachten, wenn wir glaubten, etwas richtig erraten zu haben, aber meistens verstanden wir nichts. Etwas, was sie uns klar machen konnten, war, wie sie die kleinen Vögel draußen in einer kleinen Grube gefangen hatten. Sie köderten die Vögel mit Samen und fingen sie dann unter einem schweren Stück Holz. Das Essen bestand aus Reis aus einem Dampftopf mit aufgewärmten Bohnen und winzigen, brandscharfen Chilis. Wir wurden schläfrig und konnten unsere Lider kaum mehr offenhalten. Um zu zeigen, »Wir sind müde«, entrollte ich unsere Schlafsäcke und schaute mich vielsagend um. Es gab keine große Wahl: Der bloße Betonboden oder ihre Koje. Sie luden uns ein, sie mit ihnen zu teilen. So stiegen wir denn, trotz des Gelächters, das ausbrach, als wir uns aus unseren Kombis schälten und in den Unterhosen dastanden, alle ins Bett und legten uns hin. Sardinen haben es in ihrer Büchse möglicherweise besser, als wir in diesem Bett – ihre Nachbarn winden sich nicht wie Oktopoden. So verbrachten wir unsere erste Nacht in China; nahe dem nepalesischen Regenwald, in Sichtweite der Schneeberge, beinahe auf der Hochebene, zufrieden schnarchend in einer kleinen Hütte und eingezwängt zwischen vier chinesische Kameraden

5. KAPITEL

Xizang Zizhiqu, Qomolangma Feng, und Rinbung Dzong

(Tibet, Everest und eine kleine Stadt in der Mitte von Nirgendwo)

Tibet lag vor uns; nur noch über den Paß und um die Ecke. Der heutige Tag würde erinnerungswürdig werden. Nach Jahren der Träume würden wir dieses geheimnisvolle, verborgene Königreich selbst sehen, fühlen und auf eine Art auch berühren können. Tibet ist bei weitem die größte Hochebene der Welt, ist jedoch kaum erforscht, sehr dünn besiedelt und bis vor kurzem auch kaum von Ausländern bereist. Es ist einzigartig. Während der meisten Zeit der vergangenen drei Jahrzehnte, seitdem die Chinesen in den frühen fünfziger Jahren von Tibet Besitz ergriffen haben, war Tibet vollkommen unzugänglich. Zuvor war es eine recht abgeschiedene Gesellschaft, die keine Anstrengungen unternahm, Besucher zu ermutigen, und auch während der vergangenen tausend Jahre wenig Interesse zeigte, sei es durch Krieg oder durch Handel, über seine Grenzen hinaus mit anderen Völkern in Verbindung zu treten. Der größte Teil der Hochebene befindet sich über 3000 Meter über Meer, einige der zentralen Gebiete über 4000 Meter und die Pässe zwischen den einzelnen Becken können sich bis auf 6500 Meter erstrecken, nahe dem Höhenweltrekord für Fahrräder, den Ados Crane kürzlich auf dem Gipfel des Chimborazo in Ecuador aufgestellt hat. Eigenartigerweise wird jener Berg im ecuadorianischen Bergmassiv im »Guiness Buch der Rekorde« als der Gipfel bezeichnet, »der am weitesten vom Mittelpunkt der Erde entfernt ist«. Heftige Winde fegen ohne Vorwarnung über die nördliche Ebene, und die Temperaturen fallen im Winter auf minus 40 Grad. Es gibt keine Bäume; das Holz, um Hütten zu bauen, muß von weit her angeschleppt werden, zum Feuern dient getrockneter Yak-Dung.

Die Kultur Tibets hat eine lange Geschichte, die sehr wahrscheinlich vor einigen 1000 Jahren mit einer unstrukturierten, friedfertigen Nomadengesellschaft mit animistischem Glauben begann. Als sich der buddhistische Glaube im 7. Jahrhundert nach Christus von Indien aus über den Himalaja ausbreitete, konnte er im Tibet sofort Fuß fassen. Zu jener Zeit waren die Tibetaner ein ziemlicher Machtfaktor in der Stammespolitik von Zentralasien, aber seit der Hinwendung zu Buddha war es im Prinzip ein friedliches Land, dessen nicht seßhafte Stämme, die ihren seltsamen Lebensstil bewahrten, die wenigen Reisenden, die trotz der Entbehrungen den Widerwärtigkeiten des

Klimas trotzten, willkommen hießen. Bis zu diesem Jahrhundert lebte weit über die Hälfte der Bevölkerung nomadisch, es gab keine Räder, außer in den Gebetsmühlen. Jeder sechste Knabe trat in ein Kloster ein, studierte und lebte sein Leben lang im Zölibat, und die Begräbnisse fanden im Himmel statt – auf einem exponierten Felsgrat wurden die Leichen den Geiern zum Fraß ausgesetzt. Tibets Abgeschiedenheit hielt fremde Interessen auf einem spärlichen Niveau, bis am Ende des 19. Jahrhunderts Tibet aus Angst vor den Machtgelüsten der Russen und des englischen Empires seine Grenzen schloß – und damit prompt eine Herausforderung schuf. Das Rennen um Lhasa begann. Einige Leute versuchten – unbemerkt und verkleidet – in die heilige, verbotene Stadt Lhasa einzudringen und scheiterten. 1904 war es dann der britische Offizier Younghusband, der sich im Namen des Handels, links, rechts und voraus alle Einheimischen erschießend, von Sikkim aus einen Weg nach Lhasa bahnte, um die Russen von der Stadt fernzuhalten. Doch es gab keine Russen. Ein Handelsstützpunkt wurde errichtet, der jedoch nach etwa zehn Jahren wieder geschlossen wurde.

Sehr wenig andere Leute besuchten Tibet in der ersten Hälfte dieses Jahrhunderts. Der bemerkenswerteste und bekannteste war Heinrich Harrer, der sich 7 Jahre lang in Tibet aufhielt, nachdem er englischer Gefangenschaft in Indien entflohen war. Er überquerte in haarsträubenden Aufstiegen mehrere Pässe und erreichte schließlich Lhasa. Immer schwebte er in Gefahr, von den Behörden verhaftet und zurückgeschoben zu werden, doch er hielt durch und wurde schließlich Mentor des jungen Dalai Lama, der, als Haupt der tibetanischen Buddhisten, zugleich auch weltliches Oberhaupt des Staates war. Alles fand ein Ende, als die Chinesen Tibet 1950 einseitig annektierten, es zu einer halbautonomen Provinz des zweitgrößten Landes der Erde machten und ihm einen neuen Namen gaben: Xizang Zizhiqu, was wörtlich heißt »Autonome Region, verborgen im Westen«. Tibet blieb total geschlossen, bis die ersten Touristen 1980 von Ostchina aus einreisen durften. 1984 wurde die Grenze zu Nepal für organisierten Gruppentourismus geöffnet und erst kürzlich, am 1. März 1986 auch für individuelle Reisende – wie wir.

Nach 1608 Kilometern pedalen von Patenga Point an, waren wir schließlich in Tibet. Der harte Teil war nicht vorüber – tatsächlich hatte er eben erst begonnen. Es war ein langer Weg bis Lhasa, wir hatten keine Ahnung, was uns erwartete. Sogar schon der erste Paß war eine nicht unbeträchtliche Herausforderung, war er doch weitere 70 harte und unbekannte Kilometer weit weg, alles auf Naturstraßen, alles in großer Höhe (von hier bis Lhasa befanden wir uns immer auf großer Höhe). Der Lalung Le befand sich auf 5214 Meter, mehr als 17000 Fuß. Basierend auf meinen früheren Erfahrungen im tibetanischen Hochland um Zanskar, setzte ich meine Hoffnung darauf, daß wir alle zehn bis zwanzig Kilometer kleine Dörfer, Hütten oder

Nomaden antreffen würden, sogar in den wildesten Gegenden. Nick war eher skeptisch.

Beim ersten Morgengrauen von Tag 20 krochen wir zwischen unseren chinesischen Freunden hervor. Drei lagen immer noch eingewickelt in ihre Decken in der Koje, einer war daran, über dem Feuer den Tee zu brauen. Draußen war der Himmel klar, die Wolken von gestern waren weggeblasen, aber es war noch zu früh, als daß die Sonne in die Tiefen unseres Tales gereicht hätte. Es war kalt. Zum ersten Mal trugen wir außer den Überhosen alle unsere Kleider. Die Straßenoberfläche war abgetrocknet und hart geworden und bot eine recht gute Fahrunterlage. Wir brachten die ersten Kilometer langsam und schweigend hinter uns. Der Wald blieb zurück. Die gute Laune stieg, als wir zum ersten Mal zwischen zwei hohen Schneewänden neben der Straße durchfuhren, und wir lachten, als uns die Sonne erwischte, die zwischen zwei Felszacken der großen Schneebergkette durchschien. Das war das richtige Tibet! Nur karges bleichgrünes Gras bedeckte die tieferliegenden Hänge, und bares Geröll war nur wenig höher über uns. Das deutlichste Zeichen dafür, daß wir Nepal – und alles, was damit zusammenhing – hinter uns gelassen hatten, waren zwei Yak-Herden, die auf dem Weg zur täglichen Weide die Straße herunterkamen. Wir hielten an und bewunderten die vorbeitrottenden, mächtigen, zottigen Tiere, ungefähr 25 Stück, mit vereinzelten Ziegen dazwischen, alle mit kleinen Glöcklein um den Hals, die wie ein Wasserfall klingelten. Gehütet wurden sie von sechs Frauen in langen schwarzen Röcken, drei Hunden und einem kleinen Knaben.

Nach zwei Stunden erreichten wir Nyalam, die sogenannte erste und letzte Stadt auf dem Hochland. Es war eine nicht sehr überwältigende Ansammlung von Blechhütten und Backsteingebäuden, hingeworfen wie ein Abfallhaufen ans Ufer eines Flusses, in einer Gegend, wo es kein anderes Zeichen menschlicher Gegenwart gab, als eine Schotterstraße; ja eigentlich kein Lebenszeichen, außer ein paar Halmen kärglichen Grases und ein paar Yaks, die daran herumfraßen. Nyalam liegt auf über 4000 Meter Höhe, in den Straßen waren kleine grüne Lastwagen geparkt, und alle, der mehreren hundert Einwohner schienen nicht Tibetaner, sondern Han-Chinesen aus Ostchina zu sein.

Nick. Tag 20. Nyalam. 11 Uhr.
Wir hielten an, um zu frühstücken. Zuerst gab's großartigen Tee; klar, ohne Milch, heißes Wasser mit einigen Blättern drin und zuunterst eine Sandbank aus Zucker, das ganze serviert in Gläsern. Dann: Momos (ein Gebäck), Wok-Gemüse, Fleischragout, Eiernudeln in Suppe. Drei Mahlzeiten jeder. Ich aß, soviel ich konnte, denn ich fürchtete mich ein wenig davor, daß es für den Rest des Tages kein Essen mehr geben würde. Wir waren allein auf uns gestellt, gezwungen, die nächste

Unterkunft zu erreichen. Anhalten auf halbem Weg lag nicht drin. Wir hofften, daß wir in den 10 Stunden, in denen noch Tageslicht herrschen würde, das nächste Dorf, etwa 60 Kilometer weiter (so lauteten die Informationen von Lisa und anderen Leuten in Kathmandu), erreichen würden. Unglaublicherweise meinen die Leute hier, daß es 200 Kilometer weit keine Siedlung mehr hat. Wer immer auch recht hat, das größte Hindernis ist der Lalung Le. Eine Nacht im Freien würde wirklich unsere Ausrüstung testen, beziehungsweise aufdecken, was uns an Ausrüstung fehlte. Dick war glücklich. Das war wirkliches Abenteuer.

Die Straße arbeitete sich hinan, blieb immer recht nahe beim kleinen Fluß, der von hier nach Nepal fließt, dort zum beeindruckenden Sun Kosi wird, und dann zum gigantischen Ganges, der genau dorthin fließt, von wo wir aufgebrochen sind. Die Landschaft war großartig und offen, alles war in großem Maßstab angelegt. Je weiter in den Norden wir fuhren, desto trockener und brauner wurde die Umgebung. Von Zeit zu Zeit blieben wir stehen und bewunderten dieses neue Gefühl, das Tibet in uns weckte. Nach und nach, zu unserem großen Entzücken (denn es bedeutete Sicherheit) kamen wir an kleinen Feldern vorbei, die sich in den Talgrund schmiegten, und nahe dabei, jedoch auf unfruchtbarem Boden, zu weit vom Fluß entfernt, um noch bewässert werden zu können, sahen wir dichtgedrängte Dörfer aus quadratischen, schwarzen tibetanischen Häusern mit flachen Dächern. Die Leute in den Feldern trugen schwarze Wollkleider, die sie als Schutz gegen den Wind eng um sich gewickelt trugen. Jener Wind, der den Staub auf den Feldern aufwirbelte, und der uns vorwärts stieß, hinauf, immer weiter hinauf. Das Tal schien kein Ende nehmen zu wollen. Es war klar, daß der Paß weiter weg war, als wir zuerst angenommen hatten. Wir hielten an, um Wasser zu tanken, und bemerkten bei dieser Gelegenheit, daß wir beide ein wenig Höhenkopfweh hatten. Unsere Beine begannen schwach zu werden. Als wir weiterfuhren, waren wir dankbar für den starken Rückenwind. Er war eiskalt. Das Gras war nun sehr dünn; Bäume, Büsche und Sträucher hatten wir lange vor Nyalam zurückgelassen. Der Fluß brach nun zweidreimal von der Straße weg, die stärker anstieg. Unsere Höhe schätzten wir auf ungefähr 5000 Meter, und der Maßstab der Landschaft um uns wurde kleiner. Die Straße schlängelte sich durch kleine runde Hügelchen, wie die Warzen auf dem Rücken einer Kröte. Schneeflecken lagen herum, es gab keine hohen Berge mehr um uns herum. Wenn wir jedoch nach hinten schauten, oder auch seitwärts, so zeigte sich manchmal der eine oder andere Bergriese für einen kurzen Augenblick. Wir fuhren auf dem Dach des Domes. Beinahe unbemerkt hatten wir den Gipfel des Lalung Le um 19 Uhr erreicht. Er war gekrönt durch eine wunderbar farbige Gruppe von Gebetsfahnen, die wie liebliche rote, blaue, grüne, weiße und gelbe Blumen auf der düsteren Paßhöhe erblühten und wie wild im Winde flatterten, gleichsam als Gruß an die Majestät der Berge. Wir standen an der Kante, am Rande des großen Plateaus. Gegen Süden füllte der Himalaja unseren Horizont. Für so lange waren diese Bergriesen die Barriere vor uns; nun konnten wir zurückschauen, auf die meistverehrten Gipfel dieser Welt. Der Everst selbst war außer Sicht, weiter im Osten; wir hofften, ihn später zu erblicken. Im Südosten erhob sich der große Block des Gosainthain, auch Shisha Pangma genannt, der mit 8013 Meter einer der 14 Achttausender der Welt ist. Sie sind alle im Süden von Tibet aufgereiht und erstrecken sich vom Kangchenjunga im Osten, über Darjeeling bis zum Nanga Parbat im Osten über Kashmir. Es war schwer zu glauben, daß sich auf der andern Seite dieses gewaltigen Walls die dichtbesiedelten Ebenen von Indien befinden, die Hitze und Irre von Bangladesh, die grünen Hänge Nepals und die kühlen Straßen von Kathmandu. Wir waren dort und irgendwie haben wir uns an den gigantischen Wächtern vorbeigezwängt. Gosainthain war beinahe unfaßbar riesig. Eine kleine weiße Federwolke löste sich von seinem Gipfel, andere Wolken wirbelten die Himalaja-Täler hinauf, wir jedoch standen unter strahlend blauem Himmel. Es war bitter kalt. Wir hatten keine Thermometer, außer unseren Zehen, und die waren der Meinung, daß es unter Null Grad war. Wir keuchten und prusteten nach unserem Aufstieg und hatten leichtes Kopfweh, aber die Diamox-Tabletten, die wir während der zwei letzten Tage genommen hatten, um uns die Akklimatisation zu erleichtern, schienen gut zu wirken. Wir hatten noch Diamox für weitere zwei Tage, und bis dann, hofften wir, frei von Beschwerden zu sein. An unseren Körpern war kein Tropfen Schweiß, denn in der dünnen und trockenen Luft verdunstet jede Flüssigkeit sofort. Wir machten Pipi und fuhren sofort weiter. Wir hatten Grund, uns langsam Gedanken zu machen, denn seit über acht Stunden hatten wir kein Essen mehr in unsere Bäuche gekriegt, und nur noch zwei Stunden blieben uns bis zur Dämmerung. Vor uns erstreckte sich, meist grau und braun, aber oft auch eisig weiß, in endlosen Wellen das größte, unwirtlichste Hochland der Welt.

Nick. Tag 20. Später Abend. Über den Lalung Le.
Dreckstiebende Abfahrt mit Rückenwind. Es war eisig. Keine Ahnung, wo wir für die Nacht bleiben könnten. Ich hoffte, es würde nicht ein 5000 Meter Biwak geben. Angesichts der schnell sinkenden Sonne wirbelten wir hinunter, soviel Höhe wie möglich verlierend. D. war ein bißchen ärgerlich, als sich herausstellte, daß es noch einen zweiten kleineren Paß gab, dann aber ging es wirklich alles bergab. Je tiefer wir rollten, desto wärmer, d.h. desto weniger kalt wurde es. Das Höhenkopfweh verschwand. Bei der ersten Behausung hielten wir an.

Es waren vier einräumige Hütten mit einer Mauer, die alles umschloß; alle waren gut gebaut, außen verputzt und weiß gekalkt. Eine jüngere Frau stand draußen und hantierte mit Wasserkannen. Als wir unsere Kopfüberzüge abnahmen und lächelten, verschwand sie im Innern, und aus einer andern Hütte erschienen einige tibetanische Cowboys. Wir wandten uns an sie. Zuerst waren sie etwas erschrocken, uns zu sehen, aber wie alle Tibeter waren sie so selbstbewußt und stolz auf ihr Erbe, daß sie ohne zu zögern hinkamen und uns prüfend musterten. Sie hatten Stiefel aus Yak-Wolle, hinter den Waden mit Leder geschnürt, mit sorgfältig an die rot-grünen Oberteile angenähten Yak-Ledersohlen. Zum ersten Mal standen unsere Räder nicht im Mittelpunkt des Interesses. Vielleicht deshalb, weil zwei Weiße, die erst noch in ihren entlegenen Behausungen anhielten, so außergewöhnlich waren, daß das Transportmittel absolut keine Rolle spielte. Zwei von ihnen hatten das struppige schwarze Haar in Zöpfe geflochten, die sie über dem Kopf mit einer roten Kordel zusammengebunden hatten. Obschon wir das zu jener Zeit noch nicht wußten, handelte es sich bei diesen zwei um Kampas, Angehörige des notorischen Räuberstammes, der seit Jahrhunderten die Tibeter heimgesucht hatte, und der kürzlich auch die Haupttriebfeder des Widerstandes gegen die Chinesen bildete. Sie winkten uns hinein. Wir wußten nicht, was wir zu erwarten hatten. Zwei weitere Männer kamen mit uns.

Es war herrlicher Luxus, dem Wind entflohen zu sein. Wir ließen uns auf Säcken am Boden nieder. Der Raum war klein und dunkel, vollgestopft mit allerlei Trödel, eine Kreuzung zwischen einem Kaninchenbau und einem Gebrauchtwarenladen für Männer in Brighton. Langsam gewöhnten sich unsere Augen an die grellweiße Silhouette der Türe und das gelbliche Flackern des Feuers in der Mitte des Fußbodens. Alle saßen mit untergeschlagenen Beinen. Nach zu vielen Jahren an Bürotischen zwangen uns unsere Gelenke dazu, mit seitlich abgewinkelten Beinen zu sitzen – es gilt nämlich als grobe Unhöflichkeit, sich mit ausgestreckten Beinen hinzulümmeln und mit den Fußsohlen gegen jemanden zu zeigen. Wir lehnten an Roßgeschirre, Sättel, Stöße von Decken und Häuten, Säcke voller Mehl und ein paar solide Metallfässer. Es gab einige grüne Glasflaschen, gefüllt mit irgendeiner Flüssigkeit und mit Lappen verschlossen. Jeder der Cowboys hatte seine eigenen Besitztümer in einem Bündel zusammengebunden: Löffel, zwei Messingtassen, ein Stück Schnur, einige kleine Beutel und Rollen eines undefinierbaren Etwas. Zwei hatten ein paar zusammengelegte Blätter Papier. Wir schoben unsere Satteltaschen hinter uns, möglichst unter einem Haufen von Kram versteckt.

Salztee war auf dem Feuer; man bot uns kleine, schmutzige Bällchen Yak-Butter an, die mit dem Löffel aus einer kleinen Blechbüchse, ähnlich einer Schuhcrèmedose, geschält wurden, und die nun auf unserem Tee schwammen. Alle Tibeter tragen, wo immer sie auch hingehen, ihre eigene Tasse mit sich. Wir tranken aus den Plastikbehältern, die wir in Flaschenhaltern mit uns führten und die während des Fahrens die Werkzeuge, Tonbänder und Ersatzfilme trugen. Aus seinem Bündel entrollte einer der Männer einen Knochen, von dem er große Stücke von Fleisch abschnitt, die er direkt vom Messer weg verzehrte. Die Männer waren alle auffallend hübsch. Sie hatten runde dunkle Gesichter und ein enormes, etwas drohendes Lächeln. Die beiden Kampas waren junge Männer, vielleicht in unserem Alter, aber schienen uns viel reifer zu sein, so, als ob sie allein für sich gegen die ganze Welt stehen könnten, komme was da wolle. Die roten Kordeln waren ihr Zeichen der Ehre. Der ältere der beiden andern war möglicherweise in den späten Vierzigern, mit ganz rauher, verwitterter Haut, aber mit leuchtenden, klaren Augen. Er trug einen weiten Filzhut. Der Vierte, kaum mehr als ein Jüngling, hatte offensichtlich seinem Haar seit langer Zeit keinen Gedanken geschenkt, sondern ließ es einfach schmutzig in einer wahren Mähne auf allen Seiten herausstehen. Die vier waren ein wilder Haufen. Sie hatten goldene Zähne zwischen ihren eigenen gelben und Lederbänder um ihren Hals, mit roten und blauen Steinen. Ihre Bewegungen waren sehr elegant und meistens gegen den Inhalt unserer Taschen gerichtet. Ein Spiel entwikkelte sich mit Nicks Schneebrille, die wir nur wiedererlangten, als ich den Gegenstand unserer Unterhaltung wechselte und ihnen unsere Karte von Westchina zeigte. Wie ein gelangweiltes Schulkind steckte der Anführer die Brille in seine Tasche, und er schien nichts dagegen zu haben – oder nichts zu merken –, als ich sie ihm dort wieder herausnahm. Der Bengel mit den wilden Haaren lächelte und öffnete einen Beutel mit Tsampa: Geröstetes Gerstenmehl, bereit zum essen, sehr pulverig; man netzt eine Handvoll in Salztee, knetet es zu einem Bällchen und wirft es in den Mund. Sie hatten alle dunkle, schwere Wolljacken, die bis zu den Hüften reichten, über der Brust zugeknöpft wurden und mit Gold- oder Silberfäden eingefaßt waren. Einer von ihnen führte mich hinaus und zeigte mir seinen Geldgurt: Dickes Leder, mit einem bechergroßen Beutel mit Messingnieten und schweren Silberbeschlägen. Ich verstand nicht, warum er mich hinausgeführt hatte, um ihn mir zu zeigen, bis daß er ihn in meine Hände legte und meine Finger darum herum schloß. Wir hatten es uns zur strikten Regel gemacht, keine Andenken zu kaufen, und so konnte ich sein Angebot nicht annehmen, obschon es lächerlich billig gewesen wäre, etwa der Gegenwert eines Pakets Chips – und das für ein Familienerbstück. Dann versuchte er, mir einen Dolch zu verkaufen. Ich wies auch diesen zurück. Dann gingen wir wieder hinein zu den andern. Drinnen hatte ich einen zünftigen Schreck, als ich Nick mit einem Dolch an seiner Kehle sitzen sah. Auf diese spektakuläre Art und Weise wollte man ihm den praktischen Gebrauch dieser Waffe vorführen, um uns zu einem Kauf zu bewegen. Es schien, daß sich bereits hierhin die Kunde verbreitet hatte, daß die Touristen, die die Yak-Nomaden einmal in der Woche in einem Minibus vorbeifahren sahen, in Lhasa wie wild jedes einheimische Werkstück zusammenkauften. Die Tibeter, denen Handel neu war, waren bereit, alles für bares Geld hinzugeben. Jedes Geld ist gutes Geld, wenn man keines hat, aber wenn Touristen Kapital aus dieser Unschuld schlagen, dann ist das schiere Vergewaltigung und Betrug.

Als der fahle Schein der Türe ganz schwand, verstrich noch eine gute Stunde mit Teetrinken und Tsampaessen. Wir waren erschöpft genug, um nur noch ins Feuer zu starren, nachdem wir versucht hatten, im Lichte der Paraffinlampe unsere Tagebücher nachzuführen. Die Männer blickten uns stolz an, wie man etwa einen neuen Besitz mustert, sprachen aus dem Mundwinkel miteinander und machten hin und wieder einen Ausfall in Richtung unserer Taschen. Dabei erwischten sie unser Feuerzeug, und das nun gab Anlaß zu viel Spaß. Augenblickliches Feuer! Jedesmal, wenn wir die Hand nach dem Feuerzeug ausstreckten, grinste der Kampa uns an – oder aus. Als ich meine Hand in seine Tasche steckte, peitschte er sie heraus und hielt sie in schraubstockähnlichem Griff. Schließlich steckte er es in seine Unterkleider. Wir erhielten es nie wieder zurück. Glücklicherweise sollten wir es während der ganzen Reise nie brauchen, sehr wahrscheinlich weil man, was man nicht hat, auch nicht vermißt.

Als die Nacht ganz hereingebrochen war, verzweifelten wir fast in unserem Verlangen nach Schlaf. Die Männer fanden das keine gute Idee, und deuteten hinaus auf die Straße. Wir hatten jedoch um diese Zeit keine Wahl, und so entrollten wir denn die Schlafsäcke aus unseren Taschen, was das Spielchen »Erwischen-Behalten« erneut auslöste. Wir klaubten einige kleine Noten heraus, um zu zeigen, daß wir für Bett und Essen bezahlen wollten. Glücklicherweise akzeptierten sie dies, und der Führer, der alles eingestrichen hatte, hielt seine Hand hin für mehr. Wir gaben ihm ein wenig mehr und interessanterweise erstattete er uns Herausgeld, was bewies, daß sie keine Absicht hatten, uns auszunehmen. Es war schwierig, sich in diesem Raum hinzulegen, der nur etwa vier auf fünf Meter maß und bereits voll von Vorräten war. Wir fielen jedoch schnell in einen tiefen Schlaf, und falls sie uns berauben oder erstechen wollten, so würden wir uns morgen darum kümmern. Im Halbschlaf bemerkten wir, daß sie sich eine halbe Stunde später wegstahlen, weshalb wir uns gegenseitig aufweckten und für einen Moment der Erleichterung nach draußen unter den Mond traten. Drinnen legten wir unsere Schlafsäcke neu in etwas bequemeren Positionen aus und schliefen wieder ein. Zu unserer Enttäuschung kehrten die Männer eine Stunde später wieder zu uns zurück und schoben uns herum, um ebenfalls Decken und Felle auslegen und schlafen zu können. Keiner konnte ausgestreckt schlafen, wir waren Kopf an Kopf und Bein an Schulter, kreuz und quer, wie kleine Kätzchen. Selbst als sie so aussahen, als ob sie schliefen, trat mich der Kerl an meiner Seite in die Knie, wie um mich daran zu erinnern, daß ich nicht zuviel Platz einnehmen sollte. Unnötig zu unterstreichen, daß wir in den nächsten Stunden nicht sehr gut schliefen. Dazu kam ein anderes Problem: Atemlosigkeit. Wir schliefen in sehr großer Höhe, weit über 4500 Meter, und wir mußten uns immer wieder daran erinnern, daß wir tief durchatmen mußten, um nicht zu riskieren, daß unser Blut an Sauerstoff-Unterversorgung litt. Nach und nach glitten wir doch noch ins Traumland, aber viel zu früh kam der Tagesanbruch. Der Mann im Filzhut machte sich daran, ein Feuer zu entfachen. Wir klickten unsere Taschen wieder an die Gepäckrahmen unserer Räder, bereit zum Abfahren, während sie ihre Sättel und Taschen auf die Pferde schnallten. Erst als wir auf den Sätteln saßen und in die Pedale traten, wagten wir es, zurückzublicken und den Burschen einen Gruß zuzuwinken. Wir hätten uns keine Sorgen zu machen brauchen, denn sie waren von ihrer Tätigkeit vollständig absorbiert. Gestern war vorüber.

Nick. Tag 21.
Im Dämmerlicht sah der Tag noch gut aus, aber die Wolken kamen vor der Sonne. Es war eiskalt, und sogar in alle unsere Kleider gehüllt, hatten wir innerhalb einer Meile gefühllose Hände und Füße. Die Landschaft war trostlos. Braune Hügel, vielleicht 300 Meter hoch, wüstenähnliche Talgründe, durch die sich ein junger Fluß schlängelte. So alle 20 Minuten fanden wir eine Entschuldigung, abzusteigen. Auf der Karte sahen wir, daß der Fluß, der hier nordwärts floß, später in ein größeres Tal mündete, dann einen großen Bogen nach Süden machte und schließlich zum Dudh Kosi wurde, der am Everst vorbei nach Nepal strömte. Drei Stunden später kamen wir in dieses Tal, und die Sonnenwärme brachte uns ins Leben zurück. Jacken und Überhosen konnten ausgezogen werden. Langsam ergriff uns eine gewisse Lethargie, ausgelöst durch Nahrungsmittelmangel. Weiter oben hatte es ein paar Dörfer mit flachgedeckten Häusern gegeben, hingeklebt an die Bergflanken. Dieses Haupttal jedoch war geradezu schmerzlich leer. Es ist beinahe drei Kilometer breit, mit braunen Hängen, abgerundeten, trockenen Bergen, etwa 1000 Meter hoch, mit Sanddünen, die sich den Berg herunterziehen, weitergestoßen vom starken, ewigen Westwind, der auch uns vorwärtspeitschte. Nach etwa 45 Kilometer Fahrt erreichten wir eine Armeebaracke und tranken wiederum Salztee, aßen mit Yak-Butter und Tsampa. Wie gerne würde ich sagen, wie gut uns diese einheimische Kost geschmeckt hat, wie herrlich sie war, aber die Wahrheit ist, daß es der absolut ungeheuerlichste, widerwärtigste Fraß war, den ich je hinunterwürgen mußte. Der junge Mann neben mir hatte lockiges, schulterlanges Haar und einen blauen Ohrring. Die Alte, die den Laden schmeißt, trug eine fein ziselierte Schnalle an ihrer Hüfte.

Es gab keinen Yak-Yoghurt heute. Dick entdeckte dies, als er »Muh« brüllte, so tat, als ob er eine Kuh melken würde, den unsichtbaren Eimer aufhob und das nichtexistente Molkereiprodukt mit großem Geschlürfe austrank. Die alte Frau will verging fast vor Lachen, verstand aber nichts. So begann denn Dick von vorne mit seiner Pantomime, wobei er diesmal den imaginären Yoghurt sogar mit dem Löffel umrührte und fragend auf alle Pfannen und Töpfe im Raum zeigte. Dabei machte er mit der Hand eine Geste, die in diesem Teil der Welt »Was?« bedeutet. Diesmal sagten die Leute »Oma«, was wohl Milch oder Yoghurt hieß, und dann meinte die Alte in den bodenlangen, rotschwarz gestreiften Decken, die sie um sich gewickelt hatte und mit einer schön gearbeiteten Silberschnalle festhielt, mit einem traurigen Lächeln »Mayta«, was soviel wie »Nein« oder »Noch nicht« oder etwas Ähnliches heißen.

Auch beim weiterfahren bemerkten wir, daß die Landschaft meistens leer war, aber doch hie und da ein Dörfchen sich zeigte. Ein Lastwagen oder Jeep passierte uns durchschnittlich jede halbe Stunde. Einmal hielten wir an, um ein natürliches Geschäft zu verrichten, und plötzlich standen, aufgetaucht aus dem Nichts, eine ganze Anzahl unglaublich schmutziger Kinder vor uns. Der Wind blies uns die ganze Zeit in den Rücken, ausgenommen bei 15 absolut abscheulich schweren Kilometern über eine Ebene bei Tingri, wo der Wind so stark aus Süden blies, daß ganze Staubwolken über die Erde fegten. Obwohl wir uns auf unseren Rädern in starkem Winkel gegen den Wind auf die Seite legten, wie Speedwayfahrer in einer Kurve, mit Lenkereinschlag auf die falsche Seite, schlitterten unsere Radreifen über die Straßenoberfläche weg. Obschon wir auf ebener Straße fuhren, waren wir gezwungen, den tiefsten Gang einzulegen.

Wir wurden damit getröstet, daß wir den Everest von Norden sahen – den höchsten Berg der Welt von hinten. Von der tibetanischen Seite her heißt er Qomolangma Feng, »Der Muttergöttin-Berg«. Es war schwierig, ihn auf Anhieb auszumachen, weil sich das bekannte schwarze Dreieck der Südwestflanke auf der andern Seite befand. Der König der Berge ist jedoch ein wahrer, gewaltiger Dinosaurier von jeder Seite aus und dominiert die kleineren Gipfel rundum. Aus einer Entfernung von 100 Kilometern glaubten wir auch Cho Oyu und möglicherweise Makalu oder Lhotse zu sehen, aber es ist immer eine unsichere Sache, Berggipfel zu identifizieren, auf die man nie selbst gestiegen ist! Ein klein wenig war ich schon frustriert, diese Berge aus so großer Distanz sehen zu müssen, denn dies erinnerte uns an unseren riesigen Umweg: Wir waren gezwungen gewesen, in Richtung Westen vor dem Himalaja durch ganz Bangladesh und Indien zu fahren, um den einzigen offenen Grenzübergang nach China zu erreichen. Nun mußten wir die ganze Strecke Richtung Osten hinter dem »Dach der Welt« bis nach Lhasa wieder zurücktreten. Dann, und erst dann durften wir wieder nach Norden abdrehen, unserem eigentlichen Ziel, dem Mittelpunkt der Erde zu.

Es war ein langer, ermüdender Nachmittag. Das Tal führte weiter, breit und kahl. Durch die dünne Luft erschienen alle Distanzen viel kürzer, als sie in Wirklichkeit waren, die Farben dagegen waren lebhaft: orange, braun, rot, purpur und ocker. Bloße Berge, so nackt wie zur Zeit ihrer Entstehung. Fast unmerklich ging es stetig bergab, aber da wir auf Naturstraßen fuhren, mußten wir immer pedalen.

»Das ist nun wirklich das extremste Radfahren, das ich je unternommen habe«, sagte Nick grimmig und fuhr fort: »Hut ab vor jedem, der je auf einem Fahrrad diese Strecke fuhr.«

Wenn er einen Hut gehabt hätte, hätte er ihn sehr bald lüften müssen – kaum eine Stunde war vergangen, und da, gerade bevor wir einen herausragenden Bergsporn rundeten, fuhr wackelig in der Mitte der Straße, wie ein Betrunkener, der auf einer weißen Linie zu gehen versucht, ein Mountain Biker. Eamonn Wallace aus Kilkenny war der Archetypus eines erfahrenen Reisenden. Er hatte rote Augen, eine sonnenverbrannte Nase und schütteres Haar auf dem schlanksten, drahtigsten Körper, den wir je gesehen hatten – so, als ob er sich Zeit seines Lebens von Salat ernährt hätte. Sein Fahrrad war ein fahrbarer Tante-Emma-Laden, vollbeladen mit unzähligem, ohne Zweifel sehr nützlichem Kram. Nick und ich waren absolut überrascht, ihn hier zu treffen. Nie, auch nur für einen Augenblick, dachten wir daran, hier einen anderen Radfahrer anzutreffen. Er dagegen war so erfahren, daß ihn unsere Gegenwart auch nicht nur einen Augenblick aus dem Gleichgewicht brachte. Für ihn war das normal, während wir nur gerade einen Monat von zu Hause weg waren, trampte er bereits seit 2 Jahren allein, um hierher zu gelangen, und so verstand er vielleicht unter »normal« etwas ganz anderes. Wir saßen alle drei in den Windschatten eines großen Felsblocks, um ein gemütliches Plauderstündchen zu halten. Eamonn erzählte uns ein paar umwerfend komische Geschichten, und für eine halbe Stunde bog sich die nackte Felsenwelt in unserem homerischen Gelächter. Er war so freigiebig, daß er sein einziges Päckchen Biskuits und einen Kuchen, den er seit Nepal über die Pässe mitschleppte, mit uns teilte. Unter den gegebenen Umständen konnten wir uns kaum eine selbstlosere Geste vorstellen. Dann fuhren wir weiter, er in seinem gemütlichen Trott, wir mit unserem Schnellzugtempo. Kaum zehn Minuten später war er hinter uns verschwunden. Wir konnten uns beide fast nicht mehr daran erinnern, ob wir ihn nun wirklich gesehen hatten, oder ob er nur eine Figur unserer Einbildung war. Es war so ein eigenartiges, beinahe spukiges Treffen. Würden die Fotos, die wir geschossen hatten, Eamonn zeigen, oder würde man darauf nur einen leeren Raum erblicken?

Wir brachten 129 Kilometer hinter uns an diesem Tag 21. Die letzten paar waren hart, wir beteten um einen Unterstand und fanden zu unserem Schrecken einen Polizeiposten. Zuerst waren wir in Sorge, aber der junge Soldat schien durch unsere Fahrräder überhaupt nicht beunruhigt, sondern wollte bloß unsere Visastempel sehen. Auf unserer Karte wäre hier eigentlich ein altes Dorf mit Namen Shektar Dzong gelegen, aber er sagte, daß dies eine neue Siedlung sei und nannte sie Baiba. Uns konnte es egal sein, alles was wir wollten, war, etwas zu essen. Seit 200 Kilometer hatten wir nichts eingenommen als ein paar Handvoll Tsampa und EWs Gebäck, und so ließen wir denn bei Schweinegulasch und Nudeln des Armeeversorgungslagers so richtig die Sau raus. Nahe bei den Häusern waren die Freiluftlatrinen, und als ich um Mitternacht einmal hinaus mußte, hatte ich unter den Sternen eine wundervolle Sicht auf den Everest. Es scheint, daß viele Reisende hier übernachten. Wir erhielten Gesellschaft von zwei dänischen Mädchen, Meta und Marion, die von Tingri zum Everest Basislager jenseits des Klosters von Rongbuk treckten. Als Reverenz an unsere Leichtgewichtsreiserei ließen sie am Morgen ihre zwei Zahnbürsten und ein Handtuch zurück. Shektar Dzong war auch der Ort, wo wir das desolate Tal, dem wir den ganzen letzten Tag gefolgt waren, verlassen konnten, und wo der 50 Kilometer lange Aufstieg zum und über den Jia Tsuo La begann, von wo aus wir dann zum relativ dicht besiedelten Tal des Brahmaputra hinabtauchen würden. Relativ zum Tal, durch das wir gestern fuhren, ist sogar die Sahara dicht besiedelt!

Nick. Tag 22. Jia Tsuo La.
Ich muß jetzt und hier, in der Ausgesetztheit der Paßhöhe, schreiben, sonst gehen die Extreme des Augenblicks für immer verloren. Nach einem Frühstück aus Biskuits und eingedosten Mandarinen, nahmen wir den Aufstieg um 12 Uhr 30 in Angriff, nachdem wir zwei vergnügliche Stunden damit verbracht hatten, Reißverschlüsse von den Windjacken wegzuschneiden und die Gepäcktaschen abzuändern, um wiederum einige Gramm Gewicht einzusparen. Beinahe sofort begannen die Dinge schwierig zu werden. Die Straße war durch die mit hoher Geschwindigkeit darüberfahrenden Lastwagen schwer in Mitleidenschaft gezogen worden. Die ganze Oberfläche glich einem Wellblech. Das Schlimmste bis jetzt. Es war ein langer, steiler Paß von etwa 50 Kilometer. Beide hatten wir Kopfweh und wunde Eingeweide vom allzu reichlichen Mahl gestern. Die Schläge der Wellen – mit immer ungefähr 20 Zentimeter Abstand dazwischen – waren reinstes Fegefeuer. Bei einer Hütte, mit einem riesigen, bellenden und knurrenden Hund an der Kette davor, hielten wir an. D. schlief ein, als der Mann Wasser für uns holte. Später hatten wir eine wundervolle Aussicht auf den Everest, der hoch über allem thronte. Wir wollten ein Bild von ihm schießen, aber

jedesmal dachten wir, daß die Sicht weiter oben noch schöner sei, und als wir schließlich bereit waren, war der Everest für immer verschwunden. Etliche Male wechselte die Wellblechoberfläche. Statt dessen war die Straße mit losen, runden Steinen bedeckt, wie große Kugellager, die uns herumgleiten, fluchen und schleudern ließen. Wir kamen nur noch im Schrittempo voran, ergriffen jeden Vorwand, um anzuhalten, sei es, um etwas Wasser zu trinken, um die pergamentene Zunge zu netzen, die Wärmekapuze abzunehmen, die Schneebrillen zurechtzurücken, Handschuhe anzuziehen, Pipi zu machen oder ganz einfach, um wieder einmal die dünne, schneidende Luft tief einzuatmen. Es war der schlimmste psychisch-physische Prüfstein, dem wir je begegneten. Alan Deadman wäre entzückt gewesen. Er ist ein Freund aus Oxford, Wachtmeister der Abteilung für gestohlene Fahrräder und Velo-Rennfahrer aus Passion. Eingraviert in den Lenker seines Trainingsrads, damit er ihm ins Auge starrt, jedesmal wenn er sich darüberbeugt, um in die Pedale zu treten, steht der Satz: »Ohne Schweiß, kein Preis«.

Nach dem beinahe unmenschlichen Aufstieg durch große Täler, kamen wir dann doch schneller als wir vorausgesehen hatten auf die Höhe des Jia Tsuo La, wo es ähnlich abgerundete Felsbrocken gab, wie auf dem Lalung La auf 5214 Meter vor zwei Tagen. Der Jia Tsuo La war ähnlich hoch; das Signal auf der Paßhöhe zeigte 5220 Meter an, doch hatten wir eine Notiz von einer Karte EWs, die 5252 Meter angab. So oder so, der Paß war gut über 5000 Meter hoch. Erstaunlicherweise sahen wir – kaum 100 Meter von der Paßhöhe mit den Gebetsfahnen entfernt – einen einsamen Mann, der ruhig eine Art viereckiger Grube in den torfigen Boden grub. Einen Kilometer weiter zurück hatten wir einige Yaks auf der andern Talseite gesehen, und auch einige Umrisse, die wir für Sommerunterstände für das Vieh hielten. Was das ganze noch besonders bemerkenswert machte, war die Tatsache, daß wir auf den letzten 15 Kilometern, seit etwa 300 Meter weiter unten, immer wieder große Schneeflecken an den Hängen erblickten. Doch das war noch nicht alles. Nach etwa zwei bis drei Kilometern freier Abfahrt auf der andern Seite, wir hatten noch kaum an Höhe verloren, lag da plötzlich auf der andern Talseite ein Dorf mit eng aneinandergeschmiegten Häusern aus schwarzem Stein, mit Rauchfahnen und spielenden Kindern draußen. Unser Erstaunen war komplett. Diese Siedlung war sicher auf über 5000 Meter Höhe über dem Meer angelegt. Ich war immer der Meinung, ein Bauernhof an den Hängen des Cotopaxi in Ecuador, beinahe auf dem Äquator gelegen, sei die höchste Behausung der Welt, aber hier ist man offenbar noch extremer!

Nach den offenen Tälern weiter oben, tauchte die Straße nun in enge Klüfte, zu schmal, als daß die Sonne hätte hineingelangen können. Nach etwa 20 erregenden, schnellen Kilometern steilen Abstiegs, fiel die Straße plötzlich unter uns weg, tauchte in Felsklüfte hinab, und wir wanden uns um Felswände, kurvten durch Felseinschnitte, immer auf Schotter, immer in den Bremsen. Wir folgten jeder Windung des Wildbachs, der durch den Abgrund nach unten schoß. Die höllenschwarze Schlucht spie uns schließlich in die herrliche Menschlichkeit der flachen, fruchtbaren Weiten des Brahmaputratales aus. Strahlendweiße Dörfer und hellgrüne Baumgruppen unterbrachen alle paar Kilometer die Felder. Dünne, graue Telefondrähte erstreckten sich über die Ebene, und mit erheblicher Erleichterung bogen wir auf die West-Ost-Hauptverbindungsstraße Tibets ein. Sie führt von Lhasa nach Kailash und weiter nach Kashgar, nördlich entlang des Himalajas, alles im riesigen, zehn bis fünfzehn Kilometer breiten Tal. Für uns bedeutete dies einen markanten Schritt in unserer Reise. Der Fluß wird hier in Tibet Yarlung Tsangpo Jiang genannt, aber weiter oben, nahe der Quelle am Mount Kailash, wo ebenfalls Indus und Ganges entspringen, hat er auch den chinesischen Namen Maquan He. Erst wenn er das Ostende des Himalajas erreicht und nach Süden abbiegt, wird er offiziell Brahmaputra genannt, aber selbst dann nur kurze Zeit. Zuerst wird er zum Dihang und schließlich, bevor er in der Nähe Dhakas in den Ganges fließt, wo wir ihn vor 17 Tagen überquerten, heißt er Jamuna.

Dick. Tag 22. Brahmaputra Tal.
Überall hier hatte es liebliche, ländliche Szenen – man pflügte, eggte, säte. In einigen Feldern stießen soeben die Sprosse durch die Erde. Die Leute in den Feldern, Männer und Frauen, trugen alle schwere rote und schwarze Kleider. Yaks und Ochsen arbeiteten, während die Männer dazu sangen. Die Tiere trotteten lebhaft entlang der Furchen, ihre Glocken bimmelten, und die karminroten Federn an ihren Hörnern wippten wie afrikanische Fliegenwedel. Große Staubwolken flogen in die Luft. Bis jetzt hatten wir sehr wenig Verkehr, doch jetzt, auf der Hauptstraße, gab es zehn bis 20 Vehikel pro Stunde. Sie zwangen uns aus unserer Spur, einen Augenblick mußten wir langsamer fahren, und hüllten uns dann in eine Staubwolke ein, die uns beinahe blind machte und erstickte.

Wir hielten für einige Minuten an, um zu fotografieren und Bandaufnahmen zu machen, aber eine größere Menge rottete sich bald zusammen und begann, an unseren Rädern und Kleidern herumzuzupfen. Sie wurden sehr aggressiv. Es schien, daß, obschon wir glaubten, mit den Einwohnern sonst gut zu Schlage zu kommen, wir keine Ahnung hatten, was sie ärgerte oder erregte. Ein kleiner Mann hielt mein Handgelenk in eisernem Griff. Wir hatten Angst und gerieten beinahe in Panik; wir glaubten, daß sie uns alle unsere Besitztümer abnehmen wollten. Dann, um sie zurückzudrängen, hielt ich meine Kamera in die Höhe, und augenblicklich waren sie alle beruhigt. Alles, was sie von uns wollten, war, daß wir ein Bild von ihnen schossen. Tibeter scheinen sehr lustig und fröhlich zu sein, und lieben es trotz ihres harten Lebens, wenn es hoch zu und her geht.

Die Nacht verbrachten wir in Lhatse, einer größeren Stadt, der größten, die wir bis jetzt in China gesehen haben, fast so groß wie Gretna Green. Es gab viele Han-Chinesen hier, die die ursprüngliche tibetanische Bevölkerung verwässern. Es muß ein seltsames Land sein für diese Han »Einwanderer«, die in den fruchtbaren Ebenen und Hügeln Ostchinas aufgewachsen sind. Lhatse hatte richtige Straßen, einige sogar von Bäumen gesäumt, Telefondrähte über dem ganzen Stadtgebiet und richtige Hotelbaracken für Lastwagenfahrer und Reisende. Die Stadt war gut organisiert, sauber und freundlich. Die Hotelzimmer trugen Nummern und hatten elektrisches Licht, Glas in den Fenstern und Türen, die paßten. Obschon der Boden nur aus Lehm bestand, gab es doch saubere Bettwäsche und saubere Handtücher für jeden von uns. Wir teilten unser Zimmer mit einem chinesischen Geschäftsmann in Anzug, der nach Nepal reiste. Das einzige, was störte, war der Lärm, mein liebstes Haß-Objekt. Lautsprecher in der ganzen Stadt posaunten laufend Musik und Nachrichten in die Luft hinaus. Wir verleibten uns eine herrliche Suppe mit gebratenem Ei, Bohnensprossen und tibetanischen Pilzen ein, gefolgt von Fleisch, grünen Bohnen und grünen Peperonis vom Wok. Die Chinesen verstehen es wirklich zu kochen. Nick verlieh wieder einmal das Prädikat »Das beste Essen je« – aber das wußten wir ja von beinahe jedem Essen zu sagen. Viel junges Volk kam am Abend ins Café; sie begannen recht schwer zu trinken, vorzüglicherweise eine weißliche Flüssigkeit, die wie Chang, das nepalesische Bier aus fermentiertem Korn, aussah. Neugierig bestellte auch ich »Matechita Pinga«. Welche Überraschung, als ich es kostete – süßer Milchtee!

Nick. Tag 22. Lhatse.
Langsam beginnen wir zu realisieren, daß wir wirklich in Tibet sind. Eine Art verzögerter Reaktion, die, so glaube ich, daher rührt, weil ich teils im Geheimen nicht daran glaubte, daß wir es so weit schaffen würden, teils aber auch, weil der Wechsel in Landschaft und Kultur über den Himalaja hinweg so dramatisch war und so plötzlich kam, daß es mir eher so vorkam, als würde ich mir einen Film ansehen, in dem wir durch diese fremde Landschaft fahren, und nicht, daß wir es selbst erleben würden. Vielleicht war der Schock so groß, daß ich für eine Zeitlang unbewußterweise das gefühlsmäßige Miterleben, das Reisen nun einmal mit sich bringt, von meinen Gedanken ausgeschlossen habe. Wie jede neue Reise, ist auch diese die aufregendste meines Lebens. Wenn ich auf

die letzten 20 oder so Tage zurückblicke, so kommen mir Bangladesh, Indien und Nepal eher wie zahme Fahrradferien vor. Ich hatte ein eigenartiges Erlebnis heute: Ich sah in Gedanken, wie zwei glänzende Räder mit silbern gekleideten Figuren drauf als Team auf kurvigen Schotterstraßen eine Schlucht hinuntersausten. Es war das erste geistige Bild, das ich von dieser Reise hatte, und es war das perfekte Wiedererleben. Ganz abgesehen von den Schätzen, die wir jeden Augenblick neben den Straßen finden – die Leute, ihr Land –, ist es fantastisch, durch solch eine »harte« Gegend der Welt, mit so einer minimalen Ausrüstung zu fahren. Die wenigen anderen Reisenden, die wir antrafen, staunten über unser winziges Gepäck.

Für die nächsten zwei Tage unserer Expedition, den Tagen 23 und 24, folgten wir dem Tal des Brahmaputra in westlicher Richtung bis zur Stadt Xigatse. Dann würden wir irgendwann einmal nordwärts nach Lhasa abbiegen, das etwa 50 Kilometer entfernt, oben in einem Seitental des Stromes und etwa 300 Kilometer westlich von Lhatse liegt. Es war jedoch nicht so einfach, daß wir nun etwa 300 Kilometer dem Strom hätten folgen und dann links abbiegen können, weil die zwei Karten, die wir hatten – Bartholomews Karte des indischen Subkontinents und Hildebrandts Chinakarte –, sich in diesem Gebiet überlappten und zwei verschiedene Routen zeigten. Wir konnten entweder auf halbem Weg nach Lhasa in Xigatse nach Süden abbiegen und Gyangtse erreichen, das Younghusband erobert und zu einem britischen Handelsstützpunkt gemacht hatte, dann rund um die Touristenattraktion des Türkis-Sees fahren und dann den Brahmaputra erneut in der Nähe von Lhasa kreuzen, oder wir konnten nach Xigatse weiterfahren, dann weiter den großen Fluß überqueren und nordwärts über einige hohe Bergpässe eine große Schleife fahren und Lhasa aus Norden kommend erreichen. Beide Routen schienen sehr viel länger als der Weg durch das Haupttal, und doch war auf dieser offensichtlich topographisch und distanzmäßig einleuchtendsten Route keine Straße eingezeichnet. Warum nicht?

Wir mußten zuerst Xigatse erreichen, vielleicht daß wir dort mehr Informationen erhalten würden. So hätten wir dann drei Möglichkeiten gehabt, für eine würden wir uns entscheiden müssen. Wir faßten unsere Lenker unten und stiegen den ganzen Tag hart in die Pedale. Einmal hielten wir an, um zu essen, aber die alte Dame, die uns ihrer ganzen Familie und noch anderen vorstellte, offerierte uns nur Salztee und Tsampa. Als sie Nicks Zögern erblickte, brachte sie uns Zucker in heißem Wasser aufgelöst. Später überquerten wir einen 4600 Meter hohen Paß, in unserem Enthusiasmus praktisch in einer Wettfahrt gegeneinander. Es war ein guter Tag. Die Sonne schien hell, die Luft war frisch, schroffe, nackte Berghänge an unserer Seite, Bauern mit Yaks in den Feldern unter uns. Der einzige wirkliche Zwischenfall war ein platter Reifen, der zweite seit Patenga Point. Dann wurden wir von der Dunkelheit überrascht, 30 Kilometer vor Xigatse, nach 124 Kilometer Tagesfahrt. Es war eine wunderschöne, klare, trockene Nacht. Nick, weltbester Experte für Freiluftcamping, fand eine Felsnische. Wir ebneten die Steine ein wenig aus und legten uns in unseren Schlafsäcken nieder. Wir hatten kaum Zeit, uns um Räuber, Wölfe und Hunde Sorgen zu machen, so schnell waren wir eingeschlafen. Und blitzschnell kam auch schon die Morgendämmerung.

Wir pedalten 30 hungrige Kilometer nach Xigatse, wo wir um 11 Uhr endlich in einem chinesischen Café zu unserem Frühstück kamen. Die Stadt ist die zweitgrößte in Tibet und hat ein berühmtes Kloster, das sich wie ein gold-rotes Kartenhaus in vielen Stufen den die Stadt überragenden Berghang hinaufzieht. Es ist eines der wenigen, das in den fünfziger Jahren durch die rote Armee nicht zerstört wurde. Es gab eine Zeit, wo es hier einige tausend Mönche gab. Vor 20 Jahren sank die Zahl dann auf etwa zweihundert, aber jetzt, dank einer neuen Politik, ist die Zahl wieder im Steigen begriffen. Ohne Zweifel muß dies für unser Café eine gute Nachricht gewesen sein, denn nicht nur einige buddhistische Novizen gaben ihr Taschengeld für Tee und ein Spiel, das jenem im Chai-Haus in Bhainse in Nepal aufs Haar glich, aus, sondern auch Touristen und all ihr Geld kamen in die Stadt. Wir sprachen mit zwei langhaarigen amerikanischen Mädchen, aber für uns zwei, total absorbiert von der ernsten Realität unseres Rennens, war es schwierig, uns in ihre metaphysischen Zwiespälte über den Sinn des Lebens einzustimmen.

Die Gyangtse Strecke wurde als erste aufgegeben, weil sie die längste von den dreien war, obschon praktisch der ganze Reiseverkehr darüber lief. Über die beiden anderen wollten wir erst später entscheiden und so fuhren wir denn zur Stadt hinaus, auf asphaltierten Stadtstraßen, entlang dem Hauptboulevard mit Blumenornamenten, vorbei an zweistöckigen Büroblocks und Warenhäusern. Marktstände säumten die Straßen. Vor den Toren der Stadt ging's zuerst an einer offiziellen Kehrichtdeponie vorbei, dann an grünen Feldern, und schließlich waren wir wieder im eigentlichen Tal des Brahmaputra, mit seinem Flickenteppich von kleinen Feldern, staubig grün in der Farbe dort, wo künstlich bewässert werden konnte. Die Straße führte im Süden durch dieses Gebiet. Auf der anderen Seite waren nichts als karge, eiszeitliche Felshänge in zurückhaltenden Pastellfarben, gespalten durch Eis, zerschlagen durch den Wind und überstreut mit Sanddünen, die mit dem Wind entlang des Tales von Westen nach Osten wanderten und wie mit Saugnäpfen an den Felshängen angeheftet schienen.

Die Straße, der wir folgten, war ganz klar als Hauptstraße gedacht: Sie war gut eingeebnet, alle Schlaglöcher waren mit Sand und Kies angeglichen, aber es gab kaum Verkehr darauf, drei Stunden lang überhaupt keinen. Trotz des

Start am Tag 1 bei der Mündung des Ganges.

Kampf mit den Rikschas um einen Platz auf der Straße in Comilla.

Bangladesh ist eines der dichtbesiedeltsten Länder der Erde.
Goalundo Ghat, Tag 4, am Westufer des Ganges.
Während der ganzen Reise erlitten wir nur gerade 4 platte Reifen.

Dick trinkt aus einer »Daab«, einer grünen Kokosnuß. Die Skimütze dient als Schirmmütze.

Die Odyssee über den Ganges von der Fähre nach Mongyr Ghat: Stoßzeit in Bihar State.

Riesige Trockenspalten am Boden der Bewässerungskanäle an den nördlichen Ufern des Ganges. Tag 10.

Diese nepalesischen Kinder eilten über die Terrassen herbei, um fotografiert zu werden.

Tag 13. Nick nahe der Paßhöhe Simbanjyarg in Nepal.

Nepals ursprünglicher Wald ist gespickt mit Terrassen und hellen Bauernhofdächern.

Die Chinesen hatten die Straße durch den Himalaja knapp zwei Monate bevor wir durchfuhren geöffnet.

Windgebeutelte Gebetsfahnen auf dem Gipfel des Lalung Le, 5100 Meter über dem Meer. Später Nachmittag, Tag 21.

Tibetanische Landarbeiter zwischen Lhatse und Xigatse auf über 3000 Meter Höhe.

Im Tal des Brahmaputra wandern die Dünen, durch den Wind getrieben, westwärts.

Gemüse im Wok zubereitet, Nudeln und Omeletten in Rinbung Dzong.

Die zweite der ungemütlichen Höhlen im Rong Chu Tal, wo wir die Nacht nach dem 25. Tag überlebten.

Der Müller am Morgen von Tag 26.

**Winterlandschaft am Türkis-See:
»Die erbärmlichsten Kaltwettertage unseres Lebens auf dem Fahrrad«.**

Der Potala Palast, vom Jokhang im Zentrum Lhasas aus gesehen.

Tibetanische Yak-Nomaden, irgendwo zwischen Damxung und Laqudiqu.

Das längste Etmal in Tibet war 212 Kilometer.

Ein kleiner Augenblick der Entspannung auf 5000 Meter Höhe, am Fuße des Tanggula.

Der Markt in Golmud.

Nick auf dem Qaidam Pendi, verloren in einem wilden Staubsturm.

Xing Xing Xia, jahrhundertelang ein größerer Grenzposten an der Seidenstraße.

Nick am Tag 43. Die Naturpisten im Sande der Gobi hätten uns beinahe geschafft.

Es gab nicht viel Verkehr auf der Seidenstraße, aber jeder hielt und bot uns Wasser an.

Morgenerwachen am Tag 44 nach einer Nacht in der unendlichen Verlorenheit der Gobi.

**Alles, was wir an Fahrradwerkzeug bei uns trugen.
Beachtenswert die Löcher im Schlüssel und der entzweigesägte Speichenschlüssel.**

starken Rückenwindes mußten wir hart in die Pedale treten, denn unsere Räder sanken drei bis fünf Zentimeter im trockenen Sand ein. Es war, wie wenn man durch eine Schüssel Grieß fahren würde. Es gab Orte, wo Wanderdünen, die mit einer Geschwindigkeit von mehreren Metern in der Woche vorankommen, über die Straße gekrochen waren und dort einen ganz besonders tiefen Sandbelag zurückgelassen hatten. Beinah zum ersten Mal auf unserer Reise zum Mittelpunkt der Erde, mußten wir gehen. Dies war unsere erste Gelegenheit, die offensichtliche Trostlosigkeit des Plateaus auszukosten: Wir fühlten uns, wie Peter Hopkirk sagte, als »Eindringlinge auf dem Dach der Welt«. Wir waren nicht die ersten, die diese Straße benützt hatten, denn entlang der Straße, hinunter ins Tal führend, sahen wir eine ganze Reihe von komischen Lehmsäulen. Später fanden wir heraus, daß es die Telegraphenmasten aus Lehm waren, die Younghusband 70 Jahre früher errichten ließ, um Gyangtse mit Lhasa zu verbinden. Auf der Hochebene gibt es kein Holz für Masten. 80 Kilometer nach Xigatse, spät am Abend, erreichten wir die Fähre, die nach Norden führte, die zweite der drei möglichen Routen nach Lhasa.

Der große blaue Fluß war hier zwischen zwei Bergschultern eingeklemmt, und ein Zugseil war über den Fluß gespannt. Daran angehängt war ein Metall-Ponton, groß genug, um zwei Vehikel darauf zu laden. Auf unserer Seite standen einige kleine, schmutzige Häuser und eine Schar erschreckend übermütiger Kinder, die hinzurannten, lachend und schreiend, mit Schleim von den Nasenflügeln bis zum Kinn, gelbem Schmalz in den Augenwinkeln und ganze Krusten von Tsampa mit Schmutz vermischt um den Mund. Hände und Haare waren so schmutzstarrend wie ihre Fußsohlen. Ich weiß nicht, ob sie sich je waschen oder die Kleider wechseln, jedenfalls sah es nicht danach aus. Ich fragte mich, ob es in der Höhe, in der sie leben, verboten ist, die Nase zu schneuzen, wegen des Schadens, der an den Nasenschleimhäuten angerichtet werden kann. Nick und ich hatten beide Probleme mit Nasenbluten, wenn wir unsere Nase putzten.

Die Haltung der Männer war ungefähr so abstoßend wie das Aussehen der Kinder. Sie sagten, daß sie in unsere Taschen schauen müßten, und meinten, daß wir erstens hier nicht weiterkämen, und zweitens weder Proviant noch Unterkunft in ihrem Dorf zu haben seien. Ohne zu zögern entschieden wir uns dagegen, hier noch länger zu verweilen, um eventuell in Erfahrung zu bringen, ob es eine Straße weiter das Tal hinunter gebe. Um unseren Frieden zu haben, rückten wir mit einigen Yuan heraus, damit sie uns schnell hinüber brachten. Die Männer sträubten sich zuerst, sie wollten warten, bis sie zwei Motorfahrzeuge zum Hinüberbringen hätten. Wir zeigten mehr Geld. Als wir drüben angekommen waren, gefiel die Sache dem Fährmann so gut, daß er uns gleich wieder mit zurücknehmen wollte, um das Spielchen von neuem beginnen zu können. Wir wollten nicht – und flohen.

Auf der Nordseite der Detsukar Fähre betrieben zwei Mädchen, so gegen 20 Jahre alt, einen kleinen Chai-Schuppen, in dem die Lastwagenfahrer bei einer Tasse Tee auf die Fähre warten konnten. Sie trugen schwere schwarze Röcke und Hemden, darüber einen farbigen, rot, grün, blau und schwarz gestreiften Schal, den sie wie eine Schürze um sich gewickelt hatten. Es waren soviele Schichten Kleider, daß wir uns wunderten, wie sie sich überhaupt bewegen konnten. Sie lebten in einem kleinen grünen Stoffzelt, wo sie auch ihre Vorräte hielten. Die Kunden saßen auf umgestülpten Kisten unter einer weißen Blache, die Schutz vor der Sonne gab. Es war ein gemütlicher Platz, Tee und einheimisches Bier zu schlürfen und zu schauen, wie die Abendsonne die hohen Berge rot färbte. Eine Schale Tsampa und ein großer Brocken ranziger Yak-Butter waren unser Nachtessen. Wir traten noch in die Pedale und fuhren weitere vier Kilometer auf der steinigen Straße, die gegen die Pässe Richtung Lhasa führten dann waren wir reif für das »Bett«. Nick wiederholte seinen Trick mit dem Steinunterstand vom Abend zuvor, und wurde in einem trockenen Flußbett, etwa dreißig Meter über der Straße, außer Sicht des Dorfes am Fluß unten, fündig. Wir legten unsere Jacken auf dem Boden aus und schlüpften in die Schlafsäcke, als auch schon das Tageslicht schwand. Wir erwachten früh und brannten darauf, weiter Richtung Lhasa zu stürmen. Der Gedanke an die beiden großen Pässe im Norden gab mir aber einen Dämpfer. Eine Stunde verloren wir mit der Diskussion über die relativen Verdienste einer 170 Kilometer langen, aber sicheren, nördlichen Strecke im Vergleich zu 80 bis 100 Kilometer Geradeausfahrt durch das Brahmaputratal auf einer Straße, die es vielleicht gar nicht gab. Nick liebäugelte eigentlich mit der Direttissima, meinte aber, daß wir auch über die Nordroute Lhasa in einem Tag erreichen könnten, wenn es auch einiger Anstrengung bedurfte. Entlang der unerforschten Wasser des Brahmaputra könnten wir nicht wissen, ob der Fluß nicht viel zu stark »in den Kurven liegen« würde, ob es nicht zu felsig war, oder ob die Straße, so es eine hätte, nicht im Sand versunken war. Ich war jedoch blind für seine Logik, und in meiner Furcht vor der Höhe – manchmal bin ich dickköpfig und voreingenommen – setzte ich meinen Kopf durch, ins Unbekannte zu fahren. Ich glaube, Nick dachte, daß es besser sei, wenn beide die einmal gefällte Entscheidung voll unterstützten, als wenn einer sauertöpfisch seine Füße mißmutig nachschleppte. Viel später, als diese unschöne Episode längst vergessen war, so wie man eben unangenehme Episoden im Leben vergißt, gestand mir Nick, daß in jenem Augenblick das ganze Teamwork, das wir seit dem 30. Januar zusammen aufgebaut hatten, im Eimer war. In seinen Augen waren wir damals getrennt und das ganze gegenseitige Vertrauen mußte wieder neu aufgebaut werden. Vielleicht weil ich derjenige war, der seinen Willen durchgesetzt hatte, fühlte ich keinen Bruch.

Zu Beginn des Tages fuhren wir also vier Kilometer zurück zur Fähre und gelangten ohne Probleme auf die andere Seite. Wir erwägten Frühstück nicht einmal, sondern fuhren direkt vom Ponton aus durch das Dorf, und verließen es, ohne auch nur einen Blick auf die schrecklichen Kinder zu werfen. Wir entschlossen uns, hart und schweigend einige Kilometer zurückzulegen, bevor wir zum ersten Mal anhielten. Der Weg wurde immer rauher und kurviger. Wir mußten unsere Morgenkleider ausziehen und fuhren nur im Overall und T-Shirt weiter, selbstverständlich auch mit unseren Schneebrillen und der Kopfbedeckung gegen die Sonnenbestrahlung. Die weite Schwemmebene von gestern war komplett verschwunden, und wir quälten uns über einen in den Felsen gehauenen, sich windenden Pfad, gleich dem großen Fluß, in ein enges Bett gesperrt, hundert Meter unter uns dahinschäumte.

Der Pfad wurde immer schlimmer. Langsam begann ich mir wirklich Sorgen zu machen, daß ich Nick in eine Sackgasse führen würde, und wir den ganzen Weg wieder zurückfahren müßten. Nach einer Weile schien es uns, als ob uns die Straße in ein Seitental führte. Es gab keine Möglichkeit, irgendwie beim Brahmaputra zu bleiben, und wir fragten uns, ob die Straße über einen 1000 Meter hohen Sporn führte, um nachher wieder an den Fluß hinunterzuführen. Unglücklicherweise war dem nicht so. Der Weg brachte uns weiter ins Seitental hinein. Ein Bauer, der seine Schafherde aufwärts trieb, schien uns zu deuten, daß diese Straße in der Tat nach Lhasa führe. Langsam dämmerte es uns, daß wir in dem Tal festgefahren waren, das auf der Karte als Rong Chu eingetragen war. Es führte direkt hinauf zum Türkis-See und mündete dort in die Hauptverkehrsader, die von Gyangtse herkam – genau die Route, die wir vor zwei Tagen als zu lang aufgegeben hatten.

Ich begann mit meinen Entschuldigungen gegenüber Nick, und machte sie umso zerknirschter, als auf dem ganzen Weg auf der Karte nicht ein einziges Dorf eingetragen und deshalb auch kein Essen zu erwarten war. Nick war nicht sehr zufrieden. Ich wies jedoch darauf hin, daß das Tal nur gerade 30 Kilometer lang sei – allerdings in Luftlinie –, so daß wir ohne Zweifel Zeit genug hätten, herauszukommen und zu Lebensmittel zu gelangen. Nick wurde noch unzufriedener.

Der Pfad wurde nicht besser, im Gegenteil, weil es bergauf ging, wurde er noch schlimmer. Den ganzen Morgen lang gab es keinen einzigen Straßenbenützer, außer Yaks und Schafen, die zur Weide gingen. Es war uns deshalb ein besonderes Vergnügen, als wir einen Radfahrer vor uns erblickten. Als wir ihn eingeholt hatten, sahen wir, daß er eine blaue Mao-Mütze und einen ebensolchen Anzug trug. Er gab uns mit Zeichen zu verstehen, daß er etwas in einer Kanne in einer Farm unten im Tal geholt hätte. Den Behälter hatte er an seinen Knochenschüttler – Marke »Fliegende Taube« – geschnallt. Wir leisteten ihm ein wenig Gesellschaft, fuhren die flachen Stücke und gingen in den steilen. Er vermittelte uns dafür auch die beste Nachricht, die wir bis jetzt an diesem Tag vernommen hatten: Er versprach uns, daß es ein bißchen weiter voraus Essen gäbe. Nick zwang sich zu einem Lächeln! Wir mochten es kaum erwarten, herauszufinden, wann und was, glaubten aber, daß es in diesem leeren Tal nur Tsampa sein konnte. Zu unserer größten Überraschung und ebensolchem Vergnügen geleitete unser Freund uns zu einem ganz ansehnlichen Flecken, Rinbung Dzong, der auf keiner Karte vermerkt war, und doch zwei Straßen, einen Marktplatz und eine große Hydroelektrische Anlage besaß – nicht groß nach europäischem Standard, aber immerhin führten zwei Druckrohre den Hang hinunter und zwei Kontrollbaracken standen bei den Turbinen, die Strom für die Stadt lieferten. Der Mann zeigte uns das Café, wo wir um 14 Uhr 30 eintrafen, ohne den ganzen Tag einen Bissen gegessen zu haben. Wir griffen herzhaft zu. Der Chai-Haus-Besitzer war ein rundlicher Chinese mittleren Alters, der seine Frau, seine Töchter und die Oma überwachte, bevor er selbst die Ingredienzen im Wok brutzelte und rührte. Mit Grandezza servierte er dann unsere Teller und legte bunt bemalte Stäbchen auf den Tisch. Jedermann setzte sich und beobachtete uns beim Essen. Als wir fertig waren, kritzelte der Boß eine Menge kleiner Papierchen voll und legte jedem von uns eines neben den Teller. Dann präsentierte er uns noch ein größeres Stück Papier, auf dem das Total vermerkt war – 22 Yuan (ungefähr fünf Pfund).

Zwei Stunden gingen in Rinbung Dzong vorbei wie im Flug: Tagebuch schreiben, Karte studieren, um herauszufinden, wo wir falsch gefahren waren, ins Leere starren und denken, wie glückhaft wir doch waren. Wir waren beide wiederhergestellt und glücklich, als wir Rinbung Dzong verließen, um unsere Odyssee Richtung Rong Chu fortzusetzen. Es war ein schöner Tag. Für eine Weile führte uns die Straße durch ein etwas offeneres Tal mit grünen Feldern. Es hatte kleine Bäume entlang der Straße und Trockenmauern, das genaue Ebenbild meiner Heimat in England. Wir kamen an einem Zug von Eseln vorbei, hochgepackt mit Dornensträuchern und mit klingelnden Glöckchen. Danach fuhren wir in eine enge Schlucht, die sich aber bald wieder öffnete. Unten, auf dem schmalen grünen Streifen, entlang des schäumenden Baches, grasten einige Schafe. Der Himmel war überzogen. Die ganze Zeit über pedalten wir auf dem armseligen Steinsträßchen in den zwei niedrigsten Gängen. Wir kamen an Feldern vorbei, die grüner und fruchtbarer schienen, als alle, die wir bis jetzt in Tibet gesehen hatten. Wir sahen burgähnliche Dörfer, die hoch über uns auf unzugänglichen Felsspitzen errichtet worden waren. Während wir so fuhren, wurden die Wolken vor uns immer dicker und dunkler. Es begann leicht zu regnen. Wir zogen uns an und stiegen in die Pedale, in der Hoffnung, den Türkis-See noch zu erreichen. Jedesmal, wenn wir eine Talbiegung vor uns sahen, erwarteten wir, daß das enge Tal sich ausweiten würde. Und jedesmal sahen wir nur einen neuen Felsriegel vor uns. Immer mehr kamen wir uns vor wie

Mäuse in einem Kornfeld: Irgend jemand da oben sah genau, wo wir uns befanden, aber wir konnten es nicht. Wir wußten, daß wir irgendwo auf der Landkarte Chinas gefangen waren, aber wir wußten nicht, wo wir in all den Kehren und Straßenschlingen dieses Tales herumirrten. Es wurde kälter, und der Wind begann zu blasen. Wir schoben unsere Kappen zurecht, zogen Handschuhe und Beinüberzieher an und machten unsere Kapuzen dicht. Wir pedalten im niedrigsten Gang und hofften, daß wir uns aus dieser garstigen Lage heraustreten konnten. Die Berghänge waren beidseits der Straße steil. Wir konnten nicht mehr über unsere kleine, eingeschlossene Welt hinaussehen. Alles was wir tun konnten, war, jeder kleinsten Windung und Drehung der Straße zu folgen und hoffen, daß wir über kurz oder lang endlich herauskämen. Obschon wir hie und da Hütten oder Mauern sahen, trafen wir keine Seele, mit der wir unser Unglück hätten teilen können. Das Tal wurde mehr und mehr zu einem Verließ. Dann begann es zu schneien. Zuerst ganz leicht, dann immer schwerer, wie nasser Weihnachtsschnee. Die Dämmerung brach herein. Wir begannen, uns nach einem Nachtlager umzuschauen. Zweimal sahen wir kleine Farmen auf der andern Seite des Baches, etwa 100 Meter weit weg, aber um uns den Umweg zu ersparen, fuhren wir weiter, hoffend, daß bald ein geeigneter Ort auf unserer Seite auftauchen würde. Er kam nie – dafür die Dunkelheit.

Dicht fiel der Schnee in der Nacht von Tag 25. Wir waren irgendwo am Aufstieg zum Rong Chu, wir hatten den Brahmaputra und Rinbung Dzong schon lange und weit hinter uns gelassen, aber den Türkis-See noch nicht erreicht. Wir hatten wirklich keine Ahnung, wo wir waren. Nicht daß es eine Rolle gespielt hätte, denn wir konnten so oder so nicht weiter. Sehr schnell war es dunkel geworden. Die Wolken wurden dichter, und plötzlich war der Nebel da. Wir konnten nicht mehr im Sattel sitzen bleiben, während wir über den rauhen Pfad stolperten, suchten wir verzweifelt nach irgendeinem Unterstand. Nick entdeckte einen winzigen Felsüberhang, etwa einen Meter tief und 60 Zentimeter hoch. Wir bückten uns, um ihn in der Dunkelheit näher zu prüfen. Er würde unser Hafen für die Nacht sein. Wir würden längs des Felsens, dicht gedrängt, Seite an Seite liegen müssen. Während Nick mit Steinen noch eine kleine Mauer zu bauen versuchte, um wenigstens das Schlimmste abzuhalten, füllte ich im Bach die Flaschen mit Wasser und warf Puritabs hinein, um es trinkbar zu machen: unser Nachtessen. Wir zogen Halme um den Schlafplatz. Ich verlor und bekam die Außenseite. Ich kroch auf allen Vieren hinein und entfernte mit den bloßen Händen trockenes Gras, Insekten und Tierkot. Es war so eng, daß nur einer nach dem andern sich bereitmachen konnte. Den Schlafsack breitete ich auf meinem Anorak und den Überhosen aus. Mit meinen Handschuhen über den Zehen, schlüpfte ich in den Sack. Kalter Wind blies an meine Wange. Nick legte all seine Sachen an seinen Platz. Dann, halb draußen, halb auf mir liegend, bereitete er sich für sein Lager vor. Als er sich schließlich in seinen Schlafsack hineingewunden hatte, konnten wir unsere endgültige Schlafposition für die Nacht suchen. Meine Füße waren in einem gespaltenen Steinbrocken eingehängt, und mein Kopf war im engsten, niedrigsten Teil der Höhle eingekeilt. Ich hatte etwa 3 Zentimeter Raum, um zu atmen, Kalter Fels berührte meine Stirn. Es war außerordentlich beängstigend. Ich hatte meine Schuhe und Taschen unter mich gestopft, um zu verhüten, daß ich immerzu auf Nick hinunterrollte. Er war mit seinen Schultern zwischen meinen Hüften und dem Fels eingeklemmt. Nicks Füße reichten an meinem gespaltenen Felsen vorbei und ruhten in der kalten »Außenwelt«. Keiner von uns konnte sich ohne die größte Anstrengung bewegen. Glücklicherweise war der Boden aus Erde, so daß unsere Hüften nicht allzu schmerzhaft lagen, aber wir mußten uns doch alle Stunden einmal bewegen. Unsere winzige Digitaluhr hatte keine Beleuchtung. Wir hatten keine Taschenlampe. Der Kampas hatte sich unseres Feuerzeugs bemächtigt. Wir konnten die Zeit nur durch unsere Sinne schätzen; die Drehung des Windes, die Müdigkeit in unseren Köpfen, Schnee und Regen, das Leuchten am Himmel.

Es war eine lange Nacht, und ich fürchtete mich. So nahe der Nullgradgrenze und kein Essen im Bauch, machte uns Angst. Unterkühlung und Erschöpfung drohten. Die Dunkelheit ließ mich erzittern. Leise fiel der Schnee auf meinen Schlafsack. Zuerst konnte ich nicht schlafen. Ich lag in meinem engen Felsbett und dachte ans Essen. Nichts Spezielles, alles was ich wollte, waren Fisch und Chips, und dann gab ich mich mit Tsampa und Salztee zufrieden. Nach einer Weile war ich so müde, daß ich in einen unruhigen Schlaf versank. Ich träumte, daß ich in einem Loch steckte und mein Kopf in einer Spalte eingeklemmt sei. Ich schlotterte und betete um die Dämmerung. Und wieder schlief ich mit Krämpfen ein. Dann hatte ich den zweitschlimmsten Alptraum meines Lebens: Ich fuhr ein Radrennen mit meinem Bruder Ados – er war mir voraus, prallte gegen einen Felsen und wirbelte durch die Luft, bevor er zu Boden fiel und Blut aus seinem Mund strömte. Ich erwachte, gebadet in kaltem Schweiß. Endlich wurde es heller, und wir kamen überein, daß wir aufstehen konnten. Fröhlich krochen wir hervor in den kalten Schnee, dankbar, noch am Leben zu sein. Wir packten unsere Taschen und brachen guten Mutes auf, um beim ersten Teehaus ein bescheidenes Mahl einnehmen zu können. Es war immer noch ziemlich dunkel, noch nicht hell genug, um schon zu fahren, aber wir waren froh, noch ein bißchen gehen zu können, um uns aufzuwärmen. Unsere Füße und die Reifen ließen eine dunkle Spur im Schnee zurück. Der Nebel hing tief, und die Luft war schwer vor Feuchtigkeit.

Nick. Tag 26. Sehr früh. Tal des Rong Chu.
Es war ein unheimlicher Spaziergang, voller Schatten. Unwirkliche

Berge im Halblicht. Nebel, nahe und feucht. Viel Schnee war gefallen, während wir in der Höhle lagen. Das gespenstische Halbrund des Tales war wie ein Kokon für uns. Kein Wind, kein Geräusch. Plötzlich wurden wir von großen schwarzen, heulenden und bellenden Tieren angegriffen. D. schrie: »Sind das Wölfe?« Ich wußte es nicht. Zehn bis fünfzehn. Irre Biester, die gegen uns anrannten. Dunkle Gestalten aus allen Richtungen, über die Mauern, über die Felder. D. fragte: »Was sollen wir tun?« Ich sagte: »Nahe zusammenstehen, langsam gehen. Wir sehen wie ein größeres Tier aus. Langsam, die Räder außen, zwischen ihnen und uns.« Sie näherten sich uns bis auf knapp einen Meter, von allen Seiten, uns beinahe anspringend. Der Lärm war ohrenbetäubend. Es war, wie wenn man einen Alptraum durchqueren muß.

Die Erleichterung, als sich die Hunde endlich zurückgezogen hatten, zwang mich, mich hinzusetzen und zu ruhen und mich vom Adrenalinstoß zu erholen. Gleichzeitig mußten wir aber weitergehen, falls sie nochmals auftauchen würden. Der gesunde Menschenverstand siegte, und wir trotteten in der Halbdunkelheit weiter. Warum wurde es den nie heller? Auf den Zehenspitzen gingen wir an zwei weiteren Weilern vorüber, voller Angst, die Hunde aufzuwecken. Eine gute halbe Stunde marschierten wir, etwa zwei oder drei Kilometer, bevor wir inne wurden, daß wir im Lichte des vollen Mondes und nicht in jenem der Dämmerung gingen. Ich erinnerte mich schwach, daß ich auf der Latrine in Shektar Dzong, als ich den Everst bewunderte, festgestellt hatte, daß bald Vollmond sein würde. Wir schauten auf und prüften die Wolken. Genau senkrecht über uns sahen wir einen etwas helleren Schein. Er hatte seine Himmelswanderung bereits zur Hälfte hinter sich, aber es würde noch einige Stunden dauern, bevor der Morgen graute. Wir waren müde und hungrig und standen vor der Entscheidung, weiterzugehen und weitere Hundeattacken über uns ergehen zu lassen, oder aber ein neues Biwak zu finden. Obschon es kalt war, entschieden wir uns für letzteres.

Wir fanden eine Felsspalte, so etwas wie eine halbe Höhle, in einer hohen Kalksteinkluft. In Jahrzehnten hatten Wanderer einen Sitz, gerade groß genug für einen kleinen tibetanischen Körper, in das weiche Gestein »gehauen«. Nick saß aufrecht in seinem Schlafsack, ich lag zu seinen Füßen, halb in, halb außerhalb der Höhle, und wir alberten: »Hoffentlich macht dieses Loch auch nur halb so viel Spaß wie das letzte.« Schnee fiel zart auf das Fußende meines Schlafsacks, weil ich meine Füße nicht eng genug an mich ziehen konnte. Um die Nacht etwas abzukürzen, verbrachten wir eine ganze Weile damit, die Säcke genau in die richtige Position zu bringen und die Kleider so zu richten, daß die Kälte möglichst draußen blieb. Einmal war ich gerade dabei, zwei Schnüre richtig zu verbinden, als ich aufsah und merkte, daß es bereits wunderbar hell war. Die letzten paar Stunden der Nacht waren im Nu verflogen. Ich war so müde nach den Strapazen des letzten Tages und den Adrenalinstößen der Nacht, daß ich wie ein Stein und ohne einen Muskel zu bewegen geschlafen hatte.

In der Morgendämmerung stapfte ein Mann mit seinem Hund durch den Schnee. Er trug einen enormen Holzschneepflug auf seiner Schulter. Als er uns schlafend in der Höhle sah, blieb er wie angewurzelt stehen und starrte gute 15 Minuten lang, ohne sich seiner Last zu entledigen, wie wir aufstanden, den Schnee von unseren Schlafsäcken schüttelten, ein Bild schossen, unsere Taschen aufschnallten und fortgingen. Der Mann im fahlen Morgenlicht brachte mich in Gedanken wieder auf ein Erlebnis, das wir während der Nacht hatten. Es war für mich so sehr wie ein Traum, daß ich nachher nicht wußte, ob ich mir das ganze nicht eingebildet hatte. Just bevor wir die Spalte erreichten und dumpf durch die Dunkelheit schlurften, glaubten wir plötzlich, Glockengeläut zu hören. Uns entgegen kam, aus den Nebelschwaden heraus, plötzlich ein alter Tibeter, sein Pferd, das den Kopf tief gesenkt hatte, führend. Der Mann trug Yakfellstiefel und einen riesigen Mantel. Schnee klebte ihm an der ganzen Vorderseite. Er verhielt seinen Schritt auch nicht für einen Augenblick. Wir grüßten uns vorsichtig und ließen uns beim Kreuzen soviel Raum wie möglich. Dann verschwanden wir und gingen wie Kometen unsere eigenen Wege in die Nacht. Frühstück, Essen, nahm schließlich unser ganzes Denken in Anspruch. Wir mußten versuchen, beim ersten Haus, das wir fanden, etwas zu essen zu bekommen. Wir brachen auf und ließen den Mann mit seinem Hund zurück. Es war unmöglich zu fahren, denn die Steine waren schlüpfrig und mit Schnee bedeckt. Wir marschierten schnell, meistens, indem wir die Räder stießen, manchmal aber auch, indem wir sie auf unseren Schultern trugen, wenn es darum ging, den Bach zu durchqueren. Das erste, was wir nach etwa 20 Minuten sahen, war eine fensterlose Steinhütte. Es handelte sich offensichtlich um eine Kornmühle, denn der Bach war in einem kleinen Kanal zu einer Seite der Hütte geführt worden. Wir sahen keine Fenster, keinen Rauch. Wahrscheinlich war niemand dort. Wir riefen ein paar Mal »Hello!« dann erschien zu unserer Erleichterung ein wettergegerbtes Gesicht in der halbgeöffneten Türe. Er trat hervor mit zahnlosem Lächeln und schwarzem Wollmantel, eine Szene aus »Planet der Affen«. Eine Minute verstrich. Ein anderer kam heraus; zerzaustes weißes Haar, verwittertes Gesicht, gekleidet in ganze Bündel von Kleidern. Beide hatten Yakfellstiefel mit dem traditionellen, rot-grünen Oberteil. Dann erschien ein kleiner Mann mit einer hellroten Nase, und schließlich ein junger starker Mann in einer grünen Baumwolljacke mit flacher Mao-Mütze. Alle vier trugen zuerst steinerne Gesichter zur Schau, doch einer nach dem anderen brach dann in ein breites Lächeln aus. Auf meine Frage »Cha?« folgte sofort eine einladende Geste.

Jenes Frühstück in der Mühle war ein magischer Augenblick, den ich für den Rest meines Lebens immer wieder von neuem in Gedanken genießen werde. Das Essen war nichts Besonderes – tatsächlich unglaublich einfach –, dies war jedoch Teil des Zaubers, der über dieser Mahlzeit lag. Die Männer waren freundlich und zufrieden. Ihre Hütte war total einfach: ein riesiger Mühlstein, der, angetrieben vom Wasser unten, das geröstete Gerstenkorn, das durch einen Schütteltrichter auf den Stein fiel, zu Mehl zermahlte. In der andern Hälfte des Raumes glühte ein kleines Yakdung-Feuer auf dem Boden, Taschen und Säcke lagen entlang der Wände, und ein leuchtender Sonnenstrahl brach durch die Rauchöffnung im Dach. Keine Fenster, die Tür geschlossen, um die Kälte draußen zu behalten. Wir saßen mit gekreuzten, untergeschlagenen Beinen auf dem Boden. Die Stärke des Augenblicks bestand in der Tatsache, daß wir sechs hier in aller unserer Gegensätzlichkeit zusammensaßen. Sie waren dort für ihr ganzes Leben; das Wetter, sie wußten es, war oft schlecht. Wir waren hier durch unsere freie Wahl; das Wetter hatte uns überrascht. Zusammen kauerten wir in diesem kleinen Hafen der Wärme und Geborgenheit. Sie werden die Triebfeder unserer Beweggründe nie begreifen, wir werden die Wirklichkeit ihres Lebens nie verstehen.

Das Essen, das sie uns reichten (sie wollten unbedingt kein Geld annehmen), war die erste Mahlzeit, die wir seit Rinbung Dzong hatten. Es gab Salztee, den sie uns aus einem riesigen Aluminiumbehälter über dem Feuer schöpften und den sie regelmäßig aus Wasserkanister auffüllten. Wir hatten ganze Handvoll Tsampa und den Luxus eines Brockens Yak-Butter, der aus einem der persönlichen, kleinen Blechbehälter gekratzt wurde. Ich glaube, daß sie ihr Mahl bereits gehabt hatten, weil sie beim Essen nicht voll mithielten, sondern bloß hie und da einen Bissen zu sich nahmen, indem sie drei Finger ins Mehl steckten, sie einige Zentimeter vor ihren Mund brachten und das Mehl dann hineinwarfen, sofort gefolgt von einem Schluck Tee. Hie und da, in regelmäßigen Abständen, stand der älteste Mann, jener mit dem breiten Filzhut, auf, wischte das Tsampamehl zusammen, das von der Mühle lief, und füllte es in Säcke ab. Der ganze Raum – Boden, Wände, Säcke, Taschen, Leute, sogar der Sonnenstrahl – schimmerte in einem feinen Mehlstaub.

Erfrischt, wiederbelebt, die Furcht und Ängste der letzten Nacht bereits vergessen, brachen wir auf. Sie hätten uns bleiben lassen, aber sie waren es auch zufrieden, uns zum Abschied zuzuwinken. Sie waren geduldig und zeigten uns, daß ihr Tagewerk warten konnte, aber sie hatten nicht die geringste Absicht, sich uns aufzudrängen. Sie verkörperten die ganze Zeitlosigkeit Tibets und mit der Zeitlosigkeit hatten sie auch eine geistige Präsenz und Gelassenheit, die bei weitem die Unruhe unseres geschäftigen, ewig hastenden Selbst übertraf.

6. KAPITEL

Lhasa und der Tourismus

Das Frühstück in der Mühle belebte unsere Geister, und wir verließen die Stätte mit aufgeladenen Batterien, entschlossen, gut voranzukommen. Mit wiedergefundenem gutem Mut konnten wir die Situation neu überblicken. Wir würden bald aus dem rauhen, ewig sich windenden Tal heraus sein und wieder auf der normalen, direkten Straße fahren können. Lhasa mit all seinen Vorzügen der Zivilisation würde bald in unserer Reichweite sein, wenn wir uns einmal aus diesem Pfad hinausgewunden hatten, den ich in meiner Dickköpfigkeit uns beiden aufgezwungen hatte. Da jedoch die insgesamt zurückgelegte Distanz bis zum heutigen Tag nur 2230 Kilometer betrug, wußten wir beide im Geheimen, daß uns unser Ziel, 100 Kilometer pro Tag zurückzulegen, uneinholbar entglitt. Im jetzigen Augenblick schien uns allerdings dieses Ziel nicht besonders wichtig, denn bloßes Weiterkommen und Überleben waren schon Erfolg genug. Für die nächsten 1000 bis 2000 Kilometer über die Weiten der nördlichen Hochebene würden wir unser Hauptaugenmerk vor allem auf die tägliche Ration Essen und die Unterkunft richten müssen. Wir hofften, daß wir vielleicht auf der Seidenstraße einiges an Zeit einholen konnten. Es galt jedoch, noch riesige Leeren zu durchqueren, bevor wir auch nur irgendwie in die Nähe der Gobi gelangten. Wir waren noch nicht einmal in Lhasa.

Nick. Tag 26. Morgen. Türkis-See
Tag 26 war von auserlesener Härte. Ich kann mich nicht mehr erinnern, wie lange wir über schneebedeckte Felsbrocken schlitterten und uns dabei nach diesem See sehnten. Der Pfad war unter dem Schnee kaum auszumachen. Vielleicht 3 Stunden lang ging das so, bevor sich das Tal des Rong Chu endlich zu öffnen begann. Wir glaubten es kaum, als wir einen Mann sahen, der mit seinem Yak durch mehrere Zentimeter Schnee hindurch die Erde pflügte. Dann, schlußendlich, erreichten wir die im rechten Winkel zu unserem Tal verlaufende Hauptstraße Gyangtse – Lhasa. Dick fiel auf die Knie in den Matsch und küßte sie. Sie bedeutete unsere Rückkehr in die Sicherheit. Wir fuhren weiter und dachten, daß wir es vielleicht bis Lhasa schaffen würden an diesem Tag. Der erste Kilometerstein gab uns dann einen Schock: 129 Kilometer. Wir verfielen beide in Schweigen. Dazu kam, daß noch ein großer Paß, der Kamba La, im Weg stand. Doch nicht genug damit. Die Straßen-

oberfläche hatte sich durch den Schnee in einen schlammigen Matsch verwandelt, mit dem uns die Fahrzeuge über und über vollspritzten. Klebriger Dreck überzog bald zementgleich die Rahmen, die Kettentriebe und uns selbst. Wir waren im Handumdrehen naß, und es war kalt. Es war vollkommen, wirklich vollkommen gräßlich.

Ich war gigantisch verstimmt darüber, daß wir es heute nicht bis Lhasa machen konnten – über die nördliche Route hätten wir es ganz sicher geschafft. Es waren nicht so sehr die Tonnen von zusätzlichen Meilen, das Schlafen in den Höhlen, die Wölfe, die Kletterpartien, etc. Was mich innerlich so richtig zerriß, war die Art und Weise, wie Dick nach dem Biwak bei der Detsukar Fähre mir die Entscheidung für diese Straße aufgezwungen hatte. Es war das Prinzip, nicht das Resultat. Der felsige Ron Chu hatte uns jedoch mit einer ganzen Menge von Abenteuern bedacht, die Meilensteine meines Lebens sein werden. In dieser Hinsicht wenigstens bereue ich absolut nichts.

Wir vermieden jegliche Diskussionen über Routenwahl und schenkten unsere ganze Aufmerksamkeit der Landschaft. Die Straße säumte das, was die Touristen Türkis-See nennen, der, wie alle Seen in großer Höhe, die Farbe des Himmels wunderbar widerspiegelt und dabei verstärkt. Und wie alle Kleinode hat dieser See auch seinen eigenen Namen: Yamdrok Yamtso, Tibets zweitgrößter See, der sich wie eine vielarmige Amöbe in jedes Seitentälchen hineinwindet, jedem Felsvorsprung folgt, wie Quecksilber auf einer Handfläche. Über dem glitzernden See waren die runden Felsen mit Schnee eingepudert. Obschon die Sonne versuchte, durch die Wolken zu scheinen, so wie sie es etwa an einem Neujahrsmorgen über Loch Cluanie tut, sahen wir doch nie das ganze Panorama, weil niedrige Wolken durch die Luft glitten, die die Berge ringsum verdunkelten und uns mit dichten Regenschauern eindeckten. Lhasa war nicht mehr weit, wir waren schon im Bereich seiner kommerziellen Fangarme.

Ein großer Teil Tibets ist heute dem Handel erschlossen; immer mehr Leute trugen die blauen Mao-Mützen und -Anzüge, die nach der Revolution beinahe zu einer Volksuniform wurden. Wir hielten bei einem Bauernhof an, um nochmals etwas zu essen, und wie wir einmal an den Wachhunden vorbei waren, wurden wir von der Familie außerordentlich freundlich empfangen. Der traditionelle Salztee mit Tsampa waren die einzigen, vorhandenen Lebensmittel (»Oh nein, nicht schon wieder«, stöhnte Nick), jedoch zeigten sich Zeichen einer offensichtlichen Modernisierung: Großer Radioapparat, zahlreiche Leichtgewichtkochgeräte, Taschenlampen und maschinengewobene Tischtücher. Als wir etwas weiter gefahren waren, sahen wir plötzlich zu unserer Freude einen entgegenkommenden Minibus mit Touristen. Sie hatten uns gesehen, ganz klar, denn alle Gesichter waren uns zugewandt, aber keiner lachte oder winkte. Sie starrten uns an, genau so, wie uns bengalische Knaben in Teehäusern in Bangladesh angestarrt hatten. Dachten sie, daß wir sie nicht alle beisammen hätten? Vielleicht meinten sie, daß alle Touristen so seien wie sie: Sitzend in weichen Polstern, in Wärme und Airconditioning, hinter großen Fensterscheiben, vor denen der Film »Tibet« abläuft. Die kleinen Kinder, die wir etwas später antrafen, dachten anders. Für sie waren wir Wirklichkeit, und sie bombardierten uns mit Schneebällen. Sie erwischten uns unvorbereitet, ein kalter Schauer fuhr uns den Rücken hinunter, und so stiegen wir denn aus den Sätteln und spurteten so schnell wie möglich aus dem Dorf. Diese Einheimischen waren kühn und auf eine unschuldige Art und Weise aggressiv, sie erstarrten nicht in Ehrfurcht oder ließen den Mund offen stehen, wenn sie einen Fremden erblickten, sondern waren immer bereit, Spaß mit ihm zu treiben. Warum eigentlich nicht? Schließlich war es der Kontakt mit Fremden – so nehme ich an –, der diese Atmosphäre heraufbeschworen hat.

Es war ein langer, harter Tag auf dem Fahrrad, der durch die Nähe Lhasas und unser Verlangen nach ein wenig Komfort und ein bißchen anständiger Ruhe noch strenger schien. Das Wetter versuchte sein bestes, uns unterzukriegen. Die Straße war teuflisch. Ein schwer beladener, einheimischer Bus überholte uns, und zu unserer Überraschung sahen wir auf dem Dach ein Mountain Bike, komplett mit neuen Seitentaschen festgebunden. »So also fährt man Rad in Tibet«, sagte ich etwas verloren, während wir auf unseren zuverlässigen 753er Rennern einen Gang hinunterschalteten. Einige Male mußten wir auch absteigen und unsere Räder durch den Matsch stoßen. Ein frischer Wind erhob sich über der offenen Fläche des Sees. Er schien direkt aus einer Tiefkühltruhe zu kommen und in unsere Nacken hinunterfahren zu wollen. Den ganzen Tag lang hatten wir gefühllose Füße und eisige Finger. Es war eine feuchte Kälte, die einen bis aufs Mark erzittern ließ. Ein außerordentlich deprimierender Tag auf dem Fahrrad. Später schrieb ich: »Wir quälten uns durch den schlimmsten Fahrrad-Tag unseres Lebens.«

Nick. Tag 26. Am Fuße des Kamba La.
Wir benötigten einige miserable Stunden, bis wir das andere Ende des Yamdrok Yamtso erreichten. Der Kamba La erhebt sich über den See als glatte Bergflanke mit einer Straße, die im Zickzack hoch hinauf zu einem Grat führt. Ich war so schläfrig und sehnte mich verzweifelt nach einem Bissen. D. hielt einen Lastwagen an und fragte, wo man etwas zu essen bekommen könne. Ein dünner Junge mit fliehendem Kinn zeigte auf eine Gruppe von Zelten, etwas abseits der Straße. Hier bereitete man uns den dritten, überwältigend freundlichen Empfang des Tages. Unter einer Pyramide von grünem Zeltstoff hatte es drei Betten und etwa sechs Männer in Überkleidern und großen Stiefeln: Han-Chinesen

von einer benachbarten Bohrstelle. Der »Boß«, ein lachender Mann mit einer Schirmmütze, goß uns Konfitürengläser voll klaren, gezuckerten Tees. Jeder Topf steckte in einem Plastikgewebe zur Isolation und hatte einen Deckel, um die Wärme zu behalten. Fragend tappte sich der Mann auf seinen Bauch. Mein Kopf nickte so heftig, daß er beinahe abgefallen wäre. Jemand ging und holte 4 Pakete getrockneter Nudeln; sie wurden in heißem Wasser aus einer Thermosflasche, dekoriert mit Blumen, Dschungel und Vögeln, eingeweicht. Wir schlürften das ganze in uns hinein. Meine Nudeln verschwanden so schnell, daß der Boß mit einem breiten Grinsen hinausging und mehr holte.

Die meisten der Han-Chinesen, die wir antrafen, zerplatzten fast vor Eifer, uns zu gefallen – vielleicht, weil ihr Aufenthalt hier nicht gerade sehr populär ist. Auch sie befinden sich in einem »fremden Land«, und werden von der einheimischen Bevölkerung, milde gesagt, nicht gerade geliebt. Die Tibeter ihrerseits kann man in Gruppen aufteilen. Allein oder zu zweit, in den unwirtlichsten Gegenden sind sie hilfreich und freundlich – so auch, wenn sie in einer Familiengruppe oder in einem streng abgegrenzten, sozialen Umfeld, wie etwa der Müller und seine Männer, auftreten. Wenn sie aber als größere Gruppe in Kontakt mit Fremden kommen, etwa Landarbeiter auf den Feldern oder Kinderhorden in einem Dorf, können sie leicht außer Kontrolle geraten.

Wir verließen das Arbeitslager und hatten noch etwa drei Stunden Tageslicht vor uns, weshalb wir auch das Angebot, dort zu schlafen, nicht annahmen. Der Kamba La war, so schätzten wir, etwa 1000 Meter, vielleicht auch mehr über uns, wir hatten also ein ansehnliches Stück Arbeit vor uns. Nicks Schaltkabel riß, unser erstes mechanisches Problem. Es brach gerade oberhalb des Tretlagers, und wir konnten es flicken, indem wir es einkürzten. In einer halben Stunde konnten wir weiterfahren. Das Wetter war nun viel klarer, aber die Sache mit dem Kabel lenkte unsere Aufmerksamkeit auf die dicke Dreckkruste, mit der unsere Räder bedeckt waren und das gnadenlose Knirschen des Sandes in den Kettengliedern. Wir hielten erneut an und kratzten soviel wir konnten ab, fuhren dann weiter und stoppten erneut, um einen Lastwagenfahrer um ein wenig Öl anzugehen, damit wir die Ketten schmieren konnten. Der Paß war steil, und offensichtlich wurde die Transmission unserer Räder erheblich beansprucht. Mein Tretlager hatte sich im Verlaufe der letzten zwei Tage wieder gelöst, was wir als willkommenen Vorwand benützten, den Paß, hinauf gehen zu können. Der erste Paß den wir zu Fuß bezwangen. Wir waren der Meinung, daß wir uns ein wenig entspannen durften, denn Lhasa war praktisch in Sichtweite.

Das Glück war diesmal auf unserer Seite: Die Paßhöhe des Kamba La, obwohl auf 4794 Meter Höhe gelegen, befand sich nicht viel mehr als 500

Meter über der Seeoberfläche. Es war eine beeindruckende, allerdings extrem exponierte Stelle, wo wir neben einem kleinen Wald von Gebetsfahnen Halt machten. Hier verläuft die traditionelle Grenze zwischen Vorder- und Hintertibet, die unter dem Einfluß von Xigatse einerseits und Lhasa andererseits stehen. Wir schauten in die Richtung, in die der Wind blies, und sahen Reihe um Reihe von grauen Hügeln. Nahe hinter uns, im Süden, blockierten ein paar große weiße Berge unsere Sicht. Überraschenderweise erschienen plötzlich 5 Kinder neben uns. Sie schienen nichts zu tun zu haben. Ich nehme an, daß das Besteigen dieses windigen, feindseligen Passes der Trostlosigkeit das war, was sie sich unter spielen vorstellten. Sie boten schon ein gewaltiges Schauspiel: Schmutzige runde Gesichter, struppige schwarze Haarknoten, ganze Zapfen von Schnodder (die blitzschnell in den Löchern verschwanden, wenn sie mit hörbarem Geräusch hinaufgezogen wurden, wie Murmeltiere in den Bau), die Mäuler offen, drei oder vier Hemden, am Hals offen, zerschlissene Jacken, etwa zehn Nummern zu groß, mit defekten Reißverschlüssen, zusammengehalten mit Sicherheitsnadeln. Sie trugen Kleider, die jede Brockenstube zurückweisen würde. Die an den Röhren abgeschnittenen Männerhosen waren mit Flicken übersät, die Hosenladen standen so weit offen, daß es beinahe schon normal aussah, nackte Fesseln und zerlumpte, mit Lederriemen zusammengeflickte Schuhe. Absolut gesetzwidrig! Bloße Hände, wo wir Black's Spezial-Wärme-Handschuhe mit wind- und wasserdichter Außenhaut und Vliesmatteneinlage trugen. Überdies hatten wir ein ganzes Bekleidungssystem, doppelte Schutzkappen und Komfort.

Optimistisch nahmen wir den Abstieg in Angriff. Weit unter uns sahen wir den Brahmaputra verführerisch glänzen und sich in Windungen in der Ferne verlieren. Wir freuten uns auf eine atemberaubende Freilaufpartie, aber beinahe sofort nahm das Ganze eine schlechte Wende. Verglichen mit dem vier Kilometer kurzen Aufstieg in der Sonne, war die 24 Kilometer lange Abfahrt zum großen Fluß furchtbar. Es gab keine Sonne. Wir begannen schon am ersten Hang, Körperwärme zu verlieren, weil Abwärtsrollen eben keine Wärme erzeugt. Die Straße war holperig. Wir haßten jeden Schlag. Über einem nahen Berg braute sich ein Unwetter zusammen, und wir wurden von Hagelsteinen gepeitscht. Blitz und Donner brachten eiskalten Regen. Trotz engangezogener Kapuze, trotz aller Kleider erfroren wir beinahe. Die Schlaglöcher rüttelten uns zu Stücken. Die Straße wand sich hinunter, vor und zurück, hin und her, hinunter und immer weiter hinunter, in eisige dunkle Täler. Unsere Bremsen waren fast immer angezogen, schmerzten unsere Finger und machten unsere Handballen gefühllos. Wir hatten die Gesäße aus den Sätteln gehoben, die ganzen Prügel der rauhen Straße bezogen unsere zerknautschten Zehen. Der Wind zerrte und zog an uns, wir fühlten uns mies. In solchen Augenblicken hat es keinen Wert, wenn man absteigt und wartet, denn dies verlängert die Pein nur. Wir rollten weiter und weiter, bis wir den Brahmaputra erreichten, und zuunterst waren wir der einhelligen Meinung, daß, obschon der erste Teil des Tages die miserabelste Fahrradtour unseres Lebens war, sie in dieser Hinsicht durch den zweiten Teil noch übertroffen wurde.

Das Dorf Kamba Partsi unten beim großen Fluß war nicht die Stelle, wo die Straße über den Fluß führte. Wir sahen keine Teehäuser entlang unserem Weg, bemerkten jedoch, daß eine Menge Bauarbeiten im Gange waren. Für eine kurze Distanz mußten wir dem Tal folgen. Die Straße war neu, erst halbfertig. Es gab viele Lastwagen, und Bagger fraßen sich durch die Landschaft und bereiteten die Erde für die Bauarbeiten vor. Etwas weiter unten verengte sich das Tal des Brahmaputra, und hier führte eine neue Betonbrücke über den Fluß, die zu modernen Häusern und Bürogebäuden auf der anderen Seite führte. Hohe schwarze Wachthäuser schützten die Brücke. Unmittelbar davor kamen wir – oh, welch angenehme Überraschung! – auf die erste Teerstraße, die wir in Tibet sahen. 18 Kilometer weit fuhren wir auf dieser Moralspritze, über den Fluß, den wir – hoffentlich – nicht mehr wiedersehen würden, bis zur großen Stadt Quzu Dzong, die wir in einem triumphierenden Sprint erreichten. Dankbar und einstimmig erwählten wir die Stadt als Etappenort.

Quzu Dzong war ziemlich entwickelt: Straßenbeleuchtung, Bäume, Autos, farbige Plakate und viele hübsche zweistöckige Backsteinbauten. Wir stopften uns voll mit Fleisch, Eiern, Gemüse und Reis, tranken eine Flasche Bier, da wir ja praktisch schon Lhasa erreicht hatten, und spähten durch die Vorhänge auf die andere Seite der Straße, wo Lautsprecher auf Megadezibels aufgedreht waren, sich eine Menge Leute drängten, und so etwas wie eine Disco im Gange war. Chinesische Versionen englischer und amerikanischer Songs. Es war eine Gesellschaft, die daran war, sich in vollen Zügen selbst zu zerstören. Die Zivilisation hatte uns wieder. Das Hotel hatte nur Schlafsäle – wir mußten unbedingt etwas Ruhe haben, und so kauften wir alle 4 Betten in einem Zimmer für 2 Yuan das Stück (ungefähr 40 Pence) Das ganze Essen, das wir uns einverleibten, kostete 18 Yuan, in England der Gegenwert für zwei kleine Portionen Fisch und Chips.

Nick. Tag 26 Quzu Dzong (56 Kilometer von Lhasa).
In was für einem Zustand wir uns befanden! Ich hatte keinen Spiegel seit Kathmandu gesehen, und so kann ich denn nur beschreiben, wie ich mich fühlte, und wie Dick aussah: Wirres, mattes Haar, blutunterlaufene Augen, dünnes, mit Falten durchzogenes Gesicht; Bartstoppeln, verbrannte Nase, von der sich die Haut abschälte, gesprungene, geschwollene, von trockenen Hautfetzen bedeckte Lippen. Ganz hübsch gräßlich. Unsere Kleider waren schmuddelig, wir hatten sie seit Kathm-

andu nicht mehr gewaschen, und seit drei Tagen haben wir auch darin geschlafen. Der Aufruhr in meinen Eingeweiden hatte sich gelegt, dafür plagte mich eine schwere Erkältung. Meine Nase war solide verstopft, und wenn ich versuchte, sie frei zu schneuzen, begann sie zu bluten. Die meiste Zeit trugen wir die Kappen und hatten die T-Shirts um unsern Kopf gewickelt, um den Staub draußen zu halten und uns vor Sonnenbrand zu schützen. Gestern, am Tag 25, als es feucht und der Himmel bedeckt war, glaubten wir, darauf verzichten zu können. Und trugen prompt verbrannte, gespaltene Lippen davon.

Nach einem Morgen, den wir sitzend und essend (gefüllte Momos, gekochte Eier, Wok-Gemüse) verbrachten, das ganze noch mit einem Bier hinunterspülten, und dabei unser geistiges Getriebe für die Routenwahl und all die sonstigen Aufgaben, die auf uns in Lhasa warteten, schmierten, stiegen wir wieder in den Sattel und ritten weiter – es war ein funkelnder sonniger Tag mit frischem Schnee, vom Straßengraben bis hinauf zu den scharf gezackten Bergketten. Rundum arbeiteten viele Leute in Feld und Haus.

Nick. Tag 27. Später Nachmittag.
Unglaublich, aber die Straße war auf der ganzen Strecke geteert – breit und glatt –, und wir flitzten über den Asphalt, gelegentlich Fahrzeuge überholend. Eine leichte Brise schien uns noch zu unterstützen. Es war sehr romantisch. Ein träger Fluß schlängelte sich durch eine weite Grasebene, die mit Bäumen durchsetzt war. Kühe mampften am Ufer, und zwei Tibeter wateten durch das Wasser. Wir kamen an einem riesigen, in einen Felsen gehauenen Buddha vorbei. Weißbemützte Berggipfel schauten auf uns herab. Dann: Zwei ferne Hügel im Tal – wie Nippel –, ganz klar von einem Gebäude überragt. Rechteckig. War dies der Potala? Eine halbe Stunde später radelten wir unter diesen feierlich emporragenden Mauern durch, gleißend weiß unter dem klaren Abendhimmel. Es war 18 Uhr 30. Wir hatten die »Verbotene Stadt« erreicht.

Als Heinrich Harrer vor 40 Jahren Lhasa erreichte, trat er inmitten eines ganzen Stroms von Pilgern und Karren in die Stadt ein. Er kam zu einem Tor, gekrönt von zwei Chorten (buddhistische Male), das die Lücke zwischen den beiden Hügeln absperrt und den Eintritt in die »Verbotene Stadt« markiert. Ein paar Bettler hielten ihre Arme aus und baten um Almosen. Seine innere Erregung war so groß, daß er sich auf die Knie sinken ließ und den Boden mit seiner Stirn berührte.

Wir hielten vor einer Verkehrsampel an und pfiffen leise vor Verwunderung. So viel geschah. Die ersten Spanier, die Cuzco sahen, hatten sich sicherlich nicht mehr gewundert als wir. Wir taten einen tiefen Schnaufer.

Auspuffgase! Lastwagen, Busse, Autos. Wir waren in einem Verkehrsstau. Hupen ertönten. Die Ampeln schalteten auf rot, und eine Welle von Leuten floß über die Straße vor uns. Dann, bei grün, winkte uns eine Polizistin weiter, und Fahrräder schienen von allen Seiten zu kommen und in alle Richtungen zu wollen. Lhasa ist eine moderne Stadt, wo das mittelalterliche Tibet vom modernen China sehr stark übertüncht, aber keineswegs erstickt ist. Lhasa ist voll von Leuten und Verkehr, aber immer noch werden Pferde und Esel in die Stadt geritten, und Fahrräder haben viel Platz zu ihrer Verfügung. Das gleiche gilt für die Stände am Straßenrand, die Süßigkeiten, Zigaretten und selbstgemachte Snacks verkaufen. Es gibt breite Gehsteige, saubere Gebäude und Boulevards mit Bäumen. Wir fuhren weiter, mit aufgesperrten Augen, und folgten dem Hauptverkehr ins Zentrum. Um herauszufinden, wo die Gringo-Hotels liegen, hielten wir bei den ersten Weißen an, die wir sahen. Als sie uns sahen, sprangen sie vor Furcht zurück. Dann, ihre Fassung wiederfindend, betrachteten sie uns eine Weile in staunender Stille.

»Hello«, lächelte ich, und als Einführung: »Ist dies Lhasa?« Keine Antwort. Immer noch lächelnd kam ich dann zur Sache: »Sie wissen nicht zufällig, wo die Touristen-Hotels sind und welches das beste ist?« Jetzt hatte ich offenbar eine Saite angeschlagen, die Resonanz erzeugte, denn wenn Touristen irgend etwas von einem fremden Ort wissen, dann bestimmt, wo andere Touristen zu finden sind. Es schien verschiedene Möglichkeiten zu geben. Das erste Hotel, Taxi Stand, war voller gutgelaunter Amerikaner, die sich an Bier und heißen Duschen ergötzten. Außerdem war es ausgebucht. Wir wechselten ins Snowland, das viel eher auf unserer Linie lag: leicht angeschlagen. Es hatte einen freundlichen Manager, den wir schließlich in einem der Schlafräume fanden, wo er mit 4 japanischen Reisenden plauderte. Das Hotel schien von Mädchen in langen, bunt bedruckten Röcken bevölkert zu sein, die sich von Yoghurt und Müsli ernährten und Bücher wie »*Meine Reise nach Lhasa*« von Alexandra David-Neel, die erste weiße Frau, die in Lhasa hinein gelangte, lasen, oder von Leuten, die »schon lange« reisten, oder gerne lange gereist wären, aber infolge Geldmangels aufgeben mußten. Da auch wir als leicht exzentrisch gelten konnten, paßten wir gut hierhin. Der Manager vermietete uns die Brautsuite. In diesem dreistöckigen, 150-Betten-Hotel war das wohl eines der wenigen Zimmer, das nicht mindestens acht Betten hatte. Wir trugen unsere Räder hinein und versteckten sie schnell, bevor Gerüchte in Umlauf gesetzt wurden über zwei verrückte Engländer mit Rennvelos, im Zimmer am Ende des Balkons.

Es war Zeit zum Feiern. Am Tag 27, nach 2391 Kilometern Radfahrt, davon 761 auf Naturstraßen, und nach 14180 Meter Aufstieg über Bergpässe, waren wir an unserem ersten eigentlichen Ziel angelangt. Wir hatten einen Durchschnitt von 85 Kilometer pro Tag zurückgelegt, leider nicht ganz so gut wie wir erhofften, aber immerhin hatten wir dabei den Himalaja von der Gangesmündung herkommend überquert, waren vom Herzen Indiens zum Herzen Tibets geradelt. Obschon wir noch nicht ganz die Hälfte unserer Reise zum Mittelpunkt der Erde zurückgelegt hatten – und es war die leichtere Hälfte, die wir bald vollenden würden –, war die Expedition, so kamen wir überein, bereits ein Erfolg. Wir durften uns eine wohlverdiente Pause gönnen, uns sauber machen, verschiedene Dinge erledigen und den nächsten Abschnitt unserer Reise vorbereiten. Doch zuerst das Wichtigste. Wir gingen aus, um zu essen.

Unten im Eßraum gab es ein phantastisches Menü – man geht in die Küche, nimmt sich löffelweise klein gehacktes Gemüse, dünn geschnittenes Fleisch, Erdnüsse, Fettstücke, Bohnensprossen, alles was das Herz begehrt, heraus und gibt es dem Koch. Der schmeißt das Ganze in einen Wok über weißglühendem Feuer und rührt heftig. Das Ganze explodiert in einem zischenden Inferno, bruzzelt etwa eine Minute im rauchheißen Öl und wird dann auf den Teller gegeben. Dann nimmt man eine Schale mit weißem Reis daneben und setzt sich mit den Eßstäbchen hin, um mit den anderen Hotelgästen in englischer Sprache der Konversation zu pflegen. Es war ein fabelhafter Platz um Klatsch auszutauschen, die letzten Neuigkeiten zu erfahren und hie und da auch eine Geschichte zum Besten zu geben. Reisende überall auf der Welt scheinen so zu sein: Sie sind mehr interessiert daran, das nächste Abenteuer vorzubereiten, als sich des letzten zu erinnern. Ich habe den Verdacht, daß wir alle ein bißchen gleich sind, und wir denken, daß das Heute dazu da ist, Dinge zu tun, darüber erzählen kann man morgen immer noch.

Wir erfuhren viele Dinge; so zum Beispiel, daß es im Snowlands keine Duschen hat und man sich mit kaltem Wasser im Hof wäscht. Die Frau, die Yoghurt verkauft, kommt um 8 Uhr 30 vorbei und bleibt eine halbe Stunde. Vom Dach des Hotels aus hat man eine wundervolle Sicht auf die ganze Stadt und die Berge. Das australische Mädchen vom 2 Stock hat einen Walkman, so daß wir ihre Kopfhörer leihen könnten, um anzuhören, was wir auf unserer Reise nach Lhasa alles aufgenommen hatten. Diafilme gibt es im noblen Lhasa Hotel, einige Meter außerhalb der Stadt zu kaufen. Schokolade gibt's in einer ganzen Anzahl kleiner Läden. Nun hielt uns nichts mehr. Wir rannten hin und kauften für uns ein. Von jeder Art ein paar Muster, und dazu noch einige Handvoll anderer Süßigkeiten. Die anderen Reisenden gaben auch noch Empfehlungen, welche Klöster man besuchen sollte, welche Aussicht man unbedingt gesehen haben müsse, wo man die besten Souvenirs kaufen könne, und wer auf dem Schwarzmarkt Geld wechselte. Eine ständige Quelle des Interesses waren auch die Unpäßlichkeiten, die uns Reisende immer plagen, und die Medikamente dagegen.

Das beste an solchem Klatschaustausch ist, daß die Touristen aus allen

Richtungen gekommen sind und deshalb die anderen vor Schwierigkeiten warnen oder auf Besonderheiten aufmerksam machen können. Wenn man einmal von der Mehrheit absieht, die Tibet per Flugzeug über den Flughafen von Lhasa, der in der Nähe von Quzu Dzong liegt, wo all die Bauarbeiten im Gange waren, erreicht haben, sind die anderen über drei verschiedene Routen nach Lhasa gelangt. Die am wenigsten gebrauchte war jene, auf der wir hergekommen waren, über die Naturstraßen von Kathmandu her. Dann die Hauptstraße, die über Berg und Tal von den Niederungen von Chengdu in Ostchina herführt. Dies war früher die Hauptverbindung nach Lhasa, wurde aber in ihrer Bedeutung in letzter Zeit von der nördlichen Route überholt, die 1000 Kilometer über die Hochebene von Golmud herführt. Golmud, in einer Senke auf etwa 3000 Meter Höhe gelegen, ist die Eisenbahnstation, die die Verbindung Tibets nach Beijing, 3000 Kilometer weiter weg, sichert. Wir hatten angenommen, daß die Straße nach Golmud einen Naturbelag habe, und so spitzten wir denn die Ohren, als jemand, der in zwei Tagen mit einem Bus hergefahren war, sagte. »Die Fahrt war schnell und überhaupt nicht holperig, obschon ich nicht weiß, woraus die Oberfläche gemacht ist. Alles woran ich mich erinnere, sind lange, langweilige Strecken in völliger Leere. Trostlos. Jedesmal wenn wir anhielten, war es kalt und windig.« Diese Information war trotz ihrer Kargheit wichtig für uns, konnten wir uns damit doch ein Bild machen, wie die Landschaft vor uns etwa aussehen würde, obschon, ich muß gestehen, meine Gedanken ziemlich vage waren, wenn ich versuchte, mir ein Bild von »kalter, leerer, windiger, langweiliger Trostlosigkeit« zu machen. Wenige Leute konnten uns mehr erzählen, denn für die meisten von ihnen waren die Strecken zwischen den Sehenswürdigkeiten und den Städten nichts als ein oder zwei Tage Unbequemlichkeit in Bussen, Zügen oder Flugzeugen. Radfahrer erlangen eine ganz spezielle Ansicht von einem Land, in vieler Hinsicht wesentlich tiefer und intimer, denn sie sind gezwungen, die rauhen und die schönen Seiten zu erleben, beides zu sehen, das einfache, auf Grundsätzliches reduzierte Leben der Bevölkerung und den Luxus der Touristen. Auf der anderen Seite muß man aber auch sagen, daß Radfahrer nie einen Aspekt eines Landes wirklich gut kennen lernen, weil ihre ganze Reise aus einer Kette von aneinandergereihten Mini-Abenteuern besteht.

Zu unserer Überraschung fanden wir heraus, daß es eine ziemliche Anzahl anderer Radfahrer in Lhasa gab. Verschiedene moderne Mountain Bikes waren vor einigen Hotels zur Schau gestellt, und so begannen wir denn, Fragen zu stellen. Woher? Wohin? Wie lange? Sie kamen aus Chengdu, Golmud und Kathmandu, manchmal in außerordentlich kurzer Zeit. Wir fanden das alles sehr erstaunlich, bis ein Amerikaner chinesischer Abstammung, Robert Goo, kühn genug war zu sagen: »Oh, ich fuhr nicht mit dem Rad hierher, ich kam mit dem Bus, wie die meisten anderen.« Wir trafen oder hörten von 12 andern Leuten, die mit dem Fahrrad in Lhasa waren – nur drei von ihnen pedalten hierher. Ein Franzose, dessen Namen ich vergessen habe, war auf einer Weltreise, ohne daß er dies eigentlich gewollt hatte: Er startete vor 5 Jahren in Afrika und wollte diesen Kontinent befahren, wurde dann zufälligerweise nach den beiden Amerikas umgelenkt, landete schließlich im Fernen Osten und fand, daß der einfachste Weg nach Hause weiter rund um die Erde führen würde. »Schließlich ist ja nur noch Afghanistan und der Nahe Osten zwischen mir und Frankreich.« Er kam von Chengdu. Kurz nach ihm, auf derselben Route, erreichte ein Belgier Lhasa. Marc Nol arbeitete an einem Bildband über China. Beide wollten – getrennt – nach Kathmandu weiterfahren. Marc war ein Mann mit einem Job, stets in Eile, und würde Lhasa in zwei Tagen wieder verlassen, der Franzose »in einiger Zeit, wenn es mir richtig scheint«. Beide hatten schon Gerüchte gehört, daß andere Radfahrer ebenfalls auf Achse den Weg nach Lhasa gefunden hätten, aber keiner davon auf der nördlichen Route. In der Tat hegte man den Verdacht, daß uns die chinesische Polizei gar nicht in dieser Richtung aus Lhasa herauslassen würde.

Die dritte Person, die mit dem Velo nach Lhasa gefahren war, war ein Kiwi. Auf dem Papier war er so unschuldig wie Schneewittchen, in der Praxis jedoch so fähig, wandelbar, und praktisch veranlagt wie Passepartout, Phileas Foggs unglaublicher Kammerdiener in Jules Vernes »In 80 Tagen um die Welt«. Brian Williams kam frisch aus Neuseeland. An seinem ersten Tag fern von zu Hause, landete er mutterseelenallein in Bangkok, verbrachte eine Woche dort, flog direkt weiter nach Kathmandu, dann, einer Laune des Augenblicks folgend, kaufte er sich ein gebrauchtes Mountain Bike und nahm unbedarft die größte Bergkette der Welt in Angriff. Er wußte nicht genau, was er mit sich nehmen sollte, so pedalte er denn in 3 Wochen nach Lhasa mit Suppenwürfel, einem Seitenständer und einem großen Lächeln auf dem Gesicht. Er hatte ebenfalls eine große Auswahl an, wie es uns schien, recht schweren Fahrradwerkzeugen: Schlüssel fürs Tretlager, Kurbelabzieher, Ersatzkette, drei verschiedene Arten Haftband, Ersatzkabel, usw. Er gestand uns, daß er keine Ahnung davon habe, wie man die Dinger brauchen würde, daß sie aber sicher gut aussähen. Wir stimmten ihm ganz enthusiastisch zu – und begannen, an unseren Rädern zu arbeiten. Brian war sehr hilfreich, und wir hatten viel Spaß zusammen. Dann stieß Robert zu uns; er war ein ausgezeichneter Fahrradmechaniker, der mit einer Gruppe von drei andern unterwegs zum Mount Kailash gewesen war. Verdauungsprobleme und tiefer Sand im Westen von Xigatse brachten sie aber in Schwierigkeiten, und sie trennten sich. Nick und ich reinigten liebevoll unsere Räder, nicht nur die Ketten, Ritzel und Kettenringe, sondern auch die Speichen, Felgen, Naben, Bremsen, Rahmenrohre, Muffen und Abziehbildchen. Der Grundsatz war, daß ein gutes Fahrrad zugleich auch ein sauberes ist. Die Freilaufblöcke waren eingefahren, ein Grat mußte entfernt werden. Wir fetteten alle Kabel und kontrollierten alles. Seit Kamba La wußte ich, daß die Kugellager in meinem Tretlager festgezogen werden mußten. Leider paßte Brians Werkzeug nicht, und so ging ich denn die Straße hinunter zu einem Fahrradflicker an der Straßenecke, der alle seine Werkzeuge auf Säcken auf dem Gehsteig ausgebreitet hatte, und borgte mir einen Hammer und einen Dorn. Im Gegensatz zur Freiluftflickerei anläßlich des platten Reifens in Goalundo Ghat, an den Ufern des Ganges, erregte unsere Operation in Lhasa kaum Aufsehen. Während all unserer Ausflüge in die Stadt versammelte sich nie eine Menge um uns. Möglicherweise kommt dies daher, daß Lhasa eine recht häufig besuchte Touristenstätte ist, wo fremdartige Gesichter und komische Kleider nicht ungewöhnlich sind.

Der Ort, den man unbedingt gesehen haben muß, ist der Potala Palast; wir gingen zweimal dorthin, um die buddhistischen Schätze zu sehen und in den heiligen Hallen weit über der Stadt zu wandeln. An beiden Tagen rannten wir an. Geschlossen! Das Tor war verriegelt, und Nick kletterte auf die Umzäunung, um freie Sicht zu haben. Wir können immerhin sagen, daß die Stätte von unten gesehen herrlich aussieht. Erschüttert waren wir jedoch nicht, denn Lhasa ist so reich an einheimischer Folklore, so farbenfroh, daß wir noch genug zu sehen hatten. Als vor kaum drei Jahren die Besucher hereinzuströmen begannen, wurden allerlei Änderungen vorgenommen, um die Fremden unterzubringen, aber im Grunde genommen blieb die Stadt unverändert. Zahlreiche Tibeter tragen die traditionellen Stiefel aus Yak-Leder, die Kampas vom Lande kommen in schweren schwarzen Wolljacken, ihr Haar mit roten Bändern über dem Kopf geflochten, Dolch im Hüftgurt. In einer Straße, oben im alten Lhasa, haben sich eine ganze Reihe Straßen-Zahnflicker eingerichtet, die neben ihrem Stuhl stehen und stolz in Schachteln eine ganze Auswahl von Goldzähnen feilhalten. Für eine kleine Summe Geldes machen sie sich mit einer riesigen, soliden Zange an einem deiner Zähne zu schaffen und ersetzen ihn mit einem der ihrigen. Frauen an Ständen verkaufen zahllose, verschiedene Güter: Lebensmittel, gekocht oder frisch, Kleider, Decken, Geschirr und, seit dem Touristenboom, auch Andenken. Oft wird man von Tibetern in der Straße oder in Seitengassen angehalten. Sie versuchen zu lächerlich billigen Preisen, ihre Familienerbstücke loszuschlagen: Edelsteine, Geldgürtel, Silberlöffel, Messer und juwelenbesetzte Nadeln. Der Export von Antiquitäten oder Kulturzeugen aus China ist verboten. Es freut mich zu sagen, daß im einzigen Fall, den wir kennen, wo eine Person versuchte, Erbstücke aus China hinauszusenden, die Zollbeamten in Beijing das Paket aufschlitzten, die fraglichen Gegenstände herausnahmen und es dann zum Empfänger weitersandten mit der Notiz: »Dieses Paket enthält weniger Gegenstände als vom Absender beabsichtigt.«

Die schönsten Augenblicke für uns in Lhasa waren, vom Standpunkt des

Reisenden aus gesehen, ein Besuch im Jokhang in der Mitte des alten Marktes. Man muß keinen Eintritt bezahlen, man muß auch nicht speziell irgendwohin fahren oder gehen. Er ist der zentrale Tempel, ziemlich unscheinbar von außen, und doch wird man von den Massen, die sich rundherum drängen, beinahe unwiderstehlich hineingezogen. Nach und nach dämmerte es uns, daß alle im Uhrzeigersinn ringsum gingen: Gläubige, die ihre Runden drehten. Diese menschliche Flut kann einem Probleme aufgeben, zum Beispiel wenn man an einem Marktstand, der sich in etwa 10 Meter Distanz gegen den Uhrzeiger befindet, etwas kaufen möchte. Unmöglich, man muß noch einmal die ganze Runde mitgehen. Die äußeren Mauern sind kahl; innen gab es mehrere vergoldete Räume und riesige, rote, hölzerne Säulen. In der Eintrittshalle, dem Kern aller buddhistischen Pilgerreisen in Tibet, ist der Boden durch die Tausende und aber Tausende von Gläubigen auf Hochglanz poliert. Einige sind Hunderte von Meilen bis hierher gepilgert, werfen sich nach jedem Schritt zu Boden, tragen Bandagen an den Knien und halten ein flaches, glattes Brett in jeder Hand, um darauf auf dem Boden entlang zu gleiten, bis sie wieder voll ausgestreckt daliegen. Dann erheben sie sich wieder für einen nächsten Schritt und eine weitere Niederwerfung. Dies ist das Ende ihrer Reise; die Menge, die wir in der Eingangshalle beobachteten, bewegte sich in einer halben Stunde kaum mehr als einen Fuß vorwärts. Als wir – unseres Wissens an einem ganz gewöhnlichen Tag – dort waren, hatten etwa 40 Lamas in ockergelben Roben Dienst. Sie saßen im Yogasitz in zwei Reihen vor den Bildnissen Buddhas. Wie 40 vornehme Kröten, mit leisen Gesängen, die sich aus den Tiefen ihrer Bäuche lösten, saßen sie bewegungslos; nur die Lippen bewegten sich leise murmelnd. Die Augen blitzten etwa, wenn jemand aus der Menge vortrat und einem Lama eine Gabe überreichte – manchmal Stoffe, die jeder Lama mit einer ruhigen Bewegung hinter sich legte, manchmal Essen, das der Lama vor sich stellte und manchmal auch Geld, das blitzschnell, wie von einer Fliegenklappe weggeschnippt, in den Falten orangener Wolle verschwand.

Yak-Butter-Lampen flackerten, um die Schatten ein wenig aufzuhellen. Wir gingen durch einige Türen, stiegen einige Stufen empor und traten dann, auf 3607 Meter Höhe über Meer, in die grelle, helle Sonne – auf das Dach hinaus. Einige Teile des Daches waren mit Ziegeln gedeckt und schwangen sich vom Giebel hinunter zu Drachen, Ungeheuern und rotgoldenen Ornamenten, andere Partien waren flach, und man konnte umherwandern, hoch über dem Lärm und der Geschäftigkeit der Stadt. Ringsherum standen die Berge, kalt und nah. Im Westen, unnahbar auf seinen Hügeln, der Potala Palast, zugleich schwer, solide, unbewegt mit seinen hohen Wehrmauern und den regelmäßigen Fenstern in flachen Fronten, aber auch fein und zeitlos; beeindruckend, unwirklich, unbezwingbar. Lhasa ist die exotischste Stadt, die ich je besucht habe. Wir wurden ihr nicht gerecht. Beide möchten wir eines Tages, recht bald, für einen richtigen Besuch zurückkehren. Wir würden gerne, wie jedermann, ein paar ihrer einzigartigen Geheimnisse fühlen und verstehen lernen, bevor sie in der Flut von Touristen, wie wir es sind, ganz untergehen.

Wir hatten noch einige Vorbereitungen zu treffen, bevor wir bereit waren, Lhasa zu verlassen. Wir hofften, daß wir sie alle so schnell erledigen konnten, daß wir am Mittag von Tag 29 abfahren könnten. Wir hätten so in Lhasa nur einen einzigen Tag verloren. Wie in den zwei andern Städten, wo wir Halt machten, um unsere Ausrüstung zu überholen, Dhaka und Kathmandu, sahen wir uns jedoch auch in Lhasa durch Kleinigkeiten zurückgehalten. Es schien, daß wir uns mit der Organisation einfach nicht zurechtfanden. Draußen auf der Straße ist das Leben einfach: Man tritt in die Pedale, man ißt, man ruht. Wir schrieben einen ganzen Stoß Postkarten an Freunde, sandten einen Rapport an Steve Bonnist und fanden ein englisches Paar, das unsere Filme mit nach Hause nahm. Wir wollten Steve anrufen, denn ein Gespräch ist immer der beste Weg, um Dinge in Fahrt zu bringen, obschon wir im Postbüro Schlange standen und zweimal zum noblen Lhasa Hotel gingen, hatten wir kein Glück. Wir waren so müde vom Herumlaufen, daß wir es uns trotz eines unglaublichen Preises leisteten, mit einem schwarzen Mercedes zurück ins Snowlands chauffiert zu werden. Spät in der Nacht von Tag 29 saßen wir noch in unseren Zimmern und gaben unserer Ausrüstung den letzten Schliff. Wir hatten bis dahin drei Einheiten Fagyl (gegen amöbischen Durchfall) mitgeschleppt und ließen nun eine zurück. Eine Einheit besteht aus 15 Tabletten (drei pro Tag, während 5 Tagen). Wir reduzierten auch unser Septrin Forte (Breitbandantibiotika für Lungen- und andere innere Infektionen, kann aber auch auf infizierte Haut gestreut werden) um zwei Behandlungseinheiten zu 10 Tabletten auf zwei. Sie wurden in kleinen Stücken von zusammengeknotetem Plastik aufbewahrt. Wir hatten ebenfalls eine Rolle Haftverband und eine kleine Tube antiseptischer Salbe. Wir stellten auch eingehende Berechnungen darüber an, wieviele Puritabs wir bis zum Ende noch benötigen würden – zwei für jeden von uns auf dem Hochland, fünf in der Wüste. Basierend auf 100 Kilometer pro Tag ergab sich ein Total von 220 Tabletten. Gewissenhaft öffneten wir alle kleinen Folientäschchen und gaben die winzigen Pillen in ein einziges Pillenröhrchen. Mit einem großen Schweizer Armee-Taschenmesser, das uns Brian Williamson geliehen hatte, schnitten wir zahlreiche Schnallen und Druckknöpfe von unseren Packtaschen ab. Wir schliefen und erwachten am Tag 30, fest entschlossen, uns früh auf die Reise zu machen, aber Gewichtssparen und Feineinstellungen gingen weiter bis zum frühen Nachmittag. Dann aßen wir Lunch, was uns nochmals zwei Stunden kostete; wir versuchten nochmals vergebens in den Potala Palast zu gelangen, kauften ein riesiges Paket winzige Schokoladenostereier als Trost und schossen zwei Fotos. Wir stellten die Pentax MX auf eine Bank, standen davor und versuchten, die 7 Sekunden lang, die der Selbstauslöser brauchte, freundlich und ungezwungen in die Kamera zu grinsen; im Hintergrund prangten ein Beton-Gehsteig und die Brunnen vor dem Potala.

Nick. Tag 30. Lhasa Tal nach Yangbajin.
Eigentlich wollten wir am frühen Morgen aufbrechen, aber zuviel geriet uns in den Weg. Erst um 17 Uhr 22 verließen wir schließlich das Snowlands. Innerhalb von 10 Minuten hatten wir uns auf einer kleinen Schotterstraße total verirrt und mußten unsere Räder über die Mauern der Knabentoilette einer Schule hinüberheben. Es war ein leicht verstimmtes Paar, das schließlich um 17 Uhr 44 die Hauptstraße fand, doch wir waren entschlossen und bereit für das Hochland. Dann sahen wir den ersten Kilometerstein: »1929 Kilometer«. Wohin? Wir wußten es nicht. Irgendwohin auf die andere Seite des Plateaus? Welch unendliche Leere vor uns.

Trotz allem fuhren wir die 84 Kilometer bergauf in unter 4 Stunden und kamen an unserem Ziel Yangbajin vor 22 Uhr an. Das Tal, durch das wir von Lhasa an hinauffuhren, bildete einen schönen Kontrast zu den wüstenartigen Landschaften im Süden. Mit einem rauschenden Fluß als Begleiter passierten wir grün sprießende Felder und zahlreiche Dörfer, bevor sich das Tal verengte und beidseits des Flusses nur noch einem schmalen Streifen Gras Platz bot. Das grüne Band – und unsere Straße – führte nordwärts zwischen zwei Ketten von knochentrockenen Gipfeln hindurch. Unmittelbar vor ihrem höchsten Punkt wand sich die Straße durch eine enge Schlucht, die das Tageslicht beinahe vollständig ausschloß. Yangbajin liegt in einem breiten Talkessel oberhalb der Schlucht – baumlos und viel trockener. Man sagte uns, daß es hier heiße Quellen gebe. Es hat ein großes Armeelager.
Wir fanden ein Zimmer in einem barackenähnlichen, chinesischen Gasthaus. Die Betten waren Armeemodell, zusammengeschweißt aus Klempnerrohr. Es kostete drei Yuan pro Bett, es gab keine Toilette, und Wasser erhielt man nur im Zimmer des Managers. Er selbst saß zusammengekauert neben dem Kohleofen in der Mitte des Raumes, ein metallenes Rauchrohr führte gerade hinauf zur Decke, ein paar andere Männer saßen ebenfalls bei ihm. Der Raum war spartanisch eingerichtet: ein Bett, ein Pult, zwei Stühle und zwei umgestülpte Kessel; Betonboden, kein Teppich, an der Wand keinen Schmuck, außer abblätternder grüner Farbe und einem Kalender mit dem Bild des Hafens von Shanghai, die Ecken bereits eingerollt.

Yangbajin liegt an der äußersten Grenze des Lhasa Tourismus, bereits jenseits des großen Rummels und am äußersten Rand des guten, kultivierbaren Landes. Touristengruppen besuchen hier das geothermische Elektrizitätswerk. Die Straßen bis dahin sind deshalb gut gepflegt. Aber nicht nur aus diesem Grund nahmen wir an, daß wir hier übernachten könnten, sondern auch, weil sich hier die Hauptstraße verzweigt. Die Straße, der wir zu folgen beabsichtigten, führt – hinauf nach Norden – auf immer höhere Plateaus, die durch immer unwirtlichere Berge voneinander getrennt sind, um dann buchstäblich nach Golmud hinunterzustürzen, von wo aus die Eisenbahn nach Beijing und Ostchina führt. Die andere Straße biegt nach Westen ab, überquert zwei hohe Pässe und führt schließlich Richtung Xigatse zum Brahmaputra, den sie an einer Nick und mir wohlbekannten Stelle überquert – bei der Fähre von Detsuka. Dort hatten wir unseren Streit: Wenn wir auf Nicks bevorzugter Route nach Lhasa gekommen wären, wären wir über Yangbajin nach Lhasa gelangt. Die totale Entfernung hätte, wie wir von den Kilometersteinen ablesen konnten, 335 Kilometer betragen. Die südliche Route über Gyangtse wurde uns mit 360 Kilometer angegeben, während die Strecke, die wir schließlich wählten, nur 280 Kilometer maß. Moralischer Sieg für mich, was die Distanz, für Nick, was die Zeit, und für beide, was die erlebten Abenteuer anbelangt. Doch dies ist alles vorbei; Unsere Gedanken sind nordwärts gerichtet, auf das, wovon wir keine Ahnung haben, auf die gnadenlose Leere jenseits Yangbajin – jenseits der Sicherheit der kommerzialisierten Arena von Lhasa.

7. KAPITEL

Hinaus in die Trostlosigkeit

Wir schliefen wie die Steine, in jener Nacht des Tages 30 in Yangbajin. Trotzdem die Direktion die Lichter bereits zu unchristlicher Stunde anzündete, fiel uns das Aufwachen unendlich schwer. Nach und nach gelang es uns aber doch, unsere Jacken, Handschuhe und Wollmützen anzuziehen, worauf wir die Räder in den Hof stießen, Pipi machten und dann zu einem der Chai-Häuser spazierten. Eine sehr nette Dame mit ebensolchem Lächeln gab sich größte Mühe, uns das absolut schärfste Wok-Gericht zusammenzubrauen, das wir je zu kosten das Mißvergnügen hatten: Reine Ingwerstücke, garniert mit Chilischoten und freigiebig mit Sojasauce begossen. Die einzige Freude bestand darin, die Schweinefett-Brocken herauszufischen. Wir brauchten Energie für die Reise vor uns. Von hier an würde es uns nicht mehr möglich sein, wählerisch zu sein. Keiner von uns wußte, wie weit wir kommen, oder wo wir Essen und Unterkunft finden würden. Jeder Tag würde ein Test für unseren Durchhaltewillen sein, jedes Mahl ein Abenteuer, jede Nacht in Sicherheit ein Erfolg. Wir hatten niemanden getroffen, der diese Straße benützt hatte, es sei denn als notwendiges Übel, um Lhasa von Norden her zu erreichen. Diese wenigen brachten die Strecke in Lastwagen oder Bussen hinter sich, möglichst ohne Aufenthalt. Ihre einzige Erinnerung an die Landschaft war: nackte Eintönigkeit und bitterkalte Winde.

Unsere Karte war eine Karte von ganz China. Etwa alle 100 Kilometer war zwischen Lhasa und Golmud, der ersten wirklichen Stadt, ein Ortsname angegeben. Wir hofften, daß diese Namen Dörfer bezeichneten. Wir erwarteten auch, dort wo es genügend Gras hatte, Nomaden zu finden. Falls wir stecken bleiben würden, konnten wir immer noch umkehren, aber es war unser ungeschriebener Ehrenkodex, nie zurückzuweichen. Wir hofften, daß wir diesbezüglich nicht allzu großen Prüfungen unterworfen sein würden. Bis Golmud waren es 1300 km, der längste Abschnitt bis jetzt – und zugleich der unbekannteste. Wir waren außerordentlich gespannt, was da auf uns zukommen würde.

Obschon Yangbajin 4300 m hoch liegt, führte uns die Straße aufwärts vom Dorf weg. Zu unserer Freude erwies sich der Tag als einer der schönsten bis dahin. Die Straße stieg in den ersten 20 Kilometer leicht, und wir legten uns mit großen Gängen kraftvoll ins Zeug. Wir hatten einen recht starken Rückenwind und die Sonne schien sehr angenehm. Es war warm im Tal, das mit jedem Kilometer weiter wurde. Große grüne Ebenen – nicht hellgrün,

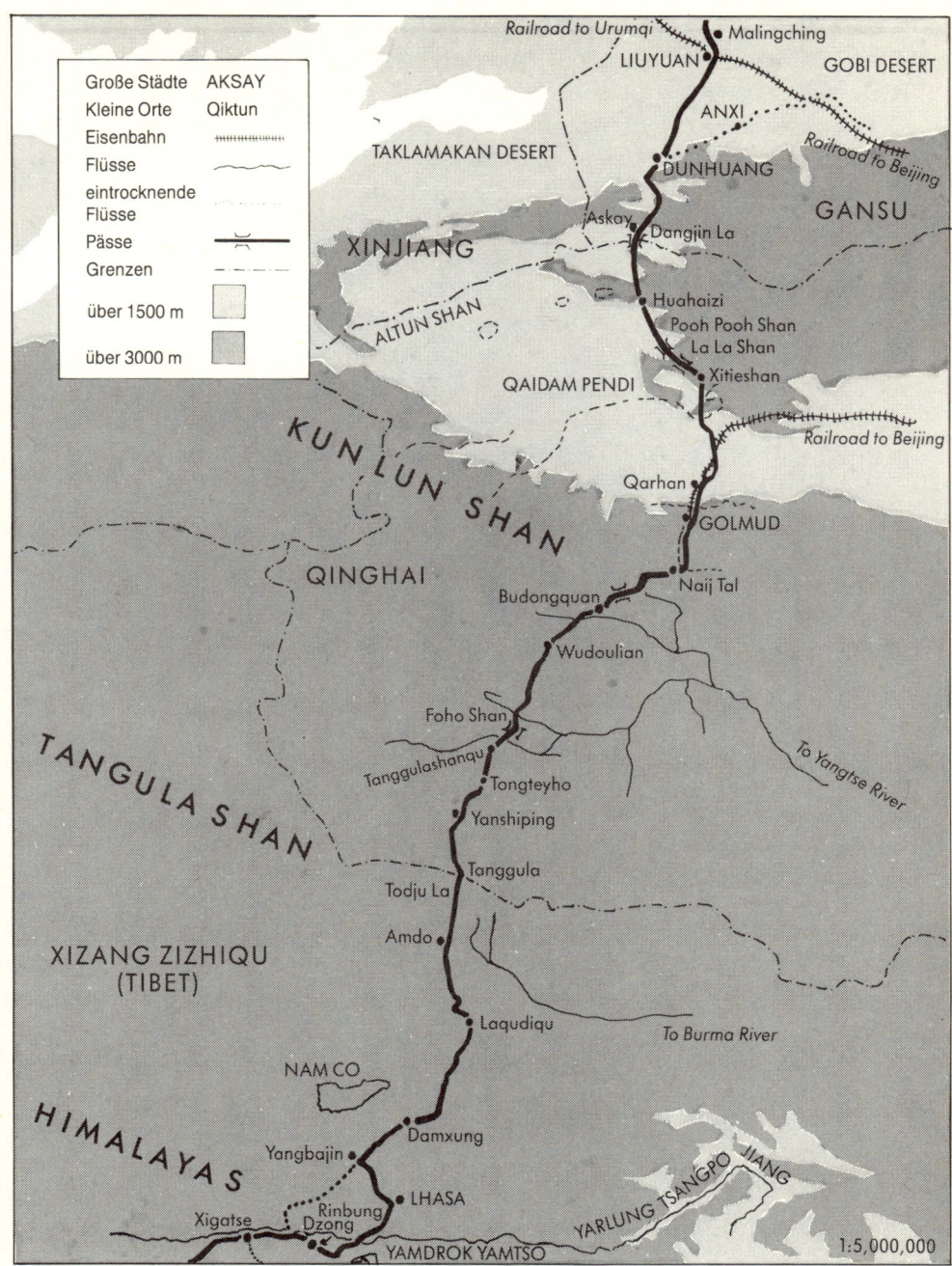

Das Hochland von Tibet.

sondern eher oliv – erstreckten sich wie das peruanische Altiplano zu schneebedeckten Bergen auf beiden Seiten. Wie viele davon waren wohl noch nie bezwungen worden? Uns war es egal, denn die Straße war geteert. Die Oberfläche war glatt und schnell – eine wahre Freude zu fahren. Unsere Reifen waren steinhart gepumpt, um den Rollwiderstand so klein wie möglich zu halten. Wir radelten vorbei an riesigen Herden grasender Yaks und einem schnell fließenden Bach, der sich in seinem steinigen Bett durch die Ebene schlängelte. Häuser und feste Unterkünfte waren selten, Nomadenzelte recht häufig.

Das Yak ist ein großer Brocken von einem Tier, unglaublich sanft, auf langen dünnen Beinen. Die Illusion seiner Mächtigkeit rührt von der Masse seiner langen, schwarzen Haare her, die das Tier vollkommen einhüllen, so wie die vielen übergroßen Hemden und Jacken, in die die Nomadenkinder gesteckt wurden. Das Yak, das beinahe alle menschlichen Bedürfnisse befriedigt, ist der Kern der Existenz im tibetanischen Hochland. Es ist eines der wenigen Tiere, die der Unbill des Klimas widerstehen und vom kärglichen Graswuchs leben können. Es gibt Milch und Wolle – und sein Dung wird getrocknet als Brennstoff verwendet. Es gibt Fleisch und Leder, das für Stiefel und Mäntel verwendet wird. Dazu ist es ein gewandtes Packtier, fähig, auch im tiefen Schnee vorwärts zu kommen. Yaks sind meistens schwarz – weiße stehen sehr hoch im Kurs – einige werden auch mit Kühen gekreuzt und heißen dann Dzo. Die Hörner sind lang und eindrücklich: weit ausladend, nach oben gebogen und breit über dem Schädel. Seine Schultern sind hoch und muskulös, ähnlich dem nordamerikanischen Bison, jedoch läßt es den Kopf hängen, wie ein Hund, der den Schwanz in Erwartung einer Schelte einzieht. Die nachtschwarzen Augen scheinen die Welt rundherum gar nicht wahrzunehmen.

26 Kilometer nach Yangbajin – das Tal wurde sehr weit und die Hügel links und rechts schienen niedriger als sonst – fuhren wir über einen Paß, worauf wir für einige Kilometer in die Tiefe rasten, und zwar, wie wir meinten, mit 100 Meilen pro Stunde. Wir nahmen unsere Zeit zwischen zwei Kilometersteinen: Genau eine Minute, also 60 km/h! So erbringt man anständige Tageskilometerleistungen. Dies würde unseren Tagesdurchschnitt, der recht tief gefallen war, für die ganze Reise wieder etwas aufmöbeln. Wir nahmen die Zeit für weitere zwanzig Kilometer, welche wir in 35 Minuten und 40 Sekunden zurücklegten, was einem Durchschnitt von 34 km/h entspricht. Die Fahrräder liefen unglaublich glatt. Die Arbeit, die wir in Lhasa an ihnen verrichteten, hatte sich bezahlt gemacht. Es war schwer zu sagen, ob wir hinauf oder hinunter fuhren. Unter dem Einfluß der dünnen, frischen Luft und der durchdringend klaren Sicht war die Neigung der Straße vollkommen trügerisch. Unsere Räder flogen nur so dahin und doch, wenn wir uns umdrehten, sahen wir eine Senke hinter uns, aus der wir uns eben emporge-

arbeitet hatten. Nur der kleine Bach, der uns entgegenfloß, bewies, daß wir den ganzen Tag aufwärts gefahren waren.

So um die Mitte des Nachmittags kamen wir nach Damxung, einer Cowboy-Stadt. Die Teerstraße führte gerade durch die Mitte von zwei Reihen von Hütten mit Wellblechdächern. Telefondrähte summten im Wind, Männer und Kinder lungerten herum. Wo die Lastwagenfahrer ausscherten, um zu parkieren, gab es staubige Schotterplätze vor den Chaihäusern. Wir wählten eines mit Wänden aus Blech, das auf Holzrahmen aufgenagelt war. Die Fenster bestanden aus zwei großen Blechklappen, die nur oben befestigt waren und die unten durch Stützen offengehalten wurden. Auch die Türe bestand aus einem großen, beweglichen Blechstück. Das Dach war eine Konstruktion aus Ästen, überlegt mit einer Schicht von Latten, auf welche eine Plastikfolie gespannt war, die mit Steinen und Torfstücken beschwert war. Das ganze Haus war etwa 10 Meter lang, 2,5 Meter breit, auf dem Erdboden standen Bänke und Tische, die mit Plastiktischtüchern gedeckt waren. An einem Ende gab es eine Reihe von Gestellen mit Waren, die durch eines der Fenster direkt von außen eingekauft werden konnten: Zwei verschiedene Sorten von Plätzchen, eine fad, eine Reiscrackers, große Beutel mit Erdnüssen, Seifenstücke, drei Schachteln mit Süßigkeiten, ein paar Flaschen alkoholische Getränke, Büchsen mit Schweinefleisch und Säcke mit alten, harten Broten. Die Kasse bestand aus einer großen Pappschachtel, voll von chinesischen Noten. Am andern Ende des Hauses wurde gekocht: Schüsseln mit Lebensmitteln, Dampfkochtöpfe (für diese Höhen ein Muß) und zwei riesige Tonnen mit Wasser.

Ungefähr 20 Leute standen um uns herum. Vorherrschende Kleidung waren blaue Mao-Anzüge oder schäbige westliche Hosen mit Pullover. Die jungen Männer waren in mehrere übergroße Jacken gehüllt. Wir sahen einen Kampa, groß, hübsch, mit rundem Gesicht, das lange schwarze Haar in Zöpfen über dem Kopf mit roten Wollkordeln zusammengebunden. Ein älterer Mann trug wollene Beinkleider, ein weißes Hemd, Mantel und Strohhut, ein anderer war eingehüllt in Yakfelle. Ein kleines Mädchen mit riesigen Augen und hüftlangen, schwarzen Haaren spähte scheu um die Ecke. Die Kinder trugen die ganze Geschichte Chinas auf ihren Köpfen: einige trugen Mao-Mützen, einer hatte eine Offiziersmütze mit dem roten Stern aufgesetzt, einer einen Kosakenhut aus Fell und ein paar sogar Baseballkäppis.

Nick. Tag 31. Damxung. Höhe 4400 Meter.
Wir rasteten in einem Gasthaus, zusammen mit unseren Rädern. Der Wirt war erstaunlich freundlich, wenn man in Betracht zieht, daß unsere Stahlpferdchen den Durchgang fast vollständig zusperrten. Während unseres ganzen Aufenthaltes starrten Kinder durch die Fenster, aber das

war nichts zu den Belästigungen, denen wir in Bangladesh ausgesetzt waren.

Man servierte uns den außergewöhnlichsten Tee, den wir je kosteten: Die Schale war aus Porzellan, mit Untertasse und Deckel, alles mit Rosendekor bemalt. Grosse grüne Teeblätter, wie Seetang, ein Brocken Kristallzucker wie ein zerbrochener Quarz, und zwei beerenartige Früchte, die der Knabe, der uns den Tee brachte, »Yoh« nannte. Sie schwammen obenauf, als das heiße Wasser hinzugefügt wurde. Wir gossen mindestens acht- bis zehnmal Wasser nach, und das Aroma wurde immer besser; der Zuckerbrocken begann zu schmelzen, und die Blätter und Beeren entwickelten ihre Duftstoffe. Ein vollkommen dynamisches, organisches, vorzüglich erfrischendes Getränk. Wir nannten es »Bollock«-Tee. Wir aßen ebenfalls eine Schale Nudelsuppe mit Schweinefleisch, einfach und angenehm im Geschmack nach all den öligen und fettigen Wokgerichten der vergangenen paar Tage. Ich aß eine zweite Schale aus, so quasi als Vorrat, denn für heute abend sah es so aus, als ob wir wieder mit Tsampa und Salztee vorlieb nehmen müßten.

Wir füllten den Rest unserer Mägen noch mit Reisgebäck, Süßigkeiten und Erdnüßchen und warfen die letzten aus voller Hand in unsere Münder, während wir schon auf die Räder stiegen und in den späten Nachmittag hineinfuhren. Die Aussichten waren nicht gerade rosig. Der strahlend blaue Himmel, an dem heute morgen hie und da eine weiße Wolke dahinzog, hatte sich überzogen. Der Wind blies kälter. Wir konnten nicht mehr länger in unseren kurzen Kombis und den T-Shirts fahren, sondern mußten die Jacken und Beinkleider hervornehmen. Gegen Südosten zu, zu unserer Rechten, waren die Hügel braun und glatt, aber zu unserer Linken erhob sich eine ganze Kette von schneebedeckten Gipfeln, die durch messerscharfe Grate miteinander verbunden waren, beinahe 100 Kilometer lang. Für die meiste Zeit des Tages schwebte eine Nebelwolke über diesen Bergen, doch später zogen sich Schnee- und Regenschwaden die Schrunde hinauf. Nach 40 Kilometern glaubten wir den Kulminationspunkt erreicht zu haben, denn eine ganze Masse von Gebetsfahnen schien dies so anzuzeigen, und wir verbrachten einen Augenblick einsamen Feierns, doch nach wenigen Kilometern Abfahrt begann die Straße wieder anzusteigen, und die Nacht brach an. Da wir seit einiger Zeit keine Behausungen mehr gesehen hatten, pedalten wir weiter und vollendeten bald den 160. Kilometer des Tages – und das in dieser Höhe. Wir fühlten uns schwach. Nick meinte offen: »Ich bin so erschöpft, ich gäbe 100 Pfund für ein Pack Schokolade-Biskuits und einen Krug voll Tee.« Ich erhöhte auf 150 Pfund. Vom Grunde seines Herzens aus sagte dann mein Vetter: »Ich gäbe 150 Pfund für *ein* Plätzchen und *eine* Tasse Tee!«

Wir fuhren weiter. Dann, nach einer kurzen Wegstrecke, trafen wir Fortuna.

Nick. Tag 31. Abend. Auf Bettsuche.
Wir erblickten 2 Nomadenzelte auf der anderen Seite des Tales und schleppten unsere Räder hinüber. Ein Jüngling empfing uns mit steinernem Gesicht, gekleidet in eine strahlend blaue Jacke und farbenfrohe Filzstiefel. Die Frau des Lagers (seine Mutter?) in schweren Röcken und Schals kam heraus und grüßte uns wie lang vermißte Freunde, obschon, verschiedenere Freunde kann man sich kaum vorstellen: D. und ich in hautengen Anzügen aus modernstem Material, sie wie frisch aus einem Völkerkundemuseum. Wir gaben unsere beste Vorstellung von »Schlottern vor Kälte« und »beinahe gestorben vor Hunger«. Sie winkte uns ins Zelt: Drei Quadratmeter Fläche mit einer Lehmmauer von ungefähr einem Meter Höhe, gedeckt durch einen Stoff aus Yakwolle, so lose gewoben, daß das Licht durch Millionen von Löchern schien, zuoberst ein Loch als Rauchabzug. Wir saßen auf dicken gemusterten Teppichen, wo sie uns Salztee offerierte und unsere Flaschen immer wieder auffüllte. Auf dem Herd in der Mitte des Raumes brannte, hell glühend und wunderbar warm, getrockneter Yak-Dung. Als D. seinen Magen rieb und dabei klagende Laute ausstieß, erschien sie mit 2 Schalen zerstampftem Reis (wie Reispudding, aber ohne Milch und Zucker) und bot Chilipulver als Gewürz an (nein, danke!). Dafür erhielten wir ein wurmartiges, geleeähnliches, unbekanntes Etwas, vermischt mit winzigen Stückchen getrockneten Yak-Fleisches. Die Mischung wurde aus einem großen Blechkrug gegossen. D. erspähte in einer Ecke ein großes zylindrisches Gefäß und fragte, was darin sei. Die Frau goß darauf wunderbaren, sämigen Yak-Yoghurt in unsere Schalen. Das ganze ergab einen warmen, schleimigen Brei, der herrlich roch und ebenso schmeckte. Das beste tibetanische Essen, das wir je kosteten. Bald darauf kehrte der Mann des Hauses mit einer weiteren Frau vom Yak-Hüten zurück, versorgten die Tiere im Pferch und traten ins Zelt. Der Mann machte uns sehr schnell klar, daß wir mit ihnen essen, aber auf keinen Fall schlafen könnten – das Zelt war ganz einfach zu klein. Das war ein schwerer Schlag für uns. Bald wurden wir denn auch – mit viel höflichem Lächeln – hinauskomplimentiert, d. h. eigentlich hinausgeworfen.

Wir bezahlten und winkten zum Abschied, dann fuhren wir nordwärts in die Kälte und Dunkelheit, fest entschlossen, bei der ersten Gelegenheit anzuhalten, betend, daß es nicht zu lange dauern würde. Acht Kilometer pedalten wir durch landschaftliche Leere, unter schwarzen Gewitterwolken in den roten Sonnenuntergang hinein. Dann fanden wir in einem ummauerten Hof eine Backsteinhütte mit einigen Außengebäuden. Es gab kein Licht und, so schien es, keine Leute. Als wir jedoch anhielten, um die Sache näher in Augenschein zu nehmen, begannen Hunde zu bellen, ein untrügliches Zeichen dafür, daß auch Menschen nicht weit waren. Wir drangen in den dunklen Hof ein und sahen gerade noch zwei Gestalten, die in einem Eingang verschwanden und die Türe hinter sich zuschlugen. Ein leises, nasales Singen bewog uns, weiterzusuchen. Ein zitternder, zuckender Mann saß auf einer Steinschwelle und starrte leeren Auges in die Berge. Wir waren bis auf die Knochen durchfroren und mußten dringend hinein. Wir fragten für Cha und deuteten dann an, daß wir schlafen möchten. Zuerst gab es keine Reaktion, dann stand der Alte plötzlich auf und verschwand im Haus. Unser Mut sank. Glücklicherweise kam er einige Augenblicke später wieder heraus und brachte Tee, wollte uns aber unter keinen Umständen hineinlassen. Wieder kauerte er sich auf seine Steinstufe und begann den Singsang von neuem. Wir hüllten uns tief in unsere Kleider und zitterten – ehrlich diesmal, ohne eine Schau abzuziehen. Zufälligerweise kam eine der Frauen nach draußen, verschwand dann aber sofort wieder im Haus. Wir waren enttäuscht und entmutigt. Es war rabenschwarze Nacht und irgendwo, wenige Meter von uns entfernt, hörten wir die beiden Hunde schnüffeln. Wir flehten den Verrückten an, wir klopften an die Türe, aber als man öffnete, bedeutete man uns unmißverständlich, daß wir uns packen sollten. In dieser Kälte und Dunkelheit konnten wir aber unmöglich weiterfahren. Wir blieben einfach stehen und hofften, daß die Leute irgendwann einmal ein Gefühl von Erbarmen zeigen würden. Sie durften sehr wohl ein Recht haben, uns mit Mißtrauen und Angst zu begegnen, denn für eine ganze Anzahl dieser Menschen war der Einbruch der Chinesen in den fünfziger Jahren noch keineswegs vergessen. Kommt dazu, daß sie in der traditionellen tibetanischen Antipathie allem Fremden gegenüber erzogen worden waren. Wir wußten, daß wir keine andere Chance hatten, als uns auf ihre menschlichen Gefühle zu verlassen. Tatsächlich, nach einer gewissen Zeit gaben sie nach, brachten uns Yak-Fellmäntel und große Stöße von Decken und führten uns über den Hof in ein kaltes Nebengebäude, einen Schuppen. Wir schauten uns im Lichte der Petrollampe, die sie mitgebracht hatten um, und sahen, daß wir auf einem winzigen Stück Boden in der Mitte des Raumes schlafen mußten. Ringsum türmten sich hohe Stöße von getrocknetem Brennstoff – unser Quartier sollte für diese Nacht der Yakdung-Lagerschuppen sein. Wir hatten Schwierigkeiten, uns auszustrecken, Schwierigkeiten auch, auf dem höckerigen Boden eine einigermaßen bequeme Lage zu finden. Wir schliefen unruhig – stets drohte uns der Gedanke, daß die Yak-Gottheit im Himmel etwas Gewaltiges auf uns würde fallen lassen. Auch litten wir, da wir rund 1000 Meter höher nächtigten als an den Vortagen, unter Höhenkrankheit. Dazu hatten wir Angst, daß der Verrückte uns etwas antun könnte. Schlimmer noch, wenn schon die Verhältnisse im Süden der Hochebene, noch im Einflußbereich Lhasas, so waren, wie würden sie denn erst im menschenleeren Norden sein?

Wir waren schon vor der Dämmerung auf. Unglücklicherweise wollte uns niemand Tee geben. Die ersten paar Kilometer waren eisig kalt im Schatten, bevor die Sonne sich über dem östlichen Horizont erhob. Nach und nach ließen wir das Tal und die schneebedeckten Grate hinter uns, und kamen in eine radikal andere Topographie. Wir befanden uns nun auf leicht gewellten Ebenen, ohne richtige Hügel oder Berge, überall gab es magere grüne Weiden. Zum ersten Mal erlebten wir nun also die weit offene Landschaft, ähnlich der Pampas, von der wir glaubten, daß sie den größten Teil der tibetanischen Hochebene ausmache. Wir sahen einige spärliche Nomadenzelte und wenige Häuser, Kilometer weit weg, aber keine Mauern und keine Spuren, außer diesem Band von schwarzem Asphalt – unserer Lebenslinie.

Bei einem Nomadenzelt nahe bei der Straße hielten wir an, um zu frühstücken. Sie machten sich einen Spaß daraus, uns in ihrem gut eingerichteten Heim zu unterhalten. Das Zelt war doppelt so groß wie jenes gestern Abend. Es gab Teppiche, einen eisernen Ofen mit Blechkaminrohren, Truhen, bedeckt mit schön verzierten Decken, eine Kommode mit Schubladen, zwei Kerzen, verblichenen Familienfotos und einem Transistorradio.

Nick. Tag 32. Morgen.
Ein alter Mann mit Brille saß in einer Ecke und verkleinerte den Durchmesser eines Ringes, indem er ihn mit Schnur umwickelte. Das kleine Mädchen, in gefranste Häute gekleidet, lächelte, als der Mann ihr den Ring an den Finger steckte. Ein Kessel (voll Tee?) brodelte vor sich hin. Aber das Getränk, das man uns zuerst servierte, war heiße Yak-Milch – ein bißchen wässerig, aber nahrhaft – und recht süß. Danach folgte Tsampa – mit ganz besonderem Nußgeschmack, der sich sehr gut mit der heißen Milch vertrug –, der von der Frau noch mit Salztee angefeuchtet wurde. Ich glaube, daß mein Gaumen sich langsam an Tsampa gewöhnt, denn meine Geschmacksnerven revoltierten an diesem Morgen überhaupt nicht. Vielleicht bekomme ich ihn bald sogar noch gern!

Die Frau hatte farbige Glasperlen und einige große Spangen in ihr Haar gewoben. Ihr Stolz und ihre Freude, ein Teenager-Knabe, fühlte ohne Zweifel eine gewisse Seelenverwandtschaft mit uns, da er selbst auch Fahrradbesitzer war. Tatsächlich war er gerade daran, ein Pedal zu flicken, als wir ankamen. Sein Rad war ein großes schwarzes, sehr schwer aussehendes Tourenmodell. Er zeigte uns seine Kunststücke, indem er auf dem Gras herumradelte, die geteerte Straße nebenan strafte er mit gänzlicher Verachtung. Gerüchteweise hatten wir gehört, daß die Nomaden oft auch Fahrräder als Werkzeug beim Hüten ihrer Herden einsetzten. Es könnte wahr sein. Sicher gibt es jeden September, anläßlich des Festes der Wanderstämme, hartumstrittene Radrennen in Damxung.

Und weiter ging's durch die leicht gewellte Ebene, beinahe auf 5000 Meter über dem Meer. Lange Zeit merkten wir nicht, ob wir hinauf oder hinunter pedalten. Irgendwann einmal mußten wir die wichtige Wasserscheide überquert haben, wo hinter uns die Flüsse Richtung Lhasa und via den Brahmaputra um den Himalaja herum den Ganges erreichen. Wir winkten ein letztes Mal dem Brahmaputra zum Abschied, und brachen so die letzte Verbindung mit der Bucht von Bengalen ab, unserem Ausgangspunkt und dem Schauplatz all des Spaßes, den wir in den ersten paar Tagen hatten... Vor uns floß das Wasser nun in den Nu Jiang, der ostwärts fließt, nach Süden abbiegt und schließlich als Salween Burma durchquert, bevor er sich in der Nähe von Rangun in den indischen Ozean ergießt.

50 Kilometer lang führte uns die Straße nun abwärts bis zum Nu Jiang, wo wir auf die erste Stadt seit Damxung, 160 Kilometer weiter hinten, trafen. Sie war ungefähr dort, wo wir auf unserer Karte Nagqu eingetragen hatten, aber die Einheimischen bezeichneten es als Laqudiqu, das wiederum auf unserer Karte nicht verzeichnet war. Eigentlich spielte es keine Rolle, wie der Ort hieß, denn nahebei gab es nichts anderes. Außer Nomaden, Yaks und hie und da einer einsamen Steinhütte, hatten wir seit Damxung nichts mehr gesehen, ausgenommen eine Brücke – eine Viertelstunde vor Laqudiqu – und daneben einen Wegweiser, der 9 Kilometer nach Laqudiqu anzeigte und 290 Kilometer nach irgendwohin, entlang der Naturstraße, die hier abbog. Es war überhaupt schwierig, sich Klarheit darüber zu verschaffen, wo genau man war, und wohin man fuhr, weil außer den Han-Chinesen niemand die Einheit »Kilometer« benutzte, obschon die ganze Handelsstraße mit Kilometersteinen bestückt war. Dazu hatten verschiedene Städte mehrere Namen, und wir brauchten viele, viele Anläufe, bis wir einen Namen einigermaßen verständlich aussprechen konnten. Am besten ging es, wenn wir mit einigen Namen begannen, von denen wir wußten, daß wir sie richtig aussprachen, wie zum Beispiel Lhasa oder Damxung, dazu die Namen jener Orte, an denen wir soeben vorbeigekommen waren. Normalerweise verstanden die Leute dann und halfen uns, die Namen der folgenden Orte korrekt auszusprechen.

Laqudiqu war wie Damxung, eine moderne Monstrosität, aus dem Boden gestampft wie eine Stadt in der texanischen Wüste während des Ölbooms. Die Hauptstraße war gesäumt von schäbigen Chaihäusern, nicht zu unterscheiden von jenen in Damxung, und dann eine Quadratmeile ebenerdiger Wellblechhäuschen: Die Heimstätten jener paar hundert Leute, die ihre

Einkünfte von den naheliegenden, riesigen Minen bezogen. Außerhalb der Stadt, die endlos gewellt sich dahinziehende Weite der Hochebene. Wir nahmen chinesisches Wok-Gemüse ein und schrieben einige Seiten in unsere Tagebücher über Alpträume in Hinterhof-Yakdungschuppen. Die Tagebücher waren unser Mittel zur Konzentration. Wir konnten die Welt um uns herum vergessen und uns in unsere eigenen Gedanken vertiefen. Die Tagebücher waren ein fester, ruhender Pol, wie etwa Radio, Zeitungen oder auch das Fernsehen. Etwas, was das unmittelbare Geschehen ausschließt, etwas, das einem nicht antwortet, das aber auch keine Antwort erwartet. Wir konnten unserem Tagebuch so richtig das Herz ausschütten, über die Qual des täglichen Radfahrens, die Furcht der vor uns liegenden Trostlosigkeit, wie uns unser Vetter wieder einmal geärgert hatte. Wenn immer wir anhielten, um zu essen und auf die bestellte Mahlzeit warteten, begannen wir zu schreiben.

Tag 32 begann gut mit 72 Kilometer bis Laqudiqu. Wir profitierten von diesem guten Start, machten den Tag zu einer Superetappe und trieben uns vorwärts durch die tödliche Kälte über das gewellte Hochland. Wir bewältigten über 4500 Meter Höhendifferenz und durchbrachen locker die 200 Kilometer-Mauer, als wir die Stadt Amdo erreichten, gerade als Dunkelheit und ein gemeiner Windstoß über uns hereinbrach. In seiner Wildheit stand unser Haar bolzengerade auf. Staub peitschte in unsere Augen, und eine plötzliche Sintflut stürzte vom Himmel. Innerhalb Minuten war alles vorüber, aber es hatte mir die Tränen in die Augen getrieben. Ich war müde vom Pedalen, frustriert durch unsere Suche nach einem Bett, und gleichzeitig frohlockten wir aber auch über die große Distanz, die wir heute zurückgelegt hatten. Wir hatten allen Grund, ausgepumpt zu sein, denn seit Laqudiqu, 137 Kilometer weiter zurück, hatten wir nichts mehr gegessen und nur gerade unseren Liter Wasser zu trinken gehabt. Als der Sturm über mich hereinbrach, war es ganz einfach zuviel für mich. Ich hängte mich an Nicks Hinterrad und ließ seinen Gepäckrahmen nicht aus den Augen, als wir unseren Weg durch die Dunkelheit, über Dreckhaufen und Abfälle, vorbei an wild bellenden Hunden ertasteten, auf der Suche nach einer Unterkunft, von der es hieß, daß sie »da drüben« sei.

Nick. Tag 33. Amdo. Mittag.
Wir schliefen gut, tief und lang – von 23 bis 10 Uhr! Gestern Nacht überredeten wir den Koch, nochmals aus dem Bett zu schlüpfen und uns ein Wok-Gericht zuzubereiten. Heute morgen stolperten wir mehr, als wir gingen, mit dicken Köpfen und langsamen Bewegungen, auf die Straße und tauchten auch gleich ins erste Teehaus mit dem altgewohnten »Cha, bitte«. Dazu ein gutes Gericht aus dem Wok, dann Rahmkäse-Sandwiches, eine Büchse Birnen und immer wieder Cha. Uns ist sehr

kalt, unsere Füße sind beinahe eingefroren.

Es hatte in der Nacht ziemlich heftig geschneit, 5 Zentimeter tief war alles eingehüllt. Als wir von unserer Unterkunft zum Chaihaus gingen, sah die blatternarbige Landschaft aus wie ein Schlachtfeld aus dem Ersten Weltkrieg – und es schien noch schlimmer zu kommen. Sturmstöße wehten in regelmäßigen Abständen an der Türe vorbei, die Wolken hingen etwa 200 Meter über dem Boden. »Warum schließen die nie die Türen«, meinte D. und starrte auf die große weiße Öffnung, durch die soeben wieder ein Sturmstoß eindrang. Wenn das Wetter im Juni so ist, wie sieht es dann aus, wenn es wirklich schlecht ist?

Laut unseren Karten ist die nächste Stadt ungefähr 90 Kilometer weit weg, mit einem 5130 Meter hohen Paß, dem Tanggula, dazwischen. Da einige Lastwagen immer unterwegs sind, würde die Straße frei von Schnee sein, aber es würde einen nassen Ritt geben, denn wir würden uns ohne Unterlaß selbst mit unseren Rädern besprühen. Ganz tief drin in mir selbst mache ich mir Sorgen; ich bin nicht gerade besonders scharf darauf, diesen Paß während eines Blizzards in Angriff zu nehmen. Die letzten Tage haben mich Stamina gekostet. Was würde geschehen, wenn wir uns mit unserer Minimalausrüstung einmal wirklich schwierigen Umständen gegenübergestellt sähen? Wie sehen wir auf einem 5000-Meter-Paß aus, wenn wir bereits jetzt in einem Teehaus all unsere Kleidung tragen? Keiner von uns scheint als erster in den Schnee hinausgehen zu wollen. Interessanterweise stellt aber auch keiner die Frage, ob man überhaupt zum Tanggula aufbrechen solle. Bis jetzt wurden wir durch das Wetter nie aufgehalten, auch nicht durch irgend etwas anderes. Wenn wir einmal damit anfangen, das Wetter als bequeme Entschuldigung heranzuziehen, könnten wir es immer wieder tun.

Um 13 Uhr nahmen wir all unseren Mut zusammen und starteten. Buchstäblich innerhalb zwei Minuten wurden wir durch einen Blizzard aus Hagel und Schnee gepeitscht – glücklicherweise von hinten, so daß wenigstens unsere Augen frei blieben. Doch der Tarif war nun für den ganzen Tag bekannt: Wir waren naß bis auf die Haut. Wir konnten nichts anderes tun, als die Zehenriemen anzuziehen und den Paß in Angriff zu nehmen. Eine halbe Stunde später war das Unwetter vorbei und wurde durch blauen Himmel und die Sonne ersetzt – und einen eisigen Wind. Unsere Füße wurden gefühllos. Wir waren uns einig, daß wir einen kurzen Tag einlegen würden, daß es genug sein würde, uns in diesem Wetter bis zur Paßhöhe des Tanggula voranzukämpfen und dann hinunterzutauchen nach der nächsten Stadt, von der wir glaubten, daß es Wenquan sein würde. Wir glaubten, es würde ein kurzer Tag werden. Wir hätten wissen sollen, daß auf dem tibetanischen

Hochland nichts so einfach sein kann. 47 Kilometer nach Amdo waren wir auf der Paßhöhe angekommen, von der wir annahmen, daß es der Tanggula sei. Eine Tafel zeigte an, daß die Höhe 5163 beträgt, gegenüber den 5130, die wir erwarteten. Es gab nichts zu sehen und uns war furchtbar kalt, aber wir mußten einen Augenblick absteigen, da sich unsere Füße wie dicke Schichten gefrorenen Leders anfühlten. Sie waren während der ganzen letzten zwei Stunden naß gewesen. Draufzustehen schmerzte. Ich saß für etwa eine Minute in den Windschatten des Gipfelmals und zog Schuhe und Socken aus. Ich gab jedem der beiden Eisblöcke eine schnelle Massage, bevor ich sie wieder an die Pedale schnallte.

Selbst in all unserer Not fuhren wir nun den Paß hinunter, denn wir wußten, daß dies einer der Hauptpässe auf dem Plateau war – spaßeshalber meinten wir »Bergab bis Golmud«. Nach einer halben Stunde Abfahrt kamen wir auf eine Ebene mit Schneefeldern und kleinen Felsblöcken, Rannoch Moor im Winter zum Verwechseln ähnlich. Der Wind blies stark, und wir wechselten uns in der Führung ab. Der führende Fahrer lehnte sich mit seiner linken Schulter in den Wind. Zu unserem Vergnügen erblickten wir bald eine Straßenarbeiter-Hütte und hielten an, um im Trockenen etwas Tee und Brot zu genießen. Schon in der ersten Minute meiner Ankunft hatte ich Schuhe und Socken erneut ausgezogen und wärmte meine Zehenspitzen langsam am Feuer. Wir erklärten, woher wir kamen, indem wir zurück deuteten und sagten: »Lhasa, Tanggula«. Zu unserem Entsetzen runzelten sie die Stirn, zeigten in die andere Richtung und meinten: »Golmud, Tanggula«. Wir waren also noch nicht über den Tanggula. Dies schlug uns nun wirklich auf den Magen, hatten wir doch geglaubt, noch etwa 40 Kilometer hinunter nach Wenquan fahren zu können. Den Paß, den wir überquert hatten, nannten sie Todju La; bis Wenquan sollten es noch 160 Kilometer sein. Wir schwangen uns wieder in die Sättel und fühlten uns verzweifelt unmotiviert. Kaum eine halbe Stunde später fanden wir wieder einige Hütten und machten erneut Halt, um etwas zu essen. Es war ein chinesisches Bauwerk, das aus einem Block mit fünf aneinandergebauten Häuschen bestand, das ganze von einer Mauer eingefaßt und 5000 Meter über dem Meer gelegen; wir befanden uns in der Mitte von Nirgendwo, ringsum Schnee, der eine sandige Hochwüste bedeckte. Nicht das kleinste Stückchen Vegetation – welch idiotischer Platz, eine Siedlung zu bauen.

Wir pedalten durch die weiße Schneeszenerie. Es war eine offene Landschaft, keiner der Hügel sah besonders mächtig aus, kaum drei- bis vierhundert Meter über uns, obschon natürlich die Höhe über dem Meer bedeutend war. Wir hatten jedoch kaum Augen für die Landschaft rings um uns, sondern konzentrierten uns darauf, diesen Paß trotz müder Beine und angeschlagener Moral zu bezwingen. Unter solchen Umständen, wenn die Beine am liebsten nicht mehr treten möchten, mußt du jede Steigung als die letzte, die es noch zu bezwingen gilt, ansehen. Es gibt nichts anderes, als gnadenlos in die Pedale zu treten. Wir trugen beide Gesichtsmasken, wie sie die chinesischen Straßenarbeiter als Schutz vor Staub tragen. Wir fanden sie ausgezeichnet gegen den Sonnenbrand auf den Lippen, und außerdem feuchteten sie die trockene Luft an, die man sonst einzuatmen gezwungen wäre. In diesen Höhen hatte ich, wenn es galt, ein steileres Straßenstück zu bezwingen, schon bald keinen Atem mehr. Mehrmals war ich gezwungen, die Maske vom Gesicht zu reißen und riesige, tiefe Atemzüge zu tun.

In der hellen Sonne kamen plötzlich die Gipfelmale in Sicht. Dieser Paß, der höchste zwischen Lhasa und Golmud, war für uns ein großer Erfolg. Wir reagierten denn auch entsprechend: Wir begannen plötzlich zu sprinten, schalteten sogar einen Gang höher, erreichten die Male beinahe, gerieten dann außer Atem, fielen vom Rad und standen lachend wieder auf. Alles vergebens, denn wir mußten feststellen, daß es bis zur Paßhöhe noch zwei Kilometer weiter hinauf ging. Dort oben sahen wir auf dem obersten Punkt, auf einem Betonpfeiler, daß der Paß 5231 Meter hoch gelegen sei. Die Bergkette, die wir hier überquerten, hieß Tanggula Shan. Es handelt sich dabei um eine der Hauptketten des Hochlandes, die die Berglandschaft des Südens von der eigentlichen Hochebene im Norden trennt. Der Tanggula ist auch die Grenze zwischen der autonomen Region Tibet und der nächsten Provinz, Qinghai, die im Ruf steht, so trostlos zu sein, daß man sie auch »Chinesisches Sibirien« nennt. Gerüchteweise heißt es, daß diese Provinz die Zufluchtsstätte für Verurteilte, Kriminelle, und sonstige unerwünschten Subjekte bildet. Bedeutsam für uns war die Tatsache, daß der Tanggula die Wasserscheide bildet zwischen den Wassern, die sich in den Indischen Ozean ergießen, und jenen, die via Moron Us He und Dam Qu in den Yangtse fließen, der dann das Chinesische Meer erreicht und uns so symbolisch mit dem zweiten Punkt der offenen See verbindet, der am nächsten zum Mittelpunkt der Erde liegt.

Wir befanden uns nun praktisch im Zentrum der Hochebene und hatten mehr als 2500 Kilometer zurückgelegt; theoretisch hatten wir also für die Hälfte der Strecke 33 Tage gebraucht. Seit Lhasa hatten wir 550 Kilometer zurückgelegt, befanden uns also auf halber Strecke nach Golmud. Wir hatten allen Grund, mit uns zufrieden zu sein, obschon die Dinge von hier an durchaus noch härter werden konnten. Seit Laqudiqu hatte die Zahl der Yak-Nomaden immer mehr abgenommen, die meisten Behausungen waren Straßenwärterhäuschen. Normalerweise gab es irgend eine Behausung alle 10 Kilometer. Dörfer mit mehr als zwei Häusern gab es nur alle 80 Kilometer. Nomadenzelte sahen wir so alle 5 Kilometer, während sie vor Laqudiqu schier ununterbrochen zu sehen waren. Seit Danxung hatten wir kaum noch eines jener schmucken weißen Häuschen gesehen, die so charakteristisch für die Region Lhasa und das ganze Südtibet von Zanskar bis zum Karakoram waren. Es ist beinahe so, als ob diese Gegend hier ganz einfach so hoch liegt, so unwirtlich und schneereich ist, daß nur die Straße ihr Leben einhauchen kann, und nur Han-Chinesen sie benützen und unterhalten. Die Landschaft war praktisch unbewohnt.

In den letzten paar Tagen hatten wir riesige Flächen beinah totaler Leere hinter uns gebracht. Auf dieser Straße zu fahren, stumpfte die Sinne ab. Viel Anstrengung war nötig, um wenig Fortschritt zu erzielen. Wir wußten nie, wie stark wir frieren würden, und wo wir unsere nächste Mahlzeit einnehmen könnten. Träume waren nötig. Essen dominierte unsere Gedanken. Wenn das Wetter gut war, d. h. wenn es weder regnete noch schneite, wurde unsere Fantasie von Truthühnern und Schokoladenkuchen beherrscht. Wenn wir zu lange nichts mehr gegessen hatten, wenn unsere Beine schmerzten und unsere Füße zu Eiszapfen erstarrt waren, vergingen wir fast vor Sehnsucht nach Bangers and Mash – Fisch und Chips mußten wir aus unseren Gedanken verbannen, weil die chinesischen Wok-Gerichte uns mit Öl und Fett praktisch durchtränkten. Wenn es wirklich eklig und schrecklich wurde, war eine Schale Reis oder Nudelsuppe alles, was wir uns noch wünschten. Wir waren von unseren Gedanken ans Essen besessen! Als Robert Swan 1985/86 der Expedition von Scott zum Nordpol folgte, faßte er auch unsere Gedanken so zusammen: »An den grausamsten Tagen in Schnee und Eis waren die Gedanken ans Essen reine Agonie. Wir versuchten, unsere Gedanken von Nahrung wegzubringen. Alles, was uns von ›Nahrung‹ wegbrachte, sollte helfen. Ich dachte zum Beispiel an meine Mutter zu Hause, wie sie strickte, wie sie im Wald spazieren ging, welche Bücher sie las. Aber innerhalb von 2 Sekunden dachte ich an ihren Kühlschrank – was es wohl drin hat? Mit Röntgenaugen sah ich durch die Türe hindurch Hähnchen und Kuchen. Als ich dann versuchte, die Türe zu öffnen, wurde der Traum zum Alptraum: Sie war verriegelt.«

Für einmal jedoch behandelte uns das Hochland freundlich. Wir nahmen die Abfahrt vom Tanggula in einem wunderbar ruhigen und schönen Abendwetter in Angriff. Die schneebedeckten Hügel glichen dem Lake District in der Wintersonne. Kaum 10 Kilometer weiter unten kamen wir bei einem halbverfallenen Straßenbaucamp im Schnee vorüber. Es hatte eine ganze Anzahl große weiße Tuchzelte, die meisten waren bereits eingefallen. Darum herum lagen Stöße von Holz, Steinbrocken, Gerüste und Ölfässer. Das Camp war von einem Bambuszaun umgeben, tiefe Spuren in Schnee und Dreck zeigten an, daß hier Fahrzeuge gefahren sein mußten. Wir gingen hinein und riefen. Ein Bursche mit einem freundlichen Lächeln erschien und winkte uns ruhig heran und hinein. Es war ein wirkliches Zelt: 10 Meter lang, 5 Meter breit und ungefähr 3 Meter hoch. Es war sehr finster drinnen, weil der Zeltstoff mit dunklem Filz unterlegt war, um die Wärme drin zu behalten. Das einzige Licht drang durch die Türe und ein kleines, viereckiges

Fenster aus verfärbtem Plastik herein. Undeutlich machten wir zwei Betten aus, auf beiden waren Decken aufgeschichtet; auf einem lag ein schnarchender Mann, auf das andere setzte ich mich, Nick ließ sich auf eine Harasse neben der Türe nieder. Auf dem bloßen Erdboden hatte es ganze Stöße von Säcken und Kisten mit Lebensmitteln und Proviant, wie wenn die Leute eine Seite aus Captain Scott's Buch herausgerissen und dann alles, was drauf stand, für den Winter gehortet hätten. Wir begannen, einige Eintragungen in unsere Bücher zu machen, währenddem der erste Mann für uns etwas zu essen zubereitete. Er machte uns klar, daß wir ganz sicher Nahrung erhalten würden, aber betreffend Schlafen, ließ er uns einige Zeit im Zweifel. Wir hielten unsere Daumen gedrückt, denn wir hätten es nun wirklich nicht geschätzt, wieder in diese Saukälte hinaus gejagt zu werden. Wir ließen die Zeit verstreichen, ohne zu drängen, denn wir wußten, daß diese chinesischen Straßenarbeiter normalerweise immer sehr freundlich waren.

Unsere Wasserflaschen gefroren in der Nacht. Wir dagegen lagen warm und angenehm unter ganzen Bergen von Decken in unseren Schlafsäcken und fühlten uns weit weg von der rauhen Welt draußen. Wir kamen einen weiten Weg von Lhasa her, und vor uns lag noch ein weiter Weg über zunehmend unwirtliches Land. Es war keine leichte Nacht. Infolge der großen Höhe – 5000 Meter über dem Meer – hatten wir Probleme mit der Atmung. Ungefähr alle Stunden einmal erwachten wir voller Furcht, total außer Atem. Ich hatte einen Traum, von dem ich dachte, daß er eigentlich als ein Alptraum des Versagens gemeint war, der sich aber zur Komödie entwickelte. Ich kämpfte mich auf dem Rad einen steilen Hang hinauf, als sich plötzlich Sattel, Rahmen und Räder in Luft auflösten. In diesem Augenblick schoß Nick an mir vorbei. Er flitzte, von einer Winde gezogen, auf Skiern den Berg hinan, und setzte einen wunderbaren Schwung nach dem andern in den Schnee.

Nick. Tag 34.
Eine schlechte Nacht. Konnte nicht atmen. Fühlte mich 100prozentig lethargisch. D. zwang mich aus dem Bett, bevor »die von nebenan« aufstanden. Also kein Tee für den Beginn. Wir wankten in den gefrorenen Alptraum draußen; der Tag war eben erst angebrochen. Harter Schnee, gefrorene Erde. Müde Beine. Die Böschung hinunter auf die Straße. Wir wanden uns auf der Straße immer weiter hinunter und verloren rasch an Höhe. Innerhalb weniger Minuten waren meine Füße richtige Eisblöcke. Der Wind schnitt durch unsere Jacken, besonders die Schultern, nur durch Thermoschicht und Jacke bedeckt, empfanden die Kälte. Wir glaubten, daß Wenquan nur etwa 50 Kilometer weit weg sei, aber der Ort blieb unsichtbar. Dies war bis jetzt der einsamste Teil der Ebene. Das Becken, in dem Wenquan hätte liegen sollen, maß ungefähr

50 Kilometer im Durchmesser. Die Straße hielt sich an die Hügel zur Linken, die entfernten Berge lagen auf der Rechten. Wir sahen nur zwei Straßenwärterhäuschen, ein Nomadenzelt und eine Herde Schafe. Wir fanden Wenquan nicht, auch wenn man uns in jedem der beiden Straßencamps versicherte, selbst dieser Ort zu sein. Wie immer waren die Leute über die Maßen freundlich und schauten uns ruhig und stolz beim Essen zu. Besonders von unseren Leichtgewichts-Eßstäbchen waren sie fasziniert. Wir aßen Nudeln und ein paar Stückchen Schweinefleisch aus Büchsen. Es ist erstaunlich, wie gut nur im Wasser gekochte Nudeln zum Frühstück schmecken, wenn man 60 Kilometer fahren muß, bis man sie bekommt! Sie sagten uns, daß wir bereits in Wenquan seien, daß es aber auch um die Ecke liege (sie schwenkten die Arme wild in alle Richtungen). Schließlich fanden wir einen Ausgang aus diesem Hochtal. Die Straße tauchte hinunter in ein enges Tal, und wir begannen eine lange, sanfte Abfahrt. Dicker Nebel und Regen hüllten uns ein, aber bald war auch das vorüber. Der Fluß wurde größer, schneller und braun. Trotz des grünen Schimmers von Gras in der Landschaft, sahen wir keine Tiere, außer einigen toten Yaks. Epidemie?

Etwas später erreichten wir dann Yanshiping, das erste Dorf seit Amdo, 190 Kilometer weiter zurück. Es war ein kleines, verhutzeltes Nest, eine einzige Reihe von armseligen Hütten, eingeklemmt zwischen Hang und Bach. Aasgeruch empfing uns. Unüblich für dieses Hochland, lagen ganze Haufen von verfaulendem Kehricht herum, und Hunde suchten nach letzten Resten. An einem Marktstand wurden farbige Kunstfaser-Pullover und Gummistiefel feilgeboten. Ein paar Männer durchsuchten die Waren. Einige Meter daneben hing ein toter Hund in einem Drahtgewirr. Das Chai-Haus war sehr kalt.

Wir fuhren weiter, nicht weil wir Lust dazu hatten, sondern ganz einfach, weil es noch für einige Stunden Tag sein würde. Auch wenn wir es im Augenblick gar nicht schätzten, die einzige Art und Weise, aus diesem Abenteuer hinaus zu kommen, bestand darin, unser Ziel zu erreichen. Es hatte aufgehört zu schneien, als sich das Tal öffnete und in eine weitere, riesige Ebene mündete. Es war der weiteste, flachste und *leerste* Ort, den wir je durchquert hatten. Null Zeichen von irgendwelchen Behausungen, mit Ausnahme eines einzigen, toten Yaks, eines einzigen Vogels in der Luft, der Asphaltstraße und der Telegrafenstangen, die uns den Weg wiesen. Alles andere war flache, eintönige Leere. Eine riesige Fläche bloßer Erde ohne einen Menschen. Gras und dann nichts mehr. Nie zuvor waren wir solcher Leere begegnet. Die zweitschlimmste durchquerten wir an jenem Morgen, das Becken von Wenquan. Es schien, daß mit jedem Kilometer weiter nach Norden die Unwirtlichkeit der Landschaft zunahm. Und doch war diese Ebene mit Gras bedeckt und ein großer Fluß führte hindurch. Wir befanden uns nur auf 4000 bis 4500 Meter Höhe. Warum gab es keine Leute? Vielleicht war der Winter zu streng für Nomaden, vielleicht war das Wetter hier im allgemeinen ganz einfach zu unfreundlich.

Unglaublich launenhaft war es auf jeden Fall. Innerhalb einer halben Stunde konnte es von naß, wild und windig auf warm, ruhig und sonnig drehen. Und umgekehrt! Am späten Nachmittag begann es zu donnern und dicht zu schneien. Yangshiping verließen wir in trockenem Schneegestöber, das sich bald in eine schwere, nasse Flockenflut verwandelte. Später kämpften wir uns durch schwarze Säulen kompakten Regens. Konditionen, die einen Klimatologen in freudige Ekstase versetzt hätten. Einmal an diesem Nachmittag war der Himmel geviertelt. In einem Viertel leuchtete blauer Himmel mit weißen Wattewölkchen über runden, braunen Hügeln, auf der andern Seite ragten Schneegipfel unter einem stahlgrauen Himmel; hinter uns reckte sich dräuend eine schwarze Regenwand empor, und vor uns schimmerte grünes Gras unter einem cirrusbewölkten Himmel. Alles in allem die spektakulärste Gegend für Wetterbeobachtungen (ausgenommen vielleicht Bangladesh!).

Trotz der wilden Schönheit der Umgebung sollte dies der erste Tag werden, an dem unsere Reise wirklich zu einer Plage wurde. Wir waren uns einig, daß es längst nicht mehr soviel Spaß machte, wie wir es uns eigentlich ausgedacht hatten. Es war mühsam. Die Kamera war defekt. Wir rissen die inneren Zehenkappen aus den Schuhen, weil wir dachten, daß sie vielleicht die Blutzirkulation unterbunden hätten. Unsere Füße blieben kalt, wenigstens hatten wir wieder ein paar Gramm an Gewicht verloren. Wir trugen die ganze Zeit alle unsere Kleider und froren trotzdem ständig. Schneestürme wechselten ab mit Regen, starken Winden und Augenblicken von ruhigem, friedlichem Sonnenschein. Da es immer weniger Leute gab, wurde es immer schwieriger, Unterkunft für die Nacht zu finden. Das Tibetanische Hochland war ein harter Brocken.

Ich begann, leise für mich zu singen, nur um überhaupt weiterzukommen. Das Liedchen war angemessen morbid:

Wie geht es Dir, Hans Heinrich Haab
Erlaub', daß ich sitze an Deinem Grab
Und ruh' mich aus in der Sonne Schein
Mir schmerzen vom vielen Marschieren die Bein.

Dein Stein sagt mir, Du warst sechzehn
Als Du fielst im Kriege von 1915
Ich hoffe Dein Tod war sauber und schnell
Oder, Hans Heinrich, war's langsame Höll'?

Mitten in der Ebene, 40 Kilometer von der Stelle weg, wo wir sie betraten und so weit weg von den Bergen, daß diese gar nicht mehr sichtbar waren, lag die eingefriedete Siedlung von Tongteyho. Wir entschlossen uns, bereits jetzt Feierabend zu machen, um uns etwas zu beruhigen, über die Bücher zu gehen und vor allem gut und lange zu schlafen. Aber Tongteyho war eine Katastrophe. Die Hütten schienen alle von Geisteskranken bewohnt zu sein: Schielende Augen, abgehackte Bewegungen, verdrehte Beine, total wirre Haare. Ein Mädchen hatte ihr Gesicht über und über mit einem schrecklichen Zeug, wie Mehl, bedeckt. Als wir vortraten, um für eine Unterkunft zu bitten, knallten die ersten paar Türen vor uns zu. Es war ziemlich furchterregend. Wir hatten keine andere Wahl als hier zu bleiben. Eine Frau in mittlerem Alter, gekleidet in ein winziges Miniröckchen, rannte zu uns heraus, lachte uns ins Gesicht und verschwand wieder. Der nächste Ort war 50 Kilometer weiter, der letzte schon 48 Kilometer vorbei. Es war zum Verzweifeln. Wir mußten hier ausharren und hoffen, daß wenigstens jemand hier einigermaßen normal war. Wir gingen hin zu einer Türe, die aussah, als ob sie dem Boß dieses Lagers gehören könnte. Nachdem wir angeklopft hatten, steckte jemand den Kopf aus dem Türspalt und scheuchte uns weg.

In Gedanken sahen wir uns bereits eine Erdgrube ausheben, um dort drin, eingehüllt in Schlafsack und Anorak, die Nacht zu verbringen. Wir hofften allerdings, daß es nicht zum Schlimmsten kommen würde. Glücklicherweise nahm jemand Vernunft an. Drei ziemlich seltsame Männer nahmen uns in ihre Hütte mit, wo sie in Lehnstühlen den Wänden entlang saßen und Fleisch von großen Knochen nagten. Wir saßen auf einer Couch, die Füße auf dem kalten Steinboden, und eine Frau, die aussah, als ob sie ständig weinen würde, schenkte uns zahllose Becher heißen Wassers ein. Ein eigenartiger Ort. Zuerst boten sie uns als Schlafgelegenheit den Platz unter dem Traktor, der in einem offenen Schuppen stand, an. Wir hätten glücklich dort geschlafen, wenn wir eine Türe zum Abschließen gehabt hätten, um die Leute draußen zu halten. Doch dann besannen sie sich eines anderen und fanden plötzlich einen leeren Raum mit einem Doppelbett, ganz allein für uns.

Nick. Tag 34. Tongteyho.
Ich versuchte zusammenzuzählen, wieviele Kilometer es noch bis Urumqi sind. Bis Golmud beinahe 550, und dann noch 1800 von dort aus. Diese Aussicht war ganz einfach zuviel und überstieg das Maß an Hoffnung und Energie, das noch übrig hatte. Seitdem wir Lhasa verlassen hatten, war mir fast ununterbrochen kalt gewesen. Alles war unbequem, ich konnte nicht richtig schlafen, ich war gestreßt durch die (bekannten und unkalkulierbaren) Risiken, die wir eingehen mußten; ich war gestreßt durch die Unsicherheit, wo wir unsere nächste Mahlzeit einnehmen, wo wir das nächste Mal schlafen würden, gestreßt auch

durch die Launenhaftigkeit des Wetters, das uns, wenn es gewollt hätte, ohne weiteres zu Tode hätte gefrieren können. Auch macht sich langsam die angehäufte Müdigkeit der Reise bemerkbar. Dhaka, Kathmandu und Lhasa haben gezeigt, daß es keine wirkliche Erholung geben kann, bis daß die Reise beendet ist.

Ich weiß, wie schlimm es um mich steht, weil ich in den letzten Tagen immer mehr Zuflucht zu Tagträumen nahm, um mich etwas vom Streß der harten Wirklichkeit abzulenken. Eine meiner schönsten Fantasien besteht darin, daß ich mich in meiner Wohnung hinlümmle – mit einem großen Krug Tee und Schokoladenbiskuits in Reichweite. Penny ist dort. Freunde kommen mich besuchen, und ich habe alle Zeit dieser Welt, nichts zu tun. Es ist total warm, sicher und komfortabel.

In anderen Träumen entwerfe ich Möbel – ich habe soeben das letzte, beste, größte Möbelstück erträumt: Einen Computer-Arbeitsplatz, eingebaut in ein L-förmiges Bett, das zugleich als Sofa dient, mit tragbarem HiFi-Modul und drehbaren Büchergestellen. Leben in sitzend-liegender Position, ohne auch nur einmal aufstehen zu müssen. Andere, kleinere Träume sehen mich zum Beispiel im Schoße meiner Familie in Norfolk oder Coventry, oder am Feuer sitzend in Cringleford, bei Toast und Konfitüre (das ist eine historische Fantasie – es waren dies jeweils die schönsten Augenblicke nach der Schule). Manchmal sind diese Tagträume von unglaublicher Intensität und ich mache halbherzige Versuche, sie aus meinem Geiste zu verbannen, damit ich nicht den Kontakt mit der Wirklichkeit allzu stark verliere. Schade, daß die Wirklichkeit so schrecklich ist!!

Am nächsten Tag erstreckte sich die gleiche Ebene nochmals 20 Kilometer weit. Die Straße verlief bolzengerade, parallel dazu die Telegrafendrähte. Es war eintönig und bedeckt, die Wolken zogen etwa 500 Meter über uns dahin. Wir hatten eisige Zehen und kalte Hände und wir zogen unsere Skikappen eng um unsere Köpfe und zogen die Kapuzen an. In der ganzen ersten Stunde, während wir von der Ebene wieder in hügeliges Gelände pedalten, sahen wir nichts außer einer Gruppe von acht Straßenarbeitern, die an einem Straßengraben werkten. Nachdem wir nun also die Tongteyho-Ebene hinter uns gelassen hatten, konnten wir bestätigen, daß dies nun wirklich die unwirtlichste Gegend war, die wir je gesehen hatten. In den Hügeln hatten wir einen kleinen Paß zu bezwingen, wofür wir etwa eine Stunde benötigten. Es gab keine Hinweise auf Yaks, Nomaden oder Ziegen, obwohl wir an zwei kleinen Hütten vorbeikamen, aus denen Kinder, in Yak-Felle gekleidet, auf uns zurannten. Wir hatten jedoch geplant, unser Frühstück 40 Kilometer weiter vorne in Tanggulashanqu einzunehmen, und so hielten wir nicht an. Sehr bald erreichten wir das nächste Becken, das uns sogar noch größer schien als jene zuvor. Im Westen verengte es sich auf eine Breite von ungefähr 20 Kilometer, mit flachen Hügeln, die sich von beiden Seiten einander näherten. Im Osten jedoch erstreckte es sich in ungebrochener Fläche, so weit das Auge reichte, und wir konnten am Horizont keine Hügel oder Berge ausmachen. Ich hatte das Gefühl, daß ich, wie in einer Yacht auf ruhiger See, die Rundung der Erde sehen könne.

Ein Teil der Fahrt durch diese trostlose Gegend glich so stark dem Solway Firth, daß mich einen Augenblick lang das Heimweh zu übermannen drohte. Wir fuhren entlang einer mehr oder weniger geraden, offenen, windigen Straße, wie die Küstenstraße, die über Silloth und Allenby nach Süden führt. Zu unserer Linken hatte es zehn bis zwanzig Meilen grünes Gras und dahinter einige runde, niedrige Hügel, wie der Lake District oberhalb Cockermouth, wo Charles, Sandy und meine Schwestern leben. Zur Rechten senkte sich die Oberfläche hinunter zur weiten, sandigen Ebene, mit Kies und Schneeflächen, etwa 30 Meilen weit, wie die Wasser des Solvay Firth, hinüber auf die andere Seite zu einer einsamen Gruppe von schneebedeckten Bergen unter einer Wolke, gerade wie Criffel. Ein Klumpen formte sich in meiner Kehle, und Tränen schossen in meine Augen. Ich wünschte, ich könnte aussteigen.

Auf halber Strecke durch die Ebene hatten wir das Vergnügen, eine Kolonne von 10 Yaks zu erblicken, die beladen über die Ebene trotteten. Ihr Ziel war wohl das gleiche wie unseres: Tanggulashanqu, die größte Stadt seit Amdo, das nun bereits 300 Kilometer hinter uns lag. Es bestand aus etwa 200 bis 300 niedrigen Hütten aus Backsteinen oder Blech, die meisten Dächer waren aus Wellblech. Es gab einige Benzintanks und ein paar Dinger, die aussahen wie Wassertürme. Der Ort erstreckte sich etwa 500 Meter weit entlang des ausgetrockneten Bachbettes, und die Straße schnitt im rechten Winkel hindurch, beidseitig mit Scherbenhaufen von grünen Glasflaschen bedeckt. Es war wirklich eine sehr primitive Stadt, hatte jedoch den Vorteil, ein unerwartet gutes Frühstück zu bieten. Zwiebelomelette, gefolgt von Eier- und Zwiebelsuppe, dann der Hauptgang mit Blumenkohl und Schweinefett, Zwiebel-Wok-Gericht mit Reis, schließlich gefolgt von jenem wundervollen »Bollock«-Tee, den wir schon einmal, in Damxung, genießen durften. Dann verließ ich schnell den Tisch, um zu sehen, wer wohl in der Stadt Biskuits und Süßigkeiten verkaufen würde. Ein ausgezeichneter Kauf waren zwei Dosen Aprikosen.

Später am Tag 35 pedalten wir nordwärts, verließen das große Becken rund um Tanggulashanqu, über einige kleinere Hügel, quer durch ein kleineres Becken, und wurden dann von einem richtigen Schneesturm überrascht und eingehüllt. Er blies uns, ohne daß wir es bemerkten, einen größeren Paß hinan und gleich auch darüber hinweg. Später erfuhren wir, daß es der 5010 Meter hohe Foho Shan war. Mittlerweile war uns wieder extrem kalt geworden, dazu naß, kurz, wir fühlten uns wieder einmal lausig und beschlossen, die erste beste Gelegenheit zu einem Halt zu ergreifen. Nach 90 Kilometer war es dann soweit: Es war eine jener Hütten, an die wir uns inzwischen so gewöhnt hatten. Eine nette, rundliche Frau und ihre Familie lebte dort. In der Mitte des großen Hauptraumes stand ein großer, warmer eiserner Ofen. Sie gab uns heißes Wasser und Brot, offenbar das, was man Gästen in dieser Gegend so servierte. Verschiedene gerahmte Fotos hingen an den Wänden, außerdem ein farbiger Buddha-Thanka-Kalender und einige selbstgemachte Zinn-Ornamente. Die lebhafte Dame, die übrigens, als wir herkamen, wie meine Mutter selig, barfuß vor dem Haus saß und das Wetter beobachtete, brachte uns ein Radio, drehte den Knopf des Potentiometers durch eine ganze Kakophonie von Sendern und Statikgeräuschen, bis sie zu ihrer großen Freude BBC World Service fand, wo gerade Frank Muir und Denis Norden »My Music« präsentierten. Alle lachten herzlich und fanden es sehr komisch – in 5000 Meter Höhe auf dem Tibetanischen Hochland – tatsächlich sehr komisch! Als wir einmal hinausguckten, bemerkten wir, daß die Sonne durch Schneefetzen, die beinahe waagrecht vor der Türe durchwehten, abgelöst worden war. Wir entschieden uns für eine weitere Tasse heißen Wassers und rösteten unsere Socken am Ofen noch ein bißchen trockener.

Eine halbe Stunde später brach schon wieder die Sonne durch, und so machten wir uns denn wieder auf die – nun fast trockenen – Socken. Etwa 40 Kilometer flitzten wir durch eine weitere flache Ebene, es lief gut für uns. Als die Dämmerung hereinbrach, wurde der Wind so stark, daß wir beinahe nicht mehr treten konnten. Wieder einmal fühlten wir uns sehr müde. Wir beschäftigten uns einmal mehr mit der angenehmen Aussicht, die Nacht draußen verbringen zu müssen, denn die Distanzen zwischen menschlichen Behausungen wurden immer größer. Oft lagen 40 Kilometer und mehr zwischen zwei Häusern. Mehr als 160 Kilometer legten wir an diesem Tag zurück; wir hatten die 100-Meilen-Schranke erneut durchbrochen.

Als wir um eine Ecke kamen, hatten wir das Vergnügen, eine Schafherde zu sehen. Es war die erste große Tieransammlung seit langem. Dann führte uns die Straße über einige kleine Hügel, wo zu unserer Freude ein Straßenarbeiter-Lager aus Zelten errichtet war. Wie immer näherten wir uns langsam, zogen eine große Schau ab, indem wir ungelenk und steif von den Rädern stiegen und leicht schwankten. Wir hielten an und schälten uns aus Mützen, Kapuzen, Brillen, Gesichtsmasken und Handschuhen, bewegten uns dann mit Mühe vorwärts, ein dankbares Grinsen auf dem Gesicht, wobei wir Worte wie »Hallo«, »How do«, »Nice Weather« (schönes Wetter!) ausstießen. Der erste junge Mann, der uns sah, reagierte normal: Er schoß schnurstracks an uns vorbei und verschwand im Zelt. Der zweite erstarrte zur Salzsäule, der dritte wandte sich um und holte seine Freunde. Als dann etwa zehn und dann zwanzig Leute um uns herumstanden, brachen sie schließlich in ein befreiendes Lachen aus, streckten uns die Hände entgegen und hießen uns in ihrem Zelt willkommen. Zwei Jungen wurden vom Boß dazu bestimmt, nach unseren Rädern zu schauen, was wir allerdings nicht für eine so gute Idee hielten, weshalb wir sie mit in das große Zelt nahmen. Wir durften uns auf die Kante der Schlafplattform setzen, die das halbe Zelt ausfüllte. Die ranghöheren der Männer, oder die älteren, oder vielleicht waren es auch ganz einfach die schnelleren, setzten sich zu uns aufs Bett. Andere zu unseren Füßen. Alle trugen blaue Mao-Anzüge und -Mützen. Und viele drängten noch zur Türe herein.

Unser Zeitplan war perfekt gewesen. Die Sonne war untergegangen, Dunkelheit brach herein, die Männer hatten ihr Tagewerk vollbracht, das Essen würde bald bereit sein. Als Gäste wurde uns zuerst serviert. Wir holten unsere Miniaturstäbchen hervor und ernteten prompt eine Lachsalve. Große Schalen mit Nudelsuppe. Bald brachten sie uns eine zweite Portion und boten uns auch in Streifen geschnittenes Brot an. Sehr schnell fühlten wir uns absolut vollgestopft, brachten es aber fast nicht über uns, weitere Ladungen abzulehnen. Dann gab es große Becher schwarzen Tees. Die Leute waren fasziniert. Nach dem Essen erzählten wir das, was unserer Ansicht nach einer chinesischen Geschichte am nächsten kam – die Namen aller Orte, die wir auf unserer Reise passierten. Bei jeder Ortschaft meldete sich einer, der bereits einmal dort gewesen oder sogar dort aufgewachsen war oder der sie zumindest kannte. Ein breites Lachen erscheint jeweils auf seinem Gesicht, und alle applaudieren. Als nächstes versuchen wir uns mit den Dörfern und Städten, durch die wir noch kommen werden, aber das ist wesentlich schwerer, weil wir die Aussprache kaum je einmal richtig treffen. Wir versuchten uns auch mit Distanzen, aber das war kein Gruppenspiel, da man dazu Zahlen mit dem Finger oder dem Löffelstiel auf den Boden schreiben muß, die dann nicht alle sehen. Deshalb nahmen wir unsere Chinakarte hervor und versuchten die Heimatstädte der Anwesenden herauszufinden.

Eine der besten Unterhaltungen, die wir kannten, war der Kontaktlinsentrick. Die Leute waren immer total verblüfft. Ich lehnte mich nach vorne und starrte mit weitoffenem Auge in die Menge, dann, indem ich meinen Kopf leicht neigte, ließ ich die Kontaktlinse in meine Hand springen und zeigte sie allen. Alle starrten und sprachen leise und aufgeregt miteinander, da sie nicht so richtig wußten, wozu denn nun das kleine Ding diente. Dann leckte ich es ab und setzte es wieder ein; worauf dasselbe mit dem andern Auge ablief. Darauf durften alle meine Augen von ganz nahe betrachten und schauen, ob sie die Linsen entdecken konnten. Nachdem alles vorbei war, tat Nick dasselbe mit seinen Kontaktlinsen, und das Staunen begann von neuem. Der andere gute Party-Trick, der außerdem äußerst nützlich war, wenn wir müde waren und zu Bett gehen wollten, war »der unendliche Schlafsack«. Nick hatte es bei diesem Sketch zu vollendeter Meisterschaft gebracht, so daß auch ich regelmäßig in Gelächter ausbrechen mußte, wenn er seine Schau abzog, und ich nicht wußte, was nun folgen würde. Er nahm also eine der Taschen vom Rahmen weg, warf sie mit übertriebener Leichtigkeit in die Luft, um zu beweisen, wie leicht sie war, und öffnete dann den Deckel. Dann begann er langsam den Schlafsack herauszuziehen, wie wenn er den indischen Seiltrick vorführen wollte. Jedesmal wenn er zog, verdoppelte sich die Fläche, bis daß er schließlich einen immensen Ballon vor sich hatte. Dann versuchte er, das riesige Ding wieder in die kleine Tasche zurückzustopfen, das sich ihm prompt immer wieder schlangengleich entwand und der erneuten Gefangenschaft entging.

Es ist rein unmöglich, jemandem zu beschreiben, wie es ist, wenn man zusammen mit sechs Chinesen in eine enge Koje schlüpfen muß, während zwanzig andere zuschauen, alle gleich angezogen, alle in ständigem Palavern begriffen. Nicht nur bleibt das Velcro an allen möglichen und auch unmöglichen Orten stecken, wenn du die Jacken ausziehst und in den Schlafsack kriechen willst; um die engen Kombis auszuziehen, muß man sich auch verrenken, wenn man mutterseelenallein im Zimmer ist. Nick löste das Problem, indem er sich in seinem Kombi schlafen legte. Prompt ereilte ihn dann das Schicksal, als er heimlich versuchte, sich des Mikrofons und des Tonbandgerätes zu entledigen, die er unter seiner Kleidung trug. Doch schließlich waren wir sicher in unseren Schlafsäcken verstaut. Die Wärme, das gute Essen, die Anstrengung des Tages und die Sicherheit des Lagers mit den jungen Straßenarbeitern brachten es mit sich, daß wir tief eingeschlafen waren, noch ehe die ersten Zuschauer abzogen. Als wir am andern Tag erwachten, waren die andern schon lange an der Arbeit. Nur ein alter Mann in unserer Koje und die zwei Köche waren zurückgeblieben. Zu unserer Enttäuschung war es zu spät, um noch Tee zu erhalten. Wir nahmen die Straße in nördlicher Richtung unter die Räder und als wir um die erste Kurve fuhren, sahen wir alle unsere Freunde vom Vorabend bei der harten Arbeit. Sie waren dabei, mit Pickel und Schaufel Erde aus einem großen Loch herauszutragen, um eine Biegung in der Böschung auszufüllen, damit die Straße begradigt werden konnte. Wir winkten fröhlich zum Abschied und machten uns geistig bereit, weitere zwölf Stunden im Sattel zu sitzen.

Die Sonne erschien tief und scharf über dem östlichen Horizont. Lange Schatten begleiteten uns. Es war kalt. Wir waren voll angezogen und brannten darauf, möglichst weit Richtung Golmud vorzurücken. Ein recht drohend aussehender Armee-Konvoi von 36 Fahrzeugen kreuzte uns. Beinahe sofort begann die Straße gegen einen kleinen Paß zu steigen, nur etwa 10 Kilometer lang, aber immerhin genug vor dem Frühstück, um den Tag schlecht beginnen zu lassen. Die Stadt, die wir auf der andern Seite erreichten, war kaum dazu angetan, unsere Laune zu heben. Sie war beinahe so groß wie Tanggulashanqu, oder anders gesagt, sie hatte etwa die gleiche Bevölkerung wie die National Art Gallery an einem ruhigen Tag; wenn auch weniger gebildet. Es war so schlimm wie Yanshiping. Ein Lastwagenfahrer verriet uns, daß es sich um Wudoulian handelte. Die Chai-Häuser – wir prüften drei der sechs – waren eisig kalt und die Angestellten äußerst unfreundlich. Wir trafen zwei Gringos, die erregt versuchten, einem Tourführer mit einem modernen Minibus eine Mitfahrgelegenheit abzuschwatzen. Sie erzählten uns, wie rauh die Fahrt sei, wie kalt sie gehabt hätten, wie trostlos das alles war. Und das uns! Wir schwiegen.

Wudoulian war auf unserer Karte nicht eingetragen, obschon es mit etwa 60 Gebäuden und 2 Treibstoffstationen recht groß war. Auf unserer Karte gab es 2 Ortschaften, die etwa 40 Kilometer auseinander lagen, aber da wir keine der beiden fanden, nahmen wir an, daß Wudoulian eine der beiden, wenn nicht sogar beide war. Der Name war unwichtig. Ein trauriges Nest bleibt ein trauriges Nest, auch wenn es einen anderen Namen trägt.

Nick. Tag 36. Wudoulian.
Wir stopften uns voll mit einem Wok-Gericht (Schweinefleisch und Pilze), Reis, Zwiebeln, einem Krug voll Pfirsichen, gefolgt von einer ganzen Menge von Süßigkeiten... woraufmich ein heftiger Magenkrampf ergriff. Ich schoß auf, Richtung Türe. Zu spät! Schrecklich, schrecklich, schrecklich. Wieder im Chai-Haus, zwanzig Minuten später, aß ich den Rest der Süßigkeiten. Langsam.

Etwas später – wir waren bereits wieder unterwegs – beschlossen wir, daß wir versuchen wollten, heute bis Budongquan zu gelangen, das laut Karte ungefähr 100 Kilometer weit weg zu liegen schien. Wichtig für uns war, daß es die letzte Ortschaft auf dieser trostlosen Hochebene war, bevor wir den Kun Lun Shan, überqueren würden. Diese Kette erstreckt sich über die ganze Hochebene, vom Karakoram und Pamir im Westen bis zum chinesischen Tiefland im Osten. Sie ist das nördliche Gegenstück zum Tanggula Shan und trennt das zwar unwirtliche, aber doch stellenweise grüne Hochland im Süden von der absolut kahlen toten Salzwüste Qaidam Pendi im Norden. Einmal über den Kun Lun Shan würden wir hinabtauchen nach Golmud, das nun für eine lange Zeit das Licht am Ende des Tunnels für uns bedeutet hatte.

Trotz des kalten Windes fuhren wir enthusiastisch weiter. Wir sahen die Kilometerpfosten vorbeifliegen. Seit jenem ominösen Stein unmittelbar nach Lhasa, worauf die Zahl 1929 eingraviert war, waren sie unsere ständigen treuen Begleiter gewesen. Nun erwarteten wir den Stein mit der Zahl 1000. Laut zählten wir jeden vorbeifliegenden Stein. Die Erregung stieg, und wir bauten eine ganze Menge Adrenalin auf. Wir fuhren schneller und schneller, ein jeder führte immer zwei Kilometer: Tief über den Lenker gebeugt trotzten wir dem Gegenwind, der zweite soviel vom Windschatten des Vordermannes profitierend, wie nur immer möglich. Sechs Kilometer vor dem 1000er Stein wechselten wir nach jedem Kilometer in der Führung ab, ohne uns abgesprochen zu haben. So erreichten wir das ersehnte Zeichen komplett ausgebrannt, erschöpft und lachend. Wir fotografierten uns und sprachen einige Kommentare aufs Tonband. Dann machten wir uns fröhlich wieder auf die Reise. Die Ebene war 80 Kilometer breit, die größte, flachste Ebene, die wir je gesehen hatten. An einem kleinen Fluß, den wir nach einigen Minuten erreichten, stieg Nick ab und büßte nochmals für seine Völlerei. Ich spazierte ein wenig abseits der Straße in die Leere hinaus.

Dick. Tag 36. Nachmittag. Qinghai. 4000 Meter über dem Meer.
Ich spazierte ein wenig weg von der Straße, über die weitausgestreckte Ebene. Sie war groß. Die einzigen Geräusche, die ich hörte, waren das Pfeifen des Windes und die Stille in meinen Ohren. Die Straße verschwand viele Kilometer weit weg in beiden Richtungen in den bräunlichen Wellen der Ebene. Es gab wenig in den letzten paar Tagen, was man auf unseren Tonbändern hätte aufnehmen können. Diese Gegend war so bar jeden Lebens. Nur Wind und launisches Wetter.
Ich lag in heller, warmer Sonne. Der Boden war weich; rötlichbraune, kiesige Erde. Alle paar Zentimeter gab es winzige Büschel braunen und grünen Grases. So alle paar Fuß wuchs ein kleines Moospölsterchen. Der Boden war total pockennarbig von den unzähligen Fußspuren der Schafe und Pferde. Pferdeäpfel alle paar Meter, wohin ich auch schaute. Ganz offensichtlich gab es hier zu bestimmten Zeiten des Jahres recht reges Leben. Wir sahen nichts davon. Vielleicht leben diese Fußspuren auch ganz besonders lange, weil es wenig Bodenerosion gibt, die sie zerstören könnte.
Die ganze Trostlosigkeit erstreckte sich über 50 bis 80 Kilometer in jede Richtung. Auf einer Seite zu schneebedeckten Hügeln, auf der andern zu den schwarzen, zackigen Bergen des Kun Lun Shan. In anderen Richtungen in die Leere, zu niedrigen braunen Hügeln oder zu der drohenden Gewitterwolke, die uns von Süden hierhergejagt hatte. Die Stille war sowohl unheimlich als auch freundlich in der warmen Sonne. Alles war so leer und so riesig, daß man in der dünnen Luft glaubte, man könne Hunderte von Kilometern in jede Richtung sehen. Es gab viel mehr als 360 Grad Horizont. Während ich schaute und mich drehte, entfaltete er sich immer zu neuen Tiefen...

8. KAPITEL

Die große Abfahrt

Gegen Ende von Tag 36 waren wir nahe daran, das letzte der großen, hochgelegenen Becken Tibets bezwungen zu haben. Fünf Tage lang hatten wir gefroren. Fünf Tage lang hatten wir Schneefälle, durchsetzt mit heftigen Winden, und dann wieder scharfe Sonnenbestrahlung über uns ergehen lassen. Wir bewegten uns ständig in Höhen um die 4500 Meter und stiegen so alle 60 bis 70 Kilometer, wenn wir die kleinen Hügelketten überquerten, bis auf 5000 Meter hinauf. Immer weniger und weniger Leuten begegneten wir, bis wir in den letzten zwei Tagen für Strecken von 30 bis 40 Kilometer praktisch nichts und niemanden mehr antrafen. In der Ferne, hoch über der Ebene, erblickten wir ein hartes graues Band von Bergen mit weißen Spitzen, das während des ganzen Tages unmerklich immer näher kam. Es war Kun Lun Shan, das sich am Rande des Plateaus von Westen gegen Osten ausdehnte. Wir waren nun also 1000 harte Kilometer von Lhasa hergeradelt, quer über das wenig bekannte tibetanische und Qinghai Hochland. Auf der anderen Seite jener Berge, im Norden, befand sich die unbekannte Salzwüste von Qaidam Pendi. Glücklicherweise befand sich dort auch, bloße 200 Kilometer entfernt, die sehr große Stadt von Golmud. Berechtigterweise nannten wir sie »Sicherheit«. Der Optimismus, der sich normalerweise im Geiste breit macht, wenn man nach langer Zeit der Entbehrungen plötzlich ein Stücken Gold glitzern sieht, begann uns von innen heraus zu erwärmen. Wir waren auch sicher, daß es noch irgendeine Siedlung diesseits des Kun Lun Shan geben würde. Auf unserer Karte stand Budongquan, aber frühere Erfahrungen hatten uns gezeigt, daß man sich darauf nicht allzu fest verlassen kann. Alles was wir wollten, war ein wenig Schutz und etwas Nahrung, bevor wir unseren großen Eintritt in Golmud feiern konnten.

Mit sturer Hartnäckigkeit preschten wir über die Ebene. Sie war 80 Kilometer breit – ein massiges Stück Land, das gleich wertvoll, und möglicherweise auch gleich interessant gewesen wäre, hätte es sich am Grunde des Ozeans befunden. Ich kann mir die Inserate vorstellen: »Noch unerschlossenes Bauland – immense Möglichkeiten – ideal für fanatische Rennfahrer – Private 50-Meilen-Gerade!« Bonneville Salzsee: keine Chance.

Nick. Tag 36.
Die Wolken kamen näher und unsere Energie bekam einen Dämpfer. Der Schnee setzte dicht ein. Die Straße, eine lange, gerade schwarze

Linie. Stumpfsinniges Radfahren. Ein starker Gegenwind. Langsam schlichen die Kilometer vorüber. Feuchte, kalte Füße, zentnerschwere Beine. Ich fuhr Zickzack im kleinsten Gang. Kein Leben mehr. Budongquan kam in Sicht. Still und weiß. Eine kleine Gruppe weißer Häuser im Schutze eines kleinen Hügels, beinahe erdrückt von schweren Wolken. Budongquan wirkte verlassen.

Es hatte zwei Gebäude ohne Dach, ein paar Baracken, einige Wellblechhütten und nahe der Straße drei weißgetünchte Häuser mit roten chinesischen Zeichen neben den Türen. Auf einer Seite standen einige Ölfässer, und ein Besen war im Schnee an die Wand des mittleren Hauses angelehnt. Die Türe öffnete sich, und ein rundlicher, gemütlicher Chinese lehnte sich heraus. Er hatte ein volles rotes Gesicht und ein strahlendes Lächeln. Unsere Uhr zeigte uns, daß es noch 2 Stunden lang Tag sein würde, aber wir beschlossen, unser Tagewerk für diesmal zu beenden, denn bereits schlich sich die Dämmerung heran. Der Luxus von Tag 36 von JCE war diese Betonhütte. Obschon sie klein war, bedeutete der Mann uns, daß wir hier essen und schlafen könnten. Das Dach bestand aus Latten und Konterlatten und war mit Blech gedeckt. Es gab keine Heizung. Wir waren auf 4500 Meter Höhe, und ein Sturm heulte draußen. Unser Wirt und seine Frau (sie war so untersetzt wie er) waren ein glückliches junges Paar, das in den dick gepolsterten Mao-Anzügen und den modernen Mützen wie Michelin-Männchen aussah.

Nick. Tag 36. Budongquan.
Drinnen war es so kalt, daß wir zum ersten Mal unsere Notfallausrüstung trugen: die Schlafsäcke unter unseren Jacken. Der Mann und seine Frau waren rührend freundlich. Dies ist ihr Heim. Das Eßzimmer: Ein Tisch, der Benzinkocher und ein Herd, Schüsseln mit Gemüsen und Fleisch. Kein Strom. Sie machten uns eine Suppe aus Seetang und getrockneten Garnelen, ein Gericht aus Nudeln, Schweinefleisch und Gemüse folgte. Wirklich sehr gut. Es war der sauberste Raum, in dem wir je waren, und sie waren stolz darauf, ihn sauber zu halten. Bereits zweimal wurde er gereinigt, seitdem wir hier waren. Der Boden besteht aus Steinen, die so poliert waren wie die Eingangshalle des Jokhang.

Wir entspannten uns und schlürften mit großem Vergnügen Schwarztee aus Emailkrügen mit passenden Deckeln. Was alles so heimelig machte, war erstens einmal, weil wir müde und zufrieden waren, dann aber auch, weil das junge, blauäugige, chinesische Paar so verliebt schien. Sie schienen so glücklich zu sein, uns in dieser Oase inmitten der Materie gewordenen Trostlosigkeit bewirten zu können. Es war offensichtlich, daß Fremde neu für sie waren; daß es Menschen gab, die nicht chinesisch sprachen, war für sie schwer zu akzeptieren. Der Mann plauderte in einem fort chinesisch auf uns ein, erzählte uns von seiner Hütte, vom Dorf, von ihrem Leben hier, von woher sie beide kamen. Er trug sein großes Lächeln auf seinem Gesicht, und sein kurzes Haar stand senkrecht von seinem roten Schädel ab. Wir unsererseits erzählten ihm von unserer Reise, unserem Heim und unserem Luxus. Es spielte keine Rolle, daß wir uns gegenseitig nicht verstanden, wir hatten ganz einfach einen gemütlichen Abend.

> *Nick. Tag 36. Abend. Budongquan-das-Trostlose.*
> Der Wind zerrt an den Mauern. Draußen ist es unglaublich kalt. Es schneit. Für D. und mich ist dies Luxus: Gutes Essen und, beinah ebenso wichtig, komplett frei von irgendwelchen Belästigungen. Wir konnten stundenlang an diesem Tisch im flackernden Licht des Paraffindochts sitzen und ohne die geringste Störung schreiben. Noch nie zuvor hatten wir an einem Tisch gesessen, ohne daß uns jemand über die Schulter geguckt hätte. Ich kann kaum glauben, wie rauh dieser Ort ist und wie dieses Paar hier existieren kann von den seltenen Reisenden. Wir sind zu nahe bei Golmud, als daß hier die Lastwagen regelmäßig Halt machen würden. Warum haben sie wohl diese Einsamkeit gewählt?

Als wir fertig gegessen hatten, brachte uns der Mann eine Schüssel mit Wasser, um uns zu waschen. Nicht nur das, er brachte auch noch ein Stück Seife. Nick flippte aus. Doch nicht genug: Es stellte sich heraus, daß das Wasser heiß war. Ich tauchte meine Hände hinein und drehte sie langsam hin und her, etwa 10 Minuten lang. Reiner Luxus. Fünf Tage lang hatten wir nichts gekannt als Kälte; die Wärme, die von außen kam, bereitete uns ein intensives Vergnügen. Wir waren müde und bedeuteten, daß wir gerne schlafen würden, was unserem Wirt Freude zu bereiten schien. Zuerst war es uns nicht ganz klar, wo wir schlafen konnten. Das Paar schlief in einem Raum hinter dem Ofen. Der einzige andere Raum lag hinter einem Vorhang. Ein kleiner Vorratsraum mit Holzstücken, Säcken und Kisten am Boden und Gestellen mit Nahrungsvorräten. Er machte eine überschwengliche Geste, die zeigte, daß wir dort schlafen könnten. »Großartig«, dachte ich sarkastisch, »Nick liegt auf dem kalten Steinboden, und ich suche eine bequeme Stelle auf den Säcken und Kisten.« Aber unsere Wirte hatten anderes im Sinn. Mit glucksendem Lachen hob er alle Vorräte von einem großen Podest herunter, wischte es sauber und schaute uns stolz an. Wir schliefen beide außerordentlich gut, wobei wir all unsere Kleider im Bett an hatten und jeglichen Gedanken daran unterdrückten, daß uns ein natürliches Bedürfnis zwingen könnte, hinaus in die Nacht zu gehen.

Nick. Tag 37. Budongquan. Morgen.
Der Tag explodierte in unseren Raum, als der Hausherr die Türe aufstieß und die neue Sonne ihre Strahlen in den hintersten Winkel sandte. Wir hatten großartig geschlafen. Wie in allen Fünfsterne-Hotels, mußte man auch hier bloß durch eine Türe in den nächsten Raum, um das Frühstück genießen zu können – obschon wir in jeden Fetzen Kleidung gehüllt waren, den wir hatten, eingeschlossen unsere Schlafsäcke! Der Tag begann mit einer vollkommenen Mahlzeit. Unser Wirt war in der gleichen guten Verfassung wie gestern abend. Es war ein Vergnügen, aufzuwachen und sein kurzes, drahtiges Haar rund um sein Vollmondgesicht zu sehen. Seine lachenden Augen verschwanden vollends in ihren Schlitzen, wenn er etwas sah, das ihm nun wirklich Freude bereitete (wie zum Beispiel die 10-Yuan Touristen-FEC-Note, die wir ihm als Bezahlung für seine Gastfreundschaft anboten).

Draußen war es eisig kalt. Es hatte die ganze Nacht geschneit, etwa 5 Zentimeter Schnee bedeckte alles und tauchte die Welt in eine gleißende Helligkeit. Die Frau hatte bereits den Schnee vor der Haustüre weggefegt. Als wir unsere Räder auf die Straße stießen, standen sie beide unter der Türe und winkten uns zu, wie Kriegsbräute an den Docks ihren Liebsten zum letzten Mal zuwinkten, als sie an die Front zogen. Gar nicht so schlecht der Vergleich, denn auch wir konnten nicht mit Sicherheit sagen, wie lange wir noch überleben würden. Die Chance, daß wir nochmals nach Budongquan zurückkehren würden, war Null. Es war ein schönes Intermezzo in einer sonst durch und durch fremdartigen Reise durch eine feindselige Landschaft.

Nick. Tag 37. Kun Lun Shan. Morgen.
Weiter im eisigen Schnee. Eine monochrome Landschaft, nun, da die Sonne hinter Wolken verschwunden war. Steif pedalten wir vorwärts, in all unsere Kleider gehüllt. Die Szene glich so sehr Schottland, wir waren uns einig, daß wir auf der Straße von Crainlarich nach den Five Sisters of Kintail waren, mit ein wenig schärferen Schneebergen, zwei- bis dreitausend Fuß über uns auf jeder Seite. Die Farben, besser gesagt, deren Fehlen, war identisch: Die Schneefelder, die bloßen Felspartien und Erdflecken, die wir in so guter Erinnerung hatten. Sogar die Temperaturen waren schottisch: ein beißender Wind, knapp unter dem Gefrierpunkt. Voraus waren große Berge – komplett mit Schnee bedeckt wie Cruach Ardrain aus großer Entfernung. Unmöglich zu sagen, wo die Straße eine Lücke durch diese Bergkette findet.

Wir hatten 21 Kilometer zurückgelegt, als die Straße plötzlich scharf nach links abbog, etwas hinunterführte, dann nach rechts hinauf und wieder nach links. Plötzlich wurden wir gewahr, daß wir den höchsten Punkt erreicht hatten. Wir waren nur rund 300 Meter hinaufgestiegen und standen bereits auf der Paßhöhe des Kun Lun Shan. Hier also verlief die Trennlinie von den extrem hohen Becken im Süden zu der etwas weniger hohen Salzwüste im Norden vor uns. Wir verließen nun das Einzugsgebiet des chinesischen Meeres, denn vor uns fließt alles Wasser ins Landesinnere – verschwindet in seichten Seen und verdunstet, eine Salzkruste zurücklassend.

Nick. Tag 37. Kun Lun Paß.
Eiseskälte auf dem Paß im Schnee. Unter unseren Jacken trugen wir immer noch die Schlafsäcke um unsern Leib gewickelt. Wir zogen auch noch unsere Überhosen an und trugen nun jeden Fetzen Kleidung am Leib, den wir bei uns hatten. Alles was wir noch tun konnten, war, die Ersatzreifen um unseren Körper zu wickeln und vielleicht die Satteltaschen über den Kopf zu stülpen. Wir spähten hinunter auf die andere Seite. Der Asphalt führte nur nach unten. Eine mächtige Kolonne neuer Isuzu Lastwagen der chinesischen Armee kroch die Straße aufwärts. Es gab nichts anderes zu sehen als sanfte Hänge, und wir hatten Schwierigkeiten, uns vorzustellen, daß wir nun eine Abfahrt von einigen tausend Metern vor uns hatten.

Wir hatten die Härte und Entbehrungen der tibetanischen Hochebenen bereits vergessen, als wir uns auf der andern Seite des Kun Lun Shan in die Tiefe hinunter stürzten. Zuerst ging's durch ein kleines Tal mit schneebedeckten Hängen. Neben uns verschwand ein lustiger, kleiner Bach von Zeit zu Zeit unter frischen Schneetafeln. Wir hätten ebensogut in irgendeinem der vielen namenlosen Täler seit Tanggula sein können. Etwas später wurde die Straße steiler, und jedesmal, wenn wir die Bremsen losließen, schienen unsere Räder unter uns wegziehen zu wollen. Der leichte Hang schien nirgendwohin zu führen, es war, als ob er uns bloß etwas Abwechslung von den eintönigen Hochebenen bieten wollte. Nach 10 Kilometern machte das Tal eine Biegung nach Osten und mündete in ein sehr viel größeres Tal, sehr verschieden von allem, was wir auf der Hochebene gesehen hatten. Dieses neue Tal hatte in seiner Sohle eine ungewöhnlich grüne Grasfläche, und die Bergflanken zogen sich beidseitig etwa 1000 Meter in die Höhe. Zu unserer Linken waren sie stark erodiert und abgerundet, während zu unserer Rechten die Felswände schwarz und gezackt emporragten, mit Schneekappen, die bis an die Wolken stießen. Sie waren das Rückgrat des Kun Lun, Beweis dafür, daß wir in einer anderen Welt waren. Es war ein großes Tal, von der Art, wie wir seit Lhasa keines mehr gesehen hatten: Wir selbst waren kleine Fleckchen in einem Trog von majestätischer Schönheit.
Wir flogen richtig dahin, in diesem ostwärts gerichteten Tal, und unterstützten mit leichten Pedalumdrehungen im höchsten Gang den Abwärts-

drang unserer Räder. Wattewölkchen schwebten am Himmel, in Abständen schien die Sonne warm auf unsere Rücken. 20 Kilometer nach der Paßhöhe erreichten wir die erste Siedlung, ein neues, sauberes Armeelager aus acht Beton-Häuserblocks, einem Wasserreservoir und zwei Treibstofftanks. Mit Ausnahme einer kleinen Hütte, war dies die erste bewohnte Siedlung seit Budongquan, 41 Kilometer hinter uns. Später kamen wir noch an einem Straßenwärterhäuschen vorbei, dann nichts mehr – und wir fuhren weiter hinab. Die Straße führte nach links, etwa 10 Kilometer lang zu einem Tiefpunkt, wo das Tal auszuflachen begann. Der Talboden war nun etwa drei Kilometer breit. Auf beiden Seiten führten aber die Bergketten weiter. Wir richteten uns etwas in unseren Sätteln auf und faßten die Lenker oben, um die herrliche Brise auf unserer Brust zu spüren. Das flache Gebiet schien im Norden und Süden durch Berge abgeriegelt zu sein, unser Tal mündete von Westen und ein spiegelgleiches Tal von Osten in die Senke. Es schien keinen Ausweg zu geben. »Da muß es doch sicher einen See haben«, dachten wir. Würden wir in ein schwarzes Loch fahren? Als wir näher kamen, bemerkten wir an der tiefsten Stelle ein ziemlich angeschlagenes Wellblechdorf. Dann konnten wir eine schmale Kluft ausmachen, die nordwärts durch die Hügel führte. Es gab einige Häuser, auch Chai-Häuser in diesem Ort, der sich Shedatong nannte. Es wäre hübsch gewesen, wenn wir uns hier ein wenig bei einem Tee hätten entspannen und die Rückkehr zu einer Szenerie hätten feiern können, die uns von Lhasa und dem Himalaja her bekannt war. Der Sinn aber stand uns nach Golmud, denn wir hofften, dort die Nacht verbringen zu können. Das war immerhin 150 Kilometer weiter; Lunch wollten wir in Naij Tal einnehmen, einem Flecken, wo zwei Flüsse sich trafen, und der deshalb gutes Essen versprach.

Bei der Kurve, wo die Straße nach links in die Schlucht bog, machten wir Halt und gratulierten uns gegenseitig zur Bezwingung des Kun Lun, dann fuhren wir weiter und dachten, daß die dramatischen Landschaftsbilder für heute nun wohl vorbei seien. Wir hätten nicht mehr daneben liegen können. Große Abwechslungen warteten auf uns. Die Felsenkluft war der Beginn eines langen, gewundenen Korridors mit steilen, scharfen Bergzacken, die sich hoch über uns auftürmten. Die Straße war eingezwängt zwischen Schründen, Felswänden und dem herunterstürzenden Wildbach. Es war eine wunderbar wilde Schlucht von zerrissenem, nacktem Stein, Felsriegeln und wunderbaren Farben: Töne von Braun, Rot, Schwarz, Grün und Purpur über, um und unter uns. Darüber – Schnee. Der Fluß war ein kämpfender, schäumender Wildbach, der sich wand und drehte wie ein Dämon, gefangen in einer Grube. Wir verloren sehr schnell an Höhe. Als die Temperatur stieg und die Sonne wärmer zu scheinen begann, entledigten wir uns unserer Überhosen und der Schlafsäcke. Dann rollten wir weiter, ohne groß treten zu müssen. Wir erfreuten uns der durchdringenden Wärme, wie wir sie seit

Lhasa nicht mehr gefühlt hatten. Die Landschaft änderte sich weiter und verblüffte uns immer wieder aufs neue. Weiter unten im Tal hatte der Fluß begonnen, sich in seinem eigenen Bett einzugraben und hatte sich seinen eigenen Mini-Gran Cañon geschaffen, mit 50 Meter hohen, senkrechten Felswänden unmittelbar neben dem weiß schäumenden Wasser. Die Berge standen nackt und frisch, wie wenn sie vorgestern aufgeworfen und auseinandergebrochen worden wären, die neuesten Berge der Welt, ein bißchen wie die peruanischen Cordillera Blanca auf der Straße von Atacama nach Huaraz und Yungay.

Als wir die halbe Strecke von Shedatong nach Naij Tal zurückgelegt hatten, drehte sich uns alles im Kopf, so erschlagen waren wir von den vielfältigen Eindrücken der Landschaft nach den Tagen der Leere hinter uns. Doch die verbleibenden 20 Kilometer sollten noch mehr bringen. Das Tal bog sich nun in nordöstlicher Richtung. Wir kamen durch eine halbwüstenähnliche Landschaft mit fußhohen Grasbüscheln und kleinen Gruppen von kargen Büschen. Die erste größere Vegetation seit 1000 Kilometer. Seitliche Wildbäche hatten tiefe Narben in das weiche Geröll auf beiden Seiten des Hauptflusses geschnitten. Immer noch gab es keine Leute. Wir sahen nur eine einzige Hütte am Straßenrand. Plötzlich wurden wir gewahr, daß die Luft warm, ja fast heiß war. Die letzten paar Kilometer bis Naij Tal konnten wir zum ersten Mal seit vielen Tagen ohne Windjacken fahren.

Wir erreichten den Ort in der Mitte des Nachmittags, nach den besten Stunden, die wir je auf dieser Reise auf dem Fahrrad verbracht hatten. Unser Vergnügen war natürlich durch die vorangegangenen, trostlosen Tage noch verstärkt worden. In einem einzigen halben Tag hatten wir 90 Kilometer zurückgelegt, von eisiger Kälte und Schneesturm, über kleine Hügel, durch große schroffe Berge in eine steppenähnlich Vegetation und eine scharf gezeichnete Landschaft, die stark der Rauheit des Sinai glich. Die einzige Möglichkeit, etwas Ähnliches zu erleben, war die Abfahrt vom Lalung La, Richtung Süden, durch weiße tibetanische Dörfer in heller Sonne zu den Himalaja-Wäldern bei Khasha und dann weiter zu den grünen, terrassierten Hügeln Nepals. Eine Alternative für Neulinge wäre vielleicht auch die Rallye von London nach Brighton von der Majestät des Houses of Parliament durch das pulsierende Leben von Brixton und Seatham, über die Schönheit der Downs bis zum Jubel-Trubel-Heiterkeit von Brighton. Dort könnten sie dann stehen und auf die offene See hinausstarren – die wir seit 36 Tagen nicht mehr gesehen hatten und von der wir immer noch wegfuhren.

Naij Tal war nicht groß. Tatsächlich gab es nicht einmal ein Chai-Haus. Es war ein großes Armeelager und nichts anderes. Wir brauchten zehn Minuten, um das herauszufinden, und nach dieser Zeit waren wir bereits verhaftet und ins Lager eskortiert worden. Wir waren leicht nervös, als man uns in das Wartezimmer begleitete und uns bedeutete, daß wir auf den Kommandanten warten sollten. War dies gut oder schlecht? Wir wußten es nicht. Wir mußten warten. Sie brachten uns Tee in chinesischen Porzellantassen. Es war ein sauberer, heller Raum mit Zementboden. Wir saßen auf einem Sofa mit Blumenmuster – ein weicher Sitz für schmerzende Hintern!! Der Offizier war ein netter Kerl mit einer eleganten Uniform; er war herzlich, ohne sich aber anzubidern. Er gab den Befehl fürs Essen und ließ uns dann zufrieden. Nach einer Weile wurden wir in die Offiziersmesse beordert. Ein runder Tisch war vorbereitet worden, mit Tischtuch, verzierten Eßstäbchen, Wasserkrug, Bechern und absolut unglaublich, mit Weingläsern. Ein Soldat ließ uns zwischen Wein oder Bier auswählen. Das war absoluter Luxus. Die Köche tischten uns viele Gänge exzellenten Essens auf. Sie standen still und schauten uns zu. Wir stürzten uns auf das Essen wie zwei Racheengel, wobei wir uns ein bißchen schämten und glaubten, daß wir ihrer Großzügigkeit doch ein wenig mehr Ehre hätten angedeihen lassen sollen. Wir hätten uns keine Sorgen zu machen brauchen – sie ließen uns alles bezahlen. Trotz der unglaublichen 30 Yuan, die sie von uns verlangten, war es doch das Geld mehr als wert: Bohnensuppe, Huhn- und Schinkeneintopf, fettfreie Gurken mit Schweinefleisch aus dem Wok, dann Blumenkohl und Schweinefleisch mit Soya-Sauce, ebenfalls aus dem Wok, dazu ganze Berge von Nudeln. Das Bier stieg uns in den Kopf, und wir waren beide ein wenig angeheitert. Unsere Knie waren leicht schwach. Weiterzufahren würde für eine Weile schwierig sein, bevor sich das Essen in unseren Bäuchen etwas gesetzt haben würde.

Golmud lag noch etwa 100 Kilometer weiter weg, glücklicherweise alles abwärts. In der Offiziersmesse hatten wir die Zeit gesehen und dabei bemerkt, daß unsere Uhr nachging – über eineinhalb Stunden! Deshalb wurde es immer so schnell dunkel! Wir hatten also noch viereinhalb Stunden Tageslicht übrig. Wir stiegen auf unsere Räder. Eine steife, nördliche Brise hatte sich erhoben und versuchte ihr Bestes, uns zurückzuhalten. Wir mußten uns weit über unsere Lenker beugen, um überhaupt vorwärts zu kommen. Die ersten paar Pedalumdrehungen ließen uns für unser Weiterkommen Schlimmes erahnen. Dann wendete sich das Glück zu unseren Gunsten, und zwar in einer recht lustigen Art und Weise.

Dick. Tag 36. Später Nachmittag. Flußeinmündung.
Was für eine Radtour! Wir sprinteten 21 Kilometer in den Gegenwind hinein, hinter Lastwagen 23-00452, gefahren von einem Mädchen mit Zöpfen. Er kam auf die Straße, gerade als wir das Armeelager verließen, und hat uns bis hierher im Windschatten mitgeschleppt. Wir mußten unser letztes geben, um Schritt zu halten. Wir mußten auch kämpfen, um unser Essen bei uns zu behalten, aber noch mehr fürchteten wir, allein gegen den Wind ankämpfen zu müssen. Die ganze Strecke

ging es immer ein wenig schneller, als wenn wir in einem kurzen Sprint allein gegen den Wind allein hätten fahren müssen. Auf den seltenen Strecken, wo es leicht bergauf ging, konnte der Laster uns immer leicht abhängen. Wir bissen auf die Zähne und zwangen unsere Beine, zu strampeln. Wenn nur das hervorragende Essen bei uns bleibt. Von Zeit zu Zeit mußten wir unsere Gesichtsmasken herunterreißen. Der Auspuff lag direkt unter unseren Nasen. An der Außenseite saß ein älterer Mann mit blauem Mantel und Mütze. Sehr wahrscheinlich der Boß. Im mittleren Sitz ein Mädchen im hellblauen Overall, ganz mit Farbspritzern bekleckert. Dies zeigte die Gleichheit der Geschlechter in China – scheinbar keine Diskriminierung. Mehr, als man für mich sagen kann: Ich habe ganz selbstverständlich angenommen, daß der Mann der Boß ist...

Die Szene für diesen Sprint war großartig. Strenge, ernste Berge erhoben sich steil auf beiden Seiten. Der Talboden war eng, der Fluß immer größer. Immer wärmer wurde es. Nach und nach verschwand die Buschvegetation. Nach 21 Kilometern, als unser Zöpfchen mit 23-00452 uns verließ, gab es ein weiteres Armeelager und einen weiteren Zusammenfluß. Wir fuhren weiter, ohne anzuhalten. Die Straße führte nun in die richtige Richtung: Norden. Der Wind blies uns direkt ins Gesicht, und wir begannen uns zu fragen, ob wir unter diesen Bedingungen wohl bis Golmud kommen würden. Glücklicherweise blieben die dräuenden Wetterwolken zurück, festgeklebt am Kun Lun. Als wir weiterfuhren, wurde das Tal immer breiter. Die Mitte bestand aus einem weiten flachen Sand- und Kiesbett, in das der Fluß eine tiefe, senkrechte Rinne geschnitten hatte. Seitenflüsse strömten durch ihre eigenen kleinen Tälchen und vereinigten sich mit dem Hauptfluß. Auf beiden Seiten wurden die Berge niedriger und niedriger. Wie die größeren Berge vorher, waren auch hier die Hänge frisch erodiert, mit zackigen Graten zuoberst. Ihre vielfarbige Struktur wurde durch die Abendsonne noch unterstrichen. Die Sandebene im Talboden wurde immer breiter und weiter, wie wenn die hohen Gipfel des Kun Lun in den Sand hinabsinken würden, begraben von ihrem eigenen Erosionsprodukt.

Schließlich verschwanden auch die letzten Berge, und wir fuhren über eine Ebene, so flach wie ein Pfannkuchen. Dort wo die Berge schließlich ganz aufhörten, sahen wir noch eine Ansammlung von Hütten und Fabrikgebäuden, zum Teil noch im Bau – nicht so sehr eine neue Stadt als vielmehr eine Transplantation übelster Industrie aus dem Anfang dieses Jahrhunderts. Danach führte die Straße schnurgerade durch die flache Sandebene. Die größte topographische Abwechslung boten die Telegrafenmasten. Golmud war noch bloße 30 Kilometer weit weg, und wir nahmen an, daß wir so gut wie dort seien. Dann aber wechselte plötzlich aus dem Nichts das Wetter.

Eine schwarze Riesenwolke hatte sich in Windeseile himmelhoch erhoben und nahm alles Licht weg. 15 Minuten lang schlug uns eine Wand von Wind mitten ins Gesicht. Ich wollte anhalten und den Sturm vorbeiziehen lassen, aber Nick trieb uns weiter. Wir kämpften uns im kleinsten Gang voran. Nicht viel schneller als Marschtempo. Unsere linke Schulter stemmten wir Wind und Regen entgegen. Wir wechselten uns alle 100 Meter in der Führung ab, damit der andere sich wenigstens ein bißchen im Windschatten des anderen ausruhen konnte. Dann, wie es gekommen war, so verschwand es wieder. Plötzlich waren wir frei, nach Golmud zu sprinten, mit einer vergnüglichen Brise im Rücken.

Nick. Tag 37. Abend. Golmud. 3500 Meter Höhe.
Obschon ich noch ziemlich belämmert war, schaffte ich es dennoch, das Drama und die Bedeutung des abrupten Wechsels vom kalten Hochplateau zur tieferen, flachen Wüste zu begreifen: Die Trostlosigkeit und die Leere waren dieselben: Eine schwarze Asphaltstraße inmitten einer Wüste, Telefonmasten als Gesellschaft... Nach dem Sturm flitzten die Räder nur so dahin, jeder für etwa einen Kilometer in Führung bei maximaler Tourenzahl. Auch im größten Gang konnte ich die Pedale kaum schnell genug drehen lassen, so groß war das Tempo, das wir vorlegten. Es ging leicht hinab mit Rückenwind. Sehr aufregend. Alles ging gleich nochmals so gut, weil wir dank der geringeren Höhe nun mit jedem Atemzug mehr Sauerstoff in die Lungen bekamen. Trotzdem wir am Ende eines langen Tages angelangt waren, fühlte ich mich beinahe lachhaft stark. Bereits träumte ich davon, die 527 Kilometer nach Dunhuang in drei Tagen zurückzulegen.

Meine Gedanken waren noch nicht so weit fortgeschritten wie jene Nicks. Ich war voll damit beschäftigt, den Sprint in die Stadt zu genießen. Ich hatte das Gefühl, als ob ich in die Zivilisation zurückkehren würde. Allerdings war es eine etwas eigenartige Zivilisation, die uns hier begegnete. Es war eine Oase gräßlicher, moderner, chinesischer Architektur inmitten vieler hundert Kilometer Leere, in der sich sogar eine Atombombe verloren vorkommen würde. Es schien uns, als ob wir lange brauchen würden, bis wir endlich in Golmud einfahren konnten, aber das rührt wohl davon her, das Golmud die erste Stadt seit Lhasa war, die auch eine gewisse flächenmäßige Ausdehnung hatte. Golmud bedeutete für uns immer so etwas wie ein Symbol; wenn wir bis Golmud kämen, so sagten wir uns, dann wäre auch der Erfolg der Expedition gesichert.

Wir pedalten durch acht Kilometer Vorstadt und gelangten schließlich an die Verkehrsinsel in der Mitte der Stadt. Damit hatten wir einen 179 Kilometer langen Tag hinter uns, an dem wir den sagenhaften Abstieg von

Kun Lun nach Golmud schafften und dabei 1200 Meter an Höhe innerhalb 159 Kilometern verloren. In der Stadt waren die höchsten Gebäude sechsstöckig, die meisten hatten so um die zwei bis drei. Alle Gebäude waren von langweiligem, rechteckigem Grundriß. Die Luft schien voll von Drähten und Pfosten. Es gab Mengen von Fahrzeugen und viele Werkstätten, wo man Fahrzeuge reparierte. Bei der Busstation fanden wir eine saubere, gute Unterkunft in einem spartanisch eingerichteten Raum mit sauberer Bettwäsche, Metallrahmenbetten, einem Tisch, einem Stuhl, Zementboden und einer blechernen Waschschüssel. Zu unserer größten Freude wuchs draußen, gerade vor unserem Fenster, ein Baum. Ebenfalls freute es uns, daß wir im ersten Stock logierten. Wir waren nicht mehr so hoch über dem Boden gewesen, seit wir Lhasa verlassen hatten. Leicht benommen saßen wir auf den Betten, mampften eine Dose Aprikosen und kauten auf irgendeinem Kunstbrot herum. Es war schwierig, die Bedeutung dessen zu erfassen, was heute, aber auch was alles in den letzten 8 Tagen seit Lhasa geschehen war.

Nick. Tag 37. Spät abends.
Wir legte unsere Chinakarte auf das Bett. Zum ersten Mal seit wir England verlassen hatten, konnten wir die Strecke Lhasa – Golmud im Zusammenhang mit der ganzen Reise sehen. Jetzt, da wir diese Distanz zurückgelegt hatten, war sie eine Realität geworden. Wir konnten sie als Teil der ganzen Geographie dieses Landes erfassen. Wir hatten die Masse des tibetanischen Hochlandes durchquert und wir hatten dies aus eigener Kraft auf unseren Fahrrädern geschafft. Es war selbst auf der Weltkarte eine bedeutende Reise. Jetzt, da sie hinter uns lag, fragten wir uns, wie wir Teile davon mit einer solchen Schnelligkeit zurücklegen konnten. Unsere Gedanken schweiften zurück, und wir konnten einige Höhe-(oder auch Tief-)punkte nochmals erleben: Die Nacht im Yakdunglager, die blindmachenden Stürme von Staub und Regen in Amdo, die Trostlosigkeit von Tongteyho, die Leere des letzten Beckens, die Nächte voller Vergnügen mit den Straßenarbeitern, das herzliche Lächeln unserer Freunde in Budongquan.

9. KAPITEL

Der Sprint zur Wüste Gobi

Wir trafen ein paar andere Touristen in Golmud. Beinahe einhellig lautete ihr Urteil: Grauslich! Einer steckte einen Zettel an die Wand des Hotelkorridors: »Golmud gleich Dreck, Langeweile und Hunde, einfach garstig!« Wir fanden es fabelhaft. Es gab abwechslungsreiches Essen, zahlreiche Möglichkeiten, unsere Fahrräder zu flicken, heißes Wasser zum Waschen und ein Café mit einem Fernseher, wo wir die Fußball-WM auf chinesisch genießen konnten. Golmud war ein Geschenk des Himmel und eine Goldmine.

Es gab allerlei zu erledigen, bevor wir den letzten Abschnitt der Hochebene in Angriff nehmen konnten. Wir gestatteten uns bloß einen einzigen Tag Aufenthalt in dieser warmen Cowboystadt. Das Hochgefühl des Bewußtseins, den härtesten Teil der Strecke hinter uns zu haben, machte uns beinahe trunken an diesem 38. Tag. Es war ein Tag des Aufräumens. Wir kontrollierten unsere Sachen, tätigten unsere Einkäufe und versuchten, unser Inneres, im Hinblick auf den vor uns liegenden Sprint zur Wüste Gobi, ins Gleichgewicht zu bringen. Innerhalb von zwei Stunden konnten wir fast alles auf unserer Liste abhaken: Neue Notizbücher, Füller, neue Gesichtsmasken, Waschpulver und Süßigkeiten. Wir aßen so viel Schokolade, daß unsere Gaumen schmerzten. Wir fanden auch das Büro für Öffentliche Sicherheit, eine Institution, die von den Touristen etwa ebenso gefürchtet ist, wie es die Resistance von der deutschen Besetzungsmacht war. Wir hatten gerüchteweise gehört, daß man eine Sonderbewilligung des »BÖS« brauche, um weiter nördlich nach Dunhuang zu reisen. Falls dies wahr wäre, hatten wir keine Ahnung, wie wir die Leute überreden könnten, uns eine solche zu geben. Doch Fortuna war mit uns, und die verantwortliche Dame erklärte uns in gutem Englisch, daß für eine Busreise nach Dunhuang keine Genehmigung nötig sei. Wir lächelten und versprachen, sofort die Fahrkarten zu besorgen.

Vor drei Tagen hatte der Belichtungsmesser unserer Kamera, die von einer renommierten – als solche wurde sie uns jedenfalls empfohlen – Londoner Reparaturwerkstätte für teures Geld überholt worden war, seinen Geist aufgegeben. Drei Tage lang mußten wir die Belichtung jedes Bildes erraten und zur Sicherheit immer drei schießen. Wir hatten so halb gehofft, daß wir in Golmud eine Kamera – irgendeine Kamera – kaufen könnten, sei es vom lokalen Luxusladen oder auch von einem Touristen. Die Idee war ziemlich weit her geholt, aber nichts ist entschieden, wenn man es nicht versucht hat.

Im Laufe unserer Suche kamen wir auch bei einem Fotoladen vorbei, wo sich die Kunden vor einem Wandgemälde des Potala Palastes ablichten lassen konnten. Zwei besonders feierlich dreinblickende Soldaten waren gerade an der Reihe. Nick bemerkte, daß die zwei blendenden Bogenlampen ein so flaches Licht ergaben, daß die beiden wirklich beinahe zu einem Teil des Gemäldes wurden. Der Fotograf wollte uns seine Kamera nicht verkaufen – sie hätte uns auch nicht sehr viel genützt, denn sie war so groß wie ein Trichtergrammophon, und zum Abdrücken verschwand der Fotograf jeweils unter einem riesigen schwarzen Tuch. Doch Golmud hatte noch einen Trumpf im Ärmel. Nach etwa einer halben Stunde erspähte Nick einen Fremden mit einer voluminösen Fototasche, mit dem ich alsbald ein Gespräch begann. Er war ein Japaner namens Kenji Aoyagi, heute ein guter Freund von uns. Ohne großes Hin und Her brachte ich die Konversation auf Kameras, und zu unserer großen Überraschung trug er nicht weniger als 3 Pentax-Gehäuse bei sich. Um ihm unsere Glaubwürdigkeit zu beweisen, zeigten wir ihm die Titelbilder unserer Bücher »Cycling in Europe«, »Running the Himalaja« und »Bicycles up Kilimanjaro«; nach knapp 15 Minuten freundlicher Diskussion verkaufte er uns ein Ersatzgehäuse für 140 Dollar. Eine Supergelegenheit! Wir fragten uns später, wie groß die Wahrscheinlichkeit eigentlich ist, ein Pentax-Gehäuse in Golmud zu finden; oder auch in ganz Tibet, ja in ganz China. Ganz zu schweigen davon, jemanden zu finden, der einem das Ding auch noch verkauft. Am Tag 38 war das Glück wirklich mit uns!

Im Herzen der Stadt fanden wir den Markt. Es gab Tische, voll mit frischem Gemüse, Lastwagen voller Blumenkohl, riesige Haufen von Spinat. Einige Stände zeigten Körbe mit deftigen roten Tomaten, an andern wurden Acrylpullover verkauft. An zwei Ständen lagen Mini-Magazine auf, so eine Art von erotischen Bildergeschichten. Die waren allerdings nicht zu kaufen, sondern bloß zu mieten. Vertieft in die Lektüre, kauerte ein ganzer Trupp von Männern und Knaben auf kleinen Schemeln rund um die gebotenen Herrlichkeiten. Ein Teil des Marktes war für Fleisch reserviert: Schweineohren, Saufüße, ganze Stücke vom Rind. Hier war die ganze Ware schön auf Tischen mit darüber aufgespannten Schirmen ausgebreitet. Aus irgendwelchen unerfindlichen Gründen schütteten dagegen die Fischhändler, in einer andern Ecke des Marktes, ihre Köstlichkeiten einfach auf Sacktücher, die am Boden ausgebreitet waren. Eine Gruppe von elegant und sauber uniformierten Soldaten, alle größer als der Durchschnitts-Golmudianer, spazierten durch das Gewimmel. Als wir unsere neue Kamera für einige Testbilder hervornahmen, wandten sie sich schnell ab.

Auf dem Weg zurück zu unseren Rädern legten wir eine Pause ein und amüsierten uns ein Stündchen: Wir wollten in ein paar unserer Ausrüstungsgegenstände Löcher bohren, um einige weitere Gramm Gewicht einzusparen. Bei einer ganzen Anzahl einfach gebauter, doch offenbar gut frequentierter Garagen machten wir Halt und wählten die mit dem lebhaftesten Betrieb. Das Zentrum der Werkstatt bildete ein Schweißer, der sich an einem Lastwagenunterbau zu schaffen machte. Hinter seinem Rücken bearbeitete jemand auf zwei Böcken ein zwei Meter langes Brett mit einem Handhobel. Drei weitere Männer hielten ein großes Holzseitenteil der Ladebrücke an seinen Platz, während ein vierter es mit einem Vorschlaghammer malträtierte. Vorne zum Schuppen heraus quollen die mehr oder weniger fertigen Werkstücke und vermischten sich mit den unerledigten Reparaturen der Nachbarwerkstätten. Einige andere Lastwagen, in verschiedenen Stadien des Abbruchs, standen mitten in gefährlich hoch aufgeschichteten Metalltafeln, dazwischen ein schönes, grünes, altes Militärmotorrad mit Seitenwagen, und dort, wo eigentlich noch der freie Boden zu sehen gewesen wäre, war er bedeckt von Drahtstücken, Hölzern und Hobelspänen. Angekettet an einen Werkstattstock mit Nägeln, Nieten und Schrauben war ein riesiger, schwarzer, struppiger Wachhund, der sich pflichtbewußt, aber sehr halbherzig, gleichsam um Entschuldigung bittend, auf uns stürzte. Eine unglaublich traurige Figur.

Nick deutete mit seinem Finger an, daß er gerne ein Loch in einen spezialgehärteten Campag-Konus-Schlüssel gebohrt haben möchte. Ein runzeliges, sehr kleines, altes Männchen hörte ihm aufmerksam zu, nahm den Schlüssel und machte sich an die Arbeit. Sicherheit schien offenbar in seinem Wortschatz nicht zu existieren. Zuerst wählte er ein Stück eines total stumpfen Bohrers, spannte es ein und steckte die offenen Drähte der massiven Industrie-Standbohrmaschine in die ungeerdete Steckdose. Der Bohrer begann zu drehen, offensichtlich erheblich unrund. Das schien den winzigen Alten überhaupt nicht zu stören, alles was es bewirkte, war ein größeres Loch. Kraftvoll und ruhig hielt er den Schlüssel in seiner Hand, den Daumen um Nagelbreite neben dem schlagenden Stahl. Drei Löcher bohrte er so – durch nichts anderes als angewandte Hochdruckreibung – in die gehärtete Stahllegierung. Während die Männer ihre Arbeit verrichteten, schnitzte ich mit dem Taschenmesser einige Löcher in den Stiel meines Plastikteelöffels.

Zurück bei unseren Rädern, begannen wir, sie gründlich zu untersuchen. Beide Tretlager und beide Hinterradlager hatten Spiel. Die Tretlager konnten wir anziehen, die Konusse der Hinterradlager waren jedoch so stark angezogen, daß wir fürchteten, wir würden sie zerbrechen, wenn wir noch mehr Gewalt anwendeten. So ließen wir sie, wie sie waren und redeten uns ein, daß es mit dem Spiel eigentlich gar nicht so schlimm sei. Ich wußte damals noch nicht, wie wichtig das alles war, aber Nick hatte auf einer seiner früheren Reisen in Südeuropa erfahren müssen, daß lose Lager die Schlagbeanspruchung eines Teils vervielfachen und zu einer gebrochenen Achse führen können. Für JCE würde dies verhängnisvoll sein. Wir hatten keine

Ersatzteile bei uns und wir würden auch keine passenden bekommen, es sei denn, wir ließen sie von England herkommen. Am frühen Abend kam eine neue Touristengruppe in unserem Hotel an. Zu unserer großen Überraschung war einer dabei, der einen Schutzhelm trug und ein Rad bei sich hatte. Es war, wie sich bald herausstellte, Mark Skinner, ein Engländer, der sich auf einer Weltreise befand. Er war gerade von Dunhuang her mit dem Bus angekommen. Wir sprachen ein paar Minuten zusammen, als er plötzlich seinen Helm abnahm, uns musternd anschaute und fragte: »Ihr seid nicht zufälligerweise die Crane-Brüder?« Nick wurde rot. Man hatte uns diese Frage schon früher gestellt. Wir sagten: »Ja, mehr oder weniger schon. Wir wollen versuchen, nach Dunhuang und weiter nach Urumqi zu fahren.« Mark kam aus dieser Richtung. Er sagte uns, daß Dunhuang, das sich beinahe auf Meereshöhe befindet, eine gute Oase zum Ausruhen sei, wo man sich von anstrengendem Reisen erholen könne. Es sei eine ziemlich große Stadt, und so gäbe es auch allerlei Luxus, aber sie sei noch klein genug, um nicht unpersönlich zu wirken. Alles in allem ein schöner Flecken, wie man ihn nicht am Rande der Gobi erwartete. Urumqi, so meinte er, sei riesig und industriell, überhaupt nicht gemütlich. Er habe versucht, von Urumqi nach Turfan zu fahren, aber die Gegend stellte sich als zu bedrückend heraus. In einer anderen Industriestadt, Hami, war er verhaftet worden. Während seiner Reisen hatte er viel Schönes und Lustiges erlebt. Er war auch einer der ersten, ja, sogar der allererste Radfahrer, der China via Pakistan über den Kujirab Paß nach Kashgar erreichte. Am 1. Mai überschritt er die Grenze, genau an dem Tag, an dem wir dem Meer in Patenga Point zum Abschied winkten. Er war bereits seit 2 Jahren auf seiner Reise, meistens in Europa, etwas in Afrika, per Flugzeug nach Pakistan. Vor ihm lagen zwei weitere Jahre durch Asien, den fernen Osten und Amerika. Verständlicherweise fühlte er sich ein wenig niedergeschlagen: Das Ende seiner Reise war noch nicht in Sicht, den Anfang konnte er noch beinahe nicht glauben.

Spät in der Nacht waren wir mehr oder weniger bereit für einen Start am frühen Morgen. Wir wollten alles geben, um die Strecke von 547 Kilometer nach Dunhuang so schnell wie möglich hinter uns zu bringen – sofern das Wetter, Trinkwasser und alle guten Omen es gestatteten. Die Landschaft wird Qaidam Pendi genannt. Es ist eine Salzwüste. Die wenigen Flüsse, die es hat, fließen alle ins Landesinnere. Sie enden im Sand oder in seichten Seen, deren Ufer eine Salzkruste bilden. Wir vermuteten, daß das Land ziemlich flach sein würde, eine Fortsetzung der Ebene, die wir vor Golmud angetroffen hatten. Die Straße würde wohl asphaltiert weiterführen, so wie wir sie seit Lhasa kannten. Ein wenig vor Dunhuang würden wir dann die Altun Shan Berge erreichen, würden über die Kante des letzten Hochlandbeckens fahren und dann die Höhen über 3000 Meter endgültig hinter uns lassen. Wir dachten beide, daß an diesem Punkt der Expedition das

Schlimmste überstanden sei, und daß es von hier aus ganz normal vorangehen würde. Wir rechneten uns aus, daß wir in 3 Tagen Dunhuang, in weiteren vier bis fünf Urumqi und dann nach einem Tag den Mittelpunkt der Erde erreichen würden. Wir würden die Reise in unter 50 Tagen geschafft haben. Alles sah rosig aus. Plötzlich entlud sich der ganze Streß der letzten Tage und Wochen in einem Gewitter über den armen Nick: Immer lasse er ein paar Schlucke Wasser in seiner Flasche als Reserve, immer esse er zuviel, er habe auch immer eine andere Vorstellung als ich, wie man Tonbandaufnahmen mache, er schlafe zu lang, und warum er nicht entschiedener um seine Meinung gekämpft hätte in Detsukar. In Golmud, scheinbar am Ende der Reise, dachten wir, daß der Druck von außen gewichen war. Ganz unbewußt erlaubte ich meinem Gehirn zu klagen und Kritik zu üben. Der ganze ärgerliche Kleinkram, der sonst dem Tagebuch oder den Briefen, die man an seine Nächsten verschickt, anvertraut wurde, wurde diesmal über der Person ausgeschüttet, die mir am nächsten stand. Nick nahm es ruhig und objektiv. Monate später sagte er mir, daß, obwohl er es damals nicht realisierte, dies offenbar meine Art war, auf unserer Hochgeschwindigkeitsreise den Druck durch künstlich erzeugten Streß aufrecht zu halten, wenn das Leben allzu bequem wurde. Nick sagte: »Ich ziehe es vor, von Zeit zu Zeit dem Streß und dem Druck der Reise zu entfliehen und mich zu entspannen. Golmud wäre dafür ideal gewesen!« Etwas ganz Ähnliches geschah, als ich mit Ados den Himalaja durchrannte. Als wir damals nur noch einige 100 Kilometer von Pakistan entfernt waren, ließ ich einige massive Ausbrüche über meinem Bruder explodieren. Damals jedoch waren wir wirklich dem Ende der Reise nahe; in Golmud hatten wir noch keine Ahnung, was alles noch auf uns zukommen sollte. Nach allem, was wir bisher durchgemacht hatten, glaubten wir, daß wir alles erlebt und gesehen hätten, aber Tag 39 zeigte uns, wie weit entfernt wir von der Wahrheit lagen.

Nick. Tag 39. Morgen.
Mit der Dämmerung kroch langsam der neue Tag über Golmud. Das Licht war grau, der Himmel bedeckt. Nur der Wind war damit beschäftigt, Schabernack zu treiben. Wir verloren 3 Stunden, bis wir fertig waren. Abfahrt von Golmud um etwa elf Uhr. Gerade, schnelle Straße. Wir kamen gut voran. Asphalt. Topfeben in jeder Richtung. Sand oder harte, zusammengebackene Erde. Starke Sonnenbestrahlung. Eisenbahn zur Rechten. Telegrafenmasten (21 pro Kilometer, 35 000 seit der Grenze). Schnell. Keine Merkmale. Keine Vegetation. Rein nichts. Wenig Verkehr. Heiß. Schweiß. Schneebrillen und Gesichtsmasken. Sehr trockene Luft.

Wir pfeilten von Golmud auf einer Straße mit sehr guter Oberfläche weg. Es gab bis sechs Kilometer vom Zentrum entfernt Baustellen. Dann noch ein paar Zelte. Und dann nichts mehr. Flache Sandwüste bis zum Horizont. 25 Kilometer nach Golmud erreichten wir den Rand eines Salzsumpfes mit großen Fliegen und fetten Moskitos, die Nick in den Hintern bissen, als er sich erleichterte. Nach 60 Kilometern kamen wir in ein Lager neben der Straße, Qarhan mit Namen, wo die Eisenbahn nach Osten abbiegt, die Hochebene verläßt und den langen Abstieg nach Xian im chinesischen Unterland beginnt. Im Lager trafen wir sehr freundliche Männer an. Sie gaben uns heißes Wasser zu trinken, kochten Suppe, boten uns einige Momos an, die vom Frühstück übrig geblieben waren, und wollten alle auf unseren Rädern fahren. Wir standen abwechselnd Wache vor dem Zelt. Ein freundlicher junger Mann mit einer Jacke brachte uns 4 getrocknete Fische. Wir waren so hungrig, daß wir sie alle mit Kopf, Schwanz und Gräten verschlangen. Jemand versucht immer wieder, uns Alkohol aufzudrängen. Nach 30 Minuten verließen wir Qarhan. Wir wollten auf dieser guten Straße wirklich eine Bombentagesleistung hinlegen.

100 Kilometer nach Golmud hielten wir an und staunten über die Leere. Uns schien es fast unmöglich, daß wir eine so große Strecke durch das Nichts zurückgelegt haben sollten. Die Straße war eine fortgesetzte Gerade. Obschon wir uns 3000 Meter über dem Meer befanden, hatten wir keinen Berg, keinen Hügel gesehen, es war heiß, trocken und flach. Nick saß an den Straßenrand, um sich ein bißchen auszuruhen. Ich machte einen kleinen Spaziergang hinaus auf die harte Salzkruste, auf die andere Seite der Telegrafendrähte. Nur das Nichts lag zwischen mir und der Ewigkeit. Um jenen, die die Tonbänder einmal hören würden, einen Eindruck zu geben, nahm ich den Ton auf, der in der Mitte von Nirgends ertönte. Außer dem Wind gab es kein Geräusch. Wind, Trockenheit und Hitze der Sonne sind die einzigen Anhaltspunkte, die die furchtbare Leere zur Wirklichkeit machen (Entschuldigung, Geoffrey Moorhouse).

Allein in der unendlichen Weite der himmlischen Halbkugel, hatte ich ein religiöses Erlebnis. Das Leben war auf die einfachsten Komponenten reduziert: Erde, Himmel, Sonne und Wind. Sie waren die vier Dimensionen. Der Wind war die Zeit. Ich war im Zentrum. Ich fühlte mich sehr wichtig, denn alle strömten aus mir; die Erde, in alle Richtungen gleich flach, ohne ein Mal; die Himmelskuppel, aufgebaut, genau über dem Punkt, auf dem ich stand; Der Wind blies genau auf mich zu; die Sonne brannte genau auf mich. Ich fühlte mich unglaublich klein und hilflos. All diese ungeheuerlichen Kräfte konzentrierten sich voll auf mich. Ich war machtlos, konnte nicht meine Arme ausstrecken, um sie zu erfassen. Für einen Ungläubigen fühlte ich mich erstaunlich demütig. Ich kniete nieder.

Dadurch kam ich näher zur Erde. Ich sah Spalten in der Erde, glitzernde Kristalle und eine zerrissene Salzkruste. Plötzlich war ich wieder ein Riese.

Unter mir, auf der Erdoberfläche sah ich eine ganze Welt im Kleinen, mit Bergen und Tälern, Schluchten und ganzen Wäldern aus Salzkristallen. Die vieleckigen Schollen zwischen den Trockenspalten maßen etwa einen Meter im Durchmesser. Ihre Oberfläche war rauh und so trocken wie Asche. Ein gutgereifter Brocken Stilton bricht in der gleichen Art künstlerischer Filigranarbeit auseinander und hinterläßt im Gaumen die gleiche Art schaler Trockenheit. Feine, pelzartige Staubschichten von verschiedenen Kondensaten bedeckten einige der Spalten. Nick brüllte: »Beeil dich Moses, bevor die Flut kommt!«

Nach einer Weile begann die Straße unmerklich zuerst, aber doch stetig aus dem Becken zu steigen. Die Straße war gut asphaltiert und eigentlich ständig seit dem Kun Lun Paß, 260 Kilometer weiter hinten, gefallen. Nach und nach ließen wir die Salzkrusten hinter uns zurück, und niedrige Grate erschienen am Horizont. Wir pedalten in eine Gegend mit goldenen Sanddünen, die sich in ostwestlicher Richtung ausdehnten, soweit das Auge reichte. Das Asphaltband und die Telefonposten lagen zeitweise in 20 Meter tiefen Gräben. Sand lag auf der Straße. Es gab viele Spuren von Straßenarbeitern und Lastwagen, die die Verkehrsader passierbar hielten. 133 Kilometer nach Golmud fuhren wir über die erste Kette von niedrigen, schartigen, trockenen Hügeln. Weit voraus erblickten wir graue Berge. Kein Leben weit und breit. Viel verlassener als alles andere, was wir bisher gesehen hatten. Die Straße führte weiterhin pfeilgerade durch die Qaidam. Der Wind war heiß und trocken. Er hatte etwas gedreht und blies nun gerade von vorne. Wir fuhren weiter. Grausamer Gegenwind. Alle Kilometer wechselten wir uns in der Führung ab. Knochentrocken. Alles flimmerte in der Hitze. Fata Morgana – oder Halluzinationen? Was kommt als nächstes? Wir kämpften uns weiter, wir wußten, daß Dunhuang nahe war, und wir waren fest entschlossen, die Stadt in 3 Tagen zu erreichen, käme, was da wolle.

137 Kilometer nach Golmud mußten wir einen grausamen Schlag einstecken: der Asphalt endete. Damit konnten wir auch unsere Hoffnung auf eine gute Kilometerleistung begraben. Die nächste Stadt, Xitieshan, mehr als 50 Kilometer weiter, wurde augenblicklich unerreichbar für heute. Ebenfalls waren wir der Meinung, daß unser Ziel, Dunhuang in drei Tagen zu erreichen, begraben werden mußte. Ziemlich bedrückend. Wir waren sogar zu niedergeschlagen, um abzusteigen und gemeinsam über unser Unglück zu jammern. Tatsächlich war alles noch viel schlimmer. Unsere Überzeugung, daß die Strecke Lhasa-Golmud der härteste Teil der Expedition war, erwies sich als grausam falsch. Hier in der Qaidam Pendi nördlich von Golmud war die Landschaft noch viel lebensfeindlicher als auf der tibetanischen Hochebene. Die Wüste hier war von beinah totaler Leere. Es gab keine Behausungen, nichts. Irgendwelche Ideen, die wir gehabt hatten, daß wir unsere Reise in 50 Tagen würden vollenden können, mußten wir beiseite legen.

Unser einziger Trost war, daß vielleicht die Strecke hier nur ein kleines Zwischenstück sei und daß bald der gute Asphalt wieder auftauchen würde. Er tat es nicht. In solchen Zeiten, wenn sich alles gegen einen verschworen zu haben scheint, hat es überhaupt keinen Sinn, hinzusitzen und zu heulen – das einzige, was man tun kann, ist, den gesunden Menschenverstand zu aktivieren, die Lage ernsthaft und kühl zu analysieren und sich durchzukämpfen, bis zum nächsten Abschnitt. Niemand kommt und rettet dich – du mußt es alleine schaffen. Wir verbannten unseren geistigen Wehwehchen, reckten unsere Köpfe in den Wind und traten weiter.

150 Kilometer hatten wir nun seit Golmud zurückgelegt. Keine anderen Farben als trockene Braun- und Grautöne erlabten unsere Augen. Dann, als wir um eine graue Felsnase herumbogen, sahen wir zu unserem großen Erstaunen ein nächstes Becken und in der Abendsonne einen unglaublichen Schatz schimmern: einen tiefblauen See, auf der entfernteren Seite eingerahmt von weißen Salzufern, auf der näheren Seite mit tiefgrünen, saftigen Weiden mit dickem Gras, wie in England. Pferde, Schafe und zwei weiße Nomadenzelte sahen wir ganz weit hinten. Wie in aller Welt hatten diese Leute diesen Flecken Paradies gefunden? Die nächsten Nachbarn müssen 100 Kilometer weit entfernt sein. Wir hielten an, setzten uns hin und betrachteten das ganze eine Weile. Wie der Titicacasee, so war auch dieses Gewässer ein Hafen inmitten grausamer Härte. Trotz der unmittelbaren Schönheit dieses Juwels, herrschte doch eine unglaubliche Feindseligkeit allem Leben gegenüber. Grünes Gras gab's nur etwa einen Kilometer vom Ufer weg. Wir waren aus einer fremdartigen Wüste herausgekommen; Sanddünen krochen hinter uns her; auf der andern Seite erhob sich ein nackter, steiler Berghang, schwarz und böse bis zum schneebedeckten Grat. Aus dreieckigen Schründen wurden Felstrümmer bis zum See hinuntergespült. Alle Elemente der Szene standen in extremem Kontrast zueinander. Die Farben waren klar, jedes einzelne Element behauptete seinen Platz und seine Unabhängigkeit. Der See, das Salz, die Sanddünen, der Schnee, die grelle Sonne. Sogar die Horden von Stechfliegen. Ein heftiger Wind stürmte über den See und entriß ihm seinen Anteil an der Beute.

Die Sonne stand tief, und wir waren müde. Wir beschlossen, einen Schlafplatz zu finden, auch wenn es bedeutete, daß wir im Freien übernachten müßten. Das Glück war jedoch, wie immer, auf unserer Seite. Nur etwa fünf weitere Kilometer hatten wir zurückgelegt, und wir sahen, daß die Straße aufgerissen war; offenbar wurde sie neu gemacht. Bald sahen wir auch das dazugehörige Straßenarbeitercamp. Es bestand aus etwa 30 Zelten, wie in einem Korral angeordnet, einer Reihe von Lastwagen, einem großen Radiomast und verschiedenen Stapeln von Ausrüstungsgegenständen. Die Männer waren sehr liebenswürdig und geleiteten uns zum Vorarbeiter. Schwarze Haarstoppeln standen senkrecht von seinem rasierten Schädel ab, er paffte eine Zigarre, hatte ein breites Lächeln auf seinem Gesicht und schüttelte uns die Hände. Er trug ein weißes Hemd mit offenem Kragen und weite schwarze Pluderhosen mit einem klingelnden Schlüsselbund am Gurt. Sein Zelt hatte einen Teppich, elektrisches Licht und die Wände waren mit Filz isoliert. Es war ein Luxuszelt mit Bett, mehreren Stühlen und einem Schreibtisch. Darauf standen Tintenfaß und Federn, ein elektronischer Rechner und ein Zählrahmen. Man brachte uns Tee, und in meinem Verlangen, möglichst schnell Flüssigkeit zu mir zu nehmen, leerte ich ein wenig auf die Schreibtischplatte. Einer der gewöhnlichen Straßenarbeiter eilte herzu und putzte mein Malheur schnell weg. Ich entschuldigte mich und wäre nicht erstaunt gewesen, wenn man uns gleich wieder hinausgeworfen hätte. Stattdessen brachte man uns eine absolut fabelhafte Mahlzeit. Wir stopften uns voll: mit vier riesigen Momos, einer überreichen Omelette, einem schmackhaften, mit Ingwer gewürzten Fleischgericht, Fisch, der uns den Mund wässern machte, und roten, erfrischenden Getränken. Sie wollten um nichts in der Welt eine Bezahlung akzeptieren, weder für das Essen noch für die Betten. Wir unterhielten sie mit dem Schlafsacktrick und der Kontaktlinsenschau. Auch rezitierten wir die Ortsnamen, durch die wir gekommen waren und durch die wir noch zu fahren hofften. Wir schliefen in totalem Luxus, hatten jeder ein Bett in einem geheizten Zelt und vergaßen alles um uns, die Qaidam Pendi eingeschlossen.

Am nächsten Tag erwachten wir früh und schwangen uns in den Sattel, bevor noch die Köche mit dem Frühstück bereit waren. Die meisten Männer schliefen noch. Wir waren beinahe verzweifelt entschlossen, an diesem Tag gute Fortschritte zu erzielen und wieder auf Asphalt zu gelangen. Physisch war Tag 40 vielleicht der härteste von allen bisherigen. Die Details sind längst in einem leeren Knäuel von Fels und Geröll verschwunden. Die Wüste war immer leer, immer trocken. Von den meisten Tagen kann ich mich der Strecke erinnern, der Nahrung, die wir genossen, der Leute, die wir trafen. Ich kann die Landschaft, die Kurven und die verschiedenen Durchfahrten rekonstruieren, aber von diesem Tag 40 in der Qaidam ist beinahe alles verschwunden. Es bleibt sozusagen nur das Gerippe, an dem man den Tag aufhängen kann.

Es schien uns, wie wenn wir überhaupt nie angehalten hätten. Wir traten in die Pedale und würgten uns auf der Naturstraße vorwärts, aßen und tranken, wann und was auch immer wir erhalten konnten in den wenigen Siedlungen, an denen wir vorbeikamen. Frühstück nahmen wir nach 30 Kilometer Fahrt in der schmutzigen, staubigen, unfreundlichen Stadt Xitieshan ein: fettige Brotstäbchen, Reiswassersuppe. Heißes Wasser und fade Momos gab's in einer Hütte unter dem La La Shan, wo der Mann betrunken war, seinen Hosenladen weit offen trug und die Frau ihr Gesicht ständig hinter ihrem Arm verborgen hielt. Wir schleppten uns weiter durch die ekelhaft tiefe Kiesoberfläche, in grimmiger Kälte unter einem bedeckten Himmel, den Pooh Pooh Shan hinan, 287 Kilometer von Golmud. Vor der Dunkelheit hielten wir noch ein kleines Privatrennen ab, 35 Kilometer lang, abwechslungsweise alle Kilometer in Führung gegen den Wind ankämpfend und dann einen Kilometer im Windschatten, verzweifelt die Balance haltend auf dem Kies und voller Angst vor dem nächsten Kilometerstein, der das Zeichen war, wieder die Spitze zu übernehmen. Diese Konzentration auf ein einziges Ziel hielt uns davon ab, an unsere Müdigkeit und sonstige Unpäßlichkeiten zu denken und brachte uns schließlich um 22 Uhr in das Dorf Huahaizi. Es war unser Ziel, und wir hatten es geschafft. Es sollte unsere Startrampe für den morgigen Tag sein, an dem wir Dunhuang zu erreichen hofften, drei Tage nach unserem Aufbruch von Golmud. Am Ende von Tag 40 hatten wir beeindruckende 183 Kilometer zurückgelegt. Dies war eine respektable Leistung auf Naturstraßen, kaum je flach und auf 3500 Meter über Meer, besonders auch wenn man in Betracht zieht, daß wir bereits am Vortag 157 Kilometer heruntergespult hatten. Diese Distanzen zeugten nicht nur von unserer Entschlossenheit, Dunhuang in drei Tagen zu erreichen, sondern auch von unserer physischen Fitneß nach den Höhenetappen vor dem Kun Lun Shan. Tag 40 war vielleicht auf dem Papier unsere größte bisherige Leistung, aber er verging ohne spezielle Merkmale. Es war einer der am wenigsten bemerkenswerten Tage, ganz einfach Stunden und Stunden nerventötende Kraftpedalerei durch landschaftliche Leere. Beide brauchten wir unsere Tagträume von zu Hause, um überhaupt weitermachen zu können. 14 Stunden Tageslicht gingen spurlos auf in einem gedankenleeren Chaos.

Eigentlich wäre ich gerne mit der Dämmerung gestartet, aber unglücklicherweise verschlief ich mich. Sehr zum Vergnügen von Nick, der der Meinung war, daß acht Stunden Schlaf der beste Garant seien, um Dunhuang heute noch zu erreichen. Eine Stunde nach der Morgendämmerung suchten wir unser Frühstück. Huahaizi war klein – eine stecknadelkopfgroße Siedlung in einem Becken, so groß wie jenes von Golmud. Es gab eine riesige Radioantenne, drei weiße, gesichtslose Blockbauten, eine Armeebaracke und ein halbes Dutzend kleine weißgetünchte Backsteinhäuser. Einige waren geschlossen, drei waren Chai-Häuser. Wir schliefen in einem Raum der Armeebaracke, obschon es eine offizielle Schlafstätte für Lastwagenfahrer gab. Dort waren aber alle betrunken, und am Morgen war der Ort mit Abfällen und Dreck bedeckt, und die ersten Männer waren schon wieder daran, ihre Gesundheit mit einem kräftigen Morgenschluck weiter zu ruinieren. Nick nannte es »das dreckigste Loch in ganz China«.

Nach Suppe und Wok ging's weiter Richtung Norden. Die unfreundliche, abweisende Qaidam Pendi endete so, wie sie in Golmud begonnen hatte: leer und flach. Es gab nur unsere schnurgerade Naturstraße, eine Reihe von

Telegrafenmasten und die kleinen Kilometersteine, die sich am Straßenrand hinkauerten, und die wir mit Argusaugen betrachteten: Sie gaben die Distanz nach Dunhuang an, und wir hatten noch eine ganze Menge vor uns. Nach 8 Kilometern erreichten wir eine Kurve, ein bemerkenswertes Ereignis. Wir schauten voraus, aber die Straße führte wieder schnurgerade weiter bis an den Horizont. Wir bückten uns und standen in die Pedale. Die Kilometer flogen vorbei. Jedesmal wenn ich aufschaute, war die Straße immer noch ein endloses gerades Band. Mein Mut drohte mich zu verlassen. 368 Kilometer nach Golmud gab's wieder eine Kurve, dann folgten 25 Kilometer bis zur nächsten. Glücklicherweise begann die Straße von da an aus dem Huahaizi-Becken hinauszusteigen und Kurven gab's von da an jede Menge. Das Becken war 90 Kilometer lang zwischen dem Einstieg bei Pooh Pooh La auf der Südseite und dem Ausstieg zum Altun Shan im Norden. Letzte Nacht waren wir 45 Kilometer geradeaus gefahren bis Huahaizi, wo es einen Knick gab. Die Distanzen zwischen den Kurven waren deshalb 45–8–20–25. Nicht oft findet man Straßen mit nur 3 Kurven in 98 Kilometer.

Auf dieser Ebene gab es alle 15 Kilometer ein Straßenwärterhaus. Der Wärter war offenbar verantwortlich für 7,5 Kilometer Straße vor und nach seinem Häuschen. Je nach den Vorlieben der einzelnen Wärter konnte man die Grenze zwischen den einzelnen Zuständigkeitsbereichen an kleinen Änderungen in der Kiesoberfläche deutlich erkennen. Auch machten die kleinen Traktoren, die die Nivellierungsgeräte nachzogen, an der Grenze jeweils rechtsumkehrt, was sich auf der Straßenoberfläche als halbrunde Spuren im Kies abzeichnete. Zu unserem größten Vergnügen erschien plötzlich, bevor wir das Becken endgültig verließen, eine schwarze Straßenoberfläche. Wir hielten an und guckten nach: Tatsächlich, es war Asphalt, richtiger Asphalt! Wir feierten ein bißchen und versicherten uns gegenseitig, daß die Straße nun sicher so bis Dunhuang führen würde. 147 Kilometer noch. Wir wollten so gerne noch am gleichen Tag dort sein.

Der letzte Abschnitt der Ebene war etwas weniger leer als die vorangegangenen Teilstücke. Es gab Wanderdünen, aber dann erblickten wir bräunliche Felder auf der Ostseite der Straße. Auf der andern Seite gab es keine Vegetation, nur trockenes Land. Vor uns bildeten die Altun Shan Berge nicht gerade eine imposante Kulisse, aber sie bezeichneten das Ende des Plateaus – unseren Abschied von der Qaidam Pendi, aber auch unseren endgültigen Abschied von den großen Höhen. Es waren große, aber nicht sehr eindrucksvolle, leicht abgerundete, braune Bergmassive. Ein oder zwei Gipfel waren schneebedeckt. Wir konnten sehen, wie unsere Straße aufwärts durch einen großen Schrund führte und wie sie dann in der Höhlung verschwand. Unsere Erregung wurde immer größer, und obschon die Straße nun wirklich aufwärts führte, begannen wir schneller zu werden. Zuerst fuhren wir Seite an Seite, beide gaben vor, überhaupt kein Interesse an einem kleinen Rennen zu haben. Dann gewann der eine und gleich darauf der andere eine Radlänge, dann zwei Radlängen, man machte Tempo, testete den andern. Bald hatten wir so fünf Kilometer zurückgelegt und traten nun wirklich mit einem großen Gang in die Pedale. Manchmal gewann einer wohl auch zwanzig Meter für eine, zwei Minuten, bis daß der andere wieder zu ihm aufgeschlossen hatte. Wir radelten immer noch nicht »offiziell« gegeneinander, nichts war abgemacht. Wir hatten beide die Lippen zusammengepreßt, kämpften jedoch um jedes Quentchen Luft. Jeder dachte für sich »Dem will ich's zeigen«. Wir kraftmeierten vorwärts, und entleerten auch das letzte Restchen Power aus unseren Beinen, vor lauter Freude, die Hochebene endlich verlassen zu können. Es schmerzte. Schließlich hatte ich genug und brüllte: »Anhalten bei jener Kurve, wir wollen die Aussicht genießen!« Wir sprinteten wie die Verrückten und fielen dann erschöpft, aber mit lautem Gelächter von den Rädern. Wir entschieden auf ex aequo. Wir waren beinahe schon in den Bergen. Hinter uns erstreckte sich die Huahaizi-Ebene und verlor sich in der Ferne bei den feindseligen, schwarzen Bergen mit den tiefblauen Seen und weiter zum kleinen, geschäftigen Golmud. Der Kun Lun Shan war schon weit, weit zurück. Wir hatten Schwierigkeiten, uns die beiden verliebten Leutchen im eisigen Schnee von Budongquan vorzustellen. Und alles, was weiter zurücklag, schien uns bereits ein Traum.

Breite Schründe waren aus den Bergflanken ausgewaschen. Wir pedalten in das steile Tal und saßen fünf Kilometer später, um genau 13 Uhr 48, auf der Paßhöhe des Dangjin La, dem Paß, der uns über den Altun Shan und aus dem zentralasiatischen Hochland führte. Ganz große Feier!

Nick. Tag 41. 13 Uhr 48. Dangjin La. Altun Shan.
Wir sitzen auf einer sonnigen Böschung auf der Paßhöhe, der nördlichsten Grenze des tibetanischen Hochlandes. Braune Hügel erheben sich etwa 500 Meter über uns. Es hat einige Wolken. Rings um uns gibt es einige Grate mit Schnee. Unsere Straße wird uns durch sie in ein riesiges Tal hinabführen. Ein blauer Wassertanker schleicht sich den Paß hinauf auf uns zu, die Kühlerhaube offen für maximale Kühlung. Nur wenige Meter nach dem Paß steht ein anderer Lastwagen. Seine Ölwanne liegt in Stücken inmitten einer riesigen Öllache auf der Straße. Feines, blasses Gras liegt wie ein Hauch über diesen Berghängen, und etwas weiter unten grasen einige Pferde. Friedlich. Jetzt, in diesem Augenblick können wir es kaum fassen, daß wir wirklich die ganze Hochebene durchquert haben – jenen dicken, dunkelbraunen Walfisch in meinem Schulatlas, der immer so riesig, so undurchdringlich ausgesehen hat. Ich wundere mich, ob wohl irgend jemand anderes bereits einmal diese

Reise gemacht hat. Wir waren ohne Unterbrechung auf einer durchschnittlichen Höhe von 4000 Meter seit dem Lalung Le und der nepalesischen Grenze, 2500 Kilometer entfernt. Oft war es hart. Und wie immer in solchen Augenblicken wird das genüßliche Baden in erreichten Zielen und vollbrachten Großtaten aufgewogen durch die alltäglichen, kleinen Sorgen ums Überleben, die uns auch jetzt plagen: Wasser? Nahrung? Erreichen wir heute Abend Dunhuang? Ist es in der Gobi wirklich so heiß? Letzte Woche in Golmud hörten wir etwas von 39 Grad Celsius im Schatten (den es ja dort sowieso nicht gibt). Werden wir in den verbotenen Städten auf der Seidenstraße verhaftet? Werden wir den Mittelpunkt der Erde finden? Und so weiter, und so weiter. Ein Ding aber gibt es, worüber wir uns nicht mehr den Kopf zerbrechen müssen: Werden wir es wohl schaffen, über das tibetanische Hochland zu fahren? Wir haben es geschafft. WIR HABEN ES GESCHAFFT!!

Die Abfahrt begann. Unsere Räder sprangen fast von uns weg. Der Asphalt war glatt und schnell. Nach den ersten Kurven war die Straße steiler als auf einem Alpenpaß. Wir flogen wie die Vögel. Immer und immer wieder mußten wir unsere Bremsen antippen. Pedalen war nicht nötig, nicht möglich. Wir mußten uns konzentrieren, ja die nächste Kurve nicht zu verpassen. Die Lufttemperatur war knapp über Null Grad. Die Abkühlung durch den Wind war außerordentlich groß. Wir waren klug genug gewesen, alle unsere Kleider anzuziehen, bevor wir uns in die Tiefe stürzten. Die wohlgerundeten braunen Hügel, unter denen wir gestartet waren, wurden durch steilere, höhere Berge abgelöst, zwischen denen wir hinuntertauchten. Wenn wir es wagten, einmal einen Blick nach vorne zu erhaschen, so sahen wir nicht Hügel oder eine ferne Wüste, sondern einfach offenen, blauen Himmel. Hinunter, immer weiter hinunter. Unsere Straße wand sich durch das enge Tal. Die Luft wurde immer wärmer. Wir stürzten uns Tausende von Fuß hinab, von den einsamen Höhen der Hochebene gegen die glühende Wüste.

Der Berg spuckte uns nach 24 Kilometer aus, die wir in kaum 24 Minuten zurückgelegt hatten. Aksay war eine kleine Ansammlung von Gebäuden, Vorort eines sehr viel größeren Ortes, der sich einige Kilometer weiter gegen Westen, angelehnt an den Altun Shan, befand. Die eindrücklichen schwarzen Felswände der Berge fielen aus unglaublicher Höhe hinab und tauchten geradewegs hinunter unter die Erdoberfläche. Eine Hülle von Verwitterungsgestein zog sich entlang dem ganzen Felsmassiv dahin und führte bis hinaus zur eigentlichen Wüste. Es sah aus wie ein ausgedehnter, flacher Rock, der rund ums Plateau gebunden war, wie die riesige Schürze an einem gigantischen, kosmischen Luftkissenboot. Von nahem betrachtet bestand diese Schicht aus Felsbrocken und Geröll, die durch Wildwasser vom Berg abgelöst und heruntergeschwemmt worden waren. Es hatte viele karge

Büsche, wie man sie in Wildwestfilmen sieht, und kleine Büschel braunes Gras. Aksay lag auf etwa 2000 Meter Höhe, gerade richtig, um eine schöne Temperatur von der Gobi her zu garantieren, verbunden mit der Szenerie und der Brise des Plateaus. Wir stürzten uns ins erste Chai-Haus und verschlangen eine wunderbare Nudel- und Gemüsesuppe, gefolgt von frischgedämpften gefüllten Momos – Originalton Nick: »Die vier *besten* Momos, die ich *je* hatte!« – mit Schweinefleisch und Zwiebeln vom Wok und Tee. Ein herrliches Essen. Neben uns rülpste eine ganze Busladung offizieller Chinesen ihre Begeisterung über das befriedigende Mahl laut in den Raum.

Es war vier Uhr nachmittags, als wir aufbrachen. Wir wußten, daß wir es bis Dunhuang machen konnten, denn, obschon es 100 Kilometer weit weg war, ging es doch theoretisch nur bergab. Das Gelände offerierte uns gleich zu Beginn eine gerade Abfahrt von etwa 20 Kilometer. Wir flitzten dahin, ohne Bremse, ohne Pedal, immer darauf bedacht, schneller zu sein als der andere. Dazu mußten wir eine ganze Reihe aerodynamischer Positionen ausprobieren. Nick, der die Tour de France immer mit großem Interesse verfolgte, weihte mich in das Geheimnis der schnellsten Position ein. Es scheint, daß es jene ist, die Greg Lemond und die Kolumbianer verwenden – Hinterteil so hoch hinauf wie möglich, Nase auf dem Vorderrad, die Ellbogen dicht an den Körper gepreßt – extrem unbequem. Am Fuße angelangt, wandte sich die Straße gegen Nordosten, und wir mußten gegen den Wind pedalen. Die kiesige Landschaft wurde langsam sandig, die Vegetation verschwand. Wir waren nun auf etwa 1500 Meter Höhe, und die Windjacken und Wärmeunterwäsche mußten schnellstens abgelegt werden. Die Mützen, die wir als Kopfwärmer auf praktisch der ganzen Strecke von Kathmandu bis hierher getragen hatten, wurden wieder umgedreht und als Sonnenschutz verwendet, wie wir das in Indien und Bangladesh getan hatten. Unsere ständige Furcht vor der Kälte auf dem Hochland wurde innerhalb Stunden ersetzt durch die Angst vor der Hitze und Trockenheit der Zentralasiatischen Wüsten. Uns, die wir nun Wochen in sehr großen Höhen verbracht hatten, schien die Luft da unten richtig dick zu sein, und wir fühlten eine außerordentliche Kraft in unseren Beinen. Irgendwie spukte der Gedanke in unserem Kopf, daß wir die restlichen 70 Kilometer nach Dunhuang im Sprint zurücklegen müßten. 15 Kilometer lang bissen wir uns durch einen immer stärker werdenden Gegenwind hindurch. Dann kamen wir in eine Gegend mit Wanderdünen. Sie waren riesig und machten uns und auch die Lastwagen zu richtigen Zwergen. Hinter uns konnten wir immer noch die Wand des Altun Shan sehen, hinter dem die Qaidam Pendi und das tibetanische Hochland versteckt waren. Ganz zuoberst konnten wir ein paar Schneeberge ausmachen. Unsere Straße in der Hitze unten wand sich durch Dünen und folgte einem beinah ausgetrockneten Bachbett. Der Wind blies uns gerade entgegen und peitschte Sand in unsere Gesichter. Unser Enthusiasmus begann langsam zu verblassen. Die restlichen 50 Kilometer schienen plötzlich sehr, sehr lang zu werden.

Ein Sattelschlepper mit Anhänger überholte uns langsam. Ich schrie: »Schlepper – erwisch ihn, Nick!« Wir sprinteten wie Sechstagefahrer um die Autoprämie. Als ich mich abhängen lassen mußte, übernahm Nick die Jagd, aber auch er gab langsam nach und sagte: »Unmöglich, dran zu bleiben.« Das gab mir neue Kraft. Ich zog an Nick vorbei, er legte etwas zu, um in meinem Windschatten zu bleiben; dann hämmerte ich fünf Sekunden lang in die Pedale und zog uns beide in den Windschatten des Lasters, ein bis zwei Fuß hinter dem Vehikel, praktisch im luftleeren Raum. Es ist eine gefährliche Art zu reisen, aber in der Gobi waren wir beinahe verzweifelt. Wir gingen ein Risiko ein, aber es fraß die Kilometer nur so auf.

»Unser« Laster – und einige andere, die uns überholten – war mit Kohle beladen, vielleicht von den Minen nahe der Stadt bei Aksay. Einige Male sahen wir aber auch Laster voll Kohle in der entgegengesetzten Richtung fahren. Ein Fall von Eulen nach Athen tragen? Nach einigen Kilometern hielt der Schlepper an, um den Motor ein wenig verkühlen zu lassen. Wir fuhren allein weiter und kämpften gegen Wind und Sand an. Es wurde immer heißer und trockener. Wir nippten sparsam an unseren Flaschen. Das letzte Mal ließen wir sie in Aksay füllen, wo man unbeabsichtigterweise kalten Tee hineinleerte. Jetzt war er lauwarm, jedoch recht erfrischend, nun, alles ist erfrischend, wenn man einen solchen Durst hat. Unsere Füße brannten infolge des unablässigen Druckes auf die Pedale, ziemlich verschieden zu den Eiszapfen, die wir noch vor ein paar Tagen mitschleppen mußten. Es gab nichts zu sehen, als die charakterlose Ebene, der Streifen Asphalt, auf dem wir fuhren, die Telegrafenleitung und, alle 2 Kilometer, Nicks Hintern. Wir wechselten uns in der Führung ab und kamen flott voran. Zweimal wollten wir gerade eine Rast einschalten, als wiederum Laster vorbeikamen, in deren Windschatten wir sprinteten, um ein paar weitere, schnelle Kilometer zurücklegen zu können. Wie ich in mein Tagebuch an jenem Abend schrieb: »Eine seltsame Art, in eine Oase einzufahren: im Sog eines Kohlelasters.«

Für 40 Kilometer nach dem Schuttkegel am Fuße des Altun Shan gab es nichts als nackte Steinwüste mit Sanddünen darüber, genau gleich wie auf der entfernteren Seite des Bergmassivs, aber 2000 Meter tiefer und 20 Grad heißer. Genau so flach, blank und trocken. Genau so trist. Dann, plötzlich, kurz vor Dunhuang, 493 Kilometer von Golmud entfernt, beinahe 2000 Kilometer nach Lhasa, die ersten Bäume. Sie waren höher als wir, ganz bedeckt von feinen Blättern und standen ein wenig verloren hier am Rande – zwischen all dem Sand. Sie wurden mit Flußwasser bewässert. Ihr Grün erschien unseren ausgehungerten Augen ähnlich scharf und brutal, wie etwa ein Scheinwerfer einem Höhlenbewohner.

Die Bäume waren der Anfang einer ganzen Reihe weiterer, kleiner Oasen, die der Hauptoase Dunhuang vorgelagert waren. Bald fuhren wir durch reiche grüne Felder von Mais, Weizen, Gemüse und Fruchtbäumen. Es gab ganze Baumalleen, eine Backsteinfabrik, Lehmhütten, kleinere Fabrikgebäude, Traktoren, Esel und Fahrräder. Es hatte Kraut und Gras im Straßengraben und Vogelgesang in den Bäumen. Wir konnten die Vitalität der Gegend förmlich riechen. 20 Tage lang hatte es keine Gerüche mehr gegeben. Sogar unseren Körpergeruch hatten wir nicht mehr wahrgenommen. Er schien in der Leere der Hochebene verdunstet zu sein. Für uns am wichtigsten: In und um Dunhuang gab es Leute: spazierend, reitend, sitzend, arbeitend, pflanzend, erntend, plaudernd, spielend. Ein Eselkarren holperte langsam vorüber. Eine Frau fuhr auf einem Rad vorbei, ihr Kind auf dem Gepäckträger mit sich führend. Ein alter Mann ging gebeugt unter der Last eines schweren Sackes. Ein junger Mann in einem blumig gemusterten Hemd, trat plötzlich hinter einem Busch hervor, wo er gerade Pipi gemacht hatte. Drei Kinder schrien vor Freude bei ihrem Ballspiel. All dieses Leben, dieses Grün, erinnerte uns sofort an Bangladesh. Selbstverständlich muß man aber auch die Relationen sehen und ein bißchen bei der Wahrheit bleiben: Die Fruchtbarkeit dieser Oase ist für Bangladesh ungefähr das, was eine getrocknete Blume für einen holländischen Tulpenacker – doch schon eine einzige getrocknete Blume – nach 2000 Kilometer Brauntönen – erschien uns wie ein Rosenstrauß.

527 Kilometer nach Golmud erreichten wir Dunhuang. Körperlich waren wir extrem müde, allein, innerlich jubelten wir. Wir hatten es in drei Tagen geschafft. Der Hauptanteil der Reise war auf ekelhaften Schotterstraßen in großer Höhe abgelaufen. Dunhuang war groß. Uns schien es die Ausdehnung von Xigatse zu haben. Es gab breite Straßen, viele, viele Geschäfte, Verkehrsinseln, Bushaltestellen, dunkle Hintergassen in der Altstadt, Neonlichter und Blumenbeet-Ornamente. Wir machten Halt vor einem größeren Touristenhotel, wo eine leicht ungehaltene Dame am Empfang uns doch sehr bat, die Räder aus der Empfangshalle zu entfernen und draußen gegen die Mauer zu lehnen. »Sie sind dort schon in Ordnung«, meinte sie. Nie im Leben, zischten wir leise. Mit ein wenig Kopfschütteln und leisem Schimpfen buchte sie uns dann doch in ein Viererzimmer mit einem Franzosen zusammen. Wir schlüpften mit unseren Rädern nach oben, bevor uns jemand zurückhalten konnte.

Obwohl es schon beinahe finster war, gingen wir doch noch einmal hinaus, um die Stadt zu entdecken. Es war sehr viel los, so, als ob die Bewohner ihre Sonntagskleider jeden Tag auf der Hauptstraße öffentlich zur Schau stellen wollten. Es gab jede Menge Straßenstände, wo man verschiedene Snacks erstehen konnte. Wir wählten ein großes, zentral gelegenes Restaurant, wo bereits eine ganze Menge von Männern ihr Essen einnahm. Es gab keine weiblichen Gäste. Das meiste Bedienungspersonal waren Frauen, die meisten Küchenarbeiter Männer. Es war ein breiter, großer Raum, mit Linoleum-Boden, Plastik-Tischtüchern und neu gestrichenen Wänden in Pastellgrün mit Blau. Wir feierten unsere Rückkehr in die normale Welt mit fritiertem Fisch und süß-saurer Sauce – absolut superköstlich. Wir spülten mit einer Flasche Weißwein Marke »Große Mauer von China«. Nick schaffte auch noch Eiersuppe und Schweinefleisch aus dem Wok. Den Rückweg ins Hotel benutzten wir dazu, uns für die Nacht einzudecken: Zwei Flaschen Limo, drei Gläser mit Früchten, drei große Pakete mit Biskuits, elf Tafeln Schokolade und siebzig Arten von verschiedenen Süßigkeiten. Außerdem fanden wir heraus, daß gleich nebenan ein Eisladen die ganze Nacht offen war.

Nick. Tag 41. Dunhuang. Abend.
Dies war der Beginn zu einem ganz neuen Abenteuer. Am Dangjin La hatten wir die ganze Bergfolklore hinter uns gelassen. In der Tat blieb das arme Tibet weit hinter dem Tanggula, auf halbem Weg über dem Hochland zurück – eigentlich bevor wir damit so richtig bekannt geworden waren. Kraftvolle Menschen in Yakfellen. Auf aggressive Art und Weise unabhängig und gleichzeitig fröhlich. Im Gegensatz dazu waren Qinghai und die Qaidam durch Leute bevölkert – wenn man eine Gegend, die so leer und ungastlich ist, überhaupt so nennen darf –, die vielfach griesgrämig und sauer waren, Immigranten (oder waren es Deportierte?) aus dem ursprünglichen China.

Hier unten in der Wüste befanden wir uns im großen Schmelztiegel von Zentralasien. Über fünfzig ethnische Gruppen wurden hier zusammen verschmolzen. Kasachen, Uyguren, Mongolen und Turkmenen sind zahlreich, aber die Han-Chinesen sind offiziell dominierend. Animismus, Taoismus, Buddhismus und ein wenig Christentum werden praktiziert, in diesem Jahrtausend ist jedoch der Islam in Mode. Jede neue Wanderwelle entlang der Seidenstraße ließ ihren Stempel auf der Kultur dieser Oasen zurück. Und die Seidenstraße ihrerseits sollte ihre Male auf uns hinterlassen.

10. KAPITEL

Depressionen auf der Seidenstraße

In alten Zeiten war Dunhuang ein wichtiger Etappenort der Seidenstraße. Karawanen mit Kamelen oder Maultieren für den Nahen Osten oder Europa bestimmt, oder auch jene, die den umgekehrten Weg nach Beijing und weiter nach China hinein unternahmen, hielten hier an, um ihre Vorräte aufzufüllen, ihre Tiere ausruhen zu lassen und wohl auch, um gleich einige Geschäfte mit andern Händlern abzuschließen. Diese Karawanen waren die Nachrichtenübermittler und auch die Lebenslinie, die die Oasen, die in den Zentralasiatischen Wüsten verteilt sind, verbanden. Auf der andern Seite hing aber das Leben der Karawanen genau von diesen Oasen ab.

Heute ist Dunhuang ein geschäftiger Marktflecken, von dem wir im Touristenführer lesen können, daß er mit dem Bus in 3 Stunden von der Eisenbahnlinie Lanzhou – Urumqi aus erreicht werden kann. Es gebe wenig zu sehen in der Oase selbst, die Hauptattraktion seien die Magao Gewölbe – eines der größten Beispiele buddhistischer Kunst in der ganzen Welt. Nick und ich waren nicht dort. Es heißt, daß 1907 ein früher englischer Tourist – oder Entdecker, wie sie sich nannten – dort war und eine ganze Menge unbezahlbarer Manuskripte und Malereien, die durch die trockene Wüstenluft ein Jahrtausend überdauert hatten, als Beute wegschleppte. Zahllose andere Plünderer folgten im Namen der Wissenschaft und durchsuchten die ganze Seidenstraße von vorne nach hinten – wir glaubten nicht daran, daß noch irgendwelche Originalrelikte zu sehen waren. Wir waren der Meinung, daß die Seidenstraße heute eine moderne Überlandstraße mit dickem Verkehr und zahllosen Straßencafés sei.

Wir hingen unsere ganze Hoffnung daran. Es war unsere feste Überzeugung, daß wir auf der Seidenstraße schnell und glatt vorankommen würden und so bis zuletzt doch noch einen akzeptablen Tagesdurchschnitt herausfahren könnten. Bis Dunhuang, wo wir am Ende des 41. Tages ankamen, hatten wir eine Distanz von 4077 Kilometer zurückgelegt. Es sah so aus, als ob der Tagesdurchschnitt beinahe, aber eben nicht ganz 100 Kilometer betrage. Wir starteten jedoch am Tag 41 erst um Mittag und dies zusammen mit der Zeitdifferenz, die wir an der Grenze zwischen China und Nepal zu berücksichtigen hatten, brachte unsere wirkliche Reisezeit auf 40 Tage und 4 Stunden. Dies bedeutete, wie ich mit größter Zufriedenheit feststellte, daß wir die 100-Kilometer-Schranke durchbrochen hatten. Wir hatten also all die verlorene Zeit in Kathmandu und Lhasa eingeholt. Wir waren fest entschlos-

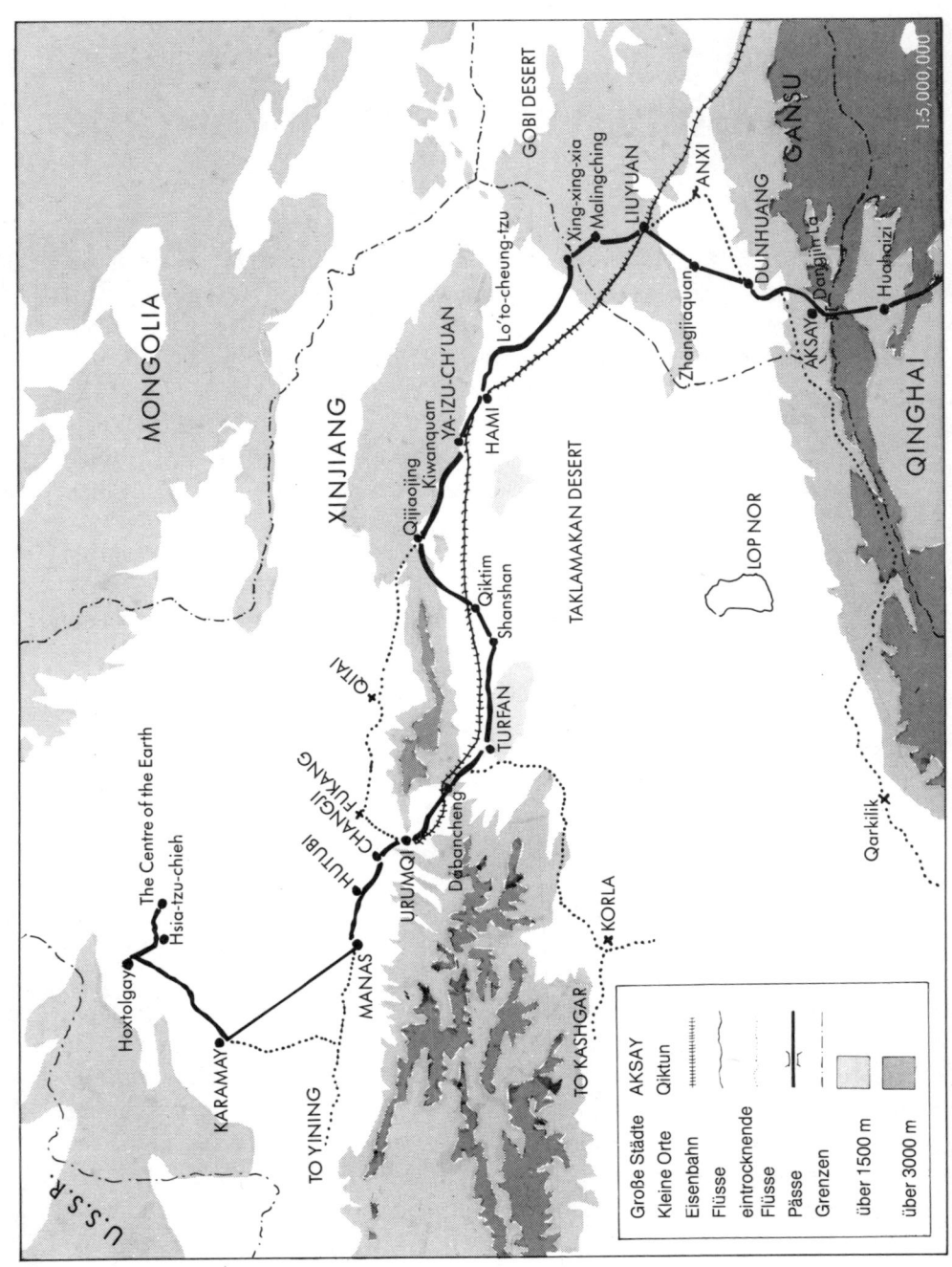

Die Wüsten: Gobi, Taklamakan, Dsungarei.

sen, von nun an auf der richtigen Seite der 100er Grenze zu bleiben. Vorausgesetzt, daß die Seidenstraße wirklich schnell war, so glaubten wir, daß wir die rund 1000 Kilometer nach Urumqi in etwa 5 Tagen bewältigen sollten. Zuerst mußten wir einen kurzen Abschnitt einer Seitenstraße bis Liuyuan bewältigen, wo wir dann auf die eigentliche Seidenstraße, die auf den China-Karten immer als dicker roter Strich durch den ganzen Kontinent eingezeichnet war, kommen würden. Die Straße führte dann Richtung Nordwesten, berührte die westlichen Ausläufer der Wüste Gobi und die nördliche Grenze der Taklamakan Wüste. Weiter ging's durch die sehr große Stadt Hami, die uns ein bißchen Sorgen bereitete, da uns immer wieder versichert wurde, daß diese Stadt für Ausländer strikt geschlossen sei. Etwas weiter ging die Straße dann zur Senke von Turfan, die unter dem Meeresspiegel liegt. In einer gewissen Weise würde das unseren Flug über den großen Buckel, von Meereshöhe zu Meereshöhe vollenden. Nach Turfan war es dann nur noch ein kleiner Sprung über die Tien Shan Berge zur Großstadt Urumqi, wo uns nördlich davon in der Dsungarei Pendi, einer weiteren Wüste, unser Ziel, der Mittelpunkt der Erde erwartete. 50 Tage, so schien uns, waren ein durchaus machbares Ziel.

Selbstverständlich würden wir sehr viel schneller reisen, als die allgemein als akzeptabel anerkannte Geschwindigkeit von 3 Meilen pro Stunde. Die Jahrhunderte kommen und gehen, Kamele, Esel, Pferde, Maultiere und die Menschen zu Fuß sind von jeher 10 Stunden am Tag unterwegs gewesen und legten dabei 30 Meilen zurück, wobei man hoffte, so von Oase zu Oase reisen zu können. Mehr als 2000 Jahre lang galt diese Regel. Der erste historisch belegbare Reisende war Chang Ch'ien, der durch den Han-Kaiser Wu Ti 138 v. Chr. ausgesandt wurde, um Kontakte zu verbündeten chinesischen Stämmen aufzunehmen und später einen Vorposten für den Seidenhandel mit dem Westen einzurichten. Laut Eric Newby's »*Atlas of Exploration*« verließen bereits im Jahre 100 v. Chr. zwölf Karawanen pro Jahr China in Richtung Westen, jede mit etwa 100 Mann. Die Perser waren die Mittelmänner, die die Güter einkauften, den Markt durch Lagerhaltung kontrollierten und die Ware an die Völker des Mittelmeerraumes verkauften. Die Römer waren zu bestimmten Zeiten ganz verrückt nach Seide. Tatsächlich verursachte diese Vorliebe eine ganz wesentliche Verminderung des römischen Geldvolumens. Es dauerte lange, bis es zwei Europäern, als Mönche verkleidet, gelang, die Eier des Seidenspinners *Bombix* nach Europa zu schmuggeln – eines der ersten Beispiele von Industriespionage. Viele andere Güter wurden ebenfalls mit China gehandelt, insbesondere Pelze, Porzellan, Zimt, Bronzespiegel und, wie ein Berufskollege von IT, John Pilkington, mir versicherte, auch Rhabarber. Im Austausch sandte der Westen Gold, wertvolle Metalle und Steine, Textilien und Glas. Die Seidenstraße war aber nicht nur ein Kanal für den Handel, sondern auch eine wichtige Arterie für die Verbreitung von

Wissen, Kunst und Religion. Zahllose Missionare, Gelehrte und Eroberer benutzten diese Straße in den letzten 2000 Jahren. Während der letzten 500 Jahre jedoch ging der Handel immer mehr zurück, und es schien uns, daß wir das Ende des Schwanzes bildete. Wir mußten uns beeilen, bevor die ganze Geschichte im wandernden Sand der Wüsten verschwindet.

In aller Eile machten wir uns zur Abfahrt bereit. Wir prüften unsere Ausrüstung und unsere Räder und stopften noch einmal eine gehörige Portion Essen in uns hinein (Wir besuchten nochmals den gleichen Schuppen wie gestern und bestellten wiederum süß-sauren Fisch). Wir versuchten, Dunhuang noch vor Mittag zu verlassen, was uns aber nicht gelang. Wie in Dhaka, Kathmandu und Lhasa, so erwischte uns auch in Dunhuang ein Anfall von akuter Trivialitis. Trivialitis ist eine noch unerforschte Krankheit von Expeditionsteilnehmern, die macht, daß die Weiterfahrt von irgendeinem wichtigen Punkt der Reise aus mit vorgeschobenen, meist trivialen Gründen immer weiter hinausgeschoben wird. Man trödelt herum, schiebt den Abfahrtstermin immer wieder um einige Minuten oder auch Stunden hinaus und erfindet immer wieder neue, absolut lebenswichtige Gründe, die es nicht nur gestatten, sondern unabdingbar machen, daß man noch ein wenig am Ort verweilt.

Wir bastelten mit Heftpflaster an unseren Brillen herum, um den Staubschutz vor unseren Gesichtern noch zu verbessern. Nach viel Hin und Her kaufte ich schließlich ein neues Tagebuch und trennte vorsichtig die Deckel ab. Zwei Stunden lang schrieben wir beide eine komplette Übersicht der Reise bisher. Wir reinigten peinlich genau und mit großer Vorsicht die Logos auf unseren Rädern. Wir maßen, prüften unsere Messungen und maßen erneut die genauen Distanzen zu den nächsten Städten auf unserer Route. Hami war 400 Kilometer weit weg; in alten Tagen brauchte man 3 Wochen, um dorthin zu gelangen. Beide kauften wir Mao-Mützen; sie paßten uns wie angegossen, und trotzdem verbrachten wir Ewigkeiten damit, sie noch feiner anzupassen und ihnen unseren ureigenen persönlichen Touch zu verpassen. Selbstverständlich verbrachten wir auch viel Zeit damit, festzulegen, wo wir essen würden, was am besten wäre, ja sogar, wie wir es essen wollten. Und so war es denn plötzlich spät am Nachmittag.

»Glaubst du, daß es sich lohnt, jetzt zu starten?«
»Wieviel Uhr ist es?«
»Weiß nicht. Ziemlich spät. Hast du deine Tagebücher bereits nachgetragen?«
»Ich notiere gerade die geschätzten Distanzen und Zeiten bis Urumqi.«
»Oh, zeig mal.«
»Die nächste einigermaßen anständige Stadt ist Liuyuan nach 128 Kilometer. Eigentlich wäre das unser heutiges Ziel. Vielleicht ist es zu weit.«
»Vielleicht sollten wir lieber morgen früh frisch ausgeschlafen starten.«

Die Zeit verrann. Schließlich gewann dann doch unser Wille, möglichst schnell voranzukommen, die Oberhand, und plötzlich waren wir bereit und voller Tatendrang. Um 16 Uhr 30 machten wir uns auf, optimistisch, daß wir die 128 Kilometer bis Liuyuan und die berühmte Seidenstraße schaffen konnten. Auf unserer Karte war die Straße für die ganze Distanz absolut gerade eingezeichnet. Falls dies wirklich so war, würde dies für uns einen persönlichen Weltrekord bedeuten, und die geraden Stücke gestern bei weitem schlagen. Um 16 Uhr 35 hielten wir an, um die Ketten zu schmieren. Um 16 Uhr 45 hatten wir uns die ganze Sache doch nochmals überlegt und beschlossen, umzukehren. Um 16 Uhr 55 hatten wir unsere Überlegungen nochmals überdacht und beschlossen, nun halt doch weiterzufahren, um zu sehen, wie wir so etwa vorankommen würden und dann vielleicht einen endgültigen Entscheid zu fällen. Da ergriff uns plötzlich ein schöner Rückenwind und blies uns zur Stadt hinaus, an den Rand der Oase. Nun entschlossen wir uns endgültig und traten kraftvoll in die Pedale, um noch ein gutes Stück vorwärts zu kommen.

Die Fahrt entpuppte sich bei weitem nicht als der vergnügliche abendliche Radausflug, als der sie geplant war. Ganz im Gegenteil. Kaum ein Steinwurf vom Rand der Oase entfernt hörte der Asphaltbelag auf. Die Straße war dick mit Kies bedeckt, besonders am Rand, wo die Lastwagenreifen den Schotter angehäuft hatten und in der Straßenoberfläche tiefe Spuren hinterließen. Unter dem Kies war der Grund hart und bucklig, wie aufgebrochenes Pflaster, während die lose Oberfläche aus runden, glatten, ein bis zwei Zoll starken Geschiebesteinen bestand, die wie Kugellager wirkten. Wir fluchten alle Zeichen. Unsere Hoffnungen auf eine Abendfahrt nach Liuyuan verpufften im Nichts. Wir begannen uns bereits zu fragen, ob wir überhaupt am nächsten Tag hinkommen würden. Natürlich konnten wir absolut nichts dagegen tun und so stiegen wir denn in die Pedale und hakten die 100-Meter-Strecken ab, die wir glücklich hinter uns gebracht hatten. Jede Pedalumdrehung kostete uns eine bewußte Anstrengung der Beine. Wir mußten uns auf den Zug des hinteren Fußes ebenso konzentrieren, wie auf den Druck des vorderen. Unablässig suchten unsere Augen die paar Meter Straße vor uns ab, um vielleicht doch noch eine etwas bessere Spur zu finden. Uns schien, daß wir nur unwesentlich schneller vorankamen, als wenn wir einen Supermarkt-Einkaufskarren durch ein hohes Weizenfeld schieben müßten. Wir konnten einfach nicht verstehen, warum diese Straße, die doch die große Oasen-Stadt Dunhuang mit der wichtigen Seidenstraße verbindet, nur Schotter sein sollte. Langsam verschwand ein Kilometer nach dem andern hinter uns. Eine Stunde oder sogar ein bißchen mehr verging, bis wir die ersten 10 Kilometer bezwungen hatten. Dann erschien plötzlich vor uns ein Teerstreifen. Wir jubelten vor Freude. Ein Kilometer später aber war alles wieder beim alten.

Es war nicht gerade eine erleuchtende Fahrt. Die Straße war schnurgerade auf einem etwas erhöhten Bett über der flachen, steinigen Ebene angelegt. Am Straßenrand warfen Arbeiter Dreck durch schräggestellte Drahtsiebe, um die Steine auszulesen, die für die Straße verwendet werden konnten. Offenbar waren Straßenarbeiten im Gange, und ich stellte mir vor, daß, wenn wir am nächsten Morgen auf die Straße kommen würden, alles glatter Asphalt sein würde.

Etwa auf der Hälfte der Strecke nach Liuyuan befand sich der kleine Weiler Zhangjiaquan. Hier gaben wir auf. Es hatte sieben Häuser, einige Karren und Traktoren, ein Esel an einem Telegrafenmast angebunden und zahlreiche Bäume entlang eines gurgelnden Baches. Es gab viele grüne Felder ringsum, und ein paar staubige Spuren führten querab, sehr wahrscheinlich zu anderen kleinen Farmen. Eine Herde Schafe verschwand gerade auf einer der Spuren; Vögel sangen in den Bäumen. Dieser Ort war die kleine Oase am tiefsten Punkt des Beckens zwischen Dunhuang und der Seidenstraße bei Liuyuan. Topographisch war es der Endpunkt des langen Abstiegs, der am Dangjin La vor 178 Kilometer auf 3000 Meter Höhe begonnen hatte. Halbherzig traten wir in eines der Häuser ein, um zu sehen, ob es sich um ein Teehaus handelte. Es war eines, und Zhangjiaquan entpuppte sich als eine große Freude für uns, da wir richtig Zeit hatten, uns für einen frühen Aufbruch am nächsten Tag vorzubereiten, etwas, was wir schon lange gern gewollt hätten, was wir aber immer wieder von neuem verpaßten.

Das Haus, in das wir eintraten, war ein einstöckiges Backsteinhaus, etwa 20 Meter lang und 5 Meter breit, eingeteilt in 2 Räume. Der mittlere Teil war ein Verkaufsladen mit 3 nackten Wänden und einem Glastresen vor der vierten, wo sich auch die Gestelle mit den Waren befanden. Zur Hauptsache wurde Tranksame feilgeboten; daneben Gläser mit Früchten und Fisch, Büchsen mit Süßigkeiten, ein paar Schachteln mit Biskuits, Dosen mit Fleisch, Schultornister, eine Auswahl von Autoteilen und eine ganze Anzahl verschiedener Zigarettenmarken. Wir saßen im kleineren Raum, dessen saubergewischter Boden aus fischgrätartig ausgelegten Backsteinen bestand. Es gab drei Tische und zahlreiche Holzstühle, eine einsame Glühbirne in der Mitte des Raumes, ein vergittertes Fenster, ein leise eingestelltes Transistorradio, ein Stapel Kartons mit Waren und, hinter mir, einige Tonkrüge in Seilnetzen. Unsere Räder standen unter dem Fenster.

Nick. Tag 42 Zhangjiaquan. Abend
Ich bin wirklich froh, daß wir Dunhuang endlich verlassen haben. Wie leicht hätten wir noch eine Nacht dort verbringen können. Die Leute hier sind beinahe außer sich, daß sie uns für die Nacht hierhaben. Dieses Haus ist der perfekte Ort für uns. Gemütliche, familiäre Atmosphäre.

Es ist sauber. Seit Budongquan zeigten die Chaihausbesitzer ein stets wachsendes Interesse an Sauberkeit. Budongquan war das erste mit einem gereinigten Boden. Golmud und Dunhuang waren ähnlich. Das Chai-Haus, in dem wir nun sitzen, ist das extremste von allen, beinahe schon skandinavisch – sie besprühten den Boden, um den Staub zu binden, und der Besitzer reinigt gerade einzeln die Gitterstäbe des Fensters mit einem feuchten Lappen!! Wo wird das enden?

Der Mann, der den Laden schmeißt, hat Hilfe von seinem Sohn und seinem Vater. Alle drei trugen sie blaue Mao-Kleidung und -Käppis und waren freundlich, aber diskret. Sie schauten uns nicht mit offenen Augen und Mäulern zu, wie wir aßen und schrieben. Großvater saß hinter dem Tresen und döste vor sich hin, oder wechselte einige Worte mit den wenigen Leuten, die vorbeikamen. Er erinnerte mich irgendwie an einen großen, zurückgetretenen Premierminister. Er hatte sein Leben gelebt und seinen Teil geleistet. Jetzt war er glücklich, ausruhen zu dürfen und seine Zeit den andern zu schenken. Der Manager und sein Sohn kochten auf einem quadratischen, über einen Meter breiten Herd, der mit Kohle gefeuert wurde. Angenehmes Stimmengemurmel, unterbrochen von leisem Lachen, untermalt vom leisen Brutzeln des Essens. Sie verwendeten einen Wok, einen riesigen Topf mit Deckel und verschiedene geschwärzte Kessel. Gemüse und Fleisch waren zum Teil bereits vorbereitet und wurden in einer Reihe von emaillierten Schüsseln unter einem Tuch, auf einem Tisch neben dem Herd, aufbewahrt. Eine Speckseite hing neben der Hintertüre. Sie servierten uns ein Gourmet-Menü mit frischen Nudeln, die offenbar in dieser Gegend Sitte waren. Nick schrieb in sein Tagebuch: »Das beste Essen, das wir je hatten.« Wir beendeten die Mahlzeit mit Süßigkeiten, darunter eine, die wie Türkischer Honig schmeckte und die wir großartig »Xianshgaliongynliaochang« nannten.

Wie Steve Bonnist, so stürzte sich auch der Großvater jedesmal wenn wir etwas verlangten in volle Tätigkeit. Er zeigte großes Vergnügen, als wir ihn nach einem Bett fragten, und er uns über den Hof zu einem andern Haus führte, in dem 4 Betten standen. Als wir auf jenen, die uns am besten paßten, mit Auspacken begannen, sprang er jedoch vor und bedeutete uns, daß eines der Betten ihm und das andere seinem Großsohn gehörten. Jetzt, da er es erwähnte, sahen wir, daß auf jedem der zwei besetzten Betten ein säuberlich gefalteter Stapel Kleider lag und darunter eine Schachtel mit persönlichen Dingen. Wir schliefen außerordentlich gut, auch wenn während der Nacht verschiedene Leute kamen und gingen.

Dick. Tag 43. 7 Uhr. Zhangjiaquang.
Dies ist ein erinnerungswürdiger Tag. Erstens einmal war es das erste Mal seit Bangladesh und Indien, daß wir bereits vor der Dämmerung auf

waren. Vielleicht heißt das, daß wir mit Fahren beginnen können, bevor sich der Wind erhebt. Die Sonne erschien noch gerade nicht am Horizont, aber bald ist es soweit. Es ist immer noch kühl! Draußen im Feld ist ein Traktor bereits an der Arbeit, doch was den Rest anbelangt, ist es noch ein wenig früh für China. Ich hoffe, daß das Essen schnell kommt, denn wir müssen los. Heute ist auch der Tag, an dem wir in die Seidenstraße einfahren werden. Dann der Sprint nach Hami und Urumqi. Unsere Sorgen werden bald vorüber sein.

Auch Nick machte seine Tagebucheintragungen, während wir auf Essen warteten, doch während ich mich in Grandeur und allgemeinem Überblick erging, lagen für Nick die Dinge des täglichen Lebens am nächsten. Er zeichnete für den Besitzer des Hauses in sein Tagebuch einen Pfannkuchen, weil das genau das Ding war, das er gerne zum Frühstück gehabt hätte!

Nick. Tag 43. 7 Uhr 20. Zhangjiaquan.
Am Vorabend hatten wir Tee, Omeletten, Schweinefleisch, Zucchetti, Pilze, Zwiebeln, Aprikosen, Süßigkeiten – das beste Essen, das wir je kosteten. Heute waren wir zu früh aus den Federn, um gleich ein Frühstück zu erhalten. Ich machte draußen einen kleinen Spaziergang. Eine grüne Insel in der Wüste. Grauer Dunst dringt von Süden her vor. Vögel zwitschern – unglaublich erfrischend, nach dem unwirtlichen, kargen Hochland. Diese Oase hat etwas isoliert Provinzielles an sich. Heute ist der Tag, an dem wir den letzten Abschnitt der Reise beginnen. Ich bin unglaublich aufgeregt: Heute werden wir endlich auf die sagenhafte Seidenstraße stoßen. Mongolen, Kasachen, Marco Polo, die wichtigste Handelsstraße aller Zeiten. Ich hoffe, daß der mystische Ruf bestehen bleibt.

Alles begann gut. Nach Zhangjiaquan wurde aus der Schotterstraße wieder Asphalt. Die Hitze des Tages ließ noch ein wenig auf sich warten. Rund um uns war die Kiesebene mit goldenen Flecken Sandes darauf. Die Luft war sehr klar. Wir konnten vor uns die dünne Linie der schwarzen Berge ausmachen, die die nördliche Grenze dieses Beckens markierten, und zugleich das Rückgrat der Seidenstraße bildeten. Weiter im Westen würden sie sich mit dem Tien Shan vereinen. Nach 70 Kilometer offener Wüste kamen wir in ein Gebiet schwarzer Hügel. Wir erreichten Liuyuan, ein düsterer Ort, wo niemand lachte. Wir aßen eine langweilige Suppe, serviert von einem langweiligen Mädchen. Irgendwo in der Stadt sollte die moderne Seidenstraße sein. Wir fanden sie nicht. Die Leute sagten, daß dies eine Eisenbahnstadt sei. Die Straße nach Hami und in den Westen sei dort – und sie zeigten in die Richtung, aus der wir kamen. Etwas verblüfft, aber noch keineswegs entmutigt, fuhren wir auf unserer Spur wieder zurück. Wir fanden nichts als einen rostigen alten Wegweiser. Er zeigte entlang eines Schotterwegs, kaum besser als die Straße zur Kehrichtgrube außerhalb Lodhwar. Mißmutig setzten wir uns auf den Boden und warteten auf einen Laster, der uns sagen konnte, was auf dem Wegweiser stand. Die Inschrift lautete: »Hami 298 Kilometer«.

Wir wollten, wir konnten nicht glauben, daß dies die Seidenstraße sei. Wir waren wie vor den Kopf geschlagen. Benommen saßen wir noch eine Weile dort, dann begannen wir zu gehen.

Nick. Tag 43. Liuyuan. Morgen.
Das hätte nun also unser großer Augenblick sein sollen; der Punkt unserer Reise, an dem wir die Seidenstraße erreichten – jenes Band aus glattem Asphalt, das uns magnetisch und schnell nach Urumqi ziehen sollte. Stattdessen haben wir eine Dreckpiste von unbeschreiblicher Qualität vor uns. Ist das wirklich die Seidenstraße – Quelle all jener Legenden –, die längste Handelsstraße der Welt, die sich über einen Drittel des Erdumfanges erstreckt?

»Sicherlich ist dies nur eine Umleitung um die Stadt herum?«
Zwei Kilometer weiter, die Stadt lag schon zurück. Es gab keine andere Straße. Wir befanden uns auf der Seidenstraße. Wir befanden uns aber auch wirklich auf der Straße, die zur lokalen Kehrichtdeponie führte, und als ein Traktor erschien, hielten wir ihn an und fragten nochmals nach. Der Fahrer bestätigte unsere schlimmsten Befürchtungen und bedeutete uns, daß, wenn er nach Hami gelangen wolle, er ganz bestimmt die Eisenbahn nehmen würde – nur wenige Laster fuhren über die Straße. Wir dankten ihm höflich, obschon seine Information uns nicht sehr viel nützte, denn wir konnten selbst sehen, daß nur wenige Laster die Straße benützten – vieleicht sogar noch weniger als wenige. Wir setzten uns wieder hin und studierten unsere Karten: inwendig und auswendig, verkehrt herum – es gab keinen Zweifel, wir waren da, wo wir dachten: auf der Seidenstraße. Unsere einzige Hoffnung war, daß irgendwo bald die Asphaltoberfläche erscheinen würde.

»Keine Chance, Dick«, sagte Nick nüchtern, »das wäre ein Wunder.«
Gemäß unserer Karte gab es praktisch nichts zwischen Liuyuan und Hami, außer ein paar winzigen Ortsnamen. Wir warteten noch ein bißchen, um erneut einen Lastwagenfahrer zu fragen. Keiner kam. In mein Tagebuch schrieb ich, daß dies die Hölle aller Höllen sei. Anstelle einer geschäftigen, modernen Straße mit vielen Straßencafés, sahen wir uns plötzlich allein mit keiner Straße, keiner Nahrung und keinem Verkehr.

Nick. Tag 43. Seidenstraße! Morgen.
Wir litten immer noch unter Schockwirkung, als wir weiterzufahren

versuchten. Es war fast unmöglich, die Räder vorwärts zu bewegen. Der tiefe Kies sog die Reifen förmlich fest. Es gab Stellen, wo das Kiesbett so tief war, daß wir sogar gehen und die Räder stoßen mußten. Es war ein Kampf. Dazu kam, daß man zeitweise die Straße beinahe nicht ausmachen konnte. Unsere Zehen wurden fast zermalmt von der Kraft des Tretens, dem Heraufziehen des hinteren Fußes, dem Ringen um das Gleichgewicht und dem Vorwärtskämpfen durch den Kies. Es war, wie wenn man durch eine Schneeverwehung fahren würde. Nicht auch nur für den kleinsten Augenblick wollten die Räder rollen. Dauernd mußten wir Druck machen.

Nach und nach kamen wir doch voran. Die kleinen schwarzen Hügel waren grob erodiert, ohne irgendwelche Decke. Dazwischen wand sich die Straße mit vielen kleineren und größeren Kurven und viel Auf und Ab durch kiesiges Schwemmland mit vereinzelten, verkrüppelten Büschen. Wir konnten es immer noch nicht fassen, daß dies die berühmteste Karawanenstraße der Welt sein sollte. Wir stiegen ab und studierten nochmals die Karte. Wir brauchten zwei Stunden, bis wir die ersten 10 Kilometer zurückgelegt hatten. Wir machten zwar nicht große, aber immerhin doch Fortschritte. Der Himmel weiß, wo wir Nahrung und Wasser finden werden.

20 Kilometer von Liuyuan entfernt hatten wir eine freudige Überraschung: Wir kreuzten die Eisenbahn. Seit dem Müll-Laster hatten wir keine Menschenseele mehr gesehen; auch keine Fahrzeuge und kein Haus. Wir waren fast sicher, daß auch noch lange nichts dergleichen in Sicht sein würde. Und doch saß hier an der Kreuzung der Straße mit dem Geleise ein dünner alter Mann in einem schwarzen Eisenbahnermantel auf einem alten Ölfaß und rauchte Pfeife. Seine runde Hornbrille hatte flache Gläser, die das Licht wie eine Theaterbrille zurückwarfen. Hinter ihm, im winzigen Bahnwärterhäuschen, brodelte ein Topf. Es war eine eigenartige kleine Szene, die direkt aus einer Jahresschrift wie zum Beispiel »Die britischen Eisenbahnen vor Beeching« stammen könnte. Eisenbahnen auf der ganzen Welt haben diese Eigenschaft, total unabhängig von ihrer Umgebung zu sein. Viele hundert Kilometer weiter zurück, zu Beginn unserer Reise, betrachteten wir eine ähnliche Szene, als ein Dampfzug nach Comilla fuhr. Vor Jahren fuhr ich einmal auf der Guayaquil-Quito-Eisenbahn, und, obschon das eine halbe Weltreise weg ist, könnte ich schwören, daß dort der gleiche Mann mit dem gleichen Kessel saß. Zu viel Wüste hat einen seltsamen Einfluß auf die Vorstellungskraft. Bis jetzt hatten wir 20 Kilometer zurückgelegt. Der Mann füllte unsere Flaschen mit Wasser und gab uns kalte Momos mit Gurken. Als wir hier in Frieden saßen, begann die ungeheure Wirklichkeit der nicht existierenden Seidenstraße so richtig in uns aufzudämmern. Vielleicht würden wir sogar die ganzen 1000 Kilometer bis Urumqi auf solchen Schotter-

straßen zurückzulegen haben. Es fiel uns schwer zu glauben, daß all unsere Träume auf einen Schlag zunichte waren.

Die Pfeife eines Zuges durchbrach die Stille. Eine riesige Lokomotive donnerte auf der breiten Spur vorbei. Unser kleiner alter Mann stand auf und salutierte. Ein Kilometer Güterwagen rumpelte vorbei. Dann waren sie vorüber, und wir saßen wieder in der Stille der Wüste. Hier also war die Seidenstraße hin verschwunden. Der ganze Handel und Wandel war in all diesen Güterwagen zusammengepackt. Die Eisenbahn wurde 1963 fertiggebaut und gilt als eine der größten Leistungen des kommunistischen Regimes. Sie hat die ganze Region um Urumqi erschlossen. Später sahen wir noch einen Passagierzug: Lange, grüne Wagen mit großen Fenstern, Leute saßen an Tischen mit Lampenschirmen und vor Tellern voll von Essen. Die Reisenden waren nicht mehr länger abhängig von den Oasen. Keine »3 Meilen pro Stunde«, sondern eher 80 Kilometer. Ein Tag von Urumqi bis hierher. Die modernen Reisenden sehen die Sanddünen, die Steine und die Ausdehnung der Wüste, aber fühlen sie die Einsamkeit und die Stille? Und falls sie es tun, hätte es irgendeine Bedeutung? Nick schaute sehnsüchtig dem Zug nach und meinte: »Das nächste Mal, wenn ich auf irgendein Abenteuer aus bin, werde ich dort drin sein, und nicht da draußen.«

Für diesmal allerdings waren wir Radfahrer und radfahren mußten wir. Die Piste, der wir folgen mußten, verließ den Schienenstrang in nördlicher Richtung und würde ihn bis Hami nicht mehr treffen. Hildebrandts Karte von ganz China war in dieser Gegend ziemlich leer, Details fehlten, und Namen waren oft nicht dort eingezeichnet, wo sich der Ort schließlich befand. Glücklicherweise waren wir nun so nahe bei unserem Ziel, daß wir die US Luftverteidigungs-Karte, Blatt ONC F-7, benützen konnten, die wir seit Beginn der Reise liebevoll bei uns trugen. Darauf waren wir heute morgen an der rechten unteren Ecke angelangt. Auch darauf (Maßstab 1 : 1 000 000) waren allerdings nur wenige Punkte markiert, vielleicht weil es tatsächlich nur wenige gab. Der nächste Name vor uns war Malingching. Wir hofften, es sei eine Ortschaft, wir hofften auch, daß es dort Menschen gab, und wir hofften ferner, daß wir es vor Sonnenuntergang erreichen würden.

Wir kamen zu einer winzigen, verlassenen Oase. Ein kleiner, strahlend grüner Flecken Gras, nicht größer als ein Taschentuch, und ein ganz kleiner Teich voll klaren Wassers. Dazu gab es ein paar wundervolle, violette Blumen, die im Wasser standen. Daneben waren die Ruinen eines halben Dutzend bienenstockähnlicher Häuser aus Backsteinen. Sehr wahrscheinlich war dies ein Wasserplatz aus den besseren Zeiten der Seidenstraße. Drinnen gab es nichts als einige Eselsdrecke und Schwärme bösartiger Moskitos. Nick kam herausgerannt, die Arme wie Helikopterrotoren um sich wirbelnd. Ich sprintete zu den Rädern, verfolgt von einem ganzen Schwarm! Das Land war eine Halbwüste. Es war nicht mehr so heiß, sondern eher sogar ein bißchen kühl, denn wir waren von der Ebene von Zhangjiaquan stetig aufwärts gefahren und befanden uns jetzt auf ungefähr 2000 Meter Höhe. Die ganze Topographie war irgendwie kleinformatig. Es gab keinen markanten Hügel am Horizont, der uns das Gefühl vermitteln konnte, daß wir vorankamen. Zwischen kleinen, dunklen Hügeln gab es eine ganze Reihe von flachen Ebenen, einige Kilometer breit und lang. Die Vegetation war etwas dichter hier oben als rund um Liuyuan. Tatsächlich gab es Strecken, wo der Boden fast durch Büsche bedeckt war. Es war eine natürliche Vegetation, als wir sie irgendwo auf dem Plateau gesehen hatten. Es war faszinierend, wieder einmal eine lebende Wildnis zu sehen, und für ein paar Minuten fühlte ich mich zurückversetzt in jene Zeit vor 10 Jahren, als ich mich als Naturforscher betätigte. Es gab 2 verschiedene Arten von Büschen, eine mit kleinen gelben und eine andere, kleinere, mit weißen Blüten. Dazu wuchsen verschiedene Gräser. Ganze Schwärme von Vögeln erhoben sich wie Wolken in die Luft, als wir uns vorbeiquälten. Einige waren wie Tauben, andere eher wie Lerchen, einige glichen Staren. Welch reiche Fauna! Wir sahen sogar 4 Antilopen. Die Straße jedoch blieb weiterhin in absolut erbärmlichem Zustand, schlimmer als ein Feldweg. Es gab Stellen, wo die Kiesschicht so tief war, daß wir wirklich fast nicht mehr vorankamen, aber wir legten großen Wert darauf, daß wir immer noch ein wenig Schwung behielten, um nicht absteigen zu müssen. Wir hielten uns in nordnordwestlicher Richtung und fuhren am Rande der Taklamakan Wüste, die zu unserer Linken lag. Den ganzen Nachmittag, bis hinein in die frühen Abendstunden, blieben wir auf etwa 2000 Meter Höhe. Malingching tauchte auch dann nicht auf, als wir dachten, daß es an der Zeit wäre, und so mußten wir denn weiterfahren. Jeder Kilometer, so sagten wir uns, sei nicht ein Fegefeuer, sondern eine Wohltat – weil wir ihn am nächsten Tag nicht mehr zurücklegen mußten. Als wir Malingching schließlich erreichten, stand die Sonne schon tief und warf die langen Schatten der Büsche über die mit dunklen Linien durchzogenen Hügel. Es hatte eine große Radioantenne, die im Licht der sterbenden Sonne rot aufleuchtete, und eine weißgetünchte Arbeitersiedlung. Es sah aus wie eine kleinere Ausgabe von Huahaizi. Nebenan war man gerade dabei, eine zweite Siedlung zu bauen. In der Umgebung standen viele hohe Büsche, zum Teil schon fast Bäume, und es gab einige Tümpel mit schmutzig aussehendem Wasser, nahe der Straße. Glücklicherweise hatte es Leute hier – eine Baukolonne von etwa 40 Männern und zwei Frauen. Der letzte Abschnitt von der Bahnkreuzung bis hierher war für uns ein neuer Rekord von 36 Kilometern, ohne die geringste menschliche Behausung. Nie zuvor, auch nicht in der Qaidam Pendi, hatten wir eine solche Distanz zurückgelegt, ohne jemanden zu sehen.

Die Männer waren ganz aufgeregt, uns hier zu sehen, aber schienen zuerst gar nicht zu realisieren, daß wir Hunger, Durst und Schlaf haben könnten.

Wir zogen darum eine etwas überspitzte Schau ab. Ich ließ meine Beine unter mir zusammenknicken und mich wie ein Stein gegen eine Wand fallen. Nick rollte mit dem Kopf und ließ von seinen Augen nur noch das Weiße sehen. Jetzt hingegen gelangte die Nachricht hinüber. Wahrscheinlich waren sie ein wenig zu enthusiastisch – jedenfalls wurden wir umzingelt und aufgeregt umsorgt, bis daß ein Mann in einem blauen Overall, von Nick »Gottvater« genannt, uns unter seine Fittiche nahm. Innerhalb Nullkommaplötzlich waren wir alle Freunde und erlabten uns an Nudeln und Suppe. Zwei Männer wurden gebeten, ihre Betten zu räumen, und trotz der fast erdrückenden Enge rund um uns, waren wir beinahe sofort eingeschlafen, die Räder zwischen mir und der Wand eingeklemmt. »Gottvater« kam noch vorbei und breitete eine Decke über Nick aus, der schon im Traumland versunken war.

Nick. Tag 44. Malingching und weiter.
Acht Stunden Schlaf hießen, daß die volle Sonne durch die Fenster auf mein verschlafenes Gesicht schien. Der alte Mann und der Junge in der Küche gaben uns zwei kalte Momos als Frühstück. Sie wollten, daß wir noch blieben, bis daß sie ein Wok-Gericht zubereitet hatten, aber nachdem wir gestern schon so viel Zeit vertrödelt hatten, brannten wir darauf, auf die Straße zu kommen. Hami und Urumqi lagen ja plötzlich so weit weg. Wir gossen soviel Wasser in uns hinein, wie unsere Bäuche faßten, und brachen auf. Immer noch Richtung Nordnordwest, immer noch auf 2000 Meter Höhe. Kühler Morgen auf staubiger Piste. Quer über eine flache Ebene. Die Vegetation wurde dürftiger. Steinig. Harte, kantige, steinige Wüste. Telegrafenmasten, ein einsames Rasthaus, nur noch eine Ruine, ohne Dach.

Die Piste war zum Erbarmen, schlimmer als alles, was wir auf dem Hochland angetroffen hatten. Wir pedalten verbissen weiter, in Richtung eines Ortes, den wir bereits von verschiedenen Quellen her kannten. Wir waren sicher, daß es dort eine menschliche Niederlassung geben würde. Er hatte den verheißungsvollen Namen Xing Xing Xia, was etwa »Die Schlucht der hochstarrenden Himmel« heißen soll. In den ersten drei Stunden des Tages brachten wir etwas mehr als 30 Kilometer hinter uns. Es gab nichts zu sehen und keinen Grund anzuhalten. Jede Unterbrechung in der Monotonie dieser Wildnis wäre uns eine große Erleichterung gewesen. Wir fuhren an ein paar braunen, runden Hügelchen vorbei, dann kamen wir allmählich näher an eine Kette niedriger schwarzer Hügel heran und begannen einen kleinen Paß hinanzusteigen. Das würde unser Abschied von der Hochebene der letzten 60 Kilometer bedeuten. Die Straße trat dann in ein enges, kurzes Hochtal ein. Die Flanken bestanden aus glatt geschliffenem, nacktem schwarzem

Felsen, und dazwischen lag ein flacher Sandboden, etwa 30 Meter breit. Mitten drin, zu unserer großen Freude, wie zwei Juwelen in einem leeren Faß, zwei wunderschöne grüne Bäume. Sie waren es sehr wohl wert, einen Augenblick abzusteigen und fotografiert zu werden. Wir machten auch einen kleinen Spaziergang und verschafften damit unseren armen, malträtierten Zehen eine willkommene Erleichterung. Xing Xing Xia winkte jedoch aus der Ferne, und so stiegen wir denn bald wieder in die Sättel, um die kleine Strecke, die uns noch bis zu diesem Ort blieb, zurückzulegen.

Zuerst erblickten wir eine einsame Ruine zuoberst auf einem Hügel, etwas wie ein Wachturm. Dann nochmals ein paar Zinnen und ein zusammengefallener Turm. Wir erreichten nun zahlreiche Ruinen, vierzig bis fünfzig im ganzen, und die Überreste einer großen Befestigung. Das ganze schien total verlassen. Xing Xing Xia! Die traurigen Überreste einer Siedlung, die zwei Jahrtausende lang einer der wichtigsten Versorgungsposten der Seidenstraße war. Am höchsten Punkt der Route gelegen, bildet Xing Xing Xia die Grenze zwischen der Provinz Gansu hinter uns und der riesigen autonomen Region von Xinjiang, die sich von hier aus 2000 Kilometer weiter bis zur chinesisch-russischen Grenze im Norden und zur afghanischen und pakistanischen Grenze im Westen erstreckt. Während Jahrhunderten passierten zahllose Kamelkarawanen diesen Ort. Sämtlicher Verkehr aus den wasserlosen Wüsten auf beiden Seiten war gezwungen, durch Xing Xing Xia zu ziehen, um dessen brackiges Wasser benutzen zu können. Die nackten Hänge rund herum konnten leicht verteidigt werden. Jedermann war erleichtert, aber auch äußerst wachsam, wenn er Xing Xing Xia erreichte. Wir gedachten der frühen chinesischen Edelmänner Chang Ch'ien und Hsuang-tsang, der ersten Europäer Carpini und Rubruck, dann waren da selbstverständlich auch Marco Polo, Dschingis Khan und die mongolischen Horden, die den größten Teil Asiens im 13. Jahrhundert unterjocht hatten. Wir träumten, wir hörten ihre Geister in den Burgen und die Seelen der Reisenden im Sande singen. Alles das wurde immer weiter zurückgedrängt, als in den letzten paar Jahrhunderten die Chinesen näher und näher rückten. Moderne Entdecker, wie Sir Aurel Stein, Sven Hedin und Pelliot, kamen in den letzten hundert Jahren und gaben dem Ort wieder neues Leben. Aber auch die Chinesen unterhielten bis vor 50 Jahren noch eine Garnison von etwa 1000 Mann. Doch der Handel auf dem Seeweg, die Luftfahrt und dann die 1963 eröffnete Eisenbahn gaben Xing Xing Xia den Todesstoß. Die zerfallenen Gemäuer vor uns waren die ergreifenden Zeugen vergangener Größe.

Nick. Tag 44. Xing Xing Xia. Mittag
Hinter den Ruinen ein weißgestrichenes Haus, ein anderes im Bau und auf der linken Seite ein Chai-Haus!! Der Traum aller Träume. Und erst noch ein großes, 6 auf 6 Meter. Die Wände rauchgeschwärzt. Ein großer

viereckiger Tisch in der Mitte. Tanzende Lichtstrahlen fallen durch das Rauchloch im Dach. Großer, eingebauter Lehmherd. Der hagere Mann, in losen grauen Wollstoff gekleidet, heißt uns am Tisch willkommen. Seine Frau gießt Tee ein und beginnt, Gemüse zu rüsten. Sie hat ein von der Arbeit gezeichnetes, aber glückliches Gesicht und trägt einen blauen Overall mit einer weißen Schürze. Es gibt kein Fleisch, nur Gemüse. Draußen strahlt der Himmel in tiefem Blau, die Sonne brennt. Ein kleines Mädchen in rosafarbenem Hemdchen und ebensolcher Hose steht in der Türe und schaut uns zu. Der Mann fabriziert Nudeln; er mischt und knetet einen Teig, klopft ihn flach, schneidet ihn in Streifen. Dann kommt der faszinierende Teil: Er nimmt eine Anzahl der Streifen bei den Enden in jede Hand, und zieht und klopft, bis sie ganz dünn und lang gezogen sind. Dann schwupp, in die Pfanne mit brodelndem Wasser, und presto! frische Nudeln!

Vier oder fünf andere Erwachsene waren noch da, einige davon Lastwagenfahrer. Ihre Fahrzeuge waren dunkelgrün mit Holzbrücken, geschlossener Kabine und runden Buckelnasen, wie erwachsene Morris Minors. Früher, in der Nähe von Dunhuang und Liuyuan, hatten wir auch modernere Laster mit viereckiger oder flacher Kühlerhaube gesehen. Während des Tages fuhr etwa alle halbe Stunde ein Laster vorbei. Dies gab mir Hoffnung, daß es doch noch Leute gab, die diese Straße benützten, und daß wir, falls es wirklich schlimm werden würde, doch Wasser von den vorbeifahrenden Lastwagen erhalten konnten. Nick dagegen machte sich immer noch Sorgen um unser Schicksal.

Nick. Tag 44. Xing Xing Xia. Früher Nachmittag.
Wir studieren die Karte und versuchen uns vorzustellen, was vor uns liegt. D. sagt mit typischer Untertreibung: »Jawohl, wir haben noch eine ganze Menge leichter Unterhaltung vor uns.« Wir hatten eine gute Mahlzeit hier. Wir müssen uns eine gute Unterlage schaffen, denn von hier bis zum Rande der Oase Hami gibt es nichts mehr. Und das sind, laut unserer Karte, immerhin 160 Kilometer, und dann noch weitere 40 Kilometer bis nach Hami selbst. Sehr wahrscheinlich wird die Straße nach Hami ebenfalls Naturstraße sein. Ich bin mit D. einverstanden, daß wir keine Nahrung brauchen, aber ein Liter Wasser scheint mir doch eher ein kläglicher Vorrat für ein solches Unternehmen zu sein. Ich werde die Hälfte nach 50 und den Rest nach 100 Kilometern trinken und werde die verbleibenden 60 Kilometer einfach Durst leiden.

Nick hatte recht, als er sagte, daß wir unsere Reise von Xing Xing Xia aus mit einigen Unwägbarkeiten fortsetzen würden. Wenige Radfahrer irgendwo auf der Welt brechen zu einer 160 Kilometer langen Reise auf und tragen keine Nahrung und nur einen Liter Wasser bei sich. Geschweige denn auf einer Naturstraße. Und überhaupt nicht durch die Wüste Gobi. Wir hatten die vielleicht etwas perverse Satzung, wonach wir auf dieser Reise kein Essen bei uns tragen würden. Nachdem wir bis jetzt alle Prüfungen und Nöte bestanden hatten, glaubte ich, daß wir irgendwie einen göttlichen Schutz vor allem Bösen und Unglück genossen.

Die Vegetation wurde immer dürftiger, sofort nachdem wir Xing Xing Xia verlassen hatten. Die Piste führte nun bergab. Wir ließen Gansu hinter uns und fuhren über die Grenze hinunter nach Xinjiang. Die Straße wurde nicht besser: Kies, mit vereinzelten Stellen aus Sand. Es begann nun wirklich, heiß zu werden. Wir mußten zum Schutz vor der Sonne Kleider tragen. Die Luft war staubtrocken. Gemäß der Karte würden wir weitere 1000 Meter an Höhe verlieren, bevor wir zum nächsten Dorf, 160 Kilometer entfernt, kommen würden. Es würde noch viel heißer werden. Für uns war es ein schwacher Trost, daß die Straße bergab führte, denn es war nur eine ganz schwache Neigung mit einer unglaublich rauhen Oberfläche.

Etwas nach Xing Xing Xia, so ungefähr nach 5 oder 6 Kilometern – entspricht etwa einer halben Stunde – wurde die Piste plötzlich noch schlechter. Nick begann sich ernsthaft zu fragen, welchen Sinn es denn noch habe, blindlings weiter auf die Pedale einzuhacken. Wir hielten an und prüften unsere Lage. Nick schlug vor, nach Xing Xing Xia zurückzufahren und vernünftige Wasserkanister zu erstehen und mitzuschleppen. Ich argumentierte dagegen – vielleicht etwas pervers –, daß wir noch nie länger als 36 Kilometer ohne eine menschliche Behausung zu finden, gefahren seien, und ich nicht einsähe, warum sich dies plötzlich so stark ändern sollte. Er wies darauf hin, daß ein unwahrscheinlich hoher Anteil an Glück damit verbunden sein müsse, meine Theorie in dieser Wüste anzuwenden. Hier, wie sonst nirgendwo auf dieser Reise, prallten unsere beiden so verschiedenen Methoden des Planens aufeinander. Nick nahm immer an, daß nichts vor uns läge, als was wir von den uns zur Verfügung stehenden Informationen ableiten könnten. Falls es mehr gäbe, so sei dies für uns ein Glücksfall, den wir gerne entgegennähmen. Ich dagegen war eher der Meinung, daß die uns zur Verfügung stehenden Informationen zwar die Wahrheit, aber eben nur einen Teil der Wahrheit darstellten, und daß es dazwischen immer noch zusätzliche Punkte hätte, die uns mit Wasser, Nahrung oder Unterkunft versorgen könnten. Wenn diese ausblieben, ich wäre sicher überrascht und geschockt.

Nick. Tag 44. Überlegungen nach Xing Xing Xia.
Als wir das Chai-Haus verließen und in die drückende Mittagshitze hinaustraten, ging das Samenkorn des Zweifels, das mir der Wirt in meinen kleinen, wertvollen Mutvorrat gepflanzt hatte, auf. Er meinte,

daß es auf 160 Kilometer Distanz keine einzige Versorgungsmöglichkeit mehr gebe. Nur ganz spärlich gab es Verkehr, der weiter als Xing Xing Xia fuhr. Das wußten wir. Vielleicht gab es einen, vielleicht auch zwei Laster pro Tag. Vielleicht aber auch nicht. Die nächste Oase hatte nur Salzwasser. Nicht trinkbar. Der Drang, zum Teehaus zurückzukehren und uns mit richtigen Wasserkanistern auszurüsten, wurde beinahe überwältigend stark. Das zusätzliche Gewicht würde allerdings unser Vorankommen verlangsamen. Aber es könnte uns retten. Ich fühlte mich mies. Schon immer hatte ich gefühlt, daß ich irgendeinmal auch meinen letzten geistigen Schutzmantel ausziehen müßte. Dieser Augenblick war nun gekommen.

Später sagte Nick: »Der Aufbruch von Xing Xing Xia war der größte Augenblick auf dieser Reise. Ich sah mich plötzlich mit einer Furcht konfrontiert, von der ich nicht wußte, daß sie in mir war. Bis zu diesem Punkt glaubte ich nicht, daß uns noch etwas begegnen könnte, das wir nicht in dieser oder jener Form schon durchgemacht hatten. Die Hitze, die Kälte, Erschöpfung, Menschenmengen, all das waren Elemente, die uns von früheren Abenteuern her, vielleicht nicht in dem selben Ausmaß, bekannt waren. Mit leeren Händen in die große Leere nach Xing Xing Xia hinauszutreten, war neu.«
Wir erhoben uns, um weiterzufahren, vereint in unserem gemeinsamen Schicksal. Bald verfielen wir in einen regelmäßigen Tritt, jeder in seine eigenen Träume eingehüllt, sich vorstellend, wie es hätte sein können, wenn diese Straße so glatt und gut gewesen wäre, wie wir uns dies vorgestellt hatten. Obschon wir dann alle diese aufregenden Abenteuer nicht erlebt hätten, wäre ich für mein Teil zufrieden gewesen, nach Urumqi zu rasen und dort Feierabend zu machen. Wir hätten in einer Woche zu Hause sein können. Picknick am Ufer der Themse und so weiter. Doch das war weit, weit weg von unserer heutigen Realität.
Eineinhalb Stunden nach Xing Xing Xia, gerade als ich mir wegen des Wassers wirklich Gedanken zu machen begann, kam der erste Laster vorbei. Wir hielten ihn an. Der Fahrer und sein Begleiter waren zuerst überrascht, dann von unserer Kühnheit beeindruckt, die Wüste per Fahrrad zu durchqueren. Sie gaben uns Wasser aus einer großen grünen Gürtelflasche und wollten uns dazu bringen, unsere Räder aufzuladen. Sie starrten uns ungläubig an, als wir wieder auf die Räder stiegen und weiter pedalten.
Zwei Stunden später war unser Wasser zur Hälfte ausgetrunken, und wir maßen jedes Schlückchen sorgfältig ab. Wir begannen, uns schon Sorgen zu machen darüber, wo wir unser nächstes Wasser bekommen würden. Es schien am Horizont nichts zu geben, als Hitzeschlieren, Halluzinationen und die leeren Weiten der Steinwüste. Zu unserer Freude kamen wir dann plötzlich an einem Wohnwagen vorbei. Nicht an einer Fata Morgana, son-

dern an einem großen Leichtmetallwohnwagen mit hoher Antenne. Er gehörte zu einem Geologenteam, das Wasserbohrungen durchführte. Soviel wir verstanden, waren sie seit einer Woche dort und würden in Kürze weiterziehen. Es war ein Luxuswohnmobil mit Kojen und Küchenkombination. Heißes Wasser stillte unseren Durst. Wir konnten unsere Zähne in schmackhaftes Sesambrot schlagen. Sie sagten uns, das Wort dafür sei Na. Unser Vokabular war wieder etwas reicher geworden. Wir kannten nun die Wörter *Shui, Momo, Mifan, Chrufan, Na, Yingguo* und manchmal auch *tseytsey*. Auf Deutsch »Wasser«, »Krapfen«, »Reis«, »Nahrung«, »Brot«, »Engländer« und »danke«. Als wir wieder aufbrachen, zwangen sie uns, noch einige gewundene Brotstäbchen und Eier mitzunehmen. Wir konnten nicht gut ablehnen – wir hatten uns geschworen, nie Nahrung mitzutragen – und so pedalten wir denn etwa zwei Kilometer, bis wir das Camp nicht mehr sahen und saßen ab zu einem Picknick. Ein bizzarer Anblick: Zwei Engländer genießen auf einem einsamen schwarzen Felsbrocken inmitten eines braunen Sandmeeres ihre letzte Nahrung für eine lange Zeit, jeder in sein eigenes Tagebuch vertieft. Es gab Tage, an denen wir ziemlich viel miteinander sprachen, und Tage, an denen wir mit uns selbst vollauf genug zu tun hatten. Es war recht erholsam, ein paar Augenblicke von unserem Rennen zum Mittelpunkt der Erde auszuruhen. Die Sonne brannte allerdings ein bißchen zu stark, als daß wir uns allzu wohl gefühlt hätten. Wenn wir so still saßen, formten sich kleine Schweißperlen auf unseren Stirnen.

Bald fuhren wir aber weiter, und der Fahrtwind trocknete unsere Gesichter. Die ganz leicht abfallende Sand- und Steinebene zog sich weiter dahin. Hie und da gab es die runden, schwarzen Knollenfelsen, und, weiter auseinander noch, braunrote Felsgrate. Die Vegetation war sehr spärlich. Ganz weit weg, zu unserer Rechten, erblickten wir schwach dunkle Berge mit Schneekappen. Stellenweise war die Straßenoberfläche nun stark gewellt – rohe Stöße erschütterten die Räder und stießen mir schmerzhaft in die Gesäßknochen. Meine Arme nahmen eine Menge der Sprünge und Wendungen des Rades auf. Die Zehen waren beinahe gefühllos geschlagen. Oft war die Oberfläche auch rutschender Sand. Die Verrenkungen und Schläge im Lenker waren so schlimm, daß ich Blasen sowohl an der Handfläche der linken als auch an der Basis der Finger der rechten Hand bekam – meine ersten Verletzungen auf dieser Reise. Der Druck ließ nie nach. Falls wir einmal für einen Augenblick Kraft von den Pedalen wegnahmen, sanken die Räder im Kies ein, so wie etwa eine Segeljolle nach einer Gleitphase im Wasser einsinkt. Zum Verzweifeln! Da wir keine andere Wahl hatten, mußten wir jedoch weiterfahren. Wir sagten uns, daß diese Reise nur kürzer wird, wenn wir sie kürzer machen. Doch die Piste war schlecht. Schlimmer als ein walisischer Feldweg, trockener als ein walisischer Sonntag. Wir hätten auf einem Kinderroller größere Fortschritte gemacht.

Wir wechselten uns in der Führung ab. Ich fand es leichter, vorne zu sein. Ich konnte mein Tempo fahren. Nick schien es nichts auszumachen, hinter mir zu fahren; aber ich trat auch selten so an, daß er mein Hinterrad verlor. Wenn er vorne war, so haßte ich es, wenn er immer wieder vorne wegzog, und ich dann die Lücke wieder schließen mußte. Die Stunden verpufften, die Landschaft wurde zur trostlosen Ebene: riesige Flächen steiniger Wüste; seltene, abgerundete rote Sandsteinhöcker; flache, breite Wadis, wenige Zentimeter tief und mehrere Dutzend Meter breit, gesäumt von seidenweichem Sand, in dem wohl auch einige karge Büschchen wuchsen. Wir dachten nicht an sehr viel an jenem Nachmittag. Die unmittelbare Gegenwart weckte zuviele Gefühle in uns. In Zeiten der Not, besonders wenn das Leben wirklich gefährlich wird, erlaubt unser Geist es nicht, daß unsere Aufmerksamkeit durch Träume oder Furcht zu stark abgelenkt wird. Die Welt wird kalt und ernst. All unsere Energie ist darauf ausgerichtet, uns in Sicherheit zu bringen. Wir wußten, daß wir soviel Wegstrecke wie nur immer möglich zurücklegen mußten, bevor es Nacht wurde, dann möglichst gut schlafen. Und dann wie der leibhaftige Teufel raus aus der Hölle Gobi.

Die Sonne begann ihren Bogen zurück zur Erde, und die Temperatur kam langsam von der Siedehitze zurück. Es gab nun immer längere Sandstrecken, das absolut Schlimmste, was wir fahren mußten. Die Piste war oft unkenntlich, breitete sich über die Wüste aus. Jedes Fahrzeug vor uns hatte versucht, seine beste Spur zu finden. Wir wechselten von einer »besten« Spur zur andern. Nick zog es vor, auf dem Grund einer Lastwagenspur zu fahren, wo die loseren Partikel der Pistenoberfläche fester zusammengepackt waren, ich dagegen versuchte oft auch Strecken neben jeglicher Spur. So konnte ich denn manchmal 40 Meter auf festem Sand dahinfliegen, sackte dann aber regelmäßig ein und zog eine tiefe Furche in den Sand.

Gegen Abend geriet ich auf einem meiner experimentellen Ausflüge auch in das Bett eines Wadis, wo glatter, trockener Schlamm die sandige Basis bedeckte. Zu meiner Überraschung erwies er sich als schnell und hart. Nachdem ich so einen Kilometer dahingeeilt war, wechselte auch Nick darauf, und wir hatten wunderbare Augenblicke von wirklich radikal freiem Wildnis-Radfahren. Es war, wie wenn man uns wieder die Freiheit geschenkt hätte. Tim und Murph hätten dies sehr genossen (Tim Gartside und Pete Murphy – Veteranen der Trans-Sahara 1984). Stellenweise gab es einige Trockenspalten, hie und da auch einige Steine oder Büsche, aber im großen und ganzen war das Bachbett so glatt und fein wie ein Hallenbahnbelag.

Am späten Abend, als wir uns langsam Gedanken machten, wo wir uns hinlegen wollten, glaubte ich in der Ferne, etwa 3 Kilometer weiter vorne, die rechteckigen Umrisse eines Häuschens im Schutze eines kleinen Sandsteinfelsens zu sehen. Es belebte meine Geister. Ein-, zweimal verschwand es, dann aber sah ich es wieder. Nick wollte mir nicht glauben. Ich beschuldigte ihn, ein Pessimist zu sein. Doch meine so sehr herbeigesehnte Behausung verwirklichte sich nie. Nach zehn Minuten war sie ganz verschwunden und ließ an ihrer Stelle nur einen Sandsteinblock zurück. Wir pedalten weiter bis zur Dunkelheit, und hatten dann keine andere Wahl, als die Wüste zu unserem Bett zu erküren. Soweit das Auge blickte, gab es in jeder Richtung nichts als die leicht gewellte Kieswüste, eine endlose Auswahl von Möglichkeiten, zu schlafen! Wir wählten eine leichte Bodenerhebung aus, und jeder von uns machte sich daran, ein ihm günstig erscheinendes Plätzchen Kies zu suchen. Soweit ich mich erinnere, verbrachten wir etwa 10 Minuten lang damit, uns an verschiedenen Plätzchen hinzulegen, unseren Kopf in verschiedenen Richtungen zu betten, bis daß sich alles richtig anfühlte. Falls wir unruhig schlafen sollten, hatten wir genug Raum, uns zu bewegen! 60 Kilometer hatten wir seit dem Bohrteam zurückgelegt – und damit hatten wir unseren persönlichen Rekord für Fahren in unbewohntem Gelände erneut gebrochen. Die letzte permanente Behausung lag 80 Kilometer zurück, die nächste, am Rande der Oase Hami, 60 Kilometer vor uns. Wenn man in Betracht zieht, daß wir nahe dem Mittelpunkt der Erde im volksreichsten Land der Erde waren, waren wir eigentlich ganz weit weg von irgend jemandem.

Nick. Tag 44. 23 Uhr. Wüste Gobi.
Beinahe dunkel. Zu dunkel, um etwas zu sehen. Es ist ganz still. Kein Laut. Mandarinenfarbiger Sonnenuntergang. Silberner Mondschein. Unsere Schlafsäcke sind auf der steinigen Wüste ausgebreitet. Goretex Jacke und Hose bilden die Unterlage, die Fahrkombis das Kissen. Ich hob eine kleine Hüftgrube aus, um etwas bequemer zu liegen. Wir haben keine Nahrung, aber jeder von uns hat noch fast einen Liter Wasser. Dreimal haben wir heute Laster angehalten und Wasser bekommen. Dies ist nicht die Seidenstraße, wie wir sie uns ausgemalt hatten. Sicherlich etwas vom Härtesten, was wir je unternommen haben. Mit den 10 Kilometer pro Stunde, die wir heute erreicht haben, dauert es morgen bis 15 Uhr, bis wir die nächste Ortschaft erreichen – vorausgesetzt, daß wir keinen Problemen begegnen.

Wir erwachten und hatten eine der schönsten Ansichten der Seidenstraße: 360 Grad Steinwüste. Keiner von uns schätzte diesen Anblick wirklich. Ein steifer Ostwind blies. Es war gemütlich in unseren Schlafsäcken. Wir waren heute langsam mit dem Aufstehen und verloren vielleicht eine Stunde. Ich machte noch eine kurze Bandaufnahme. Langsam sagte ich: »Wir wachten auf.« Dann eine lange Pause, als ich neue Energien für den zweiten Satz schöpfte: »Wir leben immer noch.« Die Geschwindigkeit meiner Rede hätte einen Trappisten zum Plappermaul gestempelt. Es dauerte nun eine ganze

Weile, in der ich überlegte, was ich sonst noch sagen wollte, dann sagte ich sehr vorsichtig: »Es ist ein langer Weg.« Das war der Schluß von drei Minuten Tonbandaufnahme. Ich sagte nicht, was ein langer Weg sei, aber ich fand diesen Satz wichtig für die Nachwelt.

Ich war ziemlich deprimiert, als wir schließlich aufbrachen. Ich wußte nicht, was in Nick's Kopf vorging, aber er war auch sehr still und entschlossen. Die Aussichten waren nicht gut. Ich glaubte nicht, daß wir es nicht schaffen würden, aber ich wüßte gerne, wie lange es dauern würde. Die Sonne ging auf, und wir kochten. Der gleiche tiefe Sand, das gleiche lose Geröll wie gestern: Sehr harte Arbeit. Wie wenn man mit dem Fahrrad einen Pflug schleppen müßte. Nach Stunden harter Arbeit sahen wir zu unserer Erleichterung einen Lastwagen über den Sand näherkommen. Wir winkten, um ihn anzuhalten. Nachdem sie uns für einen Augenblick mit weit offenen Augen angestarrt hatten, überkam sie ein Lächeln und grüßten uns wie längst verloren geglaubte Verwandte – mit breitem Lachen ergriffen sie unsere Arme, bewunderten unsere Räder. Zufälligerweise hatten sie auch noch Brot und hartgesottene Eier bei sich, die sie uns anboten. Wir wollten Geld anbieten, aber sie wiesen jede Bezahlung kategorisch von sich. Wir dankten von ganzem Herzen, schüttelten ihre Hände und dann verschwanden wir wieder, jeder in seine Richtung, um eine Erfahrung reicher. Dieses Frühstück stellte mit einem Male unsere bisherige, verdrießliche Welt auf den Kopf, und wir fühlten uns viel besser. Wir trugen beide unsere langen Unterhosen um Kopf und Nacken gewickelt, wie Beduinen, trugen unsere Mao-Mützen, Schneebrillen und Gesichtsmasken über Mund und Nase. Darunter, nun, da unser Inneres durch das Frühstück wieder im Gleichgewicht war, fühlte sich Nick »auf angenehme Art von der Hitze und dem Staub isoliert und fähig, recht angenehme Tagträume zu wälzen«.

Die erste Behausung nach 55 Kilometern an diesem Tag, 136 Kilometer Wüstenei seit Xing Xing Xia, waren drei Lehmhütten und eine fast brutal grüne Gruppe von hohen, dünnen Bäumen. Ein Teenager in einem langen weißen Kleid stand wie vom Blitz getroffen ganze fünf Minuten lang stockstill, als wir »Shui. Churfan.« zu sagen versuchten. Ein Kilometer weiter befand sich ein Armeevorposten, Lo'to-cheung-tzu. Er hatte eine Mauer mit grünen Bäumen und einem Gemüsegarten auf einer, Sanddünen auf der anderen Seite. Die Burschen waren sehr freundlich und gossen uns große Becher voll leichten Tees ein, dann öffneten sie Büchsen mit eingemachtem Huhn und Schweinefleisch. Für uns selbst überraschend, schlangen wir die Nahrung nicht in einem Zug hinunter, sondern aßen sie sehr vorsichtig. Wir wählten jedes Stück sorgfältig aus, kauten es durch und genossen den Geschmack bis zum letzten. Wir waren uns beide einig, daß dies die beste Nahrung war, die wir je gegessen hatten.

Nach weiteren 20 Kilometern kamen wir auf Asphalt. Wir jubelten vor

Freude. Wir stiegen ab, setzten uns auf den harten schwarzen Rennbelag und tätschelten ihn. Eine unendliche Erleichterung ergriff uns. Dann schwangen wir uns in den Sattel und sprinteten, was das Zeug hielt, um Hami noch vor Sonnenuntergang zu erreichen. Wir hatten ein Lächeln auf den Lippen, den Wind in den Haaren, unsere Hintern hart im Sattel und in unseren Ohren das wunderbare Singen von steinharten Reifen auf glattem schwarzem Asphalt.

Nick. Tag 45. Hami Oase. Später Nachmittag.
Wir brauchten einige Minuten, um den Wechsel auf Asphalt zu verdauen. D. legte sofort ein unheimliches Tempo vor. Zuerst ging's durch eine Mischlandschaft von Oase und Wüste, dann nur noch durch Oase. Große grüne Bäume, ähnlich wie Pappeln, markierten die genaue Grenze zwischen leerer Wüste und fruchtbarem Farmland. Die Felder waren alle klein und viereckig und paßten nahtlos aneinander. Leute bearbeiteten ihr winziges Stück Land vor dem Haus. Oasendörfer, aus Lehm gebaut, kleine Gehsteige neben der Straße. Spielende Kinder im Sand. Ein Eselkarren ächzte vorbei, der Kutscher lang ausgestreckt hintendrauf, tief in Morpheus' Armen. Die Oasen hinterließen einen zeitlosen Eindruck, wie wenn sie bereits seit Jahrhunderten so bestehen würden.

Es war ganz ähnlich wie in Indien, ausgenommen, daß einige Männer Moslem-Kopfbedeckung und die Frauen Röhrenhosen mit knielanger Tunika und turbanähnlichen Kopftüchern trugen. Je näher wir Hami kamen, desto öfter gab es zweistöckige Häuser und Geschäfte. Zusätzlich zu den Eselkarren sah man nun Traktoren, hie und da Busse und Lastwagen, aber vor allem Fahrräder, die die Straße bevölkerten. Für Nick und mich war es Tag 45, für die Leute hier aber ein Samstag, der Tag ohne Arbeit. Viele Teenager fuhren zum Picknick an den Rand der Oase. Die Burschen trugen modische Jacken, ihre farbigen Räder waren vollgeklebt mit Abziehbildchen. Die Mädchen waren in Partyröckchen gekleidet, mit hübschen Schuhen. Sie scherzten und sprachen miteinander, während sie fuhren. Einige hatten Picknick-Boxen auf dem Gepäckträger, andere einen Freund oder eine Freundin. Die Räder waren große schwarze Tourenfahrzeuge, die die leichten weißen Blusen und lachenden Gesichter der Mädchen vorteilhaft unterstrichen. Ein Mädchen trug einen Strohhut und ein fast durchsichtiges Kleid mit Blumenmuster, das vom Fahrtwind aufgeblasen wurde, weshalb der Saum weit über das Knie hinaufgerutscht war.
   Seit wir Dunhuang verlassen und die Grenze zur Gobi überschritten hatten, gerieten wir in ein viel moderneres China. Nur wenige Leute trugen die blauen Mao-Anzüge, die in Golmud und auf dem Plateau beinahe allgegenwärtig waren. Die meisten Leute, nicht nur die jungen, trugen

westliche Kleidung. Wir kamen an einer Gruppe von Jugendlichen vorbei, die es sich unter einem Baum gemütlich gemacht hatten. Ihre Velos standen in der Nähe, ein Transistorradio war in ihrer Mitte laut aufgedreht. Xinjiang ist eine der aufsteigenden Provinzen Chinas. Im Nordwesten gibt es Ölfelder und ausgedehnte Vorkommen von Bodenschätzen. Sehr viele neue Siedler haben sich hier in den Oasen, die die riesigen Wüstenbecken von Xinjiang säumen, während der grünen Revolution in den letzten dreißig Jahren niedergelassen. Xinjiang bildet die größte administrative Region von China, mit einer Fläche von 1,6 Millionen Quadratkilometer, zehnmal so groß wie Bangladesh. Die Bevölkerung jedoch ist klein, nur 14 Millionen Leute, weniger als ein Prozent der chinesischen Gesamtbevölkerung. Die Han-Chinesen befinden sich nicht in der Überzahl. Beinahe zwei Drittel der Bevölkerung gehören Minoritäten, wie Uyguren, Kasachen, Tajiken, Osbeken, Tataren, Russen und Mongolen an. Zur Mehrheit sind es Mohammedaner.

Etwas später kamen wir an einer elektrischen Pumpe vorbei, die ganze Wasserschwälle aus einer weiten Röhre herausförderte. Wir hielten an, um so richtig zu panschen; trotzdem wir beim Armeelager viel Tee getrunken hatten, plagte uns immer noch ein heftiger Durst. Wir füllten unsere Flaschen, legten eine Puritab hinein, warteten ungeduldig 10 Minuten lang, bis die Tablette ihre Wirkung getan hatte, während sich um uns herum eine Menge von etwa 60 Leuten versammelte. Dann tranken wir den Liter Wasser auf einen Zug aus und wiederholten den Vorgang nochmals. Zwei Mädchen führten uns zu einem Chai-Haus, wo wir uns erneut auf Flüssigkeiten stürzten – Suppe, Tee, und dann sprang plötzlich die hübsche Tochter des Kochs davon, kehrte Minuten später in ihrem besten rotgoldenen Kleid zurück und brachte uns eine Flasche Limonade mit herrlichem Aroma. Gegen Abend hatten wir beide je 15 Liter Flüssigkeit intus.

Trotzdem die Armee uns bereits mit Nahrung versorgt hatte, schlugen wir uns mit einem weiteren, riesigen Haufen von Essen den Magen voll. Die Lust errang die Oberhand, und im Gegensatz zu unserer Zurückhaltung bei der Armee, stopften wir die Nahrung mit einer unheimlichen Gier in uns hinein. Schweiß tropfte von unseren Brauen. Wir hatten keine Ahnung, was wir in uns hineinwarfen, Hauptsache, es füllte unsere Bäuche. In der Zwischenzeit hatte sich das Teehaus mehr und mehr mit Zuschauern gefüllt.

Dick. Tag 45. Früher Abend. 177 Kilometer nach Xing Xing Xia.
Ich bin total erschöpft vom Lärm, der Hitze, den Leuten und der Aufregung. Hier versammelte sich die größte Menge seit Indien. Mehr als 50 Personen drängten sich um unseren Tisch. Alle Kinder wurden von den Erwachsenen hinausgeschickt und kamen nun durch die Türe wieder herein. Soeben legte man einen Riegel vor die Türe. Die Hälfte

der Kinder rannte zum Fenster an der Vorderseite und begann nun dort hineinzuklettern, die andere Hälfte tat ein Gleiches beim Fenster an der Hinterseite! Die Leute hier können es noch nicht ganz mit Bangladesh aufnehmen – aber das kann sowieso niemand. Nirgendwo sonst kamen die Chinesen in solcher Anzahl und waren für so lange Zeit interessiert. Sie waren hartnäckig und äußerst neugierig, aber sie belästigten uns nicht körperlich, sondern waren eher reserviert, wie die Engländer. Ganz allgemein kann man sagen, daß sie viel mehr Lebensart, um nicht zu sagen Kultur haben, als die Leute, die wir im Süden angetroffen hatten.

Bloß zwei Stunden Tageslicht hatten wir schließlich noch zur Verfügung und so machten wir uns denn auf den Weg nach Hami, von dem wir hörten, daß es eine wichtige Militärbasis war. Gerüchteweise verlautete, daß dort die Kommandozentrale für die Lop Nor Atombombenversuche stationiert sei, und daß man auf Ausländer hier sehr sensibel reagiere. Wir stellten uns vor, daß wir in einem Zug in der Dämmerung durch die Stadt hindurchflitzen könnten, bevor noch ein Offizieller uns überhaupt bemerkte. Man hatte uns verschiedene Geschichten erzählt von Leuten, die hier in Gewahrsam genommen worden waren. Mark Skinner wurde vom Fleck weg verhaftet, als er vom Lastwagen stieg, der ihn von der Turfansenke hierhergebracht hatte. Man packte ihn ohne viel Federlesens in den nächsten Zug nach Liuyan. Wir hörten von niemandem, daß er Hami erfolgreich durchquert hätte, mit Ausnahme jener Reisenden, die auf der Durchreise im Zug sitzenblieben. Vor Jahren, Mitte der Dreißiger Jahre, verschwand ein junger Deutscher, einer der seltenen Reisenden des frühen 20. Jahrhunderts, in der Region von Hami. Sehr wahrscheinlich wurde er ermordet. Vor Jahrhunderten war Hami die feudale Hauptstadt der Gobi gewesen, wo die Großen Khans, die Nachfolger des Dschingis Khan, ihren Palast hatten. Die Oase war wohlbekannt für ihr Singen und Tanzen, ihre Feste und vor allem auch für ihren kriegerischen Geist.

Nick. Tag 44. Hami. Spät am Abend.
Kurz nachdem wir unsere Freßorgie beendet hatten und wieder auf die Straße gingen, überholte uns ein grüner chinesischer Jeep mit zwei makellos uniformierten Männern und einer großen weißen Anschrift: GONG-AN. Als er verschwunden war, schauten wir uns an: »Heißt das nicht Büro für Öffentliche Sicherheit?« Nach ein paar Kilometern – der Himmel war indessen tiefrot geworden – fuhren wir erneut an ihm vorbei. Er parkte an der Straßenseite, und die beiden Männer saßen drin. Der Motor lief. Wir fuhren, ohne uns umzusehen, vorbei. Bevor wir außer Sicht waren, fuhr auch der Jeep wieder los. Wir pedalten ganz

nah am Straßenrand und taten so, als ob wir gar nicht da wären. Langsam überholten sie uns und verschwanden weiter vorne. »Wir werden beobachtet«, sagte D. Die Vororte von Hami wurden dichter. Wir spielten mit dem Gedanken, irgendeine Seitenstraße zu nehmen und am Stadtzentrum vorbeizufahren. Aber wenn wir wirklich verfolgt und beobachtet wurden, dann war es sinnlos, solche Manöver zu unternehmen. Hinter einigen Bäumen hielten wir an. D. versteckte die US-Karte in seinem Overall, ich versuchte, so gut wie möglich, die Konturen des Recorders in meiner Brusttasche zu verwischen. Gerade jenseits des Eisenbahnüberganges stand der Jeep. Ein ernster, junger Offizier mit dem Gesicht eines gefoppten Korporals trat auf die Straße und hielt uns an. »Stop, bitte!« sagte er. Er trug eine grüne Schirmmütze und Epauletten mit dem roten Stern. Er hielt seinen Arm auf und wiederholte in gemessenem Englisch: »Stop, bitte. Büro für öffentliche Sicherheit.« Mit gespieltem Vergnügen hielten wir an und strahlten ihn so offen und fröhlich an, als wenn wir die Gobi eigens durchquert hätten, um seine Bekanntschaft machen zu können. Er sagte: »Sie werden mir folgen.« Wir grinsten noch breiter. D. sagte: »Oh, das ist aber schade. Wir haben leider wirklich gerade keine Zeit, weil wir noch bis zur nächsten Stadt fahren wollen, um dort zu übernachten. Wir haben unser Abendessen bereits gehabt.« Darauf schrie er entrüstet mit sich überschlagender Falsettstimme: »*Dies ist das Büro für Öffentliche Sicherheit.*«

»Folgen Sie mir!« Er stieg mit heftigen Bewegungen zurück in seinen Jeep, duckte sich unter das Verdeck, und der Fahrer fuhr los. Er schaute nicht zurück. Wir folgten ihnen etwa drei Kilometer durch den Dunst der immer größer werdenden Stadt zur zentralen Kaserne. Wir fuhren durch einen Boulevard mit Verkehrspolizisten, ein eindrucksvolles Eingangstor und vorbei an zwei Schildwachen mit Gewehr. Beim Wärterhaus nahm man uns unsere Räder weg. Man führte uns in einen kleinen, nackten Raum mit Gitterstäben vor den Fenstern. Klein-Hitler nahm unsere Pässe und schloß die Türe hinter sich.

11. KAPITEL

Der heißeste Ort in China

Fünfzehn leere Minuten verstrichen. Die letzten Stunden des Tages brachen über der Kaserne an. Durch die Gitter konnten wir sehen, wie die Schildwachen auf und ab marschierten. Unser Häscher stand ungeduldig am Tor und wartete auf seinen Chef, der uns verhören sollte. Plötzlich nahm Klein-Hitler Stellung an. Ein hoher, älterer Offizier erschien – der »Superintendant«. Innerhalb einiger weniger Augenblicke wurde aus unserer ernsthaften Lage eine erheiternde Farce. Die Schildwache machte eine Zigarettenpause. Der Offizier machte den Anschein, als ob man ihn aus dem Bett geholt hätte. Mit einer Hand fummelte er an den Knöpfen seiner Jacke. Seine Mütze saß schräg. Zu unserem größten Vergnügen kam er auf einem großen, schweren Tourenfahrrad mit Gesundheitslenker – bolzgerade Sitzposition! – angerollt. Er hielt seinen Arm auf, um rechts abzubiegen, und fuhr von der staubigen Landstraße in den Hof. Der Pförtner stellte unseren Fernseher ab, auf dem wir soeben aufmerksam die letzten Neuigkeiten auf chinesisch verfolgt hatten, dann wurden wir ins Büro des Offiziers des Hami BÖS geleitet. Die Luft roch etwas abgestanden, aber es war sauber möbliert, und der Offizier saß hinter seinem großen Pult. Sein Pyjama guckte noch ein wenig oben aus seiner Uniform heraus. Seine Mütze saß nun gerade, und er gab sich Mühe, ernst und würdig auszusehen. Es gab keine Stühle. Er winkte uns zum Bett in der Ecke und bedeutete uns, uns zu setzen. Unser Häscher, den wir von nun an Junior nennen wollen, blieb stehen. Er nahm Stellung an und gab seinem Chef einen Überblick über die gravierende Situation. Wir nahmen an, daß er alle unsere Missetaten aufzählte und vorschlug, daß man uns einsperren und am andern Tag per Bahn aus der Stadt befördern sollte. Wir begriffen schnell, daß wir den Offizier auf unsere Seite ziehen, ihn von unserer Unschuld überzeugen und darauf hoffen mußten, daß er Gnade vor Recht ergehen lasse.

Junior amtete als Übersetzer, und das erste, was er uns sagte, war, daß Hami eine geschlossene Stadt sei und daß es ein schweres Vergehen sei, Hami im Versteckten betreten zu wollen. Diese Botschaft wurde alle paar Minuten wiederholt, während sein Boß wichtige Fragen betreffend Pässe und Visa stellte. Beide waren sehr ernst, und wir wußten, daß nicht viel fehlte, und wir würden per Schub abtransportiert werden. Wir versuchten, sie durch ein offenes Gesicht abzulenken und erzählten, wie weit wir pedalten, um nach Hami zu gelangen, welch nette Jungs wir doch seien, wie großartig der

Erfolg unserer Reise für IT sein würde, welch hervorragenden Eindruck es machen würde, wenn sie zwei uns bei unserem Unternehmen helfen würden – daß von dem allem sehr wenig verstanden und noch viel weniger geglaubt wurde, war weniger wichtig, als die Tatsache, daß freundlich und lächelnd daherplaudernde Menschen dem aufmerksamen Beobachter eben viel über ihre Unschuld verraten. Ich kauerte mich klein wie eine Gottesanbeterin zusammen und sagte ihnen, daß wir in sehr kurzer Zeit auf dem Flug nach Hause seien. Dann streckte ich die Arme aus und wiegte mich von einer Seite zur andern und summte wie ein Flugzeug. Nick nickte lebhaft dazu.

Der Offizier lächelte. Junior blieb ernst und wiederholte unsere Übertretungen. Der Boß blickte wieder ernst, konnte aber sein großväterliches Interesse an unserem Abenteuer nicht verbergen. Er machte uns einen Zinnbecher voll Tee. Junior schäumte. Der Offizier versuchte beide Seiten zu beruhigen und schien der Idee sehr zugetan, uns so schnell uns unsere Beinchen pedalen konnten, aus Hami heraus zu haben. Junior schien darauf zu bestehen, daß wir bestraft, eingesperrt und wenn möglich sogar erschossen werden sollten. Der alte Mann gewann schließlich. Nach einer Stunde mit einem Damoklesschwert über uns, wurden wir schließlich wieder zu unseren Rädern geführt. Es war 23 Uhr. Beide Männer kamen noch zum großen Eisentor. Junior war milder geworden und schien sehr darauf bedacht zu sein, daß wir die kürzeste Route aus der Stadt tatsächlich kannten, und daß wir sie auch benützten. Der Offizier spazierte stolz neben uns, wie wenn er unser größter persönlicher Sponsor wäre. Unter dem Tor schüttelten wir uns alle die Hand, und mit breitem Lächeln winkten sie uns in die Nacht hinaus.

Das Zentrum von Hami war elektrisch beleuchtet. Hami war viel größer, als wir uns vorgestellt hatten – ein Symbol dafür, wie stark sich China ausbreitete. Die Stadt pulsierte mit Leben und verwirrte uns. Wir verloren unseren Weg beim ersten Kreisverkehrsplatz. Es hatte mehrstöckige Warenhäuser am Straßenrand, viel Auspuffgase und Staub. Wir gerieten in eine Gegend, wo es viele hellerleuchtete Chai-Häuser gab, einige sogar mit Billardtischen auf der Straße. Überall Mengen von Leuten. Wir versuchten, unseren Weg zu erfragen, aber niemand schien uns helfen zu können. Wir nahmen schließlich die größte Straße, die in eine Mehrfachgabelung mündete. Wir gerieten in Panik. Wir mußten weg sein, bevor Junior und seine Helfer sich wieder auf unseren Fährten festsetzten.

Nick. Tag 45. Hami. Abend.
Irgendwo in der Nähe der Eisenbahnlinie haben wir unsere Kaltblütigkeit verloren. Eine ganze Menge von Fahrrädern schloß uns im dichten Verkehr ein, und plötzlich war D. nirgends mehr. Ich fand mich allein auf einer Nebenstraße und wunderte mich, wo in aller Welt er hingegan-

gen sei. Schließlich stellte es sich heraus, daß er kurz angetreten war – als sich eine Menge zu formen begann – und nicht nachschaute, ob ich auch wirklich folgte. Ich war leicht sauer!

Hami entpuppte sich als sehr weitläufige Industriestadt. Wir fanden eine andere breite Straße und folgten dieser für ein paar Minuten, bevor wir den Kompaß herausnahmen und sahen, daß wir in die falsche Richtung fuhren. Eine halbe Stunde lang versuchten wir es nun mit verschiedenen Straßen, bevor wir wieder die Eisenbahnlinie überfuhren und über eine ganze Serie von unbeleuchteten Hintergassen schließlich auf eine breite Teerstraße kamen, die in die richtige Richtung führte: nach Nordwesten. Für eine halbe Stunde pedalten wir wie die Verrückten, um von diesem Ort wegzukommen, kaum daß wir uns zuzuflüstern wagten: »Geschafft. Wir sind frei.« Wir wollten ganz sicher sein, daß wir aus dem industriellen Einzugsgebiet hinaus waren. Tatsächlich führte uns unsere Angst sogar zur Oase hinaus. Wir hielten nach 10 Kilometern an, um uns nach einem gemütlichen Flecken Steinwüste umzusehen, wo wir ein paar Stunden wohlverdienten Schlafes genießen konnten. Die Asphaltstraße war auf einem Damm gebaut, und so stießen wir denn unsere Räder etwa 100 Meter weit von der Straße weg, um nicht ständig von den Scheinwerfern der Lastwagen gestört zu werden. Aus der Ferne sahen wir die Lichter von großen Industrieanlagen glänzen. Über uns war der Himmel kristallklar. Wir waren unendlich erleichtert, daß wir den Seiltänzerakt in Hami so gut überstanden hatten.

Nick. Zeit fürs Bett.
Wir legten unsere Schlafsäcke auf den Wüstenkies. Ich lag einen Augenblick und schaute die Sterne an. Ich dachte an die Hunderte anderen, ähnlichen Nächte in Südeuropa, wo der Nachthimmel immer der abschließende Vorhang für die Freuden des Tages gewesen war.

Als wir am andern Morgen erwachten, unmittelbar nach Tagesanbruch um etwa 8 Uhr, stellte es sich heraus, daß, obschon wir die landwirtschaftliche Zone der Oase verlassen hatten, wir uns immer noch inmitten der Fangarme des modernen Kommerzes befanden. Der Platz, auf dem wir schliefen, war Teil einer riesigen Ebene, die von Bulldozern für die Erstellung neuer Industriebauten planiert worden war. Kraftstromleitungen und Telefondrähte führten über uns weg. Wir konnten von der Straße aus klar gesehen werden: Zwei farbige Fleckchen müder Menschheit in einer großen grauen Fläche neuer Geschäftsgelegenheiten.

Nick und ich hatten einen kleinen Zusammenstoß heute morgen. Der Streß und die Enttäuschungen von Hami und Xing Xing Xia waren vorbei, und es schien, als ob wir auf sauberem Asphalt bis Urumqi sprinten könnten, und so waren wir denn auch frei, die Luft mit einem kleinen Gewitter zu reinigen. Er fuhr mich an, weil ich viel zu langsam sei mit dem Zusammenpacken meines Schlafsacks, ich erwiderte, daß er mich am Morgen immer hetze und mir nicht genug Zeit lasse, mich zu organisieren.

Für heute erwarteten wir eine ganze Kette kleinerer Oasen, die mit der Hauptoase Hami verbunden waren. Wir erwarteten, daß es sich um landwirtschaftliche Gegenden handelte, doch stellte es sich heraus, daß es ein paar große Industriezentren waren. Danach würden wir wieder in unwirtlicheres Land eindringen – wir wußten nicht, wie unwirtlich – und schließlich einen Ort zum Schlafen suchen. Darauf würde ein weiterer Tag harten Fahrens folgen, eine weitere Nacht und darauf, hofften wir, die Depression von Turfan zu erreichen. Unsere Route folgte dem nördlichen Perimeter der Taklamakan – der kältesten Wüste im Winter, mit einer Durchschnittstemperatur von minus 30 Grad. Da es aber jetzt Juni war, interessierte uns die Tatsache viel mehr, daß die Taklamakan im Sommer zugleich auch die heißeste Wüste der Welt ist, mit einer Durchschnittstemperatur von 40 Grad Celsius. Wir wunderten uns, welche Art von Bitumen man braucht, damit die Straßenoberfläche nicht schmilzt. Später fanden wir dann heraus, daß die meisten Straßen einen Naturbelag hatten! Taklamakan heißt auf Turkmenisch: Geh' hinein und du kommst nicht heraus.

Die Taklamakan und die Gobi bilden die Verbindung der niedrigen Hügelketten zwischen Dunhuang und Hami. Beide Wüsten sind auch in globalem Maßstab betrachtet massig, jedoch in ihrer Struktur recht verschieden. Die Gobi bedeckt ein topographisch nicht klar definiertes Gebiet und ist verschiedenen Berggebieten vorgelagert: dem tibetanischen Hochland, dem Altun Shan und den nördlichen Bergen der Mongolei. Sie verläuft in den großen Küstenebenen von Ostchina. Demgegenüber liegt die Taklamakan in einem genau definierten Becken. Sie ist oval und im Süden durch das Hochland, im Westen durch das Pamirmassiv und im Norden durch den Tien Shan begrenzt. Die Gipfel des Tien Shan, dessen höchste bis auf 7400 Meter über dem Meer reichen, sind mit einer permanenten Schnee- und Eisdecke versehen. Man nennt sie die Himmelsberge. Seitdem wir Xing Xing Xia verließen, haben wir sie immer wieder als undeutliche Schatten am Horizont, fast wie Wolken, gesehen. Am Tag 46, als wir von Hami wegpedalten, erschienen sie als hohe dunkle Barriere, die unsere Straße im Norden blockierten und uns an ihren Flanken westwärts leiteten. Das Schmelzwasser der Schneeberge bewässert die Oasen, die wie eine Perlenkette am Rande der Taklamakan aufgereiht sind. An zwei Orten, in Hami und in Turfan geht das Becken bis unter die Meereshöhe, auf minus 154, respektive minus 240 Meter unter dem Meeresspiegel. Die Depression von Turfan ist praktisch regenlos, die Schmelzwasserbewässerung machte daraus jedoch das chinesische Hauptzentrum für die Produktion von Reben und Melonen. Unsere

Straße würde kurz vor Turfan die Meereshöhe erreichen, was dann unseren ersten Erfolg vollenden würde. Der Endspurt lag dann praktisch vor uns. Eingeschlossen Tag 46 hatten wir noch 5 Tage zu unserer Verfügung, bevor unser Limit von 50 Tagen erreicht war. Es scheint, daß wir es gerade schaffen, und daß wir unseren anvisierten Durchschnitt von 100 Kilometer pro Tag einhalten können. Wir nahmen den Tag hart und schnell in Angriff. Die Straße war guter Asphalt, meistens eben. Sie stieg und fiel nur unmerklich, wenn sie die Gebiete zwischen den einzelnen Oasen überquerte. Zahlreiche Leute benutzten sie. Es herrschte etwa soviel Betrieb wie vor einem Pommes frites-Stand am Nordpol.

Es war ein herrlicher Tag zum Fahren vor dem Frühstück. Wir legten bis halb elf Uhr 54 Kilometer zurück, als wir einen Ort erreichten, der auf unserer Karte mit großen Buchstaben angeschrieben war: Liushuquan. Da wir dachten, daß demzufolge auch der Ort groß sein würde, ließen wir einige recht schöne Dörfer an unserer Route links liegen. Leider stellte sich heraus, daß Liushuquang ein kleines, verstaubtes Nest von einer Eisenbahnstation war, mit einigen kleinen Chai-Häusern unter stumpfgrünen Bäumen. Die Frau nahm sich viel Zeit, unser Essen zuzubereiten, und so ging ich denn zweimal hinüber zur Handlung und kaufte mir ganze Händevoll Süßigkeiten, eine Tüte mit gewürzten getrockneten Bohnen, deren Splitter immer zwischen meine Zähne gerieten, und eine Flasche Limo, von der wir annahmen, daß sie Alkohol enthielt, waren doch nachher unsere Beine schwer und seltsam gefühllos.

Wir fuhren den ganzen Morgen, ohne einmal zu trinken. Zum Teil geschah dies absichtlich, weil wir wußten, daß sich den ganzen Weg entlang Gelegenheiten zum Trinken boten. Wir wollten nicht anhalten, um zu fragen, da wir jedesmal mit all der Zeichensprache viel Zeit verloren. Vor Lhasa mußten wir noch alle 10 Kilometer anhalten, um Flüssigkeit, alle 20 bis 30 Kilometer, um Nahrung zu uns zu nehmen. Seit damals pedalten wir tagaus, tagein auf dem Hochland und bekamen eine hervorragende Kondition. Wegen der Höhendifferenzen und den verschiedenen Straßenbelägen ist es jedoch schwierig, unsere Fitneß in den verschiedenen Abschnitten der Reise exakt miteinander zu vergleichen. So wie es jetzt aussah, lagen die Dinge jedoch sehr gut, und wir konnten träumen. Wir machten Pläne, wie wir aus unserer guten körperlichen Verfassung in England Kapital schlagen könnten; wir könnten uns an verschiedenen Langstreckenrennen beteiligen, wie zum Beispiel am Nationalen 24 Stunden Rennen. Keiner von uns hat dort schon einmal mitgemacht; es war unser Ehrgeiz, daran einmal teilzunehmen, wie auch am 25-Meilen-Rennen in unter einer Stunde. Ich selbst hatte einmal zu Fuß 100 Meilen in einem Tag zurückgelegt und wollte nun auch versuchen, 10 Meilen in einer Stunde zu rennen.

Bald kamen wir an einer weiteren Oase, Yaerbashi, vorbei, mit denselben leblosen Bäumen und schwächlichem Korn auf den Feldern. Yaerbashi wurde dominiert von einem riesigen Kohleminenkomplex mit einem hohen grauen Fabrikturm. Diesel- und Dampflokomotiven manövrierten auf einem großen Geleiseast unablässig Waggons herum. Etwas abseits lag die große Schlafstadt Ya-izu-chu'an – mit dreistöckigen Mietskasernen, die Hauptstraße geschmückt mit müden Blumen, zwei Kinos und Imbißschuppen auf dem Gehsteig. Das ganze erinnerte mich stark an eine modernere Version des miserablen Hetauda. Wir waren erfreut, Eiscreme und Schleckstengel zu finden, machten eine 10minütige Pause und fuhren dann ungeduldig weiter nach Turfan. Die Welt erschien uns rosarot, weil wir der festen Meinung waren, daß wir diese Expedition im Sack hatten. »Asphalt den ganzen Weg bis Urumqi«, so interpretierten wir die Aussage der Soldaten im Armeelager vor Hami. Sie zeigten nach Xing Xing Xia und machten mit den Händen wilde Wellenbewegungen, dann zeigten sie Richtung Urumqi und wischten mit dem Arm ganz eben und glatt durch die Luft. Wir realisierten nicht, daß sie uns die Straße nur bis Hami und noch ein bißchen weiter beschrieben hatten, bis zum Ende der Häuser. Von da an Schotter.

Nick. Tag 46. Rand der Taklamakan. Nachmittag.
Ein *großer* Schock um 15 Uhr 30. Der Asphalt endete. Ich war mittlerweile so an diese Wechselbäder des Glücks und Unglücks gewöhnt, daß es mich zuerst gar nicht sonderlich aufregte. Zwei Stunden später allerdings begann die Bedeutung langsam in mein Bewußtsein einzusinken. Es war langweilig, und wieder mit 10 Kilometer pro Stunde vorwärtszuschleichen, war schmerzhaft (Wir brauchten 2 Stunden, um die 17 letzten Kilometer hinter uns zu bringen, wirklich eine hundsmiserable Schotterstraße!). Es geschah 22 Kilometer nach Ya-izu-chu'an. D. war sehr niedergeschlagen. Er nannte es eine Kalamität. Die Straße stieg zudem ständig ein wenig an. Es war harte Knochenarbeit. Lange fuhren wir schweigend nebeneinander, jeder versuchte, die neue Situation zu verarbeiten. Mindestens 200 Kilometer Naturstraße bis Turfan, vielleicht sogar bis Urumqi. Eine Schande.

Wir mußten ständig aus dem Sattel steigen und in den Pedalen stehen, damit unsere Hintern nicht allzu stark versohlt wurden. Unser ganzes Gewicht und die Schläge der Straße wurden von unseren Fußballen aufgenommen, die schon zu brennen begannen. Die einzige Möglichkeit, etwas vom Druck wegzunehmen, war, die Zehenriemen fest anzuziehen. Das wiederum führte zu vermehrter Pein in den Zehen, die dann ganz zuvorderst im Schuh zusammengestaucht wurden. Unser Trost bestand darin, daß, obwohl die Straße schlimmer war als jene auf dem Hochland, sie doch nicht so bodenlos schlecht war, wie jene auf der Seidenstraße. Die Oberfläche bestand aus hartgebackenem Dreck mit einzelnen Kieseln und Splittern bedeckt, wie Konfitüre auf einem gutgebackenen Toast (wie gerne hätten wir ein wenig von *dem*). Wiederum mußten wir in unsere Träume flüchten, um der Langeweile wenigstens ein bißchen zu entfliehen. Alle früheren, hochfliegenden Träume, was alles wir mit unserer neugefundenen Fitneß unternehmen würden, waren wie weggeblasen und wurden ersetzt durch einfache Träume vom bequemen, sicheren Leben zu Hause.

Nick. Tag 46. Nachmittag.
Wenn ich fuhr, verbrachte ich immer eine ganze Menge Zeit damit, mir zu überlegen, was ich in mein Tagebuch schreiben wollte. Ich benötige eine Methode, um alles im Kopf zu behalten, sonst verschwand alles viel zu schnell in der Aufregung wieder, wenn wir irgendwo Essen und Trinken auftreiben mußten. Diesmal setzte ich mich auf »zvvtgdm« fest. Ich wiederholte es immer und immer wieder: zvvtgdm, zvvtgdm, es gab mir einen Rhythmus, wie das Zischen und Räderklopfen in einer Dampfeisenbahn. Jeder Buchstabe erinnerte mich an ein spezifisches Vorkommnis: z für Zehen (wie sie mich schmerzten), v für Vergleich (diese Straße mit anderen), v für Verkehr (in 20 Kilometer trafen wir zwei Lastwagen, einen Esel, ein Roß mit Reiter, eine Herde Schafe und einen Mann mit drei Kamelen), t für Teer (oder eben das Fehlen desselben), g für Gedächtnis (wie ich alles im Kopf behalten kann) d für Depression (innerlich und jene von Turfan) und m für Michèle, weil ich es langsam an der Zeit finde, daß wir diese Sache beenden und heimfahren.

Die Straße war ein total abscheulicher Alptraum über nacktes, schwarzes Schwemmgestein, das vom Tien Shan südwärts bis zur Taklamakan reicht. Mich erinnerte die Landschaft stark an die Hänge der riesigen Vulkane der Galapagos Inseln, ganz besonders an Isabella, wo dunkles Lavagestein die Berge bedeckt und herunterreicht bis zu den tieferen Hängen aus grauer Asche, die schließlich in den Sand des Strandes und die tiefblaue See übergehen.

Nick. Tag 46. Nachmittag.
Wir stiegen weiter hinauf und winkten einmal einem blauen Lastwagen, daß er anhalte. Er tat's, und der Fahrer gab uns jedem 2 Flaschen Wasser und eine Handvoll Aprikosen. Es war eine jener spontanen, fürsorglichen Gesten, die wir so manchmal hier erleben durften – die Chinesen sind von Natur aus freigiebig – und dazu noch mit einem Lächeln.

Nach dem Beginn der Schotterstraße gab es nichts mehr, außer einer winzigen Oase mit fünf Hütten und kaum doppelt so vielen Bäumen. Hier sahen wir einige Leute. Der Ort war auf unserer Karte als Liaodun bezeichnet; etwas weiter hätte es nochmals einen Flecken geben sollen, aber als wir dorthin kamen, existierte er nicht. Der einzige andere Ort hieß Kiwanquan. Wir hegten große Hoffnungen diesbezüglich. Er sollte 40 Kilometer vom Ende der Teerstraße entfernt liegen. Die Straße stieg weiter und erreichte schließlich wieder die Höhe von 2000 Meter, auf einer Schulter, die aus dem Hauptgebirgszug des Tien Shan herausragte und Paerh-k'u Shan genannt wurde.

Kiwanquan war eine einzige Steinhütte. Draußen bauten 7 junge Männer eine Mauer. Sie schien nirgends zu beginnen und nirgendwo hinzuführen. Sie bauten sie eben. Es gibt eine Menge berühmter Mauern auf dieser Erde: Hadrians Mauer, die Große Chinesische Mauer, die Mauer rund um den Potala. Die Eigentümlichkeit von Kiwanquan wird vielleicht eines Tages in die Reihe dieser großen Bauwerke eintreten, wer weiß? Es gab nur zwei Dinge von Interesse in Kiwanquang. Erstens einmal die verschiedenen kleinen Keller und Ruinen eines ziemlich umfangreichen Schlosses am steinigen Hang etwas weiter oben. Und zweitens, die Möglichkeit, etwas zu essen aufzutreiben. Die Männer waren recht freundlich, zeigten aber ursprünglich keine große Begierde, uns eine Mahlzeit zuzubereiten. Dann zeigten wir ihnen ein paar Noten, um unseren Willen zur Bezahlung zu bekunden. Darauf wurde der Mann, der den Zement mixte, erwählt, uns zu betreuen. Der eine Raum diente als Schlafraum, in den andern traten wir ein. Abgesehen von einem Lehmofen, einem Haufen Kohle, einem Sack Mehl, einigen Küchengeräten und den eigenen vier Wänden, war er leer. Der junge Mann zog mit einem Seil und einem Kessel, Wasser aus dem Ziehbrunnen vor dem Haus. Er nahm Mehl und machte Nudeln, ein riesiges Quantum. Er kochte sie in einem großen Kübel, dann goß er sie zu gleichen Teilen in zwei Waschschüsseln. Er schüttete etwas Scharfes, vielleicht Chilipulver, darüber und schaute uns dann mit einem Lächeln an. Wir saßen etwas verloren vor diesen gigantischen Tellern, und es schien, als ob wir den Künsten unseres Kochs nicht gerecht werden konnten. Zehn Minuten lang fischten wir in den riesigen Schüsseln herum, dann war keine einzige Nudel mehr drin. Er bedeutete uns, daß von hier bis Qijiaojing nichts mehr zu haben sei, und so soffen wir denn, wie Sperlinge aus einem Kuhtrog, die ganzen Waschschüsseln leer.

Als wir fertig waren, zeigte die Uhr schon 21 Uhr, wir hatten also noch eineinhalb Stunden Tageslicht vor uns. Wir hätten gleich dort schlafen können, aber dies hätte uns für den morgigen Tag keinen Vorteil gebracht. Wir nahmen deshalb den Weg wieder unter die Räder und versuchten, weder das Pedalen zu hassen, noch es zu lieben. Wir akzeptierten es ganz einfach. Je schneller wir nach Turfan kamen, desto besser. Kurz vor Einbruch der

Dunkelheit »fing« ich einen platten Reifen ein. Wir hatten seit Kiwanquan nur 12 Kilometer zurückgelegt, immerhin besser als gar nichts. Der erste Reifendefekt seit vor Lhasa. Grund war ein Stein, der den Reifen gegen die Felge geschlagen und so den Schlauch eingeklemmt hatte. Der eigentliche Grund war aber, daß ich in Xing Xing Xia ganz besonders clever sein wollte. Ich überlegte mir, daß wir von dort aus nun in die größere Hitze der Ebene kommen würden und ließ etwas Luft ab, um die Wärmeexpansion auszugleichen. Im Lichte der modernen Reifentechnologie betrachtet, schien dies etwas Dummes und Überflüssiges gewesen zu sein. Die Spezialreifen, die wir benützten, hatten 3000 klaglose Kilometer zwischen Defekten zurückgelegt, 1000 davon auf Naturstraßen. Tatsächlich ist der Durchschnitt sogar doppelt so hoch, weil ja zwei Reifen an einem Fahrrad sind! Während ich im rasch schwindenden Tageslicht und der aufkommenden Abendkühle mit der Tücke des Objekts rang, spazierte Nick zu einem nahegelegenen Hügel, um sich ein wenig warm zu halten. Vom höchsten Punkt herab schrie er mir freudig zu, daß die Straße nach einer sehr kurzen Strecke den höchsten Punkt erreicht habe und wieder abwärts führe. Wir würden der 2000 Meter hohen Bergkette bald den Rücken kehren können und am nächsten Tag der Wärme entgegenradeln. Wir beendeten den Tag, indem wir noch etwa 10 Minuten lang bis zur Paßhöhe pedalten.

In dieser Höhe hatte es eine leichte Buschdecke über dem sandigen, leicht gewellten Untergrund, der stellenweise von flachen, kleinen Geschiebebecken unterbrochen wurde. Wir fanden eine solche, bequeme Senke für die Nacht und legten uns für die dritte aufeinanderfolgende Nacht unter den funkelnden Sternenhimmel. Im »Bett« trug ich meine Thermo-Unterwäsche, hatte aber meinen Kombi ausgezogen und verwendete ihn als Kissen. Nick stieg voll angezogen in den Schlafsack und legte sein müdes Haupt auf das harte Plastik seiner Schuhe. In unserem erschöpften Zustand fielen wir fast augenblicklich in einen tiefen Schlaf. Ich erinnere mich vage daran, daß ich mich einige Male in der Kühle der Nacht umdrehte, wobei ich im Halbschlaf auch die Windjacke über meinen Kopf zog. Als wir in der Dämmerung aufwachten, zerrte ein bösartiger Sandsturm an unseren Schlafsäcken. Es sah nicht gerade wie unser bester Tag aus. Wir zogen die Kapuzen noch ein wenig enger um unsere Köpfe und versuchten, noch ein wenig länger zu schlafen. Als ich meinen Kopf dann doch nach ein paar weiteren Minuten hinausstreckte, stach mich der fliegende Sand grausam. Ich kroch ganz in meinen Schlafsack hinein, saugte meine Kontaktlinsen sauber und setzte sie ein. Als ich aufkniete, sah ich, daß sich die kleinen Büsche im Orkan beinahe bis zum Boden bogen. Mein Kopf jedoch ragte bereits zum fliegenden Sand heraus, der nur gerade ein bis zwei Fuß über dem Boden dahinraste. Ich mußte alle meine Sachen am Boden festhalten, sonst wäre alles weggeblasen worden. Es war so kalt, daß wir alles anzogen und machten, daß wir so schnell wie möglich fortkamen, auf der Suche nach wärmerer Luft, Nahrung und Tranksame, wenn auch nicht zwingend in dieser Reihenfolge.

Die Fahrt abwärts ging viel besser als jene aufwärts, obschon es nichts war, wovon man voll Begeisterung nach Hause schreibt. Nach einigen Stunden erreichten wir einen Ort namens Qijiaojing. Kurz zuvor durchquerten wir ein kleines Becken in etwa 1000 Meter Höhe, in dem sich ein Salzsee befand. Die Straße war wieder asphaltiert, was uns natürlich beflügelte. Qijiaojing schien jedoch nichts als eine Straßengabelung und ein Wegweiser zu sein. Eine Straße führte nordwärts über den Tien Shan, durch die großen Städte Qitai und Fukang am Rande der Tsungarei. Die andere drehte nach Süden ab, verließ die Berge und führte entlang der Taklamakan nach Turfan. Beide führten sie schlußendlich nach Urumqi, und beide waren, soweit wir sehen konnten, geteert. Bereits Tage vorher hatten wir diskutiert, welche der beiden Routen wir einschlagen sollten. Die nördliche war leicht kürzer, aber die südlichere führte durch die Depression von Turfans und das touristisch wohlbekannte Zentrum Turfan mit seinem Wein und den schattigen Weinbergen. Ein Laster erschien und wir winkten. Zwar verlangsamte er seine Fahrt, fuhr aber einfach weiter. Ein zweiter kam, und der hielt an. Der Fahrer und sein Begleiter waren von der hier typischen Freundlichkeit, gaben uns Wasser und sagten uns, daß Qijiaojing wirklich existiere. Die Stadt lag etwa eine Stunde Wegs auf der nördlichen Straße, und man könne dort essen. Wir waren uns einig, daß wir eigentlich die südliche Route nehmen wollten, aber da darauf für etwa 100 Kilometer nichts eingetragen war, entschlossen wir uns, zuerst nach Qijiaojing zu fahren und dann hierher zurück zu kommen und die südliche Route zu nehmen. Wir nahmen also die Straße gen Norden, und gerieten sofort in einen unangenehmen Gegenwind, gegen den wir etwa zwei Kilometer ankämpften, bis wir die Weggabelung aus den Augen verloren hatten. Wir hielten an und überdachten die Lage von neuem. Diesmal waren wir beide der Ansicht, daß wir unser Glück auf der südlichen Route versuchen sollten, denn uns graute davor, eine Stunde oder mehr in den steifen Gegenwind hinein und dann die ganze Strecke wieder zurück zu fahren. Wir stießen also unsere Räder durch das Land zwischen den beiden Straßenästen und gelangten so auf die südliche Straße. Ganz im Stile des Hochplateaus von Qinghai in der Nähe von Tongteyho und Tanggulashanqu rauschte plötzlich ein Regenguß auf uns herab. Er dauerte 10 Minuten und durchnäßte uns bis auf die Haut. Danach folgte ein strenger, kalter Wind. Bevor wir noch die südliche Straße erreichten, schlotterten wir an allen Gliedern. Dazu waren wir hungrig. Doch das Glück war auf unserer Seite, und wir sahen einen Lastwagen auf der Straße von Hami her herannahen. Wir beteten dafür, daß er die südliche Route nehmen würde. Er tat es. Wir begannen zu laufen, damit wir die Straße vor ihm erreichten. Der Fahrer und sein Begleiter hatten uns aber bereits gesehen und warteten auf uns. Es war ein wunderbarer, moderner Lastwagen mit einer geräumigen Kabine und einer Heizung. Die beiden ließen uns einsteigen, und wir genossen eine halbe Stunde lang das Paradies. Wir sind den beiden ewig dankbar, und wenn Sie je zwei junge Männer, einer ziemlich bullig, in einem Overall am Steuer des Lasters 04-0092, der andere dünn, mit einem etwas schrägen Lächeln, einem kleinen Schnurrbart und einem blauen Anzug, wie ein kleiner Gangster, antreffen, bestellen Sie ihnen unsere besten Wünsche und schenken Sie ihnen dieses Buch. Sie gaben uns ihr *ganzes* Essen – Brot und chinesischen Kuchen und das meiste ihres heißen Wassers aus ihren Thermosflaschen –, aber sie wiesen kategorisch *jegliche* Bezahlung zurück. Es war typische, großzügige Trucker-Kameradschaft. Alles, was wir für die beiden taten, war, ihre ganzen Sitze zu nässen und ihre Reise um eine halbe Stunde zu verzögern. Sie waren auf der Reise nach Urumqi und würden am nächsten Tag dort sein.

Nick. Tag 47. Mittag.
Wirklich freundliche Trucker gaben uns Essen, Wasser und einen Unterstand. Zwanzig Minuten später überholte uns ein Armeelastwagen, hielt an, und wir wurden durch einen Offizier angehalten. Nichts Ernsthaftes oder Drohendes; er stellte uns jeden seiner schwarzbejackten Kadetten vor. Sie bewunderten unsere Räder und gaben uns mit großem Vergnügen sechs Stücke gebratenen Brotes und etwas schal schmeckendes Wasser (Kühlerwasser?). Für die kommenden 100 Kilometer hatten wir einen rechten Vorrat an Kalorien, und die ganze Welt war rosarot. Doch so wie das Glück uns jeweils gerade dann hold ist, wenn wir es am nötigsten brauchen, so schlägt das Unglück zu, wenn es am unwillkommensten ist. Die Straße, der wir folgten, ist auf keiner unserer Karten vermerkt und scheint eine Abkürzung durch die Berge hin nach Turfan zu sein. Der Asphalt wand sich hinauf auf einen Paß zwischen reißzähnartigen, grauen Gipfeln und führte dann pfeilgerade hinunter. Und je geringer die Höhe war, desto höher wurde die Temperatur. Dann kam der Schock des Tages: Der Asphalt endete einmal mehr. Und wieder die Knochenarbeit auf den kiesigen Straßen. Links und rechts erstreckten sich die unendlichen, steinigen Weiten der Taklamakan. Es war heiß, und der Wind blies mit Sturmstärke.

Der Wind wurde immer stärker. Er stürzte herab vom Tien Shan zu unserer Rechten, eine eisige Masse kalter Luft von den Gipfeln über uns. Wenn wir in Betracht ziehen, daß dies die heißeste Wüste der Welt ist, so war es im Augenblick doch ganz bemerkenswert kühl. Den ganzen Weg fuhren wir individuell, unsere rechte Schulter dem Wind entgegenstemmend. Wir versuchten, im tiefen, losen Schotter so gut wie möglich voranzukommen. Die

Räder schlüpften immer seitwärts weg. Es war sicherer, immer hart und fortwährend zu treten, um das Rad immer in Schwung zu halten, damit man leichter durch Sand und lose Steinhaufen hindurch kam. Ich glaube, daß ich in den letzten paar Wochen meine Lehrzeit auf Schotterstraßen hinter mich gebracht habe. Ich konnte mich hineinbeißen und darüber hinwegfliegen. Nick war bereits ein Experte – er hatte schon Marokko, Griechenland, Norwegen und, nebst anderen Gegenden, mit Ados vor zwei Jahren auch das Rifttal hinter sich. Noch in Bangladesh mußte ich vor jeder Schotterstrecke Dampf wegnehmen, und mein Pulsschlag ging aufs Doppelte. Jetzt machte mir das überhaupt nichts mehr aus, jedoch fürchtete ich bei all den Schlägen für meine Achsen, ganz besonders für die hintere, von der ich wußte, daß sie lose und deshalb besonders bruchgefährdet war. Der Wind war so stark, daß er stellenweise die Piste von allem losen Material leergefegt hatte, so daß wir auf hartem, mit Flintsteinen übersätem Lehm fuhren. Windhosen rasten über die Wüste, in ihren Zentren wurden Sand, Staub und Steine emporgewirbelt. Plötzlich standen sie still, wie Orientierungsläufer, die ihre Karte studieren, um dann unvermittelt wieder davonzurasen.

Für ein paar Minuten hielten wir an, um Atem zu schöpfen. Nachdem wir uns gegenseitig unser gemeinsames Leid geklagt hatten, zogen wir weiter. Drei Kilometer weiter bemerkten wir, daß ich den Kompaß zurückgelassen hatte. Ich war dafür, ihn zurückzulassen. Nick befahl mir, zurückzufahren und ihn zu holen. Er sagte, daß wir ihn nötig hätten, um den Mittelpunkt der Erde zu bestimmen, falls wir je dorthin kämen. Pflichtbewußt machte ich mich auf den Rückweg. Es war ein kleiner Kompaß. Um ihn leichter zu machen, hatten wir die ölgefüllte Zentraleinheit aus der kleinsten Bussole bei Black's herausgenommen und den Rest fortgeworfen. Ganz allgemein sieht eine Kieslandschaft aus wie die andere, aber ich hatte in letzter Zeit soviel davon gesehen, daß ich die Stelle, wo wir Rast gemacht hatten –, und damit auch den Kompaß – recht bald wiederfand. Nick war weit weg; wir waren weiter voneinander entfernt, als wir es in den vergangenen mehr als 40 Tagen je waren. Ich fühlte mich in der Wildnis ziemlich allein.

Nick. Tag 47. Irgendwo in der Taklamakan. Nachmittag.
Ich suche mich vom heulenden Sturm abzuschirmen, während D. einen Märtyrer aus sich macht und zurückfährt, um den Kompaß zu holen, den er liegengelassen hat. Er verließ mich guten Mutes und schrie mir noch zu, seine Zeit zu nehmen für einen neuen Sechskilometer-Hinundzurück-Weltrekord. Wenn es mich getroffen hätte, hätte ich mich zu mies gefühlt, um auch nur ein Wort auszusprechen. Ich wundere mich, wie er vorankommt? Er ist nun 40 Minuten unterwegs in seinem Privat-Fegefeuer.

Als ich den Kompaß wieder sicher an mich genommen hatte, knirschte ich mit den Zähnen, in der festen Absicht, ihn, der mich zurückgesandt hatte, den ganzen Weg zurück zu verfluchen, doch einmal mehr war das Glück auf meiner Seite. Ein Lastwagen kam gegen den Wind angefahren. Mit kleinen Gewissensbissen benützte ich zum ersten Mal seit jenem schwarzen Luxustaxi in Lhasa wieder ein Motorfahrzeug. Ich warf mein wertvolles Raleigh-Rad auf die Brücke und stieg in die Kabine. Als ich bei Nick ankam, war er eingedöst. Er erwachte mit einem Ruck, als der Laster neben ihm anhielt. Und dann begannen wir, wie meine Schwestern Sarah und Emily, wenn sie am selben Abend im Kino, aber in zwei verschiedenen Filmen waren, loszuschnattern und uns unsere verschiedenen Erlebnisse während der Abwesenheit des anderen zu erzählen.

Wir zwangen uns gegen den immer stärker heulenden Sturm vorwärts. Es wurde zu laut, als daß wir uns noch durch Schreien hätten verständigen können. Wir traten hartnäckig in unsere Pedale, jeder in seiner eigenen kleinen Welt verloren. Nach und nach entfernten wir uns voneinander. Die Eisenbahn lag voraus, eine dünne schwarze Linie quer durch die Wüste. Ich war mir nicht bewußt, daß ich Nick verloren hatte, bis ich bei der Kreuzung mit den Gleisen ankam. Er mußte ziemlich weit zurückgefallen sein, denn obschon die Umgebung absolut flach war, konnte ich ihn nicht sehen, und die Piste verlor sich im Sandsturm. An diesem Eisenbahnübergang, dem einzigen zwischen Hami und Turfan, hofften wir, daß wieder ein alter Mann am Gleise sitzen und Pfeife rauchen würde. Nichts dergleichen. Ich machte Pipi, und der Wind war so stark, daß ich nicht die Wüste bewässerte, sondern der Strahl sofort zerstäubte und vom Wind fortgetragen wurde. Ich setzte mich in den Windschatten eines Kilometerpfostens und wartete.

Es gab nicht viel zu sehen. Ich tagträumte ein bißchen. Ein eigenartiges Geräusch beunruhigte mich, und als ich den Hals verdrehte, um hinter mich zu sehen, kam ein Zug dahergerauscht. Ein paar Fuß entfernt, donnerte er vorüber und hielt für einen Augenblick den Wind ab. Drinnen konnte ich durch die Fenster die Reisenden sehen. Ich fühlte mich plötzlich wieder ganz klein, etwa so, wie damals, als ich als kleines Kind zum ersten Mal staunend vor einer Dampflokomotive stand. So schnell er gekommen war, so schnell war der Spuk auch wieder vorbei, und ich fühlte mich noch kleiner in diesem weiten Meer der Leere. Sven Hedin, der Erforscher, der Wüsten gut kannte, dachte von der Taklamakan, sie sei »mehr Wüste als jede andere der Welt«.

Ich begann mich wegen Nick zu sorgen. Sir Clarmont Skrine, britischer Generalkonsul in Kashgar in den 20er-Jahren, schrieb in seinem Buch »*Chinese Central Asia*«: »In einer klaren Dämmerung ist der Anblick unbeschreiblich beängstigend und drohend. Die Sanddünen der Takalamakan erstrecken sich wie die Wogen eines versteinerten Ozeans, in endlosen Myriaden bis zum weiten Horizont. Hie und da türmt sich wie ein König ein bösartiger Wüstensturm auf. Ganze Wagen wurden schon verschlungen. Die Wüste wartet leise auf Wanderer, um sie zu verschlingen.«

Nach einer halben Stunde entschloß ich mich, zurückzufahren und zu sehen, ob er etwa in Schwierigkeiten geraten sei. Als ich aufstand, wurde ich beinahe flachgedrückt von der Kraft des Windes. Ich brauchte drei Anläufe, um mich aufs Rad zu schwingen; harter Griff am Lenker, Rennbuckel, schließlich schaffte ich es. Im wirklich untersten Gang kam ich etwa mit Schrittgeschwindigkeit voran. Dann erschien Nick, sich mir entgegenkämpfend. Ich hielt an. Er hatte einen Reifendefekt, seinen zweiten in der ganzen Expedition. Er sagte, es wäre die perfekte Reifenreparatur gewesen. Wegen des Sturmes mußte er jedes kleinste Teilchen festhalten oder mit Steinen beschweren. »Im Heulen des Windes konnte ich das Zischen des Lochs nicht hören. Ich legte mich deshalb um den Schlauch herum und erfühlte den Luftstrom mit meinen Lippen!« Damals hatte ich Mitleid mit ihm, später las ich dann in seinem Tagebuch, daß er 20 »entspannende« Minuten verbrachte – und das erleichterte mein Gewissen. Wenn es mich getroffen hätte, ich glaube, ich hätte mir recht viel Zeit gelassen. Ein Reifendefekt ist höhere Macht, und wie sehr andere Leute dich drängen, es ist immer eine gottgesandte Verzögerung.

Nick. Tag 47. Früher Abend. Verloren in der Taklamakan.
Der Wind war stärker als je zuvor, und als die Straße ein wenig gegen Westen abbog, sahen wir uns plötzlich mit massiver Kraft nach vorne gestoßen, so stark, daß wir Mühe hatten, die Kontrolle über unsere Räder zu behalten. Der Lenker hatte die Tendenz, sich bei jedem Schlag freizuwinden. Wir hatten nur zwei Radspuren, etwa 30 Zentimeter breit, mit hohen Wänden aus Kies, um darin zu fahren. Wenn das Vorderrad in die Wände hineinfährt, geht man unweigerlich zu Boden. Genau das geschah, wobei mein Fuß im Pedalbügel hängen blieb. Meine erste wirkliche Verletzung.

Von den letzten zwei Stunden vor dem traumhaften Erscheinen des östlichen Zipfels der Oase von Turfan habe ich keine Erinnerungen mehr. Wir sahen zuerst eine Linie kleiner Bäume, wie der Strich eines Filzstiftes, der die Einsamkeit der Wüste unterstreichen will, dann einige karge Felder, die uns aber wie ein Dschungel erschienen. Ein kleiner Junge spielte mit einer Pappschachtel im Sand. Nebenan eine Lehmhütte. Dann eine weitere Strecke Wüste und schließlich eine viel größere Oase. 170 Kilometer hatten wir seit der letzten ständigen Behausung zurückgelegt. Wir hatten, so schien es uns, seit Jahren kein richtiges Mahl mehr genossen. Seit Zhangjiaquan, also seit vier Tagen, waren wir nicht mehr aus unseren Kleidern gekommen. Wir setzten uns hin und rasteten ein wenig. Ungefähr 10 Kilometer vor der

Oase fuhren wir in eine Temperaturinversion hinein. Der Wind von heute Morgen und Nachmittag blies über unsere Köpfe hinweg, und wir tauchten in einen See von dicker, warmer Luft, die sich in unseren Lungen feucht und milde anfühlte. Den ganzen Tag hatten wir an Höhe verloren. Die Höhe auf dieser Seite der Oase betrug etwa 600 Meter, und das Becken der Taklamakan war am Auslaufen. Theoretisch sollte es hier eigentlich viel wärmer sein als vorher. Und es war auch in der Praxis so. Als wir so saßen, begannen wir zu schwitzen. Uns war, wie wenn wir nie etwas Lebendiges gesehen hätten. Uns war wie etwa Jonas, der, nachdem er den Ozean in irgendeinem komischen Ding durchquert hatte, gesund und sicher ans Ufer gespült worden war. Es gab Wasser in den Teichen, singende Vögel, ganze Reihen von Bäumen und einige Blumen im Schatten. Doch das wichtigste von allem: Es hatte Menschen. Später schrieb ich in mein Tagebuch, und ich meinte jedes Wort aufs Aufrichtigste: »Wir sind dankbar dafür, daß wir durch diese Wüste hindurch sind.«

Nochmals mußten wir eine kurze Strecke auf Schotterstraßen zurücklegen, um das Dorf Qiktim um 10 Uhr abends zu erreichen. Es gab ein Café und einige enge, trockene Straßen, gesäumt von Häusern, aus Lehmziegeln gebaut. Obschon es noch eine halbe Stunde Tag gewesen wäre, machten wir doch dankbar Feierabend. Es war staubig und warm, es gab viele Kinder und ganze Horden von Fliegen, mehr als wir seit den tieferen Gebieten Nepals gesehen hatten. Eine ziemliche Anzahl von Erwachsenen und Knaben stellten sich ein, ebenfalls einige Mädchen. Sie waren alle in ihre Betrachtungen vertieft. Die Knaben beobachteten uns (Wir aßen Nudeln und ein Wokgericht), die Männer kauerten sich nieder und diskutierten über unsere Räder, die Mädchen stellten sich so, als ob sie uns nicht sehen würden und betrachteten die Männer und Knaben. Jedermann trug staubige, westliche Kleidung, Hemden, lange Hosen oder Shorts. Alle Männer trugen, fast als Zeichen ihres Erwachsenseins, irgend eine Kopfbedeckung, entweder blaue Mao-Mützen oder weiße Moslem-Käppis. Nur ein paar Kinder gingen barfuß.

Nach dem Essen schrieb Nick an seinem Tagebuch, während ich mich von zwei Kindern zum Verkaufsladen führen ließ. In der Abenddämmerung hatte sich ein starker Wind erhoben und blies Staub durch die Bäume. Die Sichtweite war auf etwa 20 Schritte herabgesetzt. Die heftigen, heißen Windstöße kamen aus dem Westen, wie wenn sie aus der Depression von Turfan kämen und den kalten Sturm vom Nachmittag wieder in die Berge zurücktreiben wollten. Die Scheinwerfer eines Busses leuchteten mich an, wie das Loch Ness-Monster aus tiefen, trüben Wassern. Meine Augen füllten sich mit Dreck. Ich mußte ins Café zurück, um meine Linsen herauszunehmen und zu putzen. Dann hüllte ich mich in Sonnenbrille, Gesichtsmaske und Mütze, bevor ich mich wieder hinaus wagte. Zu meiner Überraschung hatte ich Mühe mit dem Gehen, es war langsam und unbequem. Die Kinder schossen voraus, ihre Mützen und T-Shirts vor dem Gesicht, und pfeilten dann wieder zurück zu mir, um mich zu holen. Der Staub war tief und fein in der Straße. Beim Durchwandern bot er überhaupt keinen Widerstand und flog mit jedem Schritt in Wolken auf. Es war feinster Löß, so fein, luftig und leicht wie Talkpuder für Babys. Wir klopften an die Türe des Hauses, von dem sie sagten, daß es die Handlung sei, aber niemand öffnete uns. Beim zweiten Haus saß ein alter Mann mit pergamentener Haut vor beinahe leeren Regalen. Er hatte Büchsen mit Tabak, Zigaretten, einen großen Sack mit Knoblauch und eine hölzerne Teekiste voll Erdnüßchen. Als ich zurückkam, wusch sich Nick.

Dick. Tag 47. Qiktim. 23 Uhr.
Nick hat eine Sauberkeitsneurose; an den meisten Tagen beklagt er sich, daß er schmutzig sei, und nun wäscht er sich hier. Er ist beinah so fanatisch auf Seife, wie aufs Essen. Obschon ich immer doppelte Portionen verdrücke, ißt er meistens doppelt soviel wie ich. Und morgen wird er sich wieder ärgern, wenn ich ihn im Morgengrauen zum Endspurt nach Turfan aus den Federn jage.

Ich lag in jeder Beziehung daneben. Ich wusch mich ebenfalls von Kopf bis Fuß, indem ich in einem ähnlichen Emailwaschbecken stand, wie jenes, aus dem wir in Kiwanquan gegessen hatten. Und das Wasser war etwa ebenso schmutzig. Es war fünf Tage her, daß wir genug Wasser hatten, um überhaupt ans Waschen denken zu können. Ich stopfte mich voll mit Erdnüßchen, die ich vom alten Mann gekauft und in meinen Überhosen mit zusammengebundenen Beinen nach Hause getragen hatte (Ich nahm meine Beine aus den Hosen, bevor ich dies tat). Es gelang uns, noch vor der Dämmerung aufzustehen, und Nick war vor mir reisefertig. Wir kauten immer noch an unserem kalten Momo, als wir aufbrachen. Es hatte keinen Wind. Nach wenigen Kilometern wechselte die Straße auf Asphalt. Es sah nach einem wirklich erinnerungswürdigen Tag aus.
Wir erreichten Shanshan und frühstückten. Nick wollte bereits in 40 Minuten wieder auf der Straße sein. Ein dünner Mann besorgte die Küche und hielt von Nicks Plänen überhaupt nichts, brauchte er doch 50 Minuten, bis er das Essen fertig hatte. Darauf sprinteten wir hinaus aus Shanshan, auf einer guten Straße, mit einem angenehmen Rückenwind, im größten Gang. Dazu ging es leicht bergab, und wir verloren rasch an Höhe. Zum ersten Mal seit Bangladesh konnten wir wieder einmal ohne die Brillen fahren. Der Himmel war am Horizont leicht bedeckt und schimmerte vom Gesteinsstaub in der Luft. Über unseren Köpfen war er klarblau.
Es war ein wundervoller Tag. Wir pedalten in angenehm warmer, trocke-

ner Luft durch eine ganze Serie von schönen Oasen mit wogenden Feldern und dann in eine herrliche Schlucht, die uns auf Meereshöhe hinunterführte. Zuvor allerdings hatten wir noch eine Strecke Schluckauf zu ertragen, das heißt, daß wir auf etwa 20 Kilometer Straße unmittelbar nach Shanshan, als wir noch einmal durch einen Wüstenstrich hindurch mußten, Naturstraße genießen durften. Zuerst hätten wir beinahe geweint. Dann aber gingen wir die Herausforderung energisch an, und innerhalb einer Stunde war der Spuk vorbei. Kaum waren wir wieder auf Teer, schossen die Räder unter uns weg. Eine Reihe glatter, trockener Hügel, beinahe durchsichtig im Dunst der Hitze und des Staubes, sandbedeckt, begleitete uns im Süden, dann wandte sich die Straße nach links in die Schlucht und führte uns steil nach unten in die Senke von Turfan. Die Schlucht war wunderschön ägyptisch. Hohe Sandsteinklippen mit glatten roten Sandwänden hingen fast senkrecht über dem dunkelgrünen Talboden. An zwei Stellen sahen wir die Ruinen eines Bauernhauses eng an die Wände geschmiegt. Leider war die Schlucht nur gerade etwa zwei Kilometer lang und führte dann hinaus, an einigen eigenartigen Ruinen vorbei, auf eine weite, leere Sandebene. Wir waren kaum noch einige Meter über dem Meeresspiegel. Der Sand erstreckte sich nach Süden in erstickender Hitze, soweit das Auge reichte. Ein wenig nach Erh-pao, einem winzigen Dorf am Fuße der Klippen, bei Kilometer 587 nach Xing Xing Xia, nach 24720 Meter Höhendifferenz und 4896 Kilometer radeln, wobei davon über ein Viertel (1417 Kilometer) auf Naturstraßen, 47 Tage und einige Stunden nachdem wir unsere Zehen im Meer in Kapitel Eins badeten, haben wir wieder die Meereshöhe erreicht.

Der erste Teil, »Fliegen über den Buckel«, ist vollendet.

Nick. Tag 48. Meereshöhe.
Es war nicht gerade ein inspirierender Ort für Fotos. Die Landschaft verschwand in der flimmernden Hitze. Wir konnten im Norden vage eine Hügellinie ausmachen. Im Süden, ein gutes Stück unterhalb Meereshöhe erkannten wir eine dunkle Linie von Bäumen, die Grenze einer »Unterwasser-Oase«. Alles andere war monotoner Sand. Es gab nicht einmal Dünen. Die Topographie bestand aus einer Reihe von Telegrafenmasten. Unser Interesse konzentrierte sich auf das Teerband und die Lastwagen, die, so nahe bei Turfan, in stetigem Fluß vorbeifuhren. Wir balancierten die Kamera auf einem Sandhaufen, schalteten den Selbstauslöser ein und schossen zwei »Cheese«-Aufnahmen vor dem Kilometerpfosten.

Weiter, immer weiter! – pflegte meine Mutter selig zu sagen. 25 schnelle Kilometer trugen uns zur Hauptabzweigung nach Turfan, drei weitere ins Zentrum der Stadt. Turfan sah etwa so groß aus wie Dunhuang, aber etwas weniger modern. Das Turfan Hotel war leicht zu finden. Wir buchten ein Zimmer, wobei wir den Preis ziemlich hoch fanden (50 Yuan für zwei, verglichen mit den 4 Yuan, die wir in Qiktim bezahlten). Das Personal war irgendwie nicht ganz bei der Sache. Drinnen war es aber ziemlich großartig, mit makellosen Bauten im Kolonialstil und etlichen begrünten Höfen mit vielen, zwitschernden Vögeln. Wir riefen den andern Touristen, die im herrlichen Schatten ein kühles Bier genossen, ein fröhliches Hallo zu, wir würden auch gleich erscheinen, nachdem wir hurtig unsere Näschen gepudert hätten.

Wir hatten einen Doppelraum mit einem Bett für jeden. Die Fahrräder stellten wir an die Kopfenden der Betten und genossen dann den Überfluß an Wasser. Wir duschten lange und ausgiebig, seiften uns auch unter den Armen ein und bürsteten den Dreck unter den Fingernägeln weg. Dann wuschen wir unsere Kleider. Meine Unterhosen hatten Löcher, und zwar dort, wo meine Sitzknochen den Sattel malträtierten (oder eher umgekehrt!). Als wir uns genügend wiederhergestellt fühlten, zogen wir die Goretex-Überhosen und -Jacken an – alles andere war naß – und schlenderten hinaus in die ruhige trockene Hitze von Turfan – dem heißesten Ort in China. Das Thermometer steigt an einigen Sommertagen bis 47 Grad im Schatten. Am Nachmittag, den wir dort verbrachten, überstieg die Temperatur die 40 Grad kaum, eine Hitze, die wir schon 39 Tage vorher, schweißgebadet und mit schrecklichem Schädelbrummen, am Ufer des Ganges durchlebten.

Wir hatten schon viel gehört vom friedlichen Treiben in Turfan und seinem exotischen Charme. Zuerst gingen wir auf den Markt. Am Eingang stand ein wundervolles, moscheeartiges Tor mit farbenfrohen, verschnörkelten Ornamenten und schwungvollen arabischen Schriftzeichen. Wir beschlossen, uns zu amüsieren, es war unser freier Tag. Die Fahrt nach Urumqi am morgigen Tag maß ungefähr 180 Kilometer, alles auf einer verkehrsreichen Asphaltstraße. Wir glaubten, daß wir diese Strecke leicht an einem Tag bewältigen könnten. Wir würden also Urumqi in unter 50 Tagen erreicht haben, genau genommen eigentlich in 48 1/2 Tagen, was uns noch eineinhalb Tage Zeit ließ, den kurzen, fröhlichen Abstecher zum Mittelpunkt der Erde zu machen und so das Expeditionsziel in der uns gesteckten Zeitgrenze zu erreichen. Wir hatten die Sache im Sack. Der Rest des Tages 48 war Ferien. Wir schlenderten an Eiscreme-Buden und Frucht-Ständen vorbei. Wir betrachteten Stände voller Kleider und, auf dem Boden ausgebreitet, Fahrradersatzteile. Dann fanden wir die Kebab-Stände und die Bäcker, wo es frische, noch warme Brote zu kaufen gab, einige flach, andere rund, wie die Maryport Brötchen, die Mutter zu backen pflegte. Hier hielten wir an, um uns selbst zu verwöhnen. Es gab einiges zu feiern. Sehr wahrscheinlich hatte noch nie jemand zuvor das ganze tibetanische Hochland überquert. Indem wir bis hierher gefahren waren, hatten wir die Strecke Rom – London dreimal zurückgelegt, davon einmal auf Naturstraße, die meiste Zeit auf einer Höhe wenig unter dem Mont Blanc-Gipfel. Wir vollbrachten dies in sechseinhalb Wochen und stiegen dabei dreimal höher als der Everest. Am Tag 48 aßen wir uns durch einen Berg von Lebensmitteln, angefangen beim ersten Kebab bis zur letzten Aprikose vor dem Insbettgehen. Elf Kebabverkäufer gab's an dieser Straße. Sie hatten alle ein Blech mit Glut darauf. Sie spießten kleine Stücke von Fleisch oder Leber auf, vier auf einen Spieß, und legten sie dann über die Ecke des Bleches über die Glut. Dazu reichte uns der Kebab-Mann kleine Gläser feinen schwarzen Tees, um die Bissen hinunterzuspülen. Wir saßen vor der Bude und schauten dem Treiben des Marktes zu.

Es war schwer zu glauben, daß wir im tiefsten China waren. Beinahe jeder hier hatte kaukasisches Blut in seinen Adern. Die Männer hatten fein geschnittene Gesichter, viel kantiger als die Chinesen. Große elegante Frauen trugen knöchellange Kleider. Kleine, weiße moslemische Käppis dominierten. Han-Chinesen und Mao-Uniformen gab es nicht zu sehen. Die meisten Leute waren turkmenisch sprechende Uyguren, die die Mehrheit der Bevölkerung von Xingjiang ausmachten, als das Gebiet 1955 zur Autonomen Region von Xingjiang Uygur erklärt wurde. Seit damals brachten große Investitionen auch die Han-Chinesen ins Land, die heute der ursprünglichen Bevölkerung zahlenmäßig gleichgestellt sind. Turfan jedoch blieb eine ruhige Marktstadt, während Hami die geschäftige Metropole bildet.

Wir wanderten ein wenig auf dem Markt herum, versuchten verschiedene Früchte und erforschten die Hintergassen. Wir kamen an einer eigenartigen Eiscreme-Maschine vorbei, die aussah wie ein offenes Faß mit einer sich drehenden, messingenen Trommel. Irgendwie machte das Ding hellgelbes Eis, das in eine große Schüssel ausgeleert und dann in individuelle Gläser abgefüllt wurde. Nach dem Markt kauften wir einige Dinge in einem modernen Geschäft, wie zum Beispiel neue Tagebücher, saubere Gesichtsmasken und einen ganzen Stoß weitere Lebensmittel und gingen dann zurück ins Hotel. Wir hatten uns das Vergnügen eines kühlen Biers aufgespart. Als wir schließlich hingingen, um eins zu heben, trafen wir zu unserer Überraschung Robert Goo. Er hatte sein Mountain Bike in Lhasa verkauft und trampte per Bus an den äußersten Zipfeln von Ostchina herum. Er reiste mit Freunden, aber in Xining, 1500 Kilometer östlich von hier, hatte er sie in einer Menge verloren. Er glaubte, daß, wenn er sie nicht hier finden, er sie sehr wahrscheinlich in Kashgar wieder treffen würde. Kashgar befindet sich 2000 Kilometer westlich von Turfan. Ein paar Tage später trafen wir übrigens Robert in Urumqi; er »erholte sich ein bißchen« und dachte, daß er Kashgar »in ein oder zwei Wochen« erreichen würde. Ein paar Monate später tauchte Brian Williamson plötzlich in London auf. Er hatte als Fahrradkurier gearbeitet und wurde plötzlich von Malaria heimgesucht. Er wurde im Spital für Tropenkrankheiten gepflegt. Sie sagten ihm, daß er seinen ersten Schub sehr wahrscheinlich hatte, als er von Kathmandu über den Lalung Le nach Lhasa fuhr. Er sagte: »Ich erinnere mich, daß ich mich ein wenig schwach fühlte und mich der Rücken schmerzte, aber ich hatte soviele Probleme auf dieser Reise.« Er verließ China von Kashgar aus über den Kunjirab Paß nach Pakistan, sehr wahrscheinlich der erste Radfahrer, der diese Route befuhr. In Lhasa traf Brian Mark Skinner, von dem wir aber seither nichts mehr gehört haben. Robert sagte uns, daß er gehört habe, daß die Kathmandu-Kailash-Fahrrad-Expedition 500 Kilometer vor dem Ziel aufgeben mußte. Wer versucht's als nächster?

Unsere verschiedenen Treffen mit Robert und seine leichtherzige Art sprechen Bände von der formlosen Ungezwungenheit dieser Langzeitreisenden, dieser Tramper, die mit Zug, Flugzeug oder Bus riesige Distanzen zwischen einer Reihe sich folgender Touristenzentren zurücklegen. Sie leben auf einer Serie von winzigen Inseln, die von anderen Touristen bevölkert sind, und die miteinander nicht geographisch, mittels Wüsten oder Bergen verbunden sind, sondern durch Reisen, deren Tore die Flugplätze, Bahnhöfe und Busstationen sind. Robert war gerade daran, die archäologischen Stationen rund um Turfan abzuklopfen. Er erzählte uns von den buddhistischen Kellertempeln von Bezelik, den gefallenen Festungen von Gaochang und den Atsana-Gräbern. Die Namen klangen sehr interessant; in der Tat waren wir sehr nahe an ihnen vorbeigefahren, als wir Erh-pao passierten. Seine Beschreibung befriedigte dann allerdings meine archäologische Wanderlust. Für mich selbst denke ich immer, daß Antiquitäten und eigentlich auch herrliche Aussichten und großartige Landschaften immer dableiben. Nur die Gegenwart wechselt. Robert sagte: »Es hat Mumien in Atsana. Sie sind in Ordnung, aber es ist besser, wenn man jene im Museum sieht.«

Später am Abend gab es eine wundervolle Musik- und Tanzaufführung einer uygurischen Gruppe. Sie hatten verschiedene Instrumente; einige wie Ukulelen, andere winzige Gitarren, dann eine Violine und ein komisches Ding von einer Knie-Violine mit einem meterhohen Stengel und einem Resonanzkörper wie ein Fußball. Es hatte auch ein Xylophon und Flöten. Die Mädchen trugen lange Kleider in flammendem Rosa mit Chiffon-Beinkleidern und engen schwarzen, goldverzierten Miedern. Sie machten winzige Schrittchen, trugen winzige Käppchen und und an ihren Hüften vorbei hingen fünf schwarze, lange Stoffstreifen. Die Männer trugen hellblaue, goldbestickte Blusen, schwarze Pluderhosen und lange schwarze Stiefel. Die Frauen sahen arabisch aus, die Männer eher wie Kosaken, wenn die kleinen Moslem-Käppis und die türkischen Gesichter nicht gewesen wären. Sie umschwärmten und umtanzten die Mädchen. Die Touristen in der vordersten Reihe machten alle ernste, langweilige Gesichter und blinzelten durch ihre Kamerasucher. Die chinesischen Einheimischen weiter hinten lachten und klatschten in die Hände. Während des Tanzes machte sich ein chinesisches Mädchen an Nick heran: »Australier? Engländer? Tourist? Gehst du Urumqi? Hast du Freundin? Hat sie weiße Haare und lange Nase wie du?«

Wir gingen um Mitternacht zu Bett, total lächerlich vollgefressen. Mein Magen war so voll, daß es mir schreckliche Schmerzen bereitete, bei Nicks Kalauer zu lachen. Ich erwachte mit dem ersten Licht am Morgen. Ich war perplex, daß ich nach all dem Essen am Vortag überhaupt noch stehen konnte. Ich bedauerte diese unkontrollierbaren Freßlüste, die uns immer wieder heimsuchten. Vielleicht war es einfach auch so, daß unsere Mägen infolge der spartanischen Wüstendiät von Brot, Wasser und Nudeln so geschrumpft und empfindlich geworden waren, daß sie die Rückkehr zu moderner Luxusnahrung mit viel Fett und raffiniertem Zucker ganz einfach nicht mehr vertrugen. Während wir uns auf unseren Tagesritt vorbereiteten, kauten wir auf einem trockenen Brotstück herum. Ich hoffte, daß die ersten 50 Kilometer bis zum Dorf von Ti'enshan mich wieder in Ordnung bringen würden.

Nick. Tag 49. Turfan. Früh am Morgen.
Theoretisch ist dies der letzte Tag unserer Reise nach Urumqi. Aufregend! Dann das Ziel unseres Abenteuers, der Mittelpunkt der Erde. Eigenartig, wenn ich nun zurückdenke an die einzelnen Etappen unseres Abenteuers, Lhasa – Golmud, zum Beispiel, oder Patenga Point – Kathmandu. Jeder Teilabschnitt war für sich genommen eine größere Reise. Alle zusammen sind eigentlich fast zu groß, um sie als Ganzes zu erfassen. Der heutige Ritt wird mittellang, durch die Wüste bis auf 1000 Meter Höhe und mehr, über den Tien Shan, mit vielleicht zwei Dörfern während der ganzen 183 Kilometer, wo man sich verpflegen kann. Ein paar Wochen früher hätte uns diese Aussicht für den Tag geschockt, aber heute ist das so normal wie ein Spaziergang von der City nach Clapham Common.

Die Hauptstraße verließ die Oase von Turfan sofort, und erneut pedalten wir durch steinige Wüste. Obschon wir in der ersten halben Stunde noch kleine Oasen unterhalb der niedrigen Berge zu unserer Linken sahen, gab es nicht ein einziges Blättchen Vegetation dort, wo wir fuhren. Der Himmel war klar, die Sonne stark. Um kühl zu bleiben, trugen wir kein T-Shirt und hatten unsere Kombis bis auf die Hüfte hinuntergerollt. Wir traten gutgelaunt in die Pedale, um die kurze Etappe bis zum ersten Dorf in Angriff zu nehmen. Die Straße war guter Asphalt und führte gerade über die Geschiebeablagerungen am Fuße des Tien Shan. Sie stieg stetig an und setzte sich so von der Taklamakan frei, die sich unmittelbar auf der andern Seite der niedrigen Hügel zu unserer Linken ausdehnte. Die Straße begann nun steiler zu steigen, hinauf über eine Wüstenschulter bis auf 1000 Meter. Es gab viel Verkehr, mehr, als wir seit Kathmandu gesehen hatten. Ein Armee-Konvoi kam vorbei. Die Soldaten lagen hinten auf den Lastern und lasen Zeitschriften. Jeder Laster zog eine getarnte Kanone.

Wir spulten die 50 Kilometer herunter, und das Dorf Ti'enshan war nirgends zu sehen. Kein Wasser. Wir fuhren weiter. Etwas später überquerten wir die Eisenbahn, die ebenfalls diesen Paßübergang nach Urumqi benützt. Dann führte uns die Straße in ein Tal, das sehr bald zu einer weiten Schlucht wurde. Trotzdem wir uns nun wirklich nach einem Frühstück sehnten, genossen wir die Fahrt durch diese Schlucht hinauf. Die Berge waren groß und dunkel, purpur, gelb, rot und braun marmoriert. Sie waren bar jeder Vegetation; im Tal unten, längs des Baches, standen jedoch die Bäume dicht beieinander – natürlich gewachsene Bäume, mehr als wir seit Nepal gesehen hatten. Wir sahen zwei Dörfer, die Häuser dicht zusammengedrängt, einige Schafherden und liebliche Grasmatten, wie Constable's England – leider ohne Milchmädchen.

Die Schlucht wand sich weiter und weiter. Immer steigend, immer kurvig, so daß wir nur bis zur nächsten Ecke sehen konnten. Wir wurden hungriger und hungriger. Nach 82 Kilometer, gerade als wir uns beide etwas schwach zu fühlen begannen, sahen wir drei Hütten am Straßenrand. Glücklicherweise waren es alles Chai-Häuser. Wir wählten jenes aus, vor dem ein Lastwagenfahrer im Schatten eines großen Baumes saß. Es war ein idyllischer Platz für das Frühstück, ein letztes, herrliches Mahl vor Urumqi. Vögel zwitscherten im Baum, und das Laub raschelte leise im Wind. Die Besitzer des Teehauses hatten Tomaten, die wir seit Lhasa nicht mehr gesehen hatten, und die Frau machte uns eine wunderbare Suppe. Nick aß auch Nudeln, wogegen ich keine hinunterbrachte, vielleicht wegen des Eises gestern oder wegen der Tüte mit kleinen, harten Aprikosen, von denen Nick keine wollte.

Eine halbe Stunde später verließen wir die beengende Schlucht und kamen auf eine schöne, mit Gras bedeckte Ebene, die sich in einem Winkel von etwa 140 Grad vor uns auftat. Sie war 20 bis 30 Kilometer breit und sah aus wie ein Billardtisch mit Pünktchen von winzigen Dörfern, Baumgruppen und galoppierenden Pferden. Mehr Grün als wir seit den Tieflandhügeln von Nepal gesehen hatten. Der Fluß schlängelte sich gemütlich in unserer Richtung, bevor er sich dann schäumend in die Schlucht stürzte. Hoch über der weitesten Bergkette schwammen Schneegipfel wie Wölkchen am Himmel. Es war das typische Beispiel eines fruchtbaren Bergbeckens – einer natürlichen Oase, ziemlich entgegengesetzt der harten Welt der schroffen Berge und kahlen Wüsten, und auch ganz anders als die künstlich bewässerten Oasen von Turfan und Hami. Es war sonnig und warm. Wir hätten uns auf einer Radferientour in Südfrankreich befinden können. Es hatte Blumen, gelbe Butterblumen, blaue Glockenblumen. Den Mittelpunkt bildete Dabancheng, das man auf dem Schild beim Eintritt in den Markt traurigerweise zu »Daban City« umfunktionierte. Es hatte den Anschein eines großen und geschäftigen Marktes, aber da wir bereits gegessen hatten, fuhren wir hindurch und weiter. Der Verkehr war nun wirklich stark: ein steter Strom von Bussen, Lastwagen und Jeeps. Es gab so viele Busse, daß wir uns fragten, wer denn eigentlich die Bahn benutzte.

Kurz nach Dabancheng, vielleicht noch 70 Kilometer von Urumqi entfernt, begann das Grasland langsam zu verschwinden, und damit wechselte auch unser Glück. Am Nachmittag erhob sich ein Gegenwind, zuerst leicht, dann stärker und schließlich fühlte es sich an, als ob wir gegen eine Mauer ankämpfen müßten. Wir mußten uns weit über den Lenker beugen und uns bei der Führungsarbeit ablösen. Wir hatten das Gefühl, als wären unsere Räder mit einem Gummizug in Dabancheng befestigt worden. Die Landschaft wechselte wieder zu nackter Wüste. Wir befanden auf gut über 1000 Meter Höhe. Unsere Straße führte uns gerade durch eine Nord-Südfalte des Tien Shan. Einige tiefblaue Salzseen besetzten den tiefsten Punkt des Tales, alles andere war ein seelentötendes, blasses Grau. Es war ein Tal, ungefähr gleichen Kalibers wie jenes zwischen Budongquan und Golmud, aber unendlich viel fremder und feindlicher. Weit vorne und auch zu unserer Rechten hatte es immer noch Schneeberge. Wir passierten den ersten der Salzseen und dann einen wüsten, trostlosen Industriekomplex, wo nicht ein einziger Grashalm wuchs. Es sah aus, als ob es total leer von jeglichem Leben sein müßte, aber weit entfernt: Ganze Schlangen von Chai-Häusern standen am Straßenrand, jede Menge Garagen und Werkstätten, viele Kinder, die uns etwas zuschrien und viele große Mietwohnungsblocks.

Der Wind wurde außerordentlich heftig. 50 Kilometer von Urumqi entfernt, stiegen wir ab und schalteten eine Rast ein. Nick legte sich hinter einen Steinhaufen und war beinahe augenblicklich eingeschlafen. Ich trank die letzten Tropfen des kalten Tees in meiner Flasche. Ich konnte nicht wissen, daß wir bis Urumqi kein Wasser mehr bekommen würden. Ich wurde unglaublich schwach. Mein Magen wand sich immer noch in Krämpfen seit meinen Exzessen in Turfan. Erneut brachen wir auf. Nick führte als erster und versuchte, gegen den Sturm ankämpfend, doch etwas Geschwindigkeit zu machen. Als ich ihn nach 500 Meter überholen wollte, schaute ich mich nach Lastwagen um, verlor ganz kurz mein Gleichgewicht, berührte Nicks Hinterrad und lag prompt auf der Straße. Unser erster, richtiger Unfall. Irgendwie war es symbolisch. Nun, da wir sehr nahe unserem Ziel waren, durften wir uns den Luxus leisten, in unserer beinah unmenschlichen Konzentration ein wenig nachzulassen und uns selber ein bißchen leid zu tun. Wenn Urumqi heute nicht zu uns kommen wollte, dann würden wir eben morgen zu ihm hinradeln. Keiner von uns jedoch dachte je daran, etwa aufzugeben, es sei denn aus einem ernsthaften Grund, wie etwa einem gebrochenen Bein. Für zehn Kilometer führte nun Nick. Ich hatte nicht die Kraft, mich aus seinem Windschatten hinaus in Führung zu begeben, ich hatte einfach den Willen und die Energie nicht. Wir beteten für ein Chai-Haus, aber keines erschien. Unablässig wehte der Wind von Norden. Langsam krochen wir näher an Urumqi heran. Wir arbeiteten beide sehr hart, körperlich und geistig, um dieses letzte kleine Stückchen zu bezwingen. Normalerweise gleitet man beim Radfahren in einen Rhythmus und läßt seinen Geist wandern: Man stellt sich allerlei Essen vor, wohl auch die Freundin, exotische Reisen und den Abend am Lagerfeuer. Auf der Straße nach Urumqi war all das nicht möglich. Die unmittelbare Wirklichkeit hatte Körper und Geist so in ihrem Griff, daß wir nie auch nur einen Augenblick lang in irgendeine Traumwelt hätten schlüpfen können. Und die Gegenwart, das war die trockene Hitze, der glühende Asphalt und der sagenhaft starke Wind.

Schließlich fuhren wir doch in Urumqi ein. Nicht mit Wehklagen, sondern fit. Es ging einen kleinen Paß hinan, wo uns der Wind fast zum Stillstand brachte, darauf hinaus aus dem bedrückenden Tal, um eine letzte Kurve und dann, hinter einem kleinen Flecken Grün, hinter ein paar Chai-Schuppen lag unter uns die Stadt, die in der ganzen Welt am weitesten weg von jeglicher Meeresküste liegt: Urumqi, das Herz Asiens. Wir fühlten uns so, wie wenn wir auf eine Trophäe hinunterschauen würden. Die Stadt selbst erschien uns groß, dunkel und sehr industriell: ein fallengelassener Dreckkuchen in einem Becken, eingerahmt von Bergen. Dahinter, in nördlicher Richtung bis ans Ende der Welt, das stille Wunder der Dsungarei. Dort draußen, sonst niemandem auf der ganzen Welt bekannt, lag der Mittelpunkt der Erde.

12. KAPITEL

Urumqi und das Büro für Öffentliche Sicherheit (BÖS)

Urumqi wurde von verschiedenen Leuten als »die scheußlichste Stadt der Erde« bezeichnet. Wir fanden sie dagegen überraschend frisch in ihrer Vielfältigkeit der Architekturen und Lebensstile, überall umgeben von der Landschaft und den Bergen. Es ist eine dynamische, schnell wachsende, moderne, chinesische Stadt mit beinahe einer Million Einwohner, der Brennpunkt des Handels für 1000 Kilometer im Umkreis. Sie liegt in einem nördlich gerichteten, sanften Tal. Zu ihren Füßen erstrecken sich die neuen Landwirtschaftsgebiete, die durch Schmelzwasserbewässerung geschaffen werden konnten. Sie grenzen an den südlichen Rand der Dsungarei, ein grüner Gürtel, etwa 50 Kilometer tief und in west-östlicher Richtung entlang des Tien Shan, dem Rückgrat von Zentralasien, einige Hundert Kilometer lang. Der internationale Flughafen von Urumqi liegt unterhalb der Stadt in einem Winkel der Wüste. Es gibt Parkanlagen und hohe Gebäude – beinahe Wolkenkratzer – im Zentrum der Stadt, und oberhalb der City befindet sich die Schwerindustrie mit großen rauchenden Fabriken, die das neue China kennzeichnen.

Wir rollten vom Rande des Salzbassins hin zu den Tentakeln am industriellen Ende der Riesenstadt, um 19 Uhr 10 des Tags 49. Wie ein Sieger der Tour de France warf ich meine Arme in die Höhe und brüllte: »Geschafft!« Nick sagte in aufrichtiger Erleichterung: »Der Zielstrich ist in Sicht.«

Wir rollten nebeneinander, alle Schmerzen und Wehwehchen waren im Lichte des großen Augenblicks vergessen. »In unter 50 Tagen. Nur noch die kürzeste Tagesetappe morgen, und wir stehen auf dem Punkt.«

»Jawohl Kamerad, sieht so aus, als ob wir's geschafft hätten.«

Nicks letzter Kommentar entbehrte nicht eines kleinen Nachgeschmacks seiner üblichen Vorsicht: Nichts ist je im Sack, bevor es wirklich drin ist. Damals wußten wir noch nicht, wie recht er damit hatte.

Wir wollten unseren offensichtlichen Erfolg feiern und auskosten. Im übrigen hatten wir während der letzten 95 geisttötenden Kilometer gegen den Wind, außer unserem Liter kalten Tees, nichts getrunken oder gegessen. Ich litt immer noch unter Magenkrämpfen und hatte während der ganzen 180 Kilometer erst ein trockenes Stück Brot und eine Suppe gegessen. Beide litten wir unter einem massiven Energiemanko, und so stürzten wir uns denn in das erstbeste Chai-Haus. Es war ein einziger, großer Raum, ganz pastellblau angestrichen, mehr oder weniger leer, ausgenommen ein paar Stühlen und Tischen und einem Lastwagenfahrer, der mit zwei einheimischen Mädchen schäkerte. An einem Ende des Raumes hatte es eine kleine Küche mit dampfenden Pfannen, am andern eine kleine Verkaufstheke. Zu unserem Entzücken sahen wir Süßigkeiten, Biskuits, Früchte und... Schokolade. Nicks Augen fielen fast aus den Höhlen, und bevor irgend jemand auch nur »BÖS« sagen konnte, waren sechs Riegel schon in seinem Mund verschwunden. Wir kauften Bonbons, Erdnüsse, ein Glas Aprikosen und jede Menge Schokolade. Dann setzten wir uns und bestellten Nudelsuppe und Tee. Nick' hatte keine Probleme, ich aber konnte nur Flüssigkeit in kleinen Schlückchen einnehmen. Eine Stunde später fuhren wir ins Zentrum der Stadt, 10 Kilometer weiter. Der Wind war verschwunden, und es ging alles bergab. Die Straßen waren sehr belebt, und es bereitete uns immenses Vergnügen in einer Schlange zu fahren und bei Verkehrsstau die stehenden Fahrzeuge auf der Seite liegen zu lassen und weiterzufahren. In London ist dies des Radfahrers alltägliches Brot, aber hier hatten wir nichts auch nur im entferntesten Ähnliches gesehen, seitdem wir in Lhasa vier Fahrzeuge hintereinander vor einer Verkehrsampel erblickten. Die meisten der Fahrzeuge waren Laster. Nicht so sehr die langnasigen grünen Oldtimer, an die wir uns in den südlichen Oasen so gewöhnt hatten, sondern moderne Hochleistungsfahrzeuge für schwersten Industrieeinsatz: Tieflader und gigantische Dumper, chinesische Sattelschlepper und Kohlenwagen. Je näher wir dem Zentrum kamen, desto mehr Busse und Minibusse sahen wir. Die Straßenbahn schien gut im Geschäft zu sein. Es war gerade die späte Stoßzeit, und die Menschen standen dichtgedrängt, ließen den Handharmonikatüren kaum Raum genug, um sich zu öffnen oder zu schließen. Wenn es soweit war, lehnte sich die Schaffnerin weit, weit zum Fenster hinaus und signalisierte mit zwei harten, durchdringenden Pfiffen dem Fahrer, daß er weiterfahren könne. Zahlreiche grüne, chinesische Jeeps – der obligate Beijing 212 – flitzten herum. Sie haben ein Stoffverdeck und sind an den Seiten offen, Fahrer und Passagier lehnen sich in den Kurven jeweils seitwärts heraus. Es gab nicht viele normale Personenwagen; die meisten sahen wie offizielle Polizei-, Regierungs- oder Armeefahrzeuge aus, oder es waren Taxis. Soweit ich mich erinnern kann, waren alle schwarz. Eine recht große Anzahl von Leuten sahen wir auf Motorrädern, von denen die meisten im Westen als 30jährige Veteranen gelten würden. Die weitaus schönste Maschine war der Armeeseitenwagen. Der Fahrer saß bolzengerade mit steifem Rückgrat im Sattel, und der Passagier, oft ein Offizier mit makelloser Uniform, Schirmmütze und steinernem Gesicht, sank tief in die Polster der voluminösen, torpedoähnlichen Gondel an der Seite.

Selbstverständlich gab es jede Menge anderer Radfahrer. Es sah so aus, als ob sie alle ihre eigenen Verkehrsregeln hätten. Bei rot fuhren einige immer los bis zur Insel in der Mitte der Straße. Bei grün hielten manche an und suchten mit den Augen weit voraus nach irgend etwas, was uns verborgen blieb. Wenn uns die Männer und Frauen auf den Rädern sehr oft nicht verkehrsregelkonform zu handeln schienen, so konnte man die Eselkarren, die Fußgänger mit Handwagen und die Eisverkäufer mit ihren fahrbaren Ständen nur als Gesetzlose bezeichnen. Sie bewegten sich extrem gefährlich und vielleicht befanden sie sich wirklich außerhalb des Armes des Gesetzes. Einer unserer Vorteile war, daß wir so schnell waren und leicht in eine Lücke hinein beschleunigen, aber dann auch wieder ebenso schnell abbremsen konnten, wenn es darauf ankam. Es war ein pures Vergnügen und ein großartiger Eintritt in diese pulsierende Stadt.

Alle Hauptstraßen und die meisten der Nebenstraßen waren geteert. Es gab viele Baumalleen und Straßen mit Blumenbeeten in der Mitte. Wir sahen viele Monumente und Statuen. Die Mietshäuser waren fünf bis sechs Stöcke hoch. Viele Fenster waren mit Blumenkistchen versehen, eine ziemliche Überraschung, denn nirgendwo sonst hatten wir gesehen, daß Private Blumen zu ihrem eigenen Vergnügen züchteten. Wir fragten uns, ob dies vielleicht das Zeichen einer wohlhabenden Gesellschaft mit Freizeit und genügend Geld sei, dieser Freizeit auch Inhalt zu geben. Büroblocks, Hotels und Regierungsgebäude waren teilweise richtig imposant mit zwölf oder noch mehr Stöcken. Es gab Telefondrähte, Neonlichter und sorgfältig gestaltete Schaufensterauslagen – unglaublich weit weg von jenem weisen alten Mann in Qiktim, vor bloß zwei Nächten.

Wir kamen ins Zentrum und fanden die beiden Flüsse und den öffentlichen Park des Hong Shan, einer kleinen Erhebung mit einer wunderschönen Pagode, nach der sich der Reisende in dieser großen Stadt orientiert. Die zwei Flüsse jedoch, die auf unserer Karte so dick eingezeichnet waren, entpuppten sich als kleine Rinnsale, kaum 3 Meter breit, die alle paar Meter von riesigen 50-Meter-Brücken überquert wurden. Nebenan gab es einen großen, gedeckten Markt, vollgestopft mit privaten Ständen. Menschenmengen drängten hinein und hinaus; es gab auch viele, die einfach herumhingen; vielleicht um Freunde zu treffen, vielleicht auch, um den Beginn eines Films abzuwarten. Es gab eine verwirrende Anzahl verschiedener Gesichtstypen und Kleidungsarten. Urumqi wird etwa zur Hälfte von Uyguren bewohnt, die die traditionellen Bauern und Händler dieser Gegend sind. 10 Prozent der Bevölkerung machen ethnische Minoritäten, wie etwa Kasachen und Tataren aus, und der Rest sind Han Chinesen, die durch die Entwicklungsprogramme der Regierung in den letzten 30 Jahren hierher gelockt wurden.

Gemäß den Fetzen von Informationen, die wir von anderen Touristen in Lhasa, Golmud und Turfan aufgeschnappt hatten, machten wir uns auf die Suche nach dem besten Hotel in der Stadt. »Schlafsäle sind ziemlich billig«, sagte man uns, »fünf Yuan für jeden, und du hast TV und heiße Dusche den ganzen Tag.« Das Kun Lun Hotel war nun sicherlich etwas vom Feinsten. Es hatte eine riesige Front, die sich hoch über den Brunnen des Vorplatzes auftürmte. Die Empfangshalle war aus Marmor und ganz im internationalen Stil gehalten, so daß wir unsere Räder diskret draußen ließen. Es gab einige hundert Räume. Wir glaubten, daß wir uns ein bißchen selbst verwöhnen dürften und bestellten die besten. Wenn man so viel bezahlt – immer relativ gesehen – wie wir, nämlich 25 Yuan jeder, dann darf man sich erlauben, in bizarrer Kleidung, schmutzig und stinkend mit zwei Rennrädern auf dem Buckel durch die Empfangshalle zu gehen und den Lift zu besteigen.

Unser Zimmer hatte Doppelbetten, ein eigenes Badezimmer, Telefon, Fernsehen, Tassen und einen Krug für Tee, ein Zimmermädchen, das die ganze Zeit auf unserer Etage Dienst hatte und eine wundervolle Sicht auf den 5445 Meter hohen Bogda Feng, den höchsten Schneeberg in diesem Abschnitt des Tien Shan. Es war einer der Berge, die wir den ganzen Tag gesehen hatten, vom Augenblick an, wo wir nach dem Frühstück unter den idyllischen Bäumen aus der Schlucht hinauskamen. In jener Höhe, knapp unterhalb der Schneegrenze, fuhren wir noch vor zwei Wochen täglich dahin. Unsere erste Priorität heute waren jedoch hochklassiger Luxus und richtiges Essen.

Trotz unserer Müdigkeit hatten wir Lust, in der Stadt auf Entdeckungsreise zu gehen. Wir verließen das Hotel und schlenderten gemütlich die Straße hinunter zu einer ganzen Menge von Nahrungsständen und Chai-Häusern an einer geschäftigen Straßenecke. Obschon es Nacht war, pulsierte das Leben in den Straßen. Die Geschäfte hatten eine große Auswahl und schienen sehr gute Lager zu führen. Es gab eine endlose Auswahl von Kleidern, Schuhen, Geschirr, Besteck; das einzige, was wir nicht so ohne weiteres sahen, waren elektrische und elektronische Güter, wie HiFi-Anlagen, Radios und Fernseher. Die Lebensmittelgeschäfte zeigten ebenfalls eine ausgezeichnete Auswahl. Es gab Eingemachtes in Büchsen und Gläsern, frisches Fleisch, Gemüse, Früchte und Brot. Unser besonderes Interesse galt Biskuits, Bonbons und sonstigen Süßigkeiten, insbesondere auch der Schokolade, von der wir mehr als sieben verschiedene Arten sahen. Wir kauften von jeder einen Riegel, versuchten sie gleich im Laden und kauften dann jene, die uns am besten schmeckte, zusammen mit den besten Bonbons. Als unser erstes Mitbringsel von der Reise kauften wir uns einen »Flying Eagle« Rasierapparat mit Ersatzklingen in einer winzigen Messingbüchse. Auf dem Deckel war ein Adler eingraviert. Interessanterweise waren viele der Aufschriften in den Geschäften in arabischen und chinesischen Schriftzeichen angebracht – nicht daß es für uns eine Rolle gespielt hätte, wir konnten keine von beiden lesen. Einige waren sogar Englisch, was dann etwas seltsame Schrifttafeln ergab: Englisch von links nach rechts, Arabisch von rechts nach links und Chinesisch von unten nach oben in der Mitte.

Nick verleibte sich noch einen Nudeleintopf ein, mein Appetit dagegen war immer noch nicht voll wiederhergestellt, und so kaufte ich denn einige Stücke türkisches Flachbrot und kaute darauf herum. Der Gang zurück ins Hotel schien schier endlos zu sein, obschon es vielleicht nur 200 Meter waren. Fünfzig Tage lang hatten wir uns kaum je zu Fuß bewegt.

Als wir in unser Zimmer zurückkamen, war es gerade Mitternacht, das heißt 16 Uhr in England. Trotzdem wir hundemüde waren, versuchten wir Steve Bonnist anzurufen, um ihm zu sagen, daß er die Pressemaschinerie in Gang setzen solle, damit man mit Spendenaufrufen für IT beginnen könne. Das erste, was uns überraschte, war, daß wir Steve Bonnist – wir sprachen vorher mit dem hübschen Telefonmädchen unten an der Rezeption – innerhalb 15 Minuten am Draht hatten. Erstaunlich, denn die Gespräche gehen zuerst 3000 Kilometer östlich nach Beijing und werden dann aus China hinausgefunkt. Steve ging es gut, ebenso wie auch unserer ganzen Familie, die regelmäßig mit Steve Kontakt hatte. Wir erzählten ihm von unserem bevorstehenden Erfolg und fragten ihn, ob er die Päckchen von Dhaka, Kathmandu und Lhasa erhalten hätte. Ja, meinte er fröhlich. Dann kam der schreckliche Augenblick der Wahrheit. Wir fragten ihn, welches Interesse unsere Expedition in der Presse fände, und ob die Fotos gut wären. Wir konnten seine Antworten kaum fassen. »Keins«, sagte er, und »unbrauchbar«. Wir waren am Boden zerstört. Es bedeutete, daß wir sehr wenig Spenden erhalten würden: Kein Buch, keine Zeitschriften, keine Vorträge. Das war auch das Ende unseres Gesprächs und es dämpfte ein wenig unseren Enthusiasmus, vielleicht noch andere Leute anzurufen oder irgend etwas für den nächsten Tag zu planen. Wir sanken in düsterer Stimmung ins Bett.

Keiner von uns schlief gut. Nick war vor allem wegen der Fotos außerordentlich niedergeschlagen. War der Film defekt gewesen? War die Kamera von Beginn weg defekt? Konnten wir ganz einfach nicht fotografieren? Mitten in der Nacht hatte ich noch eine 30minütige Sitzung an einem stillen Ort und krümmte mich in den letzten Krämpfen meiner Darmgrippe. Am nächsten Morgen kümmerten wir uns jeder um das Hauptproblem des andern. Nick stopfte sich mit Essen für zwei voll, während ich meinem Vater und dann meinem Bruder Chris telefonierte. In Malvern Wells war es gerade 2 Uhr in der Nacht, aber Chris und seine Frau Fred klangen nicht allzu böse, als sie aufstehen mußten, um meine Bedürfnisse zu befriedigen. Chris hatte selbst alle unsere Filme erhalten und sie zum Entwickeln gebracht. Dann ließ er die besseren Dias kopieren und sandte die Duplikate an Steve. Scheinbar waren nun diese Duplikate von schlechter Qualität, die Originale jedoch waren, wie sich Chris, der noch nie eine Neigung zum Schmeicheln hatte, ausdrückte, »Deinem normalen Standard entsprechen«. Ich raste hinunter, um Nick die guten Nachrichten zu bringen. Er war unendlich erleichtert.

Wir konnten uns nun dem letzten Teil unserer Reise widmen: wo genau war der Mittelpunkt der Erde? Wie weit weg von Urumqi? Und wie würden wir dorthin gelangen?

Wir hatten in England vor der Abreise ein paar grobe Berechnungen angestellt und fanden, daß der Punkt ungefähr 50 Kilometer nördlich von Urumqi, am Rande der bewässerten Zone liegen würde. Wir waren deshalb überzeugt, daß er zwar weit von der Stadt abgesetzt, aber keinesfalls unerreichbar wäre. Für die nächsten paar Stunden dieses 50. Tages wollten wir uns deshalb auf unser Zimmer zurückziehen, die exakte Position bestimmen und dann vielleicht bis in die Nacht hineinfahren, damit wir dann am andern Morgen früh unser Ziel erreichen könnten. Das wäre dann zwar Tag 51, aber wie ich schon früher erklärte, waren wir ja am Tag 1 erst um Mittag gestartet, und nicht am Tag 0 um 00 Uhr 00. Bis am Tag 51 um Mittag wären wir also immer noch unter 50 Tage unterwegs gewesen. Der Zeitunterschied zu unseren Gunsten beim Eintritt in China gab uns eine zusätzliche Sicherheitsspanne von vier Stunden. Wir waren deshalb immer noch schön in der Zeit drin.

In Dhaka, bevor wir gestartet waren, blieben wir einmal in der Nacht sehr lange auf und brüteten über US-Luft-Verteidigungs-Karten der asiatischen Küstenlinie. Wir identifizierten die Buchten und Flußeinmündungen, die für den Punkt, der am nächsten zum Mittelpunkt der Erde liegt, in Frage kommen konnten. Drei Punkte sind nötig, um einen Punkt gleicher Entfernung eindeutig festzulegen. Wir hatten genügend Vorarbeit geleistet, um festzustellen, daß die drei Punkte an den folgenden Küstenlinien liegen: Im zentralen Abschnitt der nördlichen, russischen Küstenlinie, bei Bo Hai Wan am oberen Ende des Gelben Meeres in China und irgendwo beim Gangesdelta. All diese Koordinaten wurden geprüft und gegengeprüft, dann niedergeschrieben und nach Urumqi getragen – die Karten ließen wir aus Gewichtsgründen zurück. In England hatte ich noch einige Yacht-Navigations-Handbücher studiert und dabei die Formel entdeckt, die die gerade Linie zwischen zwei beliebigen Punkten auf dem Globus angibt:

$$\cos D = \sin B_1 \sin B_2 + \cos B_1 \cos B_2 (L_1 - L_2)$$

wobei D die Distanz auf gerader Linie, B_1 und B_2 die geographische Breite und L_1 und L_2 die geographische Länge der beiden Punkte 1 und 2 darstellen. D gibt übrigens die Distanz in nautischen Meilen an, B und L sind in Dezimalgraden gemessen. Eine Korrektur betreffend die nördliche und südliche Hemisphäre und östlich und westlich von Greenwich muß normalerweise noch gemacht werden, war aber hier nicht nötig, weil sich alle betreffenden Punkte auf der nördlichen Halbkugel und östlich von Greenwich befinden.

In unserem ultraleichten Gepäck hatten wir auch einen Solarzellen-Kalkulator mitgeschleppt, ein wahrhaft kosmopolitisches Stück: gemacht wurde er in Japan, gekauft in Bahrein, nach Dhaka geflogen und per Fahrrad in die Tiefen Chinas transportiert. Nun wurde also das Ding gebraucht. Unser wahrer Grund, warum wir den Mittelpunkt der Erde nicht schon in Europa endgültig festgelegt hatten, war, daß die Küstenlinien in Asien so ungemein zerstückelt und unregelmäßig verlaufen, daß viele Punkte definiert werden könnten (dies war auch der Grund, warum wir insbesondere von der Bangladesh Küste sogar eine Karte mit nach Urumqi genommen hatten, weil sich dort die größten Definitionsschwierigkeiten ergaben). Nick, der Geograph – er graduierte an der Universität von London – zerbrach sich viele Tage lang den Kopf darüber, was man noch als Küstenlinie betrachten konnte. War es die mittlere Meereshöhe, der höchste Flutstand, der niedrigste Ebbestand, der Rand von Sumpfgebieten, Lagunen? Ist die Küste überall dort, wo das Wasser noch salzig ist, oder dort, wo ein Supertanker noch durchkommt? Wie groß muß eine der Küste vorgelagerte Insel sein, bis sie als zum Festland gehörig betrachtet werden kann? Zum Beispiel jene in der Amazonasmündung, oder, für uns jetzt wichtiger, im Gangesdelta? Ein gutes Argument kam von Hol, der sagte, es sollte ein Punkt auf Meereshöhe des Festlandes sein, von dem aus man freie Sicht auf das offene Meer hat.

Wir hofften nun, daß wir durch kleine Änderungen in der Definition unser Ziel noch ein bißchen manipulieren könnten, um es an einem einigermaßen zugänglichen Ort zu plazieren. Es war vielleicht ein wenig wie Mogeln, aber niemand hatte sich je die Mühe gemacht, den Mittelpunkt der Erde zu berechnen, und deshalb lag der Ball bei uns – wir konnten unsere Chancen optimieren. Wir wollten unsere Entscheidung hinausschieben, bis wir praktisch vor dem Punkt standen, und uns erst dann festlegen. Angenommen, unsere Kalkulation hätte den Mittelpunkt der Erde mitten in ein Armeelager hineingesetzt, was dann? Ebenfalls wollten wir einen Punkt finden, der so nahe wie möglich bei Urumqi lag, damit wir ihn innerhalb nützlicher Frist und leicht von dieser Stadt aus erreichen konnten. Wir glaubten, daß wir einen finden konnten, der nur etwa 40 bis 50 Kilometer weit weg war.

Nick zeigte auf den Rechner. »Komm laß uns die Sache angehen!«
»Ein wenig heikel, nicht?«
»Jetzt gibt es kein Zurück mehr.«
»Der letzte Schritt. Wir müssen uns nun festlegen.«

Nachdem wir uns für einen Punkt entschieden haben, würde es kein Zurück mehr geben, wir mußten dann diesen, unseren Punkt finden.

Wir begannen mit den Berechnungen kurz vor Mittag. Ich schaffte den Löwenanteil, weil mir schon in der Schule Mathematik großen Spaß bereitete: Nicht nur die Zahlen selbst, sondern auch Mr. Rothwells Humor, der trockener war als eine Beduinenzunge. Er hat Keswick School verlassen, aber Cranes quälen sich dort immer noch durch die Mathe-Lektionen. Nicht weniger als 21 ununterbrochene Jahrgänge von Kindern der verschiedenen

Schwestern und Brüder, von meiner ältesten Schwester Bar bis zu meiner jüngsten Schwester Emily.

Die Berechnungen vom Tag 50 waren lang und kompliziert. Wir benützten einen Annäherungsprozeß. Zuerst wählten wir die Koordinaten der 3 Punkte, für welche wir den Mittelpunkt der Erde bestimmen wollten. Dann trafen wir eine Annahme für den Mittelpunkt. Die obige Formel wurde dann für alle 3 Punkte angewandt und die 3 Distanzen verglichen. Selbstverständlich waren sie nie gleich, aber sie gaben uns die Basis für eine bessere Annahme beim nächsten Mal. Da Capo. Wenn wir dann nach ein paar solcher Annäherungen einen Punkt gefunden hatten, legten wir ihn auf der Karte fest.

Wir hatten unsere Karte auf den Boden gelegt und verteilten unsere verschiedenen Notizen und Berechnungshilfen – zum Beispiel Biskuits – im Rest des Raumes. Wir würden Stunden eifrigen Tippens auf dem Kalkulator brauchen, bevor wir ein paar Punkte gefunden hatten. Nur einer von uns konnte den Rechner benutzen, der andere mußte träumen. In der Mitte des Nachmittags war Nick selig auf dem Teppich eingeschlafen.

Ich murmelte leise:
»Nick, ich glaube du solltest aufwachen, die Sache ist nicht koscher.«
Nick antwortete schlaftrunken:
»Wassiss?«
»Ich habe eine ganze Reihe von Punkten versucht, aber ich komme nicht näher an Urumqi heran.«

Ich hatte alle möglichen Kombinationen durchgerechnet, aber ich kam einfach nicht näher an Urumqi heran. Alle Mittelpunkte der Erde lagen weit weg in der Mitte oder sogar nördlich der Dsungarei.

»Was?«, meinte Nick. Dann einen Augenblick später: »Verzeihung, was hast du eben gesagt?«
»Es scheint keinen Mittelpunkt der Erde zu geben, der in der Nähe von Urumqi liegt.«
»Was ist denn mit dem los, den wir in London hatten?«
»Der hat nie existiert, er war nur eine Schätzung.«

Augenblicklich war nun Nick voll wach. Soweit ich sicherstellen konnte, hatte die Wahl der weit auseinanderliegenden Küstenpunkte sehr wenig Einfluß auf die schlußendliche Position des Mittelpunktes. Ob ich nun Patenga Point als Ort, wo man freie Sicht auf das Meer hat, oder den 100 Kilometer weiter nördlich im Gangesdelta liegenden Punkt des höchsten Flutstandes des Meeres annahm, der Mittelpunkt der Erde wurde dadurch nur wenig beeinflußt und kam nie auch nur in die Nähe jenes Punktes, den ich in London ausgemacht hatte.

»Verdammt, das wird um einiges härter, als wir angenommen hatten«, meinte Nick.

»Ich fürchte ja.«

Dann, sehr viel leiser, fast unhörbar, fügte er hinzu: »Da schwimmen unsere 50 Tage davon.«

Ich mußte ihm zustimmen. Es war, ganz unabhängig davon, welchen Punkt wir schließlich wählten, mindestens zwei bis drei Tagereisen weit weg. Vielleicht waren wir sogar gezwungen, schweres Material, wie etwa Wasserkanister oder Lebensmittelvorräte, vielleicht sogar Marschschuhe mitzuschleppen. Deprimierende Gedanken! So weit her waren wir gekommen. Immer hatte es so ausgesehen, wie wenn unser 50-Tage-Limit nicht machbar gewesen wäre, dann ganz zuletzt hatten wir es doch noch geschafft, und nun dies. »Wir haben alles verpatzt.«

Es war ein starkes Stück. Statt eines Erfolges brachte uns dieser Tag einen entscheidenden Rückschlag. Es war das Adrenalin, das unser Körper angesichts des nahen Zieles ausgeschüttet hatte, das uns die letzten Kilometer überhaupt noch in Gang hielt. Nun fühlten wir uns plötzlich niedergeschlagen und müde.

Vom Mittelpunkt der Erde wollten wir für heute nichts mehr hören. Wir schlossen einen Pakt, daß wir den unseligen Punkt heute nicht mehr erwähnen und daß wir den Rest des Tages damit verbringen wollten, unseren Körper ein wenig zu verwöhnen, d. h. etwas zu essen. Wir glaubten, daß dies uns gut tun würde. Jemand hatte uns gesagt, daß man im Zentrum bei Boris oder bei Wokkas gut esse. Wir gingen hin und suchten, fanden aber keines von beiden. Das hob unsere Moral nicht gerade. Ein weiterer Schlag war das Restaurant, in dem wir uns schließlich niederließen. Wir bestellten Fisch und dachten er sei frisch, aber es waren nur Konserven. Sie empfahlen uns Bier, wir bestellten, und dann kam die Bedienung zurück und erklärte, daß soeben das Faß leer sei. »Es wird morgen wieder aufgefüllt«, fügte sie noch hoffnungsvoll hinzu.

Im Hotel angekommen, war es dann schon Mitternacht. Wir waren so vom Mittelpunkt der Erde verhext, daß wir noch eine ganze Weile auf die Karte der Dsungarei, ONC F-7, starrten, hoffend, daß in der Geisterstunde irgend eine Lösung aus dem Papier auftauchen würde. Unsere anstehenden Probleme waren so groß, daß wir es fast nicht ertrugen, darüber nachzudenken. Wir waren erschöpft. Dann fielen wir auf unsere Betten und schliefen tief und traumlos einem neuen Tag entgegen.

Am nächsten Morgen erwachten wir erfrischt und geistig fit wie seit vielen Tagen nicht mehr. Da der Druck der 50 Tage nun nicht mehr bestand, nahmen wir ein gemütliches Morgenessen im Hotelrestaurant ein. Es war ein Ort mit hoher Decke, verzierten Säulen, funkelnden Leuchtern und weißen Tischtüchern. Der Service war aufmerksam, und das Essen war ausgezeichnet. Es war ein super Start in den neuen Tag, und wir glaubten, daß wir vielleicht heute die Sache in einem etwas anderen Lichte sehen könnten.

Nick. Tag 51. Kun Lun Hotel.
Heute begannen wir den Tag mit der Kontrolle der wichtigen Berechnungen. Um eine lange Geschichte kurz zu erzählen: Zuletzt blieben uns zwei Gruppen von Mittelpunkten der Erde, die für uns ernsthaft in Frage kamen. Jede Gruppe hatte eine Streuung von etwa 25 Kilometer, was von der Wahl des Ausgangspunktes im Gangesdelta herrührte. Der Unterschied der zwei Gruppen rührte von der Wahl des Punktes in Rußland her. (von der Chinesischen Seite her gab es keine Unsicherheiten, weil Bo Hai Wan eine weite Bai mit weichen, geschlossenen Küstenlinien ist.
Lange studierten wir das Fragment unserer Bangladesh Karte. Schließlich entschieden wir uns, daß als einzige Definition mit Hand und Fuß nur Hols »freie Sicht« in Frage kam. Damit landeten wir bei Femi Point, nördlich von Patenga Point, 25 Kilometer südlich der Stadt Femi, durch die wir vor langer Zeit einmal pedalten. Wir versuchten, Hols Definition auch für die russische Küstenlinie anzuwenden. Es gab zwei mögliche Lösungen: Obskaya Guba oder Baydaratskaya Guba. Das erste war ein langer, schmaler Meeresarm, das zweite, eine offene Bucht. Beide konnten sie unsere Definitionen erfüllen. Welche war besser? Leider hatten wir unsere Karte der russischen Küstenlinie nicht dabei, einesteils, wegen des Gewichts, andernteils weil wir aufrichtig glaubten, daß wir sie nicht mehr brauchen würden. Ich strengte meine grauen Gehirnzellen ein wenig an und schlug vor, mit dem Bus Nummer 1 die Fanxiu Lu hinunterzufahren und uns dort einmal im Laden von Hongshan umzusehen. Tatsächlich fanden wir dann dort auch einen großen Globus. Vor den leicht amüsierten Ladenverkäufern diskutierten wir dann intensiv etwa 15 Minuten lang über die russische Küstenlinie, bevor wir dann von einem Kauf Abstand nahmen (Obschon das Ding für 6 Pfund eine echte Gelegenheit gewesen wäre).
Anhand des Globus schätzten wir, daß Obskaya Guba etwa 400 Kilometer lang und rund 100 Kilometer breit sei. (Bei der Rückkehr nach England entdeckten wir dann die Ungenauigkeit des Globus, war doch Obskaya Guba 800 Kilometer lang und nicht ganz 100 Kilometer breit. War das der Punkt, welchen wir wollten? Es war ein Dilemma, das wir kaum mit 100prozentiger Objektivität beantworten konnten, wußten wir doch bereits, daß einer der errechneten Mittelpunkte der Erde nur schlecht zugänglich war).
Ich löste mich für einen Augenblick von D., um eine geheime Meinungsumfrage bei 4 Amerikanern und einem Schweden zu machen, die gerade im Kun Lun saßen. Zwei stimmten für Obskaya Guba, einer für die internationale Offshore-Grenze, und zwei enthielten sich der Stimme und meinten, daß sie Briten nie verstehen würden. Wir zerbrachen uns

die Köpfe darüber, wie wir dem Problem wohl beikommen könnten. Dann erinnerte ich mich, daß im *Guiness Buch der Rekorde* die einzige geschriebene Stelle, die wir je gesehen hatten, existierte. Keiner von uns konnte sich des genauen Wortlautes erinnern. Es war Mitternacht, als D. die hübsche Empfangsdame endlich dazu gebracht hatte, uns eine Verbindung mit Steve Bonnist zu vermitteln. Um 2 Uhr morgens rief Steve zurück und las uns Wort für Wort vor: ».. 1500 Meilen von der offenen See.« Da hatten wir es. Hol hatte wieder einmal vom ersten Augenblick an recht gehabt, und die Definition mußte lauten: »eine freie Sicht auf die offenen See.« Obskaya Guba war »out«, Baydaratskaya war »in«.

Baydaratskaya Guba/Feni Point/Bo Hai Wan ergab einen Mittelpunkt der Erde mit den Koordinaten 46 Grad 16,8 Minuten Nord, 86 Grad 40,2 Minuten Ost, 2648 Kilometer vom nächsten Meer entfernt. Der Punkt lag nördlich des Dsungarei-Beckens, nordnordwestlich von Urumqi, etwa 300 Kilometer über pistenlose Sandwüste entfernt. Er lag ungefähr 50 Kilometer südwestlich der nächsten, nennenswerten Ortschaft, einem Dorf namens Hoxtolgay. Auf unserer Karte war ein Weg eingezeichnet, der recht nahe am Punkt vorbeiführte. Hoxtolgay lag 500 Wegkilometer von Urumqi entfernt, wobei man die Wüste südlich und westlich umfuhr. Wenn wir Glück hatten, konnten wir es in zwei bis drei Tagen schaffen, und dann noch einen weiteren Tag dranhängen, bis zum Punkt. Wir hatten große Hoffnungen, daß die Straße auf der ganzen Strecke asphaltiert sei, war sie doch die einzige Verbindung von Urumqi zu den Ölfeldern von Karamay, die zu den größten Chinas gehören und sich von der westlichen Flanke der Dsungarei bis hin zur russischen Grenze ziehen. Ohne Zweifel war dies eine politisch hochbrisante Gegend und mit Sicherheit war der Zutritt für alle Ausländer verboten. Wir würden spezielle Ausländer-Genehmigungen brauchen, um uns irgendwo nördlich von Urumqi bewegen zu können, und einmal in der Nähe von Karamay, würden auch diese nutzlos sein. Wir hofften irgendwie, daß die Sicherheitskräfte nur die gewöhnlichen Einreisepunkte unter Kontrolle halten würden und daß zwei winzige, durchsprintende Radfahrer unbemerkt vorbeischlüpfen würden.

Falls wir die Option mit Obskaya Guba gewählt hätten, wäre der Mittelpunkt der Erde, 2497 Kilometer vom nächsten Meer entfernt, auf 45 Grad 34 Minuten Nord, 88 Grad 30 Minuten Ost gefallen. Das war 200 Kilometer Nordnordwest von Urumqi – mitten in der Dsungarei. So ziemlich am weitesten weg von irgend jemandem, wie man überhaupt gelangen kann. Ästhetisch sehr zufriedenstellend, aber sehr, sehr schwer zu erreichen. Gemäß unserer Detailkarte lag der Punkt etwa 100 Kilometer – über ein endloses Meer von Sanddünen – weit weg von der letzten menschlichen

Behausung, sehr wahrscheinlich Nomaden oder Ziegenhirten in der Halbwüste nordwestlich des Altun Shan, nahe der mongolischen Grenze. Wer einmal in die Nähe des Punktes kam – falls er überhaupt soweit vordringen konnte –, hatte keine Anhaltspunkte, außer einer kleinen Senke etwas westlich davon und einem eingetrockneten Salzsee. Etwa eine Stunde lang diskutierten wir darüber, ob wir die Wahrheit etwas biegen und der Welt sagen sollten, daß dies der Punkt sei. Es gab keinen Grund, die Welt über unsere Zweifel und damit über die anderen existierenden Punkte zu orientieren. Statt einer weiteren langweiligen 400-Kilometer-Reise mit dem Fahrrad, hätten wir uns auf eine fantastische Expedition in die Mitte der Wüste zum Mittelpunkt der Erde begeben können.

Als wir die endgültige Entscheidung getroffen hatten, war es früher Abend. Wir kontrollierten und prüften unsere Berechnungen und merkten nicht, wie die kritische Zeit, 16 Uhr, vorüberging. Jener Zeitpunkt, an dem unsere 50 Tage abliefen. Wir waren bereits voll von unserem neuen Vorhaben eingenommen – wir würden unsere Suche beenden oder wir wollten verdammt sein. Das alte Rennen gegen die Zeit war vergessen. Wir gingen hinunter ins Hotelrestaurant, um das Abendessen einzunehmen, das ganz nach unserem Geschmack ausfiel. Die Empfangsdame sagte uns, daß Freitag wäre. Wir hatten das Hotel während des ganzen Tages nur einmal verlassen, um jenen Globus zu sehen und unsere Schokoladenvorräte aufzufüllen.

Wir beendeten Tag 51 mit der Kontrolle, dem Putzen und Polieren unserer Fahrräder. Dann entledigten wir uns aller Ausrüstungsgegenstände, die wir nicht mehr brauchen würden: Sturmmützen, Handschuhe, defekte Kamera, gebrauchte Filme und Tonbänder und auch unsere Schlafsäcke. Am Tag 52 brachte uns unsere Furcht vor der Reise dazu, noch einmal so richtig Kalorien aufzutanken (meine Verdauungsprobleme lagen schon weit zurück). Wir bestellten beide sowohl das englische als auch das chinesische Frühstück: Zwei Spiegeleier, weißer Toast mit Konfitüre, chinesisches Kaffeesurrogat, zwei kleine Kuchen, Reissuppe, Schweinesalami, kaltes Roastbeef, Essigzwiebeln und eingelegter Kohl, der wie eine Mischung aus koreanischem Kimchi und deutschem Sauerkraut schmeckte. Und nochmals zwei kleine Kuchen, um das ganze abzurunden. Um ganz sicher zu gehen, daß wir nicht hungrig vom Tisch mußten, hatten wir auch gleich sechs türkische Fladenbrote und sechs Bananen mitgebracht!

Dieses gemütliche Tafeln war radikal anders als die Bankette, von denen Peter Fleming sprach, als er in *News from Tartary* schrieb: »Die traditionelle Gastfreundschaft der Provinz ist sehr arteigen und ebenso eigenartig.« 1916 und 1928 gab es in Urumqi berühmte Bankette, die in einem Blutbad endeten, beide Male aus politischen Gründen. Urumqi stand, als Hauptstadt von Zentralasien, immer im Brennpunkt von Regierungs- und Militäraktivitäten. Die Stadt wimmelte von Spionen, Informanten und Aktivisten jeder

Art. Die Polizei war bekannt dafür, daß sie den Bewohnern das Leben schwer machte. Mildred Cable und Francesca French bemerkten, daß »keiner seinem Nachbarn traut«, und »Urumqi ist voll von Menschen, die nur da sind, weil sie die Erlaubnis nicht erhalten, die Stadt zu verlassen«. Wir dankten unserem Glücksstern dafür, daß wir verschont geblieben waren und brachen auf, sicher, daß wir nie mehr zurückkehren würden.

Nick. Tag 52. Mittag. Changji
Wir verließen Urumqi am Vormittag. Eine Werkstätte für Laster lieh uns eine Ölkanne. Der Tag wird sicher nicht als einer der glücklichsten in mein Leben eingehen. Es war eine schrecklich vielbefahrene Straße, voller Laster und offener Dolendeckel. Ein ununterbrochener Verkehrsstrom bewegte sich in beide Richtungen; hupend, schwankend, aufs gefährlichste überholend. Es war heiß. Die Luft war schmutzig. Wir hatten Gegenwind. Wir kamen auf eine Autobahn. Es hieß: »Keine Traktoren, keine Handwagen, keine Bulldozer, keine Fußgänger, keine Fahrräder!« Wir benützten sie trotzdem.
Nun sitzen wir hier in diesem Chai-Haus und essen Nudeln und Suppe. Auf jedem Zentimeter der 35 Kilometer zwischen Urumqi und hier dachte ich daran, wie idiotisch ich doch in England war, als ich D. glaubte, daß der Mittelpunkt der Erde nur etwa 10 bis 20 Kilometer außerhalb Urumqi liegen würde. Wie sehr wünschte ich mir nun, daß ich mir die Zeit genommen hätte, alle Berechnungen schon damals zu überprüfen. Wir hätten den Punkt schon damals, vor zwei Monaten, festlegen können. Indem wir bis Urumqi warteten, haben wir uns selbst eine weitere, sehr schwer zu überwindende, mentale Hürde geschaffen. Ich komme einfach nicht darüber hinweg. Vielleicht daß es besser geht, wenn wir einmal Karamay oder Hoxtolgay erreicht haben. Ich bin ganz einfach nicht mehr daran interessiert, weiter in die Pedale zu treten – aber ich tue es trotzdem, denn ich weiß, daß dies der einzige Weg ist, schließlich zum Erfolg zu kommen. Ich bin so sauer!

Der Halt diente nicht so sehr dazu, unsere Energien wieder aufzutanken, als vielmehr, unsere innere Konditionierung, die darin bestand, daß wir nun 50 Tage lang glaubten, in Urumqi sei alles zu Ende, über Bord zu werfen. In Changji luden wir ein neues Programm, das unsere grauen Zellen informierte, daß wir erneut einige harte Fahrradkilometer in China zurücklegen mußten. Erneut brachen wir auf, westwärts, durch die Ausläufer der Dsungarei, auf der großen Hauptstraße. Die Landschaft war interessant, weil sie, soweit das Auge reichte, kultiviert war. Es gab Gegenden mit vielen Bäumen, dann wieder solche mit einem endlosen Flickteppich aus verschiedenen Feldern, wie etwa in Norddeutschland oder Frankreich. Die Felder waren die größten, die wir auf dieser Reise gesehen hatten, sehr wahrscheinlich, weil in Bangladesh, Indien und Nepal, in Tibet und in den Oasen der Gobi und Taklamakan die Felder seit Generationen gepflegt werden, und die Erbfolge die Landschaft zerstückelt hat. Hier am Rande der Dsungarei waren die Kulturen modern, aus dem Boden gestampft, ganz auf Massenproduktion ausgerichtet, kaum eine Generation alt. In der Folge gab es auch viel Verkehr und viele Chai-Häuser. So hatten wir uns die Seidenstraße vorgestellt.

75 Kilometer nach Urumqi hielten wir in Hutubi an und setzten uns in ein Teehaus. Wir mampften Biskuits, tranken Limo, aßen mit unseren eingekürzten Eßstäbchen Früchte aus Dosen. Dann machten wir uns auf die letzten 60 Kilometer nach Manas, wo wir hofften, ein Bett zu finden. Auf eigenartige Art und Weise gelang uns dies auch. Eine Stunde lang war es ein hartes Kämpfen gegen den starken Wind. Wir hielten für einen Augenblick an und sahen dem Dorftreiben zu: Schafe, Hunde, Hühner, Esel, Pferde, Schweine, rufende Männer, ein Schulhof voll Kinder, Vögel in den Bäumen und das Putt-putt der Minitraktoren. Und weiter ging's gegen Westen, als wir von einem 10minütigen Wüstengewitter überrascht wurden, mit Regen, Staub und einem heulenden Sturm. Dankbar krochen wir schließlich unter der schwarzen Wolke hervor und hinein in die Vororte von Manas. Wir passierten ein wunderschönes, neues Gong-An Motorradgespann. Drei Kilometer weiter bemerkten wir leicht amüsiert dasselbe Gespann, in lebhaftem Blau-Weiß gespritzt, wiederum neben uns. Es hatte ein Blaulicht auf einer Säule, und der Fahrer war in eine Khakiuniform gekleidet. Unser Amüsement verwandelte sich dann aber in leichte Besorgnis, als wir sahen, daß die beiden sauber uniformierten Offiziere uns eingehend musterten. Sie hatten ernste, steinerne Gesichter und da sie uns im Abstand von einem Meter in hellem Sonnenlicht betrachteten, müßten sie uns eigentlich ganz klar sehen.

Sie beschleunigten etwas, hielten weiter vorne an und machten uns Zeichen, anzuhalten. Einer der Polizisten war jung und kräftig, der andere verbraucht und klein. Darauf folgte der gleiche Konvoi, wie wir ihn schon in Hami erlebt hatten. Er endete schließlich im Hauptquartier des BÖS von Manas. Der Standard war nicht jener von Hami, eher wie ein sehr untergeordneter, indischer Kolonialposten. Am Eingang hatte es ein Paar Zierpfosten, etwa so gerade, wie der Schiefe Turm zu Pisa. Der Hof, nett anzuschauen, aber total überwachsen, war von einstöckigen Gebäuden mit Verandas umgeben. Wir wurden in ein Zimmer geführt, an dessen Decke eine einzige, nackte Glühbirne hing. Ferner befand sich darin ein Bett, zwei oder drei Stühle und ein Tisch mit einem Teller voll Süßigkeiten.

Es war schwer zu sagen, ob die zwei, die uns verhaftet hatten, die mächtigsten Polizeibeamten der Stadt, oder bloß kleine Fische waren. Sie beachteten unsere in leichtem Ton geführte Unterhaltung überhaupt nicht.

Wir erzählten, wie unschuldig wir seien, woher wir kamen, welch gute Freunde wir in Hami hätten (das wäre vermutlich überhaupt nicht maßgebend gewesen, auch wenn sie es verstanden hätten, denn Hami war 700 Kilometer entfernt auf der anderen Seite der Berge, Golmud und die andern Stationen hätten ebensogut auf dem Mond liegen können. Sie waren fasziniert davon, den Inhalt unserer Taschen auf den Tisch zu kippen. Weil wir in Urumqi noch alles irgendwie entbehrliche zurückgelassen hatten, waren sie praktisch leer. Die Kamera, zwei Buchumschläge und einige Empfehlungsbriefe fanden doch ihre Aufmerksamkeit, ebenso wie eine Liste mit chinesischen Sätzen. Der lustigste war sicher: »Wo bekomme ich meine Reisegenehmigung für Ausländer?«...

Glücklicherweise trug Nick das Tonbandgerät in seiner Brusttasche, und ich stopfte die US ONC F-7 Karte während eines Augenblicks der Verwirrung in meine Unterhosen. Sie schienen nie zu bemerken, daß unterhalb des Tretlagers noch ein zweiter Flaschenhalter montiert war, wo sich die Tonbänder, der Ersatzschlauch und unsere Pillen befanden.

Für ungefähr eine Stunde waren sie mit den Rädern beschäftigt, während der wir Süßigkeiten aßen und viel Tee tranken. Wir dachten, daß sie uns bald wieder gehen ließen, aber nichts geschah. Endlich erschien ein älterer Dorfbewohner in einem verblichenen Mao-Anzug. Wir lächelten. Es war der Schullehrer und er trug zwei riesige Wörterbücher, eines unter jedem Arm. Sie waren voller Eselsohren und sahen so alt aus, daß wir schon befürchteten, es könnte sich um das Englisch Shakespeares' handeln – wir würden dann einen Übersetzer brauchen, der jenes in unser Englisch übersetzen könnte. Der Alte machte sich an die Arbeit. Zuerst entnahm er einem braunen Umschlag seine Brille. Dann vergrub er sich in sein Buch und übersetzte sorgfältig, Wort für Wort, indem er seinen Text mit Hilfe des Wörterbuches rückübersetzte, um so seiner Sache absolut sicher zu sein. Für jedes Wort studierte er mehrere Seiten der Bücher aus einer Distanz, die nicht größer war, als jene zwischen einem gut aufgepumpten Schlauch und dem umgebenden Reifen. Dann schaute er mit einer ruhigen Bewegung seines Kopfes auf und erklärte: »Manas ist geschlossen.«

Das war nicht alles, denn während der nächsten halben Stunde sagte er noch: »Shihezi ist geschlossen. Kelamayi (alter Name für Karamay). Sie dürfen nicht gehen. Manas ist geschlossen. Urumqi ist gut. Turfan ist gut. Keine andern.«

Die Botschaft war klar und unmißverständlich. Die Polizisten ließen ihn dann noch unsere Pässe lesen. Dieser Prozeß dauerte weit über eine Stunde; schon die Entzifferung der Bedeutung von »United Kingdom of Great Britain and Northern Ireland« benötigte etwa eine halbe Stunde. »*Dieu*« und »*Mon Droit*« wurden nicht näher beachtet. Nun erschien ein Vorgesetzter. Er war so alt wie der ältere unserer zwei Häscher und so groß wie der jüngere. Er wollte unsere Namen und Geburtstage schriftlich – auf chinesisch. Da der Alte darauf bestand, die Feder selbst in der Hand zu behalten, ergab sich daraus eine schwierige, aber nicht unüberwindliche Aufgabe. Der Lehrer, Nick und ich bildeten einen Leiberhaufen und in nicht weniger als 20 Minuten produzierten wir ein Stück Papier mit mehreren ungefähren Namen und Vorschlägen, was sie vielleicht auf Chinesisch so bedeuten könnten. Um 22 Uhr 30 war die ganze Prozedur ziemlich lächerlich geworden. Schließlich kamen die BÖS-Leute darauf, daß man vielleicht doch nicht ganz auf der Höhe der neuesten Erlasse und Vorschriften sei, um unseren Fall kompetent behandeln zu können. Der ältere Offizier fragte uns, ob wir gegessen hätten. Wir antworteten mit einem »Wir sind am verhungern!« und machten dann den lustigsten Nacht-Ritt, den wir uns vorstellen konnten.

Nick. Tag 52. Manas. Mitternacht.
Auf dem Gespann. Der Motor stampft exzentrisch, die ganze Maschine schüttelt. Dick sitzt auf dem unglaublich weich gefederten Sozius und hüpft auf und ab. Ich bin tief in den Seitenwagen eingesunken, die Knie am Kinn, und brülle dem Chef der Manas Gong-An, der das Gas bedient, zu: »Schneller, schneller, Marlon!« Dick hat Tränen in den Augen vor Lachen und ohrfeigt sich, um seine Ruhe wiederzuerlangen. Wir rasen dahin, um blinde Kurven, wobei die Scheinwerfer in den unmöglichsten Winkeln in dunkle, kleine Höfe hineinzünden. Der zweite Gong-An Mann sitzt hinter mir auf dem Ersatzrad des Seitenwagens. Hinter uns fliegt eine Staubwolke. Welch unglaublicher Spaß.

Wir aßen unter den Augen der Polizisten, bezahlten für das Essen und wiederholten dann den Spaß mit dem Motorrad. Sie führten uns an einen Ort, den sie »Hotel« nannten. Wir wurden mit einer Taschenlampe aufs Häuschen begleitet und darauf in unser Zimmer. Bevor sie uns verließen, fragten wir noch, wann wir am Morgen aufbrechen könnten. Er schrieb mit seinem Zeigefinger auf seine Handfläche: »Zehn Uhr.« Dann deutete der Offizier auf den Mann, der die ganze Nacht vor unserem Zimmer Wache stehen würde. Unmittelbar bevor er die Zimmertüre schloß, schrieb er nochmals auf seine Hand. Ein einziges, schreckliches Wort, das unser Schicksal besiegelte: »Urumqi.«
»›Zurück, so bald‹, mein Wirt mich fragt« – so begann ein Gedicht meiner Kindheit. Es handelte von einem Mann, der sein Schicksal zu kühn herausforderte, und so allzu früh zu seinem Schöpfer zurückkehrte. Irgendwie hatte ich das Gefühl, daß dies auch für mich zutraf. Wie Versager kehrten wir zurück nach Urumqi, kaum 24 Stunden nachdem wir ausgezogen waren, unsere Reise zu vollenden. Das Manas BÖS steckte uns in einen Gong-An Minibus und dann wurden wir 135 haarsträubende Kilometer zurück nach

Urumqi gefahren. Die Kraft des Motors war jener der Federn weit überlegen, und unsere Räder schlugen gegen unsere Knie, während der Bus sämtlichen Staub und alle Auspuffgase der ganzen Dsungarei Pendi in sich aufsog. Hinter den Gittern sahen wir Merkpunkte wie Changji und andere, die wir einen Tag zuvor mit unseren Rädern durchfahren hatten. Bei unserer Rückkehr in die Stadt wurden wir dem Hauptquartier des Xingjiang Büros für Öffentliche Sicherheit übergeben. Hier brauchte man, anders als in Manas, weder Wörterbuch noch Zeit zum Überlegen. Der Mann, der uns in Empfang nahm, sprach sehr gut Englisch und hatte blitzschnell unsere Pässe und Räder beschlagnahmt. Er setzte uns in ein Taxi, das uns zum Kun Lun bringen sollte und sagte uns noch: »Heute ist Sonntag. Sie müssen morgen vorbeikommen und Ihre Zukunft erfahren.« Wir gaben nicht so schnell klein bei und fragten ihn, warum unser Fall nicht heute behandelt werden könne und wie wir es schaffen würden, all die verlorene Zeit einzuholen. Er fand das überhaupt nicht lustig. »Sie müssen keine Fragen stellen.«

Deshalb buchten wir also, am Tag 53 unserer Reise zum Mittelpunkt der Erde, erneut unser Zimmer 510 im Kun Lun Hotel. Wir fühlten uns, wie wenn wir nach Hause zurückgekehrt wären.

Es gab nichts zu tun, als Tagebuch schreiben, waschen und fernsehen. Am nächsten Tag würden wir erneut beim BÖS vorsprechen und vom Richter das »Urteil« erfahren. Es bestand eine winzige Chance, daß wir mit einem kleinen Lächeln entlassen werden würden und unsere Reise fortsetzen konnten, eher aber glaubten wir daran, daß man uns eins auf die Finger geben würde und unsere Expedition dem Tode geweiht war. Es war frustrierend, daß unsere Reise ganz zuletzt noch abgewürgt werden sollte. Wir hatten solche Angst davor, daß wir uns der Realität kaum stellen konnten. Es gab nichts, was wir tun konnten, um den Gang der Dinge am nächsten Tag zu ändern. Wir konnten uns nicht einmal Sorgen machen über den Fortgang der Expedition, weil alles vom morgigen Urteil abhing. Das Resultat dieser Machtlosigkeit war ein Nachmittag und ein Abend voller Freiheit für uns. Wir konnten uns – für eine Weile wenigstens – entspannen.

Nick. Tag 53. Kun Lun Hotel.
Der Tag ging vorüber, ohne daß etwas Unvorhergesehenes geschah. Das einzig Erwähnenswerte war ein langes Gespräch nach dem Mittagessen mit vier ungewöhnlichen Reisenden, die soeben von Kashgar nach Urumqi geflogen waren, nachdem sie den Kashgar Paß von Pakistan her überquert hatten. Drei waren Briten, Sean Jones, Brian Beresford and Richard Gayer. Ihr Geschäft war die Reiseagentur Reho Travel, die für ihre preisgünstigen Angebote für den Fernen Osten und Australien bekannt ist. Der vierte, Dan, war Kanadier. Sie befanden sich auf einer einzigartigen Rundreise durch Golmud, Lhasa und zurück über den

Süden Tibets, wo sie Volksfeste am Mount Kailash und am Laka Monosavar filmen wollten, nur wenige hundert Kilometer von ihrem Ausgangspunkt entfernt. Sie waren der Meinung – und dies bestätigte gewisse Gerüchte, die wir auch schon gehört hatten –, daß die Grenze zwischen Nepal und China für individuelle Reisende schon anfangs Juni wieder geschlossen worden sei. Falls dies wahr war, dann hatten wir wirklich unglaubliches Glück gehabt, daß wir durch diese kleine Lücke in den chinesischen Vorschriften geschlüpft waren. Sie gaben uns zwei Filme für unseren Fotoapparat und daneben auch Gelegenheit, wieder einmal über Zuhause reden zu können.

Der ganze Tag 53 verfloß mit Nichtstun. Genau gleich wie Tag 54. Wir taten, was wir konnten, aber ganz entgegengesetzt unserer Erwartungen, erreichten wir nichts. Es schien, als wenn wir uns noch eine ganze Weile unter dem Schirm der Obrigkeit bewegen durften. Die Worte von Mildred Cable und Francesca French klangen irgendwie wahr. Wir sorgten uns, ob nicht zu Hause Steve und Co. bereits die Presse über unseren Erfolg, den Mittelpunkt der Erde gefunden zu haben, informiert hatte. Nick verbrachte einige fruchtlose Stunden damit, Steve anzurufen. Schließlich gelang es ihm dann, Rob Walker auf der Penang Farm bei Chiddingford, wo er mit Jeannette und Elaine einige Jahre lang lebte, zu erreichen: »Hör zu Rob, hier spricht Nick, ich bin in China, ich muß schnell sprechen. Bitte telefonier' morgen um 8 Uhr mit Steve Bonnist und sag' ihm, auf keinen Fall die Identität unseres Zieles zu enthüllen. Wir sind verhaftet worden! Die Fahrräder sind konfisziert! Danke.« Nick kehrte zurück: »Das muß, an einem heiligen Sonntag Nachmittag in Surrey, ein überraschender Anruf gewesen sein.«

Dick. Tag 54. Spät am Abend. 22 Uhr. Kun Lun Hotel
Welche Überraschung. Wir sind immer noch da. Einmal mehr brüte ich über der Karte ONC F-7 und studiere, ob wir nicht doch, anstatt nach Hoxtolgay zu radeln, das Ziel ändern und irgendwie zum Salzsee mitten in der Wüste vordringen sollten. Alle Pläne jedoch sind vergebens, solange das Gong-an sich gegen uns verschworen zu haben scheint. Auch heute erhielten wir weder unsere Pässe noch unsere Räder und schon gar nicht eine Entscheidung, was mit uns zu geschehen habe. Die einzigen offenen Städte sind Kashgar, Turfan, Urumqi und Shihezi. Die Straßen dazwischen sind geschlossen, das heißt, daß nicht nur Räder, sondern auch Lastwagen, Busse, etc. verboten sind, wenn man keine Spezialbewilligung hat. Wenn wir darauf hinwiesen, wie weit wir bereits gefahren sind, meinte er: »Ja, Sie haben die Regeln gebrochen.« und wenn wir sagten: »Aber in einigen Städten hat es auch ausländische Radfahrer«, erwiderte er: »Sie sollten meine Fahrradsammlung in meinem Büro sehen!«

Ein Gutes hatte Tag 54. Beim Gong-An empfahl man uns, Unterstützung entweder vom CITS (China International Travel Service – sie organisieren die offiziellen, ausländischen Reisen) oder aber vom Auslandsministerium der Regierung von Xingjiang zu verlangen. Beim ersten erhielten wir keine Unterstützung, aber beim zweiten waren wir insofern erfolgreich, als man uns im Büro des Direktors einen Termin für den folgenden Tag gab. Dies erreichten wir nur mit der großen Hilfe von Giang, der verführerischen Telefonistin des Kun Lun, die sehr gut Englisch sprach und die ein knielanges Kleid aus blaßbrauner, weichfließender Wolle trug. Sie sah nur halb chinesisch aus, wie übrigens auch ihr formenbetonendes Kleid. Giang überredete ihren Freund, einen Taxifahrer, uns in der ganzen Stadt von einer Amtsstelle zur andern zu fahren. Wie ein Wirbelwind stürmte sie in die verstaubten Bürostuben und trieb die Männer zum Handeln. Wir gaben ihr alle Details im Wagen vor jedem neuen Halt und folgten ihr dann, verzaubert von ihrer Figur und den kniehohen Söckchen, um zu hören, wie sie unsere Wünsche vehement auf chinesisch vorbrachte.

Am Tag 55 gingen wir dann also zum Büro des Direktors des Außenministeriums der Autonomen Region von Xinjiang Uygur. Der Verkehr war sehr dicht, und wir standen Ängste aus, daß wir es nicht schaffen würden. Nur um Sekunden zu früh kamen wir an. Einer der rangälteren Beamten, Abdukerim, hörte uns mit großer Sympathie zu und versuchte sein bestes, uns zu helfen. Er überzeugte den Vizedirektor so, daß dieser innerhalb einer Stunde erschien und uns empfing. Herr Zhang Xiao-de sprach Englisch beinahe fließend, und war sowohl freundlich als auch offen unseren Anliegen gegenüber. Überraschenderweise schien er bereits alles über uns zu wissen. Er wußte auch Dinge, die wir Abdukerim nicht erzählt hatten – wir fragten uns, ob er innerhalb einer Stunde vom BÖS die ganze Story erfahren hatte: Falls dem so war, so war die Leistungsfähigkeit der chinesischen Behörden wahrlich erstaunlich. Er erklärte mir, daß es Ausländern nicht gestattet war, irgendwo außerhalb der der vier offenen Städten zu reisen. Die Ausnahme war, wenn dies auf offizielle Anordnung der Regierung geschah – üblicherweise für Öl- und Erz-Spezialisten. Wir schilderten ihm unsere Reise, die Entbehrungen, die wir auf uns genommen hatten, die Hilfe, die Intermediate Technologies in der Dritten Welt leistet, welchen Spaß wir in unseren früheren Expeditionen gehabt hätten, und erzählten ihm auch von unserem Ziel, dem Mittelpunkt der Erde. Damit breiteten wir eine Karte vor ihm aus, die wir in einem Laden hier in Urumqi gekauft hatten, und auf der der Punkt mit einem großen X gekennzeichnet war. »Das ist ja alles sehr schön und gut«, meinte er, »aber Sie hatten Glück, daß Sie so weit gekommen sind. Sie haben die Vorschriften in Xinjiang gebrochen. Etwas wird geschehen.«

Darauf gingen wir zurück zum Gong-An, um unser Schicksal zu erfahren und zu sehen, ob wir unsere Räder und Pässe zurückerhalten würden. Die

Antwort schien klar zu sein. »Keine Chance! Zuerst müssen Sie mit Herrn Soundso vom CITS sprechen.« Folgsam eilten wir zum CITS. Eine weitere ermüdende und teure Reise quer durch die Stadt – unser Geld schmolz wie Schnee an der Sonne durch unser Nichtstun in Urumqi. Der Mann war leider nicht zu sprechen, und so vereinbarten wir einen Termin für den nächsten Tag.

Einmal mehr waren wir zum Müßiggang verurteilt. Wir gingen auf kulinarische Entdeckungsreise. Rund um die Regierungsgebäude und die Büros der CITS befinden sich die älteren Stadtteile, wo die Gebäude nicht so hoch und viel mehr ineinandergeschachtelt sind als in den moderneren und vornehmeren Quartieren mit ihren breiten, baumgesäumten Straßen. In den alten Stadtteilen waren auch die Uyguren in der Überzahl, die Straßen sind viel enger, belebter und anziehender. Es gibt Moscheen, Kebab-Stände und Märkte. Die meisten Straßenverkäufer von Früchten, Eiscreme oder billigem Schmuck sind Frauen. Mit ihren Kopftüchern und weiten Röcken könnten sie einem Bild des Englands der 40er Jahre entstiegen sein. Im allgemeinen waren es stämmige Frauen mit derben roten Gesichtern und gemütlichem Lächeln. Ein ziemlicher Kontrast zur modernen City, wo die Han-Chinesen zahlreicher sind, wo auch ältere Frauen unbedeckten Hauptes gehen und Hosen tragen, wo es schwieriger scheint, Waren auf der Straße zu verkaufen, obschon die Mädchen, die oft im Büro arbeiten, modische Kleider und Röcke tragen. Die ganze Stadt wird sauber gewischt; Dreck und Abfälle gibt es nicht. Hunde sieht man nirgends. Nur das unstete Wetter verdirbt die schöne Illusion, denn es wechselt innerhalb einer Stunde von Sonne zu Wolken und Regen, oder von ruhig und kühl zu Staubsturm. Im Winter ist es extrem kalt, im Sommer ebenso heiß.

Nick. Tag 55. In der Stadt. Nachmittag.
Ich hatte es mir in den Kopf gesetzt, als Lösung für mein schreckliches Nichtstun, etwas zum Lesen zu finden. Als wir in der Altstadt herumspazierten, sahen wir einige Stände, wo man Zeitschriften mieten konnte. Es waren Stände mit schrägem Tisch und drei bis vier Reihen von wohlgebrauchten, eselsohrigen Magazinen unter einer losen Plastikdecke. Teenager und Männer saßen auf winzigen Schemeln und waren in ihre Literatur vertieft. Dieser Anblick verschärfte meinen Hunger nach geschriebenen Worten nur noch. Da wir aber nicht chinesisch lesen konnten, fragten wir nach der Handlung für englische Bücher. Nach vielem Gehen und einigen Irrwegen fanden wir sie schließlich. Es gab eine sehr begrenzte Anzahl von gekürzten Werken in Taschenbuchausgabe, wie zum Beispiel *Gullivers Reisen, Die Geschichte zweier Städte* und einige andere, die speziell dazu da waren, chinesischen Lesern Englisch lernen zu helfen. Alle langen Wörter waren herausgestrichen.

Auf einem anderen Gestell standen gebundene Ausgaben von Marx, Lenin und Engels: *Revolution und Gegenrevolution, Das Kapital, Was können wir tun?* und andere.

In unser Zimmer zurückgekehrt, versuchten wir, eine Übersicht über die ganze Situation zu erlangen; entweder versuchten wir weiter, unsere Reise zum Mittelpunkt der Erde legal zu einem erfolgreichen Ende zu bringen, trotz des Risikos, daß es eben auf diese Weise nicht möglich wäre – wir könnten sogar des Landes verwiesen werden – oder wir versuchten, uns irgendwie wegzuschleichen und im geheimen den Mittelpunkt der Erde zu erreichen. Beide Koordinaten des Punktes waren nun wieder ernsthaft im Gespräch; wir begannen sogar, die nötigen Lebensmittelmengen und Wasservorräte zu berechnen, und zu überlegen, welche Kleider wir am besten für einen 200-Kilometer-Wüstentrip tragen sollten. Gesunder Menschenverstand obsiegte schließlich – wenn wir das Unternehmen illegal abwickeln wollten, und wir wurden dabei erwischt, dann hieße dies, daß wir ohne weitere Formalitäten zum Land hinausgeworfen werden würden, und nie mehr zurückkehren konnten.

Am Tag 56 begannen wir langsam Fortschritte zu machen. Um 8 Uhr, in Urumqi hatte gerade die Dämmerung begonnen, und sicher war dies nicht eine Stunde, wo die Leute normalerweise arbeiteten, erhielten wir einen Anruf von Abdukerim. Er sagte uns, daß Herr Zhang bei verschiedenen Stellen gewisse Fragen gestellt hätte, und daß er für uns die Bewilligung erhalten hätte, mit einer Eskorte bis nach Karamay zu fahren, wo wir versuchen könnten, das lokale BÖS um eine Genehmigung für die Weiterfahrt nach Hoxtolgay zu bitten. Wir sahen uns schon auf einem Zweitageritt mit einem Gong-An-Gespann neben uns. Es gab Schlimmeres. Er sagte uns noch, daß er nicht wisse, wie unsere Chancen in Karamay stünden – er habe noch von keinem Ausländer außer Ölspezialisten gehört, daß sie bis nach Karamay gekommen seien, und ganz sicher sei noch nie jemand weiter nördlich gefahren. Falls wir wirklich die Bewilligung erhielten, und wir bis zum Ende der Straße in Hoxtolgay kämen, dann wäre das die Endstation. Er meinte: »Sicher wird dies aber gut genug für Sie sein.« Nick und ich, wir wußten beide in unserem Innersten, daß wir, wenn wir nur bis auf 50 Kilometer, ja auch nur bis auf einen einzigen Kilometer an den Punkt herankommen würden, ohne ihn wirklich zu erreichen, gerade so gut hätten 50 Tage lang Ferien in Bangladesh verbringen können. Bettler können jedoch nicht wählerisch sein. Im Verhältnis zu allen unseren anderen Möglichkeiten, war dies ein unglaublich gutes Angebot, und wir waren bereit, uns an jeden Strohhalm zu klammern. So sagten wir denn laut: »Oh ja, bitte!« Wir hofften, daß wir einen Dreh finden würden, alles zu unserer Zufriedenheit zu vollenden.

Zuerst gingen wir nun zum CITS. Wir waren überrascht, daß wir von unserem beredten Gong-An-Freund empfangen wurden, der uns seinerzeit unsere Räder weggenommen hatte. Er führte uns zum Mann, den wir treffen mußten und der in Tat und Wahrheit sein Chef war. Amüsanterweise war dies einer jener pokergesichtigen Herren, die vor ein paar Tagen von unserem attraktiven Wirbelwind Giang in die Mangel genommen wurden. Zu unserem größten Vergnügen gab er uns die Räder symbolisch zurück – tatsächlich befanden sie sich auf der andern Seite der Stadt im BÖS-Hauptquartier. Während dieser Amtshandlung erleichterte er uns ebenfalls um 200 Yuan (etwa 40 Pfund) Buße. Er gab uns eine Quittung, auf der stand, daß wir bestraft wurden »für 1000 Kilometer radfahren durch die Wüste Gobi«. Die Buße war genügend hoch, um im Gong-an-Standard zu meinen: »Diesmal lassen wir euch springen, aber nächstes Mal werdet ihr eingepackt.« Ganz kurz, etwa 35 Sekunden lang, bekamen wir dann unsere Pässe zurück. In der gleichen Sekunde, in der wir unsere Geständnisse unterschrieben hatten, nahm er sie uns aber wieder weg. Bevor er uns mit einer Handbewegung entließ, gab er uns noch ein Dokument, von dem er sagte, daß das Außenministerium ihn darum gebeten habe. Es schien, daß auch er über alle unsere Wünsche im Bild war – es war eine Ausländerbewilligung für eine Reise nach Karamay, mit unseren Namen darauf. Die Polizeieskorte würde in 3 Tagen bereit sein. Wir lächelten dankbar und verließen das Büro.

Ich sagte:
»Wirklich eine Schande, daß wir nicht früher fahren können.«
»Sicher, sehr schade; aber verglichen mit unserer Situation vor ein paar Tagen, doch ein Riesenschritt in der richtigen Richtung.«
»Wahr, sehr wahr«, sinnierte ich, »aber der Gedanke an 2 Tage Fahrt neben dem Gong-An-Gespann finde ich nicht gerade erhebend.«
»Vielleicht lassen sie uns einen Bus bis Manas nehmen, und von dort aus weiterfahren. So wäre unsere lückenlose Radfahrt gesichert.«

Optimistisch gingen wir ins Außenministerium. Unglücklicherweise schien sich ein neues Problem ergeben zu haben. Herr Zhang begrüßte uns. Er schüttelte uns die Hand, aber war sehr ernst, wie wenn gute Freunde sein Vertrauen mißbraucht hätten. Er sagte: »Heute Morgen habe ich ihren sogenannten Mittelpunkt von Asien studiert und gefunden, daß es nicht der Mittelpunkt von Asien ist. Was ist los? Warum wollt ihr wirklich dorthin gehen?«

Furcht wallte in uns auf. Was war geschehen? Waren unsere Chancen plötzlich zunichte? Glaubte man, wir seien Spione?

Er ging hinüber zur Karte, nahm einen Maßstab aus seiner Tasche und begann, Distanzen zu messen. Unsere Befürchtungen waren weggeblasen. Er brauchte eine Karte die in Mercator-Projektion, die, wie man weiß, das Bild der Kontinente verzerrt. Wir dachten, daß wir ein bißchen Spaß haben würden und erklärten ihm die Navigationstechnik. Beinahe sofort wurde er noch abweisender, lief im Nacken rot an und befahl uns, aufzuhören. Einer seiner Angestellten wurde in aller Eile fortgeschickt. Zhang ging in der Zwischenzeit im Büro auf und ab, während wir schwitzten und nicht wußten, ob man uns erschießen oder anlächeln würde. Ein paar Minuten später kam der Bote mit einem andern jungen Mann wieder zurück. Herr Zhang befahl mir, mit meinen Erklärungen weiterzufahren. Der junge Mann, sehr wahrscheinlich ein Zahlenexperte, kritzelte wie verrückt, und nahm die Großkreistheorie und die iterative Geometrie in sich auf, wie wenn es die geheime Formel für die Seidenfabrikation gewesen wäre. Als der Spaß vorüber war, wurden wir einen Augenblick uns selbst überlassen. Dann kam eine Botschaft, daß wir jemanden treffen sollten. Wir wurden in Zhangs Büro geleitet, der uns dann Lee Deng Ying, dem Direktor vorstellte. Er begrüßte uns jovial und wünschte uns viel Glück. Wir sahen weder ihn noch Herrn Zhang wieder. Sie hatten ihren Part gespielt.

So wie die Dinge lagen, hatten sie sich entschieden zu unseren Gunsten gewandt. Wir gingen zum Gong-an-Hauptquartier, um unsere Fahrräder abzuholen, bevor sie sich anders besannen. Sie schalten uns noch ein wenig und drohten: »Laßt euch nie mehr erwischen.« Schnell pedalten wir ins Kun Lun, wagten es nicht, anzuhalten, oder auch nur einen Polizisten anzusehen. Es war nicht leicht für uns, in der Menge zu verschwinden, denn zusätzlich zu unseren schreienden Kombis und dem blonden Haar, waren wir nun gezeichnet, wie Nick bemerkte. Als wir so fuhren, standen plötzlich die Bilder unserer langen Reise durch die asiatischen Wüsten plastisch vor uns, wie ein schrecklicher Alptraum. In unserem Zimmer brüteten wir über unsere neuen Aussichten: Drei lange, freie Tage, eine 300 bis 400 Kilometer lange Reise unter Polizeieskorte, mehr BÖS-Formularkrieg in Karamay, und dann, das Ziel praktisch vor Augen, umkehren müssen, ohne es zu erreichen. Die Zeit verfloß. Es mußte etwas geschehen. Das Telefon läutete. Es war Abdukerim: Ob wir bereit seien, am nächsten Morgen bei Tagesanbruch zu fahren. Wir sagten JA!

13. KAPITEL

Im Mittelpunkt der Erde

Um 8 Uhr des Tages 57 brachen wir einmal mehr auf, den Mittelpunkt der Erde zu erobern. Diesmal nicht auf Rädern, sondern im Hotellift. In der Eingangshalle wartete man auf uns: Chang Le, unsere Eskorte. Er sagte, er sein vom CITS, aber auf seiner Safari-Jacke war eine ominöse, kleine Ettikette aufgenäht: Gong-An. Er würde unser permanenter Wächter sein. Wir lösten die Räder von den Rahmen und schoben alles zusammen in den Kofferraum eines Taxis. Dann fuhren wir zum Flughafen.

Abdukerim hatte uns schon am Vorabend mitgeteilt, daß wir am nächsten Tag per Flugzeug abreisen würden. Er hatte bereits drei Sitze nach Karamay gebucht. Wir erschraken. Die Bedeutung dieser Mitteilung war enorm. Erstens hieß es, daß das Außenministerium uns so viel wie möglich zu helfen versuchte. Zweitens würde unsere ununterbrochene Radfahrt zum Punkt unterbrochen sein. Das würde selbstverständlich die Reinheit des Abenteuers in Mitleidenschaft ziehen. Zwar hatten wir Taxis in Kathmandu und Lhasa benützt, und ich fuhr auf einem Lastwagen in der Taklamakan, aber immer starteten wir wieder mit den Rädern dort, wo wir aufgehört hatten. Nur wenn wir später nach Urumqi zurückkehrten und mit unseren Passierscheinen versehen mit den Rädern auch noch die letzte Lücke schließen würden, hätten wir die Fahrt bis zum Punkt ununterbrochen zurückgelegt. Sonst würde eine Lücke bleiben.

Infolge der Unsicherheit, wie noch alles herauskommen würde, wollten wir aber die Expedition so schnell wie möglich zu einem Ende bringen. Und wenn wir dazu fliegen, autofahren, helikoptern mußten, oder wenn man uns auf Pferd, Esel oder Kamel gesetzt hätte, ja selbst wenn wir hätten gehen müssen – wir hätten es getan. Für uns war das Ziel wichtiger als die Art und Weise, wie wir es erreichen konnten. So dachten wir übrigens schon vor Beginn unserer Expedition, als wir noch in London waren.

Übersicht über die Expedition. London. 18. März.
Wichtig ist, und das ist eigentlich unüblich für eine moderne Expedition, daß das Ziel, den Mittelpunkt der Erde zu erreichen, wichtiger ist, als die Route, die man dazu wählt. Die Reise zum Punkt ist das bloße Mittel, den Punkt zu erreichen. Wenn wir beim Radfahren scheitern, dann können wir jede Art von Transportmittel benützen, die uns zur Verfügung steht. Wir wollen uns einreihen in die Zeit der ganz großen

Expeditionen, wo Columbus Amerika entdeckte, Lord Hunt einen Mann auf den Everest brachte und die Amerikaner den Fuß auf den Mond setzten; es spielt keine Rolle, wie man dorthin gelangt, Ankommen ist der Erfolg.

Weil nun also der Mittelpunkt der Erde unser einziges Ziel war, so waren Nick und ich erstens absolut fest entschlossen, dorthin zu gelangen, und zweitens, daß die Expedition zahlreiche alternative Transportmittel vorsehen konnte, sollten wir mit dem radeln nicht ans Ziel kommen. Es gab eine ganze Anzahl verschiedener Routen zu unserem Ziel. Wären wir zum Beispiel beim Überqueren der nepalesisch-chinesischen Grenze in Schwierigkeiten geraten, hatten wir ernsthaft in Erwägung gezogen, einige tausend Extrakilometer durch Nordindien zu fahren und China via den Karakoram Highway über Pakistan zu erreichen. Falls dies nicht gegangen wäre, hätten wir nach Hongkong und von da aus nach Lhasa oder Beijing fliegen können, oder wir hätten versucht, von Bo Hai Wan aus zu fahren. Falls es zum Schlimmsten hätte kommen sollen, hätten wir immer noch direkt nach Urumqi fliegen können. Einmal in Urumqi, so dachten wir, seien die Probleme vorüber. Wie sich jetzt herausstellte, war Urumqi mehr als eine harte Nuß zu knacken. Zwar ging es jetzt ein bißchen weiter, aber noch war kein Ende in Sicht.

Nick. Tag 57. Flug über die Dsungarei Pendi.
Obschon dieser Flug eine nette Abwechslung in dieser Woche voller Müßiggang ist, für mich ist es eine eher verdrießliche Angelegenheit, denn mir fehlt der Glaube, daß er uns ans Ziel bringen wird. Die Regierung wird uns kaum weiter als bis Karamay ziehen lassen. Fünf Tage verrannen nutzlos in Urumqi, und mit diesen auch das Tempo, das diese Expedition uns sonst immer aufdiktierte. Indem ich auf die Wüste hinabschaue, überlege ich mir, wie es sein wird, wenn wir in ein paar Tagen versuchen werden, in geheimer Mission zum Mittelpunkt der Erde vorzustoßen.
Trotz all den schweren Gedanken, die ich in meinem Kopf herumwälze, ist der Flug über die Wüste doch ein faszinierendes Erlebnis. Wir fliegen in einer Höhe von etwa 1500 Meter. Zuerst über die bewässerten Grenzgebiete zur Wüste, ein Flickenteppich gigantischen Ausmaßes, die diese Landwirtschaftskollektive bilden. Alle Bewässerungskanäle verlaufen in geraden, rechteckigen Mustern. Alle paar Kilometer unterbricht ein breiter, ausgetrockneter Flußlauf die Felder mit seinem Sandbett, daß nördlich in Richtung Dsungarei verläuft. Die Dörfer bestehen aus 20 bis 30 winzigen, rechteckigen Häusern auf einem rechteckigen Netz, untereinander verbunden durch gerade Straßen. Kleine Fußpfade führen über das Land. Unser nordwestlicher Kurs

führt uns geradezu über Changji. Ich kann tief unter mir die die kleinen Häuschen ebenso ausmachen, wie die Kurven in der Straße. Ich bin sicher, ich sehe das Chai-Haus, wo wir Halt machten. Es ist eigenartig, so hoch über jener Route zu fliegen, auf der wir sechs Tage vorher so fanatisch pedalten, unsere Abenteuer erlebten und auf der wir dann in einem Gong-An Bus wieder nach Urumqi zurückfuhren.

Alle andern an Bord sahen aus wie Geschäftsleute. Fruchtsäfte und Tüten mit Süßigkeiten wurden herumgereicht. Jeder erhielt auch eine kleine Gabe. Ich erhielt einen Kamm mit Spiegel – war dies ein sanfter Wink mit dem Zaunpfahl? Zum winzigen Fenster hinaus konnten wir den Flügel über unseren Köpfen sehen und ein Rad unter uns, immer dort, wie bereit für eine Notlandung. Wir flogen nordwärts vom Gürtel bewässerten Landes über die Sanddünen. Wir sahen vom Rande der Felder aus Radspuren in die Grenzgebiete der Wüste führen, dann verschwanden auch sie. Die Dünen waren wie ein Meer großer, erstarrter Wogen. Es war unmöglich, ihre Mächtigkeit zu schätzen, vielleicht bis 20 Meter hoch. Isoliert standen einige karge Büsche und ausgetrocknete, ebene Schlammflächen.

Nick, Tag 57. Karamay.
Steil tauchen wir zur Wüste hinunter, und damit auch nach Karamay. Wir überflogen ein paar Bohrtürme mit einer Anzahl von beweglichen Baracken, umgeben von einem Spinngewebe von Radspuren im Sand. Durch das Cockpitfenster sieht Karamay wie eine große Stadt aus: weitausgebreitet und modern, mit praktisch keinem Grün; im Westen durch eine Reihe von trockenen, nackten Hügeln abgeriegelt: der westliche Rand der Dsungarei und die russische Grenze. Karamay sieht aus wie ein Gebiet von Ölverwaltungsbüros mitten in einem sehr viel größeren Gebiet von Öllagern, Raffinerien und Bohrstätten. Agrikultur hat hier nichts zu suchen.

Die Räder quietschten, als wir die Landepiste berührten. Die Türe wurde geöffnet, und als wir ins helle Sonnenlicht hinaus traten, prallten wir in eine wahre Hitzemauer. Die Luft war so trocken, daß bereits beim ersten Atemzug die Zunge am Gaumen zu kleben begann. Chang Le, Nick und ich spazierten über den Beton zum kleinen Flughafengebäude. Herr Zhang und Abdukerim in Urumqi hatten offenbar dafür gesorgt, daß wir in allen Ehren empfangen wurden: Zwei offizielle Regierungsbeamte erwarteten uns bereits. Sie kannten unsere Namen und unsere Geschichte; glücklicherweise waren sie sich auch bewußt, wie stark unser Verlangen war, nach diesem geheimnisvollen Mittelpunkt der Erde zu gelangen. Chang Le sah ein bißchen wie der Bürolehrling aus, mit seinen Pausebacken und den schlecht sitzenden Hosen, als er unsere Pässe dem rangälteren Mann, Herrn Qiu Zifan überreichte, der uns zu einem Bus geleitete.

Nick. Tag 57. Karamay.
Wir wurden zu einem – für chinesische Begriffe – sehr vornehmen Hotel geführt. Zwei Luxuszimmer, 114 und 115 erwarteten uns bereits. Am Empfang sprach man perfektes Englisch. Ich ging in mein Zimmer, wusch Hände und Gesicht, machte mir einen Krug voll Tee und trug dann meine gelbe Deckeltasse in die Empfangshalle, wo ich sah und hörte, daß Dick mit Nachdruck auf Herrn Qiu einredete. Karten waren ausgebreitet. Qiu nickte, unfähig, auch nur ein Wort in Dicks Monolog hineinzuwerfen: »Wir gehen zu diesem Punkt, sehen Sie, nach Hoxtolgay... hier, von hier kommen wir... von Bangladesh, Indien, Nepal, Tibet... 5000 Kilometer... nun sind wir beinahe am Ziel...« Es war eine bekannte Geschichte. Chang Le stand herum, offenbar war ihm nicht ganz wohl in seiner Haut. Qius Antwort: »Es ist ein sehr langer Weg nach Hoxtolgay, 200 Kilometer, und dann nochmals 100 Kilometer nach hier«, dabei zeigte er mit dem Finger auf unser X, das den Mittelpunkt der Erde markierte. Ich traute meinen Ohren nicht, ich glaubte es einfach nicht. Nicht nur war Qiu weit entfernt davon, »Nein, kommt nicht in Frage« zu sagen, nein, hier wurde offenbar bereits über Details geredet. D. nahm den Faden auf, um Qiu noch mehr zu zerstreuen. »Wieviel würde es kosten, wenn man einen Wagen bis nach Hoxtolgay mieten würde.« Qiu verschwand und kam nach 15 Minuten zurück mit der Antwort: »320 Yuan.« D. sagte, daß wenn wir nahe dem Punkt seien, daß wir gerne unsere Räder nehmen und die letzten paar Kilometer radeln würden. Qiu war soweit, daß er dagegen nichts einzuwenden hatte. Ich fiel beinahe vom Stuhl vor nervöser Erregung. Was man hier besprach, war nicht mehr, wie nahe wir dem Mittelpunkt der Erde kommen konnten, sondern wie! Qiu sagte, daß er jetzt die nötigen Papiere besorgen wollte. Chang Le folgte ihm.

Zum Mittagessen waren noch andere Gäste zugegen, eingeschlossen zwei Franzosen. Wir riefen zwar fröhlich: »Hallo, bonjour, ça va?«, zogen es aber vor, allein zu sitzen, weil wir verschiedene Dinge auf dem Herzen hatten. Der Mittelpunkt der Erde war zwar näher gerückt, aber es schien, daß wir ihn nur per Wagen erreichen konnten. Das würde in unseren Augen das bisher Erreichte, nämlich die Radfahrt vom Meer her, weiterhin schmälern. Unsere erste Priorität war jedoch, den Punkt mit welchem Mittel auch immer zu erreichen. Erst danach würden wir uns Sorgen machen über symbolische Radfahrten etc. Wir debattierten über die Wichtigkeit der Lücke dieser paar Kilometer und entschieden, daß es keine Rolle spielen würde, wenn wir sie nicht mehr radeln könnten. Was denn, wenn wir Chang und den Fahrer den ganzen Weg neben uns hätten – ja sogar im Punkt selbst? Sie wären ja dann mit uns auch die Ersten. Auch hier waren wir uns einig: es spielte keine Rolle. Das einzig Wichtige war, daß wir zum Mittelpunkt der Erde gelangen würden.

Am Nachmittag schliefen wir eine Weile und gingen dann auf einen kleinen Spaziergang ins Zentrum der Stadt. Es war eine reichere Stadt als Urumqi, mit besserer Schokolade. Zurück im Hotel sagte uns Chang Le, während er wieder einmal eine Zigarette anzündete, daß er für morgen ein Taxi gebucht hätte, das, zu unserem Entsetzen, 200 Pfund kosten würde. Lächelnd zeigte er uns den Passierschein mit der absolut unüblichen Bestimmung Hoxtolgay. Das hieß, daß wir bis auf 50 km zum Punkt hingelangen würden – offiziell! Wir fühlten uns erleichtert. Unser Ziel rückte näher, noch aber waren wir nicht dort.

Tag 58 brach an. Um 8 Uhr brachen wir einmal mehr auf, in unserer Suche nach dem Mittelpunkt der Erde. Diesmal nicht auf unseren Fahrrädern, sondern in einem neuen, funkelnden Mitsubishi Kombi. Vor uns lagen 200 Kilometer Straße nach Hoxtolgay. Unsere Räder schepperten im Laderaum. Neben uns döste Chang Le vor sich hin, müde von der Party gestern abend. Nach Hoxtolgay waren wir nicht sicher, was geschehen würde. Hinter uns, noch vor dem Flug von Urumqi nach Karamay, vor unserer Verhaftung in Manas, lagen 5000 Kilometer Radfahren über den Himalaja, das tibetanische Hochland und durch die Gobi. Das war ein leichtgewichtiges, billiges und sehr hartes Abenteuer gewesen. Das war gestern. Heute war daraus eine offiziell unterstützte, teure Luxusexpedition geworden. Das Ende war jedoch schon bald in Sicht. Wir schrieben Tag 58, unsere ursprüngliche Marschtabelle war um Meilen überschritten. Was immer auch in unseren Köpfen an Plänen geherrscht hatte, als wir am Tag 49 in Urumqi eintrafen, alle wurden wieder und wieder geändert. In der normalen Welt außerhalb unserer Expedition schrieb man den 26. Juni 1986. Durch reinen Zufall, war dies auch der Tag, an welchem meine Expedition »Rennen durch den Himalaja« vor genau drei Jahren geendet hatte.

Den ersten kleinen Zwischenfall hatten wir noch bevor wir überhaupt Karamay verlassen hatten. Der dumme Kerl von einem Fahrer meinte, er habe keinen Treibstoff mehr, und so mußten wir eine halbe Stunde auf die Öffnung der Tankstelle warten. Dann endlich ging's weiter. Der Fahrer schien es in keiner Weise eilig zu haben. Er kreuzte mit sehr moderatem Tempo auf der harten Straße, und vermied es sorgfältig, in irgendwelche Löcher zu fahren, kurz er tat alles, um seinen wertvollen Besitz vor Abnützung zu bewahren. Die ersten 50 Kilometer nach Karamay ging es durch einen ganzen Wald von Industriewahrzeichen: Starkstromleitungen, Telegrafenleitungen, Bohrtürme und »Nickende Esel« (Übernahme für die riesigen Ölförderpumpen, die ganz Texas bedecken). Plötzlich kamen wir zu einer einsamen Siedlung von 4stöckigen Mietshäusern mitten in der Halbwüste und dann nichts mehr als bloße Wildnis. Es gab Gebiete mit Baumgruppen und Grünflächen wie die afrikanische Savanne, dann wieder Felsblöcke, die von Wind und Sand zu fantastischen Skulpturen geformt worden waren, wie Schlösser, Burgen und Kriegsschiffe. Eine der düstersten Ecken, wo der Wind um die Felstürme heult, heißt ziemlich einfallslos »Geisterstadt«.

Um 13 Uhr, nach 140 Kilometer niedriger, bloßer Hügel, dazwischen Halbwüste und einigen langweiligen Oasen, erreichten wir Hoxtolgay. Seine wenigen Häuser und Baumgruppen lagen neben einem ausgetrockneten Flußbett in einem flachen, offenen Tal. Die Hauptstraße führte ins Dorf hinunter, dann durch den Staub auf der anderen Seite wieder hinaus und über die Hügel, ohne den geringsten Schwenker. Ein paar Wege zweigten auf beiden Seiten der Straße ab. Eine etwas bessere Naturstraße zeigte nach Nordwesten und führte in Richtung der sowjetischen Grenze. Unser Ziel lag südwestlich, etwa 60 Kilometer weit weg. Auf der US-Karte gab es einen Namen, Hsia-tzu-chie, etwa 30 Kilometer von hier. Eine feine Linie war durch die nördliche Dsungarei gezeichnet. Falls wir nach Hsia-tzu-chie gelangen und diese Piste finden konnten, so könnten wir die Distanz, die wir in der offenen Wüste zurückzulegen hatten, halbieren. Allerdings bestand die Möglichkeit, daß die Piste ziemlich unansehnlich war, gab es doch auf eine Distanz von 160 Kilometer, bis zu einem Ort namens Ting-Shan, keine Ortschaft. Chang Le war freundlich genug, den Fahrer zu veranlassen, die Route nach Hsia-tzu-chieh zu finden. Es gab ein paar Männer die um ein Gebäude an der Ecke herumstanden. Ohne sichtbare Gemütsregung zeigten sie auf etwas, das wie eine Tanksperre am Ende des Dorfes aussah. Niemand schien sich irgendwie aufzuregen darüber, daß sie sich an **der** Bushaltestelle der Erde befanden, die ihrem Mittelpunkt am nächsten lag.

Hinter den Betonblöcken ging die Straße weiter, jedoch vorerst ziemlich holprig. Auf seiner weichen Straßenfederung sprang der Bus auf der Straße herum, daß einem schlecht davon werden konnte. Der Fahrer wurde sehr still und war aufs äußerste angespannt. Seine Existenz hing davon ab, daß er dieses Fahrzeug für eine möglichst lange Zeit in möglichst gutem Zustand erhalten konnte. Fünf Kilometer nach dem Dorf führte die Piste dann etwas vom Bachbett weg, das verantwortlich für die Holprigkeit der Straße gewesen war. Flache Ebene erstreckte sich nun vor uns, mit nur ganz unwesentlichen Unregelmäßigkeiten. Klimatologisch ist dieses Gebiet absolut unfruchtbar, aber künstliche Bewässerung machte es möglich, daß hie und da kleinere Felder kultiviert werden konnten. Sie waren nicht so fett und reich, wie viele, die wir in den Oasen gesehen hatten, sondern trocken, nach Wasser dürstend, hungrig nach Nährstoffen. Es gab nur wenige Bäume, außer jenen, die als Windschutz dienten neben der Straße, die nun zu einer recht gut ausgebauten, etwas überhöhten Naturstraße geworden war. Der

Fahrer fuhr äußerst vorsichtig, wie wenn er fürchtete, daß der nächste Flecken auf der Straße Treibsand sein könnte, der ihn samt seinem Vehikel verschlingen würde. Meist war die Straße schnurgerade, mit kleinen Weilern von ein- oder zweiräumigen Bauernhütten links und rechts. Nick und ich drängten den zimperlichen Fahrer lautlos voran. 15 Kilometer nach Hoxtolgay führte ein Bewässerungsgraben quer über die Straße. Zwei Meter davor hielt unser Held an und startete eine lange Diskussion mit Chang Le, der sich dann an uns wandte: »Er sagt, der Graben sei zu tief.« Wie er dies gesagt hatte, kam ein Lastwagen dahergeschossen und sprang, ohne auch nur ein Quentchen Gas wegzunehmen, über den Graben und verschwand bald in einer Staubwolke. Unser Fahrer machte geltend, daß er keinen Lastwagen fahre, und daß er sich sein Geld mit diesem Fahrzeug verdienen müsse. Er legte den Rückwärtsgang ein, entfernte sich vom gefährlichen Abgrund und machte Anstalten, umzukehren.

Mit sichtlicher Erleichterung sagte Chang Le: »So, das wär's, jetzt kehren wir nach Karamay zurück.«

Welche Enttäuschung! Wir waren mitnichten bereit, dem Mittelpunkt der Erde schon Adieu zu winken und stürzten uns auf Chang Le: »Chang Le, wir müssen nur noch ein kleines Stückchen weiter fahren. Chang Le, wir können den Graben mit Erde auffüllen. Chang Le, Sie sagten doch, daß wir so weit wie möglich fahren würden. Chang Le, wir könnten doch zu Fuß gehen.« Wir versuchten einfach alles, den Wagen hier einmal anzuhalten, damit wir entweder Chang Le zum weiterfahren überreden, oder aber ihn dazu bewegen konnten, uns ziehen zu lassen. Der Fahrer hatte seine Reise ganz klar beendet, Chang Le jedoch sah, daß wir entschlossen waren, weiterzufahren. Er war zwischen zwei Meinungen hin und her gerissen. Wo lag seine Loyalität? Sollte er seinem Landsmann zuliebe umkehren, oder sollte er seinen Gästen beistehen – was ihm eigentlich befohlen worden war? Er schaute ziemlich beunruhigt aus, dachte hart nach und schlug uns dann eine Lösung vor: »Der Wagen hält hier. Der Fahrer kann sich einige Erfrischungen in diesem Bauernhaus genehmigen. Symbolisch könnt ihr auf euren Fahrrädern noch ein bißchen weiterfahren. Ich werde euch von hier aus zuschauen. Geht vielleicht bis zu jener Ecke dort, oder bis zu jenen Bäumen in der Ferne.«

Wir brauchten keine weiteren Geschenke. Innerhalb Sekunden waren unsere Räder heraus und zusammengesetzt. Wir grabschten unsere Lunchpakete, stopften sie in unsere Kombis und füllten unsere Flaschen mit Wasser. Wir sprangen auf unsere Räder und winkten zum Abschied. Chang Le sah mies aus und sprach laut, wie wenn er selbst nicht glauben würde, was er sagte: »Nicht weiter als bis zu jenen Bäumen. Bleibt nicht zu lange weg. Seid in einer halben Stunde zurück.« Während wir antraten, schrie ich zurück: »O.K., jene Bäume, oder vielleicht noch ein wenig weiter. Zurück in einer

Stunde!« Chang Le hatte uns schon seinen Rücken zugekehrt und sich in sein Schicksal ergeben.

Nick. Tag 58. Nachmittag.
Es war 14 Uhr, als wir den Bus verließen. Wir spurteten weg, Adrenalinspiegel in beängstigender Höhe, Kies spritzte unter den Rädern weg, Blut pochte in unseren Adern. Nach einer Stunde befanden wir uns 15 Kilometer weiter südöstlich. Hsia-tzu-chieh sollte etwa 10 Kilometer weit weg sein, aber wir hatten auf der schnurgeraden Straße die doppelte Anzahl heruntergespult, bevor wir schließlich zu dieser Siedlung kamen. Nichts schien mit unseren zwei Karten übereinzustimmen. D. raste ins Dorf, um sich Informationen zu holen. Ein Lastwagen erschien. Ich hielt ihn an und fragte: »Welcher Weg nach Ting-Shan?« Sie schauten mich etwas verwirrt an. Ich sagte nochmals »Ting-Shan« und zeigte fragend in alle vier Richtungen. Die drei Männer in der Kabine begannen, hitzig miteinander zu diskutieren. Jede Minute, die vorbeiging, war eine Minute weniger, um den Punkt zu finden. Ich realisierte mit totaler Klarheit, daß es für uns hieß: Jetzt oder nie! Wir konnten es uns einfach nicht leisten, daß etwas schief ging. Wir hatten nur ein paar Stunden, bevor Chang Le uns nachjagen würde.

Ich hatte ebenfalls einige Leute gefunden, die wußten, wo Ting-Shan lag. Ich tankte etwas Wasser, mußte den Tee zurückweisen und eilte wieder davon. Wir spurteten weiter, immer in Furcht, daß der Gong-An uns erwischen würde. Wir machten keine Minute Pause, wagten es kaum zurückzublicken, ob uns der Wagen folgen würde. Ein Fahrzeug kam vorbei, ein schwerer Wassertanker: Wir schlossen unsere Augen und hofften, daß sie uns nicht sähen. Stellenweise wurden wir sehr stark gebremst durch tiefen Sand. Wir mußten sogar gehen und die Räder stoßen. Einige Stellen waren so schlecht, daß es wohl auf der ganzen Welt keine schlechtere Straßen gibt, mit Ausnahme der Seidenstraße. Auf den nächsten 5 Kilometern mußten wir mehrmals an Abzweigungen den richtigen Weg wählen, aber mit Hilfe des Kompasses gelang es uns jedesmal, die richtige Route zu wählen. Einmal kamen wir bei drei Knaben vorbei, die an einer Mauer saßen, uns den Weg wiesen und uns einluden, an ihrer Limo-Trinkorgie teilzunehmen. Dann, unmittelbar nach 16 Uhr, trafen wir eine schlechte Wahl. Wir fuhren von der einigermaßen praktikablen Piste auf einen einigermaßen praktikablen Fußweg, der uns in ein gar nicht mehr praktikables Wadi mit mannshohen Büschen führte. Wir hoben die Räder über unsere Köpfe und kämpften uns auf der anderen Seite wieder in die Höhe, zu einem kleinen Dorf mit etwa einem Dutzend Lehmhütten.

Es gab keine Ordnung in der Anordnung der Hütten, die in allen Richtungen um einen großen Platz herumstanden. Vor den meisten Häusern waren kleine Mauern, die die Privathöfe abgrenzten, in denen man Ziegen hielt oder Material aufstapelte. Zwei Männer kamen auf ihren schweren Tourenfahrrädern dahergefahren, an den Rahmen hatten sie Spaten gebunden. Vier junge Erwachsene verschwanden, als wir auftauchten, dann erschien eine freundliche Alte und plauderte ein wenig mit uns. Sie gab uns Wasser, konnte uns aber mit der Straße nicht weiterhelfen. Wir versuchten es bei fast jeder Hütte und kamen schließlich zum Schulhaus. Die Klasse hielt ihre Schule im Freien ab. Das erste Kind, das uns sah, starrte uns eine Minute lang an, stieß dann einen gellenden Schrei aus und flüchtete, wie auch alle seine Kamerädchen, zum Lehrer. Wir gingen langsam und vorsichtig zu ihm hin, um die Kleinen nicht noch mehr zu verwirren. Ihre Kleider waren meist Lumpen, und fast alle hatten nackte Füße. Der Lehrer war freundlich und versuchte sein bestes, uns zu helfen. Schließlich empfahl er uns, zu einer nahen Kiesgrube zu gehen, wo es immer Lastwagen und auch einige Häuser habe. So stießen wir also unsere Räder, so schnell es eben ging, wieder über das Wadi. Wir verfluchten uns, daß wir die falsche Route genommen hatten, fanden aber glücklicherweise bald die Lastwagen und eine richtige Straße. Einige junge Männer waren gerade damit beschäftigt, Lastwagen zu reparieren, und wir fragten sie. Sie dachten, daß man mit uns doch etwas Spaß haben könnte und luden uns ein, mit ihnen in ihren Bunker zu kommen. Es war ein Untergrundraum, fast wie eine große Höhle, voll von Kojen. Acht bis zehn Männer spielten Karten an einem Tisch unter dem einzigen Licht im Raum, das durch ein Fenster in der Diele hereinströmte. Jemand spielte Gitarre. Tee kochte in einer Ecke. Wir konnten nicht bleiben. Es war bereits 17 Uhr 30. Wir waren nun eineinhalb Stunden überfällig bei Chang-Le. Die Jagd auf uns war vielleicht schon offen. Wir brauchten dringend jemanden, der uns die Strecke erklärte. Schließlich kam einer mit uns und zeigte uns, wo wir zwischen den Häusern und Bäumen hindurch schließlich die Straße finden würden. Wir dankten und schossen davon.

Nick. Tag 58. 17 Uhr 40.
Hinter der Behausung der Trucker führte eine Hauptstraße vorbei. Wir bogen nach Osten ab – die richtige Richtung. Wunderbarerweise war die Straße asphaltiert, und für ein paar Minuten dachten wir wirklich, daß wir uns nun auf der Hauptstraße quer durch die Dsungarei nach Ting-Shan befänden. Es war eine Art Hauptstraße, gesäumt mit Bäumen und Häusern. Vielleicht war dies der Ort, der auf unserer Karte mit Farmkollektiv 184 angegeben war. Die Straße sollte von hier aus weiterführen. Etwas später sahen wir einen Mann, der auf einer Tafel, vollgeklebt mit Anschlägen, las. Er sah intelligent aus – zu intelligent vielleicht, denn Leute, die zu gescheit sind, sollte man nie nach dem Weg fragen.

Er konnte ein wenig Englisch und sagte »Norden, Osten, Süden, Westen«, wobei er immer in die verkehrte Richtung zeigte. Eine seiner Alternativen war, daß unser Ort an der Asphaltstraße liegen würde, und da diese gerade gegen Osten führte, war dies genau die Antwort, die wir hören wollten. Aber 300 Meter weiter endete der Asphalt, und die Straße machte einen Winkel von 90 Grad, führte also wieder nach Süden.

Die einzige andere Möglichkeit, die wir gehabt hätten, waren zwei winzige Spuren, die hinten zum Dorf hinausführten. Zwei Männer, die auf dem Felde jäteten, konnten uns nicht helfen. Deshalb folgten wir weiter der Hauptstraße und hofften, daß sie bald wieder nach Osten abbiegen würde. Beinahe 5 Kilometer lang führte sie uns nun gegen Süden; unsere Hoffnungen stiegen, als sie nach Osten kurvte, doch nach ein paar hundert Meter das alte Lied. Wir hielten an, um die Karte zu studieren, aber nichts, was sich in der wirklichen Welt abspielte, war auf der Karte eingezeichnet – und umgekehrt. Hatten wir uns verirrt? Wir stiegen erneut auf die Räder und hofften, endlich jemanden zu finden, der uns weiterhelfen würde. Sehr wahrscheinlich waren wir auch hungrig und durstig, aber wir bemerkten es nicht. Panik hatte uns ergriffen. Wir hatten auch keine Zeit für die Träume, die uns sonst auf unserer Reise begleitet hatten. Wir spürten den Atem des BÖS in unserem Nacken. Wir stellten verschiedene Berechnungen an und glaubten, daß Chang Le und ein lokaler Polizist, der die Gegend gut kannte, etwa zwei Stunden brauchen würden, bis sie uns gestellt hätten, aber sehr wahrscheinlich brauchte Chang Le ebenfalls eine Stunde, bis er einen Helfer engagiert hätte. Wenn er jedoch den Taxifahrer überzeugen könnte, uns zu folgen, dann würden sie zweieinhalb Stunden brauchen, uns zu haschen. So oder so würde er kaum Alarm schlagen, bevor nicht zwei oder drei Stunden seit unserem Verschwinden vergangen waren. Das ganze würde heißen, daß er in etwa einer Stunde bei uns sein könnte. Wir traten wie wild in die Pedale.

Nick. Tag 58. 18 Uhr 20.
Ich befand mich beinahe im Zustand der Panik, wurde überflutet vom Gefühl, daß unser Unglück unmittelbar bevorstand. Jetzt, da wir wußten, daß wir nicht vor 8 oder 9 Uhr, wahrscheinlich aber erst gegen Mitternacht wieder bei Chang Le sein konnten, war uns klar, daß wir schon so viel Unannehmlichkeiten bereitet hatten, daß uns sicherlich nie mehr die Möglichkeit geboten werden würde, ein zweites Mal zum Mittelpunkt der Erde aufzubrechen. Die Chance war groß, daß man uns ein zweites Mal büßen lassen würde – massiv, dieses Mal – und daß wir aus China hinausgekickt würden. Tatsache war, daß wir uns sehr wahr-

scheinlich gründlich verfahren hatten, und daß es mehr als unsicher war, ob wir den Punkt je fänden, bevor die Nacht einbrach. Der Gedanke, den Punkt nicht zu finden und aus China herausspediert zu werden, war widerlich. Unser Scheitern machte mich krank. Die Grausamkeit, im letzten Augenblick noch alles mißlingen zu sehen, war einfach zuviel.

Die Piste endete schließlich im trockenen Hof eines Bauernhauses. Der Bauer lächelte wohlmeinend. Glücklicherweise hatte er von Ting-Shan gehört und zögerte überhaupt nicht mit der Antwort, als wir ihn danach fragten. Er bedeutete uns, daß wir die Straße, die wir eben gekommen seien, zurückfahren und vor dem großen Dorf (Farmkollektiv 184) rechts abbiegen müßten. Wir dankten ihm, baten um Wasser, dankten erneut und schossen wieder davon. Es schien leicht aufwärts zu gehen, der Kies schien tiefer zu sein als zuvor. Gegenwind wehte. Wir traten in die Pedale und eroberten verlorenes Gebiet zurück. Unsere Reifen sprangen auf der kurzen Asphaltstrecke von Kollektiv 184.

»Es wird jene Naturpiste in der Kurve sein.«
»Fast eine Stunde haben wir verloren.«

Die Spuren wanden sich um die Rückseite des Dorfes und wurden zu einer praktikablen LandRover-Piste. Das letzte Haus war eine einfache Lehmhütte mit Stroh gedeckt. Draußen stand ein junges Mädchen, vielleicht eben von der Schule zurückgekehrt, in dunklem Rock und weißer Bluse, sah uns und riß die Augen vor Staunen weit auf. Neben ihr, kleiner als sie, stand Großmutter. Sie hatte ein zahnloses Lächeln und und einen viel zu weiten, blauen Mao-Anzug. Sie, wie die meisten Menschen in den Farmen rund um Hoxtolgay, war ganz klar Han-Chinesischer Abstammung. Sie mußte sicher einiges zu erzählen haben. Ihre Jugend verbrachte sie vielleicht im reichen, fruchtbaren und feuchten Ostchina – vielleicht sogar an der See. Welche Überraschung es für sie wohl gewesen wäre, wenn sie erfahren hätte, daß sie und ihre Enkelin ganz nahe am abgelegendsten Punkt der Erde lebten. Ich hielt an, um nach Ting Shan zu fragen. Weiter vorne, mit dem Kompaß in der Hand, winkte Nick enthusiastisch und rief: »Sie dreht nach Osten, nach Osten!«

Die Spuren führten eben übers Land, das von Büschen, zwei bis drei Fuß hoch, bedeckt war. Dann begannen sie zu steigen, weg vom Becken des Tales. Die Vegetation wurde dünner.

»Wenn der Bus kommt, wird es schwierig sein, sich zu verstecken.«
»Schweig! Tritt in die Pedale!«

Noch etwa 15 Kilometer. Chang Le würde nun auf dem Kriegspfad sein. Wir fuhren wie die Teufel, hämmerten auf die Pedale los. Unser Pulsschlag beschleunigte sich rasant zu den gefahrenen Kilometern. Zuoberst, nach 30 Minuten hartem Ritt über die steinige Wüste, mußten wir eine kurze

Verschnaufpause einlegen. Es stand ein großer Metallpfahl wie ein Gipfelmal als Wegzeichen. Wir waren nun nahe genug, um mit der Identifizierung von Geländemerkmalen zu beginnen. Die Piste führte genau gegen Osten und über mehrere größere Erhebungen im grundsätzlich flachen und merkmalslosen Buschland. Und weiter ging's. Es wurde immer schwieriger, die Räder zu bewegen; unter dem Sand und dem losen Kies hatte es eine rauhe und bucklige, harte Schicht. Wir schwitzten uns über zwei Höcker hinweg. Unser Ziel kam näher. Da hörten wir plötzlich, wie sich von hinten ein Lastwagen näherte. Furcht sprang uns an die Kehle. Dann aber atmeten wir auf: Es war nicht der Bus. Da unsere Zeit knapp bemessen war, beschlossen wir zu mogeln. Wir winkten beide, daß sie anhalten sollten. Die beiden Männer wußten zwar nicht recht, was sie von uns halten sollten, nahmen uns aber willig mit. Hintendrauf warfen wir ohne besondere Zeremonie unsere beiden 753er, die uns den ganzen (fast den ganzen) Weg vom Meer bis hierher getragen hatten.

Wir hielten uns an den Seitenteilen fest und wurden richtig durchgerüttelt, aber wir genossen den Luxus dieser Fahrt über die letzten vier Kilometer. Der Wind blies uns ins Gesicht, Staub brannte in unseren Augen, zur Verständigung mußten wir brüllend den Maschinenlärm übertönen.

»Wieviel weiter noch, was glaubst du?«
»Hier ist die nördliche Hügelkette, die auf der Karte markiert ist.«
»Zweihundert Meter weiter vorne sehe ich das Flußbett.«
»Nein, das ist es nicht, das richtige kommt erst.«
»Bist du sicher? Ich glaube nicht.«
»Wir müssen den Kompaß in Linie mit dem Hügelzug und jener Erhebung dort bringen.«
»Ich bin dafür, noch ein wenig weiter zu fahren und dann von jenem Hügel aus rückwärts zu suchen.«
»Ich auch.«
Ein wenig später:
»Hier?«
»Hier!«

Nach all den Tausenden von Kilometern waren wir der gleichen Meinung. Wir schlugen auf das Kabinendach, um den beiden zu sagen, daß wir anhalten wollten. Sie luden uns ab, schüttelten uns die Hand und gaben uns noch eine Flasche Limo. Wir dankten. Sie fuhren weiter in die Abenddämmerung ins 100 Kilometer entfernte Dorf von Ting Shan, und schüttelten dabei zweifellos ihre Köpfe über die geistige Verwirrtheit von zwei Ausländern, die wollten, daß man sie kurz vor der Nacht mitten in der Wüste absetzte. Wir setzten uns hin und machten uns daran, ernsthafte Navigationsarbeit zu leisten.

Wir schauten auf der Piste zurück zum Kollektiv 184. Wir befanden uns am östlichen Abhang eines flachen, weiten Beckens, das sich leicht gegen Süden neigte. Es gab einige ganz markante Punkte in der Umgebung. Da war einmal der 50 Meter lange Hügelzug, dann neben uns ein roter, nackter Felsen, wie Ayers Rock, 100 Meter weiter drüben. Zwei Kilometer südlich, über dem Ausgang des weichen, südöstlich verlaufenden Trockentales, ein paar scharfe, kleine Felszacken. In dieser Senke lag unser Ziel. Nach unseren Berechnungen lag der Punkt 1 Kilometer vom roten Felsen, 300 Meter südlich von der Piste und 5 Meter westlich des ausgetrockneten Flußbettes. Zum ersten Mal in der Geschichte der Erde schauten gewöhnlich Sterbliche wissentlich auf den Mittelpunkt der Erde.

Wir stürzten uns hinunter auf ihn, fuhren den letzten halben Kilometer über das Gelände, machten dann genau 100 Schritte in südlicher Richtung. Es war einzigartig banal. Es gab viel Sand, ein paar drahtige Büsche, einige Tierspuren und etwas Kameldung. Die Zeit war 20 Uhr 10. Nick grub ein kleines Loch, in das wir einen Glückwunschbrief von IT legten, zusammen mit einem Beitrittsformular, so daß jeder zukünftige Entdecker des Punktes eine Spende an Intermediate Technology, Myson House, Railway Terrace, Rugby, CV21 3HT. senden kann. Wir schauten uns in der Leere um, schossen ein paar Aufnahmen für das Archiv, und dann bemerkte Nick mit typischer Tiefstapelei: »Nicht gerade der Ort, dem die langfristige Touristenattraktion auf den Leib geschneidert ist!«

Nachwort

Als wir damit fertig waren, wie Schimpansen herumzutollen und Fotos von uns selbst zu schießen, war es 22 Uhr. Chang Le würde unterdessen ziemlich böse sein. Wir schauten nochmals zurück auf den Mittelpunkt der Erde und zogen dann los. Noch vor Anbruch der Finsternis erreichten wir Kollektiv 184, wo wir ein Glas Aprikosen kauften und die dringend benötigte Flüssigkeit zu uns nahmen. Wir hofften, daß wir auf einem Laster zurückfahren könnten, aber es gab keinen. Um 23 Uhr 30 erreichten wir den Weiler, wo uns die Knaben Limo angeboten hatten. Der Laden war noch offen, und im Lichte einer Paraffinfunzel verkaufte uns der Mann eine Taschenlampe. Wir zwangen uns weiter in der Dunkelheit. Viele Hunde jagten uns in Hsia-tzu-chieh. Dann begann es plötzlich leicht zu regnen, sehr selten in dieser Gegend. Erinnerungen wurden wach an Tag 1, dem einzigen Tag, an dem wir ebenfalls in die Dunkelheit hineinfuhren, und wo ebenfalls der Regen – damals allerdings schwer und hart – zuschlug. Es wurde ziemlich kalt. Im Sternenlicht kämpften wir uns über die Schotterstraße, über die wir 12 Stunden vorher hinuntergesprintet waren. Streckenweise war es einfacher über den harten Wüstenboden zu fahren. Zwischen den Büschen sahen wir eine langbeinige Wüstenmaus, die sich in Sicherheit brachte. Um 4 Uhr morgens erreichten wir Tem. Kein Bus, kein Chang Le. Wir hatten keine Wahl, wir mußten den Bauern wecken und fragen, ob es eine Nachricht gäbe. Chang Le war in Hoxtolgay bei der Polizei. Der Bauer war trotz der unchristlichen Stunde unglaublich freundlich – ein letztes Beispiel der Gastfreundschaft, die wir während der ganzen Reise erfahren durften. Er kochte uns Eier und Nudelsuppe und wollte absolut kein Geld annehmen – wir Weißen haben da noch allerlei zu lernen. Einigermaßen wiederhergestellt, brachen wir auf. Im Osten begann es schon leicht zu glühen, als wir uns über die Hügel der letzten paar Kilometer vor Hoxtolgay kämpften. Dort stand der Bus; daneben zwei große Vierradantrieb-Geländepickups. Chang Le hatte geschwollene Augen und schwieg. Der Chef der Sicherheitspolizei war 200 Kilometer nach Hoxtolgay gereist, um die Suche zu leiten, die in einer Stunde beginnen sollte. Nichts wurde gesagt. Wir legten unsere Räder in den Bus und wurden zurückgefahren. In Karamay wurde immer noch kein Wort gesprochen. Wir luden unsere Räder ins Flugzeug und wurden nach Urumqi geflogen. Ohne ein Wort geleitete man uns ins Chinese National Hua Qiao. Dort schrieben wir einen 15seitigen Rapport, worin wir alle Schuld für das, was in den fehlenden 18 Stunden geschehen war, auf uns nahmen. Wir fühlten, daß wir das Vertrauen von Herrn Zhang, Herrn Lee, Chang Le,

Herrn Qiu – überhaupt von all den vielen, die uns auf dieser Reise geholfen hatten, gebrochen und mißbraucht hatten. Man hatte jedoch Mitleid mit uns. Sie nahmen unsere Entschuldigungen an, kamen sogar, um uns zu gratulieren, organisierten unsere Rückflugkarten, und wir gingen als die besten Freunde auseinander: Eine offiziell erfolgreiche Expedition der Chinesischen Autonomen Region Xinjiang Uygur.

ANHANG EINS

Ausrüstung

Inhalt

Kleider
Ausrüstung zum Überleben und für den Alltag
Ausrüstung zum Erfassen der Expedition
Medizinische Ausrüstung
Papierkram
Fahrräder
Fahrradausrüstung
Fahrradwerkzeug
Fahrradersatzteile

Die ganze Ausrüstung wurde sehr sorgfältig ausgewählt: Sie mußte dauerhaft und widerstandsfähig sein, brauchbar und – notwendig. Die Räder wogen voll ausgerüstet 10 Kilogramm, Das totale Gewicht der ganzen übrigen Ausrüstung betrug für jeden von uns 8,2 Kilogramm, eingeschlossen der Kleider und Schuhe, die wir am Leibe trugen, Schlafsäcke, Wasserflaschen, Gepäcktaschen (die Hälfte davon machte die Ausrüstung zum Erfassen der Expedition aus: Kamera, Tonbandgerät, Filme, Tonbänder und Tagebücher).

Kleider

Been Bag Fahrkombi. Knielang, hohe Brustpartie, Stretchausführung. Polyestervlies innen, außen ganz dicht gewoben. Kurzer Reißverschluß oben, gewichtssparender kurzer Reißverschluß am Hosenladen. Einsatz aus Leopardenfell-Imitation. Pflegeleicht, schnelltrocknend, trocknete meist schon am Körper. Die inneren Brusttaschen waren abgeändert, so daß kleine Abteile entstanden für Geld, Eßstäbchen, Löffel, Kompaß, Tonbandgerät, Kontaktlinsenschachtel. Gesäßtasche mit Reißverschluß – großartig für schnellen Zugriff, zum Beispiel für Handschuhe. Wurden immer getragen, mit Ausnahme von Kathmandu, Lhasa und Urumqi, wo wir sie gründlich wuschen und den ganzen Tag in Goretex Überhosen und Thermojacke umhergingen.

Madison Radtourenschuh, halb versteift. Plastiksohlen, Oberschuh aus Nylon/Leder. Wir trugen sie die ganze Zeit und fanden sie außerordentlich robust. Für unsere breiten Füße war die Zehenpartie etwas zu schmal.

British Home Store Socken und Unterhosen. Die Socken waren aus dünnem, feinem Baumwoll/Polyester-Gemisch. Leicht zu waschen, naß aufhängen, oder naß tragen. Jeder nur ein Paar. Am Ende der Reise in tadellosem Zustand. Die Unterhosen jedoch erlitten durch die starke Beanspruchung Löcher im Gesäß.

Thermoanzüge. Dünne Thermalite Polypropylen-Hosen: wurden an den meisten Tagen in Höhen ab 3000 Meter getragen, oder als Kopfbedeckung in Bangladesh, Indien und Zentralasien. Oben trugen wir dicke Musto-Segler-Unterzieher mit langen Armen und langer Körperpartie. Wir trugen sie von Lhasa nach Golmud fast ständig unter dem Overall. Über den Kombis getragen waren sie eine lose und bequeme Oberbekleidung.

Intermediate Technology T-Shirt, im Körper verkürzt, so daß sie gerade in die Kombis paßten. Ständig getragen.

Been Bag Acryl-Beinwärmer. Als solche auf der tibetanischen Hochebene, als Armschutz in Bangladesh und Indien und als lose, warme Fußbekleidung im Schlafsack getragen, wenn die Temperatur unter Null Grad sank.

Madison Caldo Goretex Radfahrerjacken, silbergrau, von Beta Bikes. Dikkes Elastik-Hüftband, ebensolche Manschetten. Sehr guter Luftabschluß. Die meiste Zeit auf dem Hochland getragen, teils gegen Auskühlung durch Wind, teils als Wärmeschutz. Die etwas leichte Kapuze, die mittels Reißverschluß angebracht war wurde abgeschnitten und durch eine etwas solidere, angenähte Version ersetzt.

Beta Bikes Madison Caldo Überhosen in Goretex
Blacks Thermohandschuhe. Wasserdichte rote Außenhaut, mit Vlies gefüttert. Wir brauchten sie sehr oft, denn Handschuhe aus- und anziehen ist ein ausgezeichnetes Mittel, den Wärmehaushalt des Körpers zu regulieren, ohne daß man anhalten muß, um Jacke oder Hosen auszuziehen. Wir brauchten sie auch in besonders kalten Nächten, um die Füße warm zu halten.

Balaclava Mützen. Jeder hatte zwei. Eine war eine Helly Hansen aus Faserpelz, warm und bequem, auch nützlich mit der Innenseite nach außen getragen als Schirmmütze, oder als Halswärmer anstelle eines Halstuchs. So oder so wurden sie ununterbrochen von Patenga Point bis Dunhuang getragen. Die zweite Mütze war eine dünne Thermo-Balaclava von Sanctuary Mountain Sports, die als Halswärmer und Gesichtsmaske gute Dienste leistete, aber eigentlich hätte zurückgelassen werden können.

Mao-Mütze. Gekauft in Golmud. Ersetzte die Faserpelzmützen. Der Schild hielt Sonne, Wind und Sandstürme von unseren Augen ab.

Gesichtsmaske Modell »Chinesischer Straßenarbeiter«. Gekauft in einheimischen Läden. Dazu da, Staub und Sand aus den Lungen herauszuhalten, was sie auch tut. Dazu verhindert sie sonnenverbrannte Lippen und Nasen und hält in großer Höhe den Atem in der extrem trockenen Luft feucht.

Schneebrillen: CEBE von Black's, mit guter Optik, Ledernasenschutz und Seitenklappen, um peripheres Licht abzuhalten – sie wurden in Dunhuang noch mit Heftpflaster erweitert, um den Sand aus den Augen zu halten. Die Schneebrillen wurden fast immer getragen, jedenfalls ganz sicher, wenn wir fuhren: Bangladesh, Indien, Nepal, China.

Kontaktlinsen: Hartplastik. Jeder hatte ein Ersatzpaar dabei. Beide Paare wurden, um Gewicht zu sparen, in der gleichen winzigen Schachtel getragen. Wir verloren keine Linse, aber Dick zerbrach eine, die in seinem Kombi eingewickelt war, als er es als Kopfkissen benützte. Dick bewahrte seine Linsen in einem Streifen Stoff auf, den er von einem Taschentuch abgeschnitten hatte. Nicks Linsen wurden in der Hälfte einer richtigen Linsenschachtel mit Schraubdeckel aufbewahrt. Die andere Hälfte diente uns in Hetauda als Ersatz-Pedalkappe an Dicks Rad. Jeden Morgen leckten und sogen wir die Linsen für etwa eine Minute, um sie zu reinigen – Speichel ist leicht antiseptisch, die inneren Wände des Mundes sind weich und sensibel und können die Linsen nicht zerkratzen, wie dies bei der Reinigung mit den Fingern möglich ist.

Ersatzbrille für Notfall. Nie gebraucht.

Black's Schlafsack 3 G.D., Modell Island. Gänsedaunen, äußere Hülle aus Nylon, innere aus Baumwolle. Gewicht ca. 1,4 Kilogramm, Reißverschluß auf der ganzen Länge, sehr praktisch zum kühler liegen, etwa in Nepal oder in der Gobi. An extrem kalten Tagen auch als extra Wärmeschutz gebraucht, der unter der Goretex-Jacke um den Leib gewickelt wurde.

Ausrüstung zum Überleben und für den alltäglichen Gebrauch

Eßstäbchen, stark gekürzt (ein Paar jeder)

Plastik-Teelöffel (5 ml, für Spitalbedarf) mit Loch im Griff

Kompaß (nur einer).

Die kleinste Silwa Leichtgewichtsbussole von Black's. Wir nahmen alles außer dem ölgefüllten Glasteil weg und trugen nur diesen mit uns. So konnten wir Norden und Süden ablesen und die anderen Richtungen schätzen. Wurde immer in Dicks Brusttasche getragen.

Nadel (nur eine), mitgetragen hinten in Nicks Tagebuch.
ca. 1 Meter Faden, um den Speichenschlüssel gewickelt.

Das kleinste Schweizer Armee-Taschenmesser (nur eins). Zwei winzige Klingen.

Digitaluhr aus Plastik (nur eine). Ohne Band. getragen an einer Schnur in Nicks Brusttasche. Nicht sehr nützlich, denn sie hatte keine Beleuchtung, der Alarm war nicht hörbar und dazu ging sie ungenau. Praktisch lasen wir die Zeit vom Sonnenstand ab. Wir legten uns mit der Dämmerung schlafen und standen mit der Dämmerung auf. Wenn wir wirklich die genaue Zeit brauchten, war das in einer Stadt oder in einem Hotel, und dort hat es immer viele Leute, die die genaue Zeit haben.

Ausrüstung zum Erfassen der Expedition

Schulhefte als Tagebücher. Jeder brauchte etwa sechs davon, d.h. wir schrieben ein jeder ungefähr 80 000 Wörter während der 58 Tage.

Leichtgewicht-Kugelschreiber (einer jeder); dünn, nur halbe Länge, oder nur die Tintenpatrone ohne Hülle

Nagra SN Tonbandgerät, ausgeliehen von BBC Radio 4. Getragen in einer Brusttasche, teils um die Vibrationen zu verringern und als Schutz vor Schlägen, teils weil es so immer gebrauchsbereit war. Das Mikrophon wurde unter dem IT-Brustaufnäher versteckt. Am Ende jedes Bandes tauschten wir Tonbandgerät und Kamera aus, so daß am Ende jeder gleich viel getragen hatte.

Ersatztonbänder. Insgesamt brauchten wir 30 für unsere Reise. BBC schickte uns neue Bänder nach Kathmandu und Lhasa. 19 Bänder wurden von Lhasa an nordwärts getragen, eingehüllt in eine Plastiktüte und dann eingepackt in Dicks Plastiktopf unter dem Steuerkopf.

Miniohrhörer für Nagra, zur Kontrolle der Aufnahme.

Ersatzmikrophon für Nagra (Ursprünglich mit langem Kabel versehen, das wir aber abschnitten. Wenn wir es also gebraucht hätten, hätten wir die Drähte mit Isolierband zusammenkleben müssen).

Pentax MX Kamera. Manuell mit mechanischem Verschluß. Zuverlässig, wir hatten immer volle Kontrolle über die Bilder. Das gleiche Gehäuse reiste schon mit mir über den Himalaja, und sogar auf den Kilimandscharo. Der Belichtungsmesser löste sich, aber erst nach 1000 Kilometer Naturstraße – die meisten Kameras, die wir ausprobierten, fielen viel früher auseinander. Pentax ME Gehäuse, gekauft von Kenji Aoyagi in Golmud.

Pentax Objektive, 28, 50, 120 mm; 50 mm für die Hälfte der Aufnahmen, 28 mm für fast alle restlichen, weil die Leute immer nahe sind und die Landschaft fast immer sehr groß. 120 mm selten im Einsatz, mit Ausnahme von Fahraufnahmen mit komprimierter Landschaft.

Filme. Kodakchrome 64 und Kodak 400 ASA schwarz-weiß. Zwei Farb- und ein schwarz-weiß Film waren immer bereit für ein rasches Auswechseln. Der Rest wurde in einem schwarzen Plastiksack neben den Medikamenten aufbewahrt. Wir trugen von Lhasa an 9 Farbfilme und 3 schwarz-weiß Filme. Totalverbrauch auf der Reise: 22 Filme. Neue Filme können heutzutage beinahe überall gekauft werden. Belichtete Filme wurden von freundlichen Leuten von Dhaka, Kathmandu und Lhasa aus nach England zurückgebracht.

Batterien. Vier Ersatzbatterien für den Recorder. Er braucht zwei aufs Mal, aber die zwei, die von Anfang an drin waren, mußten nie ersetzt werden. Zwei Ersatzbatterien für die Kameras. Eine war lebenswichtig, weil tatsächlich eine erschöpft war und ersetzt werden mußte.

Medizinische Ausrüstung

Malaria Prophylaxe; volle Behandlungseinheit: 1 Paludrin pro Tag, 2 Chloroquin pro Woche; Beginn, eine Woche vor Eintreffen in Bangladesh, Ende, vier Wochen nach Verlassen von Nepal. Die Resistenz der verschiedenen Malariastämme ändert ständig und muß vor jeder Reise kontrolliert werden.

Diamox (zwölf Pillen) für verbesserte Akklimatisation/Vorbeugen gegen Höhenkrankheit; gekauft in Kathmandu, gebraucht zwischen Bharbise und Tingri. Dann waren wir die dünne Luft genügend gewöhnt.

Flagyl gegen Amöbenruhr. Eine Behandlungseinheit ist dreimal eine Tablette pro Tag für 5 Tage. Wir trugen 4 Einheiten von Dhaka bis Lhasa, zwei von Lhasa an. Nie gebraucht.

Septrin Forte, Breitspektrumantibiotika für interne Infektionen. Zweimal eine Tablette pro Tag. In unserem Fall hätten Lungeninfektionen ein Thema sein können. Septrin Forte kann pulverisiert auch auf Wunden gestreut werden. 4 Einheiten von Dhaka bis Lhasa, dann nur noch 2. Nie gebraucht.

Streptotriad für gewöhnliche Ruhr. Eine Einheit besteht aus 3mal zwei Tabletten pro Tag für 5 Tage. Wir trugen 1 Behandlungseinheit von Dhaka nach Lhasa, dann keine mehr. Die Tabletten sind groß, und es müssen viele eingenommen werden. Bazillenruhr ist schwer von einer komplizierteren Form von Amöbenruhr oder auch ganz einfach von Verdauungsschwierigkeiten infolge ungewohnten Essens zu unterscheiden. Alle Verdauungsprobleme sind unbequem, aber kaum einmal chronisch. Falls es uns erwischt hätte, hätten wir es einfach ausgesessen bis zur nächsten Stadt, wo wir dann die nötigen Pillen beschafft hätten.

Dr. Mike Townend von Cockermouth beriet uns in medizinischer Hinsicht für die Länder, die wir bereisen wollten (Die Entscheidung, wieviel wir mittragen wollten, war unsere eigene). Er beschaffte auch alle Mittel. Wir trugen Flagyl, Septrin und Streptrotriad in winzigen Plastiksäckchen, immer eine Behandlungseinheit pro Säckchen, alle im gleichen, kleinen Plastiktopf.

Puritabs: 236 Stück aus der Folie geschält und in einem kleinen Röhrchen getragen, mit Watte fixiert. Viel leichter zu handhaben, als wenn eingeschweißt. Getragen in Dicks Brusttasche, damit die Tabletten nicht zu Pulver geschüttelt wurden. Puritabs sind reich an Chlor und können im Notfall auch zerdrückt zur Desinfektion auf eine Wunde gegeben werden.

Winzige Glasflasche mit Betadine antiseptic (wie empfohlen von Nicks Schwester Fiona Johnson). Zu beachten ist, daß Puritabs oder Septrin Forte als Ersatz verwendet werden können.

Kleine Rolle Heftpflaster. Nützlich zum Flicken von menschlichen Körpern, Kleidern, Schneebrillen, Kugelschreiber, etc. Ein Muß. Kann fast überall gekauft werden.

Kleine Tube antiseptischer Creme. Ein nützliches psychologisches Trostpflaster für jegliche Wehwehchen. Gut für zerquetschte Zehen. Kann überall ersetzt werden.

Papierkram

Hildebrandts Karte von China, nützlich aber ungenau. Die für uns wichtigen Teile haben wir ausgeschnitten.

Bartholomews Karte des indischen Subkontinents. Das meiste konnten wir wegschneiden. Später mußten wir sie mit Zeitungspapier verstärken, da sie auseinanderzufallen drohte.

US-Luftverteidigungs-Karte Blatt ONC F-7 vom Mittelpunkt der Erde. plus eine Ecke mit der Bucht von Bengalen des Blattes TPC J-10A, das wir brauchten, um den Mittelpunkt in Urumqi definitiv zu bestimmen.

Casio fx-915 Taschenrechner mit Solarzelle, zum Berechnen der Koordinaten des Punktes.

Pässe

Paßfotos (jeder acht Stück)

Impfausweise

Geld. Von England aus nahmen wir 3180 Pfund (42 Pfund blieben uns noch, als wir zurückkehrten. Wir brauchten doppelt soviel, wie wir schätzten). Je zur Hälfte trugen wir die Summe in Pfund und in Dollar bei uns, und je die Hälfte davon in Travellers Checks, (die in der Tat heutzutage oft leichter einzutauschen sind als Bargeld, besonders in entlegenen Gebieten), die andere Hälfte in Noten, die auch nützlich sind, wenn man von anderen Reisenden irgend etwas erstehen will (z. B. für Filme). An jeder Grenze und in jeder größeren Stadt wechselten wir die doppelte Summe dessen, was wir zu verbrauchen glaubten. Wir trugen es immer in Mengen von kleinen Noten, mit denen wir alles bezahlen konnten, bei uns und hatten daneben auch einige große Noten dabei, mit denen große Hotelrechnungen oder Telefonausgaben bestritten werden konnten.

Adreßliste von 40 Freunden, Bekannten und Verwandten, die uns geholfen hatten. Alle ganz klein auf Luftpostpapier geschrieben.

Empfehlungsbriefe auf Briefkopfpapier, die jedoch mehr oder weniger nutzlos waren.

Buchumschläge unserer früheren Abenteuer, um offizielle Stellen zu beeindrucken.

Es wäre nützlich gewesen, eine Anzahl Fotos von uns zwei auf unseren Fahrrädern, mitzunehmen, als kleinen Dank für all jene, die uns während der ganzen Fahrt geholfen haben.

Fahrräder

Die Räder waren dieser Expedition auf den Leib geschneidert, nach den höchsten technischen Anforderungen von Raleigh gebaut. Gerald ODonovan hatte die Projektleitung in seiner Spezialfahrrad-Entwicklungswerkstatt in Ikleston, wo auch die Siegerräder der Tour de France hergestellt werden.

Rahmen. Die Geometrie basierte auf jener, die für die Räder des härtesten, professionellen Straßenrennens der Welt, dem Paris-Roubaix verwendet wird: verlängerter Radstand, etwas weichere Winkel (74 Grad Sitzrohr, 73 Grad Kopfrohr) und vergrößertem Nachlauf. Diese Maßnahmen ergeben eine ruhigere, weniger nervöse Fahrt. Die Rohre waren – TI Reynolds 753, das bei Profis am liebsten verwendet wird. Es ist zwar teuer, ergibt aber das beste Verhältnis von Gewicht zu Festigkeit; 753 besteht aus hitzebehandeltem Mangan-Molybdän-Stahl mit doppelt konischem Innenrohrdurchmesser, d. h. die Wandstärke des Rohres beträgt in der Mitte etwa 0,5 mm und außen 0,8 mm. Die Zugfestigkeit beträgt eindrückliche 12 Tonnen pro Quadratzentimeter. Die Muffen, das untere Steuerkopflager und das Tretlager sind aus hochpräzisem Temperguß. Alle Verbindungsstellen sind silbergelötet. In jedem Rahmen hat es für 20 Pfund Silberlot! Die Rahmen wurden handgespritzt und im Ofen eingebrannt. 5 Farbschichten, in den Raleigh-Teamfarben perlweiß, rot blau und gelb. Die langen Gabel-Endstücke hinten und vorne waren von Compagnolo, ferner hatte es kleine Höcker zur Befestigung der Flaschenhalterungen und des (einzigen, hinteren) Schalthebels.

Räder. Bob Arnold von F. W. Evans baute starke Räder, die auch Tausende Kilometer Naturstraße widerstehen sollten. Mavic M3 CD Felgen, 36 x 36 rostfreie Stahlspeichen auf Campagnolo Naben mit kleinem Flansch. Wir fuhren über manchen Felsbrocken und viele Schlaglöcher bei großer Geschwindigkeit, einmal wurde Nick sogar wegen eines Brockens in den Raum geschossen, aber die Räder blieben perfekt. Die Reifen waren Spezial: einer Touring K4, einer Expedition 700 x 35C. Obschon sie für 75 psi ausgelegt waren, fuhren wir sie immer mit 90 psi, sowohl auf Teer wie auf Schotter. Weil Räder und Reifen extra stark sein mußten, trugen sie sehr zur Erhöhung des Gewichts bei, nämlich von den ca. 8 Kilogramm der Rennausführung bis zu den ca. 10 kg unserer Version, eingeschlossen die Blackburn Flaschenkäfige und Gepäckträger hinten.

Ausrüstung. Cinelli Lenker. Shimano Dura Ace Hebel für Campagnolo Seitenzugbremsen. Brooks Profi-Sattel auf Dura Ace Sattellager. Shimano 600 EX Kettenrad (49/39 Zähne für Nick, 52/40 für Dick) mit Shimano

Uniglide Kette auf Sun Tour Perfect Zahnradsatz (14 bis 28). Kontrolle über einen zurechtgestutzten Simplex Ganghebel auf einen Shimano 600 EX Wechsel. Um Gewicht zu sparen, verzichteten wir auf den Wechsel und den Hebel vorne. Das Umschalten zwischen den höheren und tieferen Gängen besorgten wir mit Absatz oder Finger.

Über ein Viertel der Distanz war sehr rauhe Naturstraße. Die Räder mußten Monsunregen, Feuchtigkeit, Schnee und Eis, Staub und Sand in Temperaturen von -10 bis +46 Grad erdulden. Der einzige Defekt, den wir hatten, war der Bruch eines Schaltkabels (leicht repariert), weil tibetanische Kinder mit dem Hebel spielten, und zwei Reifendefekte. Die Räder waren makellos in Konzeption und Ausführung und im Himalaja ebenso zu Hause wie in der Gobi.

Fahrradausrüstung

Karrimor Kalahari Fahrrad-Tragtaschen. Jeder zwei. Ausgezeichnet. Am Ende der Fahrt zeigten sie absolut kein Zeichen von Abnützung. Immer waren sie leicht und praktisch im Gebrauch, schnell auf, und ebenso schnell wieder vom Rad genommen. Wir änderten sie ein wenig ab, indem wir alle Schnallen und Schlaufen abschnitten, die für jene Touristen angebracht sind, die eben mehr bei sich tragen als wir. Wir entfernten ebenfalls 3 der 4 Leuchtstreifen und beließen nur den linken hinteren. Einen ersetzten wir durch einen IT-Aufnäher. Die elastische Befestigung am Halterahmen erlaubte es den Taschen, sich immer ein wenig vom Rahmen zu entfernen und dann wieder zurückzuschlagen. Wir änderten die Befestigung so, daß die Taschen fest mit dem Rahmen verbunden waren, und doch schnell abgenommen werden konnten.

Blackburn Taschenhalterahmen. Von Bob Arnold ein Tag vor unserer Abreise in London montiert.

Flaschenkäfig am vorderen Rahmenrohr mit großer 1-Liter-Wasserflasche.

Tretlager-Container. Wir befestigten einen Flaschenkäfig unter dem Tretlager (zwischen den Pedalen). Hinein steckten wir nicht eine Flasche, sondern eine Plastikdose, 15 Zentimeter hoch, 10 Zentimeter Durchmesser. Darin trugen wir schweres, dichtes Material, wie zum Beispiel Tonbänder, Taschenmesser und Werkzeug. Die Dose selbst brauchten wir auch als Tasse für Butter, Salztee und Yak-Yoghurt.

Fahradwerkzeug

Madison »Air-Lock« Pumpe, am Rahmen montiert. Verlust oder Nichtfunktionieren der Pumpe war unsere immerwährende Sorge, denn ohne sie wären wir im Falle eines Reifendefekts verloren gewesen. Chinesische Lasterpumpen und Fahrradpumpen paßten nicht. Nun, wir verloren die Pumpe nicht, und die Reifen verloren auch keine Luft.

Campagnolo Konusschlüssel, 13/14 mm, mit Löchern zur Gewichtsersparnis.

Verstellbarer Maulschlüssel, 10 Zentimeter lang

Imbusschlüssel 6 und 4 mm. Für Lenker, Sattel und Kettenführung. Die Schlüssel für Flaschenhalterung und Taschenrahmen ließen wir zurück.

Ein Reifenhebel aus Plastik. Das runde Ende des verstellbaren Schlüssels wurde an Stelle des zweiten Hebels verwendet.

Speichenschlüssel aus Plastik, entzweigesägt.

Kettengliedextraktor ohne Griff. Falls eine Kettenführung den Geist total aufgegeben hätte, hätten wir die Kette gekürzt und wären mit einer Übersetzung weitergefahren.

Flickzeug Nutrak. 4 große und 16 kleine Flicke. Wir hatten nur 4 Defekte während der ganzen Reise. Falls wir alle Flicke aufgebraucht hätten, hätten wir chinesische besorgt, oder ein Stück Schlauch eines Lastwagens genommen.
6 Quadratzentimeter Schmirgelpapier
1 kleine Tube Gummilösung
Alle Werkzeuge wurden von Nick im Tretlagerbehälter mitgeführt, der Konusschlüssel in einer Tragtasche die Pumpe am Rahmen.

Fahrradersatzteile

Ersatzspeichen mit Nippel. Wir führten 16 bis Lhasa, von da an nur noch sechs mit uns. Die Räder bereiteten uns nicht das kleinste Problem, wenn jedoch einmal eine Speiche defekt geworden wäre, dann hätte das Rad Schaden genommen, wie sorgfältig wir auch immer die Spannung der übrigen eingestellt hätten. Ersatzspeichen in China zu finden, wäre hoffnungslos gewesen. Wenn einmal ein Rad total zusammengepackt hätte, hätten wir die Gabel so zurechtbiegen müssen, daß wir einheimische Räder hätten montieren können, oder aber ganz auf einheimische Fahrräder umsteigen.

Spezialschlauch, importiert von Japan. Wir hatten einen dabei im Falle ein Ventil kaputt ging, oder im Falle ein Pneu geplatzt wäre. Im äußersten Notfall hätte immer noch die Möglichkeit bestanden, einen Reifen mit Gras oder Lumpen auszustopfen.

Ersatzreifen. Spezial Expedition 700 x 35C. Jeder einen. Zweimal gefaltet und in der Tasche verstaut. Wir glaubten, daß die Reifen im Laufe der Reise ersetzt werden müßten, aber sie haben perfekt gehalten und der Ersatzreifen wurde nie gebraucht.

Ersatzdichtung für die Pumpe.

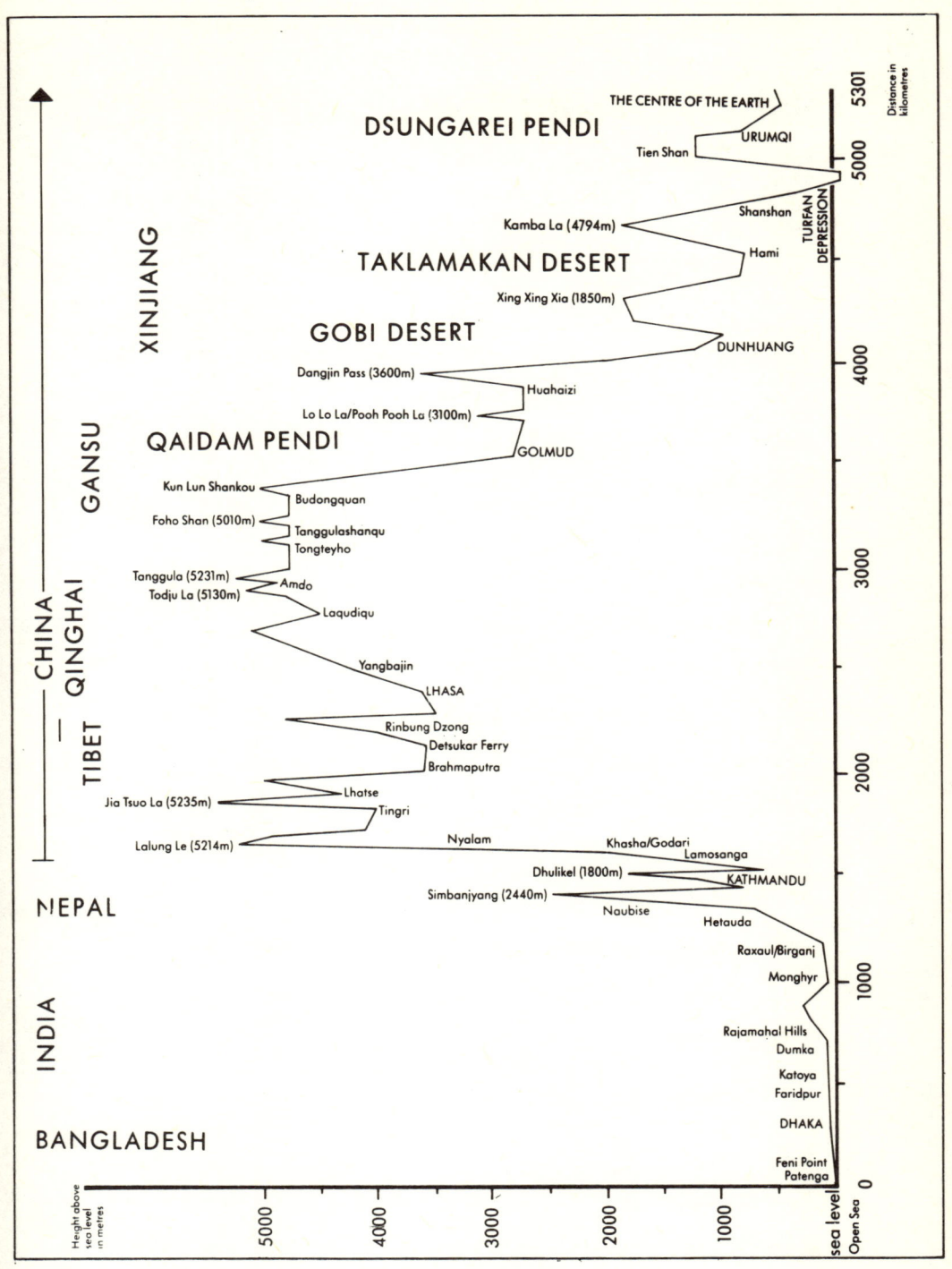

Streckenprofil.

ANHANG ZWEI

Distanzen und Höhenunterschiede Tag für Tag

Tag	Orte	Total km	Schotter km	Höhe m
01	Patenga Point – Chittagong – Misarai	61	4	0
02	Misarai – Feni – Comilla – Daudkhandi	152	0	10
03	Daudkhandi – Dhaka	60	0	0
04	Dhaka	0		
05	Dhaka – Aricha – Goalundo Ghat – Faridpur	144	2	0
06	Faridpur – Kamarklighat – Jhenida – Jessore – Benapol – Bangaon	190	0	300
07	Bangaon – Ranaghat – Krishnagar – Debangram – Katoya	102	0	0
08	Katoya – Siuri – Dhumka	109	0	1000
09	Dhumka – Bhagalpur – Monghyr	174	0	400
10	Monghyr – Monghyr Ghat – Bauroni	57	2	0
11	Bauroni – Muzzaffarpur – Motihari – Raxaul	240	0	0
12	Raxaul – Birgani – Hetauda – Bhainse	62	0	400
13	Bhainse – Simbanjyang Paß – Kathmandu	129	0	3500
	Patenga Point – Kathmandu	1480	8	5610
14	Kathmandu	0		
15	Kathmandu	0		
16	Kathmandu	0		
17	Kathmandu	0		

18	Kathmandu – Dhulikel – Lamosangu – Bharbise	88	5	700
19	Bharbise – Kodari – Khasha – Viermannhütte	52	50	2400
20	Viermannhütte – Nyalam – Lalung Le – Kampashütte	85	85	2050
21	Kampashütte – Tingri – Baiba (Shektar Dzong)	129	129	0
22	Baiba – Jia Tsuo La – Lhatse	79	79	1120
23	Lhatse – Tsuo La – Felsloch	124	124	600
24	Felsloch – Xigatse – Detsukar Fähre	112	110	400
25	Detsukar Fähre – Rinbung Dzong – 2 Höhlen	84	84	500
26	2 Höhlen – Türkis See – Kamba La – Quzu Dzong	102	87	600
27	Quzu Dzong – Lhasa	56	0	200
	Patenga Point – Lhasa	2391	761	14180
28	Lhasa	0		
29	Lhasa	6	0	0
30	Lhasa – Yangbajin	84	2	600
31	Yangbajin – Damxung – Yakmistlager	168	0	600
32	Yakmistlager – Laqudiqu – Amdo	212	0	600
33	Amdo – Todjiu La – Tanggula – Schneezelt	96	0	1500
34	Schneezelt – Wenquan – Yanshiping – Tongteyho	137	0	0
35	Tongteyho – Tanggulashanqu – Foho Shan Camp	162	0	1300
36	Foho Shan Camp – Wudoulian – Budonquan	115	0	700
37	Budongquan – Naij Tal – Golmud	179	0	500
	Patenga Point – Golmud	3550	763	19980
38	Golmud 0			
39	Golmud – ›Titicacasee‹ – 5-Stern-Camp			
40	5-Stern-Camp – Xitieshan – Lo Lo La - Pooh Pooh La – Huahaizi	183	158	600

41	Huahaizi – Dangjin La – Aksay – Dunhuang	187	40	600
	Patenga Point – Dunhuang	4077	971	21380
42	Dunhuang – Zhangjiaquan	52	24	0
43	Zhangjiaquan – Liuyuan – Eisenbahn – Malingching	145	74	1000
44	Malingching – Xing Xing Xia – Gobi	120	120	600
45	Gobi – Lo'-to-tzucheung – Hami – Hami Biwak	122	67	200
46	Biwak – Yaerbashi – Kiwanquan – Sandsturm	150	56	1300
47	Sandsturm – Qijiaojing – Qiktim	128	80	600
48	Qiktim – Shanshan – Erh. pao – Turfan	130	25	300
49	Turfan – Dabancheng – Urumqi	186	0	1300
	Patenga Point – Urumqi	5110	1417	26680
50	Urumqi	0		
51	Urumqi	0		
52	Urumqi – Chanji – Hutubi – Manas	135	0	0
53	Urumqi (Haft)	0		
54	Urumqi (Haft)	0		
55	Urumqi (Haft)	0		
56	Urumqi (Haft)	0		
57	Flug nach Karamay	0		
58	Hoxtolgay/Tem – Hsia-tzu-chieh – Mittelpunkt der Erde	56	56	0
	Patenga Point – Mittelpunkt der Erde	5301	1473	26680

Einige Zahlen enthalten Orte, an denen wir mehr Kilometer fuhren, als die direkte Route; normalerweise, weil wir einen Platz zum Schlafen suchten, selten (z.B. in Siuri) wenn wir uns verirrten, einmal (in Liuyuan), weil wir die falsche Straße nahmen, und einmal in der Dsungarei Pendi in der Nähe von Hsia-tzu-chieh, weil weder wir noch irgend jemand anderes wußte, wohin wir fahren mußten, um den Mittelpunkt der Erde zu finden. Die zusätzlich gefahrenen Kilometer teilen sich wie folgt auf: Daudkhandi 4, Siuri 6, Bauroni 10, Lhasa 6, Amdo 3, Liuyuan 11, Tag 47 Taklamakan 3, Turfan 6, Tag 58 Dsungarei 19.

Der Tagesdurchschnitt bis Urumqi betrug 106 Kilometer und 510 Meter Höhenunterschied

Nachdem wir den Mittelpunkt der Erde erreicht hatten, mußten wir in der Nacht 64 Kilometer Naturstraße zurück nach Hoxtolgay fahren, wo wir wieder verhaftet wurden. Deshalb kommen wir auf eine mit dem Rad gefahrene Summe von 5365 Kilometern. Wenn man den Flug nach Karamay und die Busfahrt nach Tem dazunimmt, ergibt sich eine Gesamtstrecke von 5600 Kilometern vom Ufer des Meeres bis zum Mittelpunkt. Die Reise entspricht etwa der Strecke Rom – London und zurück, und dann wieder nach London, aber diesmal auf Schotterstraßen!

Während der ganzen Expedition hatten wir insgesamt 15 Tage, an denen wir am Ort blieben. Bis Urumqi waren es allerdings nur 8, an denen wir dem Ziel nicht näher kamen. Das größte Etmal war 240 Kilometer in der Hitze der indischen Ebene. Dies war nur unwesentlich besser als die viel schwierigeren 212 Kilometer in etwa 4500 Meter Höhe am Tag 32. Physisch am meisten mitgenommen hat uns jedoch Tag 40, als wir, praktisch alles auf Schotter, 183 Kilometer in der Qaidam Pendi zurücklegten. Die größte Höhendifferenz legten wir am Tag 13 zurück, wo wir über die erste Himalayakette 3500 Meter hoch stiegen. Die niedrigste Temperatur, die wir erlebten, waren minus 10 Grad im Straßencamp gleich nach dem Tanggula am Tag 33, die ärgste Zitternacht war jedoch die nasse Kälte bei minus 1 Grad im Tal von Rong Chu. Die heißesten Tage waren bei 42 Grad und hoher Luftfeuchtigkeit am Tag 9 bei Monghyr und am Tag 49 in Turfan, wo die Luft dann allerdings extrem trocken war. Wir verbrachten sieben Tage im Freien und trugen 58 Tage lang die gleichen Unterhosen.

Wir waren sehr wahrscheinlich die ersten Radfahrer, die die tibetanische Hochebene überquert hatten (Lalung Le bis Dangjin Paß), wobei wir 2260 Kilometer in 21 Tagen auf einer Durchschnittshöhe von etwa 4300 Meter über Meer zurücklegten und dabei ungefähr die Höhe des Everest erklommen.

Der größte ununterbrochene Anstieg war 4600 Meter in 153 Kilometer von Sun Kosi in Nepal (600 Meter) bis zum Lalung Le (5214 Meter) in Tibet. Die größte Abfahrt war 2500 Meter Höhenverlust auf 180 Kilometern zwischen dem Dangjin Paß auf dem Altun Shan nach Zhangjiaquan in der Gobi.

Die längste Abfahrt war 183 Kilometer von Kun Lun Shan auf 4767 Meter nach Golmud und sachte weiter bis zu den tiefsten Salzsümpfen, 25 Kilometer nördlich von Golmud, auf etwa 3550 Meter Höhe.

Die steilste Abfahrt waren die 24 Kilometer vom Kamba La (4794 Meter)

nach Kamba Partsi am Ufer des Brahmaputra auf 3500 Meter. Wir verloren dort pro Kilometer beinahe 146 Meter.

Am 14. Mai sandte Hol seine Voraussage für das Ende der Expedition an Steve Bonnist: der 24. Juni. Interessanterweise kam er auf dieses Datum mit Hilfe einer eigenen Formel: Distanz in Luftlinie, multipliziert mit einem Kurvenfaktor, dividiert durch die Anzahl der geschätzten Tageskilometer, ergibt die Anzahl Tage. Für die Strecke Kathmandu – Lhasa errechnete er zum Beispiel:

$$\frac{350 \times 1.6}{60} = 9{,}5 \text{ Tage}$$

Tatsächlich verließen wir Kathmandu am Morgen von Tag 18 und kamen am Abend von Tag 27 an. Wenn wir in Urumqi nicht verhaftet worden wären, wäre Hol mit seiner Prognose auf den Tag genau gewesen.

Bibliographie

Bücher, welche im Text zitiert oder sonstwie erwähnt wurden:

Crane, Nicholas and Richard, *Bicycles up Kilimanjaro,* 1985
Crane, Richard and Adrian, *Running the Himalajas,* 1984
David-Neel, Alexandra, *My Journey to Lhasa,* 1927; 1969
Fleming, Peter, *News from Tartary,* 1936; 1980
Harrer, Heinrich, *Seven Years in Tibet,* 1953
Hopkirk, Peter, *Foreign Devils on the Silk Road,* 1980
 – *Trespassers on the Roof of the World,* 1982
McWhirter, Norris, *The Guiness Book of Records,* 1986
Moorhouse, Geoffrey, *The Fearful Void* (Granada, 1974)
Newby, Eric, *The Atlas of Exploration* 1975

Bücher, auf die wir uns in Großbritannien oder Dhaka bezogen:

Anderson, E. W., *The principles of Navigation,* 1966
Globetrotter's Club, *The Globe,* 1986
Royal Geographical Society, *Expedition Planners' Handbook and Directory* 1986–7
Seth, V., *From Heaven Lake,* 1983
Shufeldt, Capt. H., and Newcomer, K., *The Calculator Afloat* (Granada, 1980)
Werner, D., *Where there is no doctor,* 1977; 1981

FAHRRAD-ABENTEUER
RUND UM DEN GLOBUS

Christian E. Hanning
Indianer, Cowboys, Klapperschlangen
Dreitausendfünfhundert Kilometer mit dem Fahrrad durch den Wilden Westen: ein begeisterndes Leseabenteuer im Großformat.
120 Seiten, 56 Abb., davon 30 farbig,
39,– Best.-Nr. **50101**

Patrick Hettrich
Mit dem Fahrrad von Feuerland nach Mexiko
Ein 19jähriger auf großer Fahrt – alleine mit dem Fahrrad von der Südspitze Südamerikas bis hoch nach Mexiko.
192 Seiten, 96 Abb., davon 16 farbig,
29,80 Best.-Nr. **50061**

Dieter Kreutzkamp
12 000 Kilometer Australien und Neuseeland
12 000 Kilometer mit dem Fahrrad – daraus entstand dieses faszinierende Reisehandbuch mit vielen praktischen Tips.
188 Seiten, 92 Abb., davon 24 farbig,
32,– Best.-Nr. **50090**

Arne Körtzinger
Allein durch Island per Fahrrad
Sechs Wochen lang strampelte Körtzinger über Islands Pisten. Außergewöhnliche Erlebnisse zwischen Eis und Feuer.
180 Seiten, 96 Abb., davon 16 farbig,
29,– Best.-Nr. **50071**

Stefan Etzel
Mit dem Fahrrad unterwegs
Stefan Etzel hilft, das Rad tourentauglich auszurüsten, berät bei der Auswahl geeigneter Routen und gibt Tips für die Pannenhilfe.
184 Seiten, 72 Abb.,
29,80 Best.-Nr. **50089**

Alain Guigny
Auf zwei Fahrrädern ans Ende der Welt
In drei Jahren 50 000 km auf dem Fahrrad durch Amerika, Japan, China und Rußland.
256 Seiten, 49 Abb., davon 20 farbig,
39,– Best.-Nr. **50024**

Der Verlag für Abenteuer
Postfach 10 3743 · 7000 Stuttgart 10

Änderungen vorbehalten